人力资源管理

主　编　刘　燕　曹会勇

副主编　刘　秀　李根红

　　　　闵媛媛　丁婉娟

参　编　袁振华　徐　追

北京理工大学出版社
BEIJING INSTITUTE OF TECHNOLOGY PRESS

内 容 简 介

本教材融合了编者从事企业工作的经验及人力资源管理的教学实践,理论联系实际,过程与案例相结合。全书分为十三章,从整体上介绍了人力资源管理概述、人力资源的规划和组织理论、人力资源管理的作业应用、员工管理等内容。章节编制的指导思想是让学员从人力资源管理者的角度去熟悉管理的规范化、系统化和多元化。本书立足于当前企事业人力资源管理的现实需要,汲取国内外优秀教材及相关专著的精华,面向未来人力资源管理的发展趋向,最大限度地满足我国人力资源管理课程的教学需要,满足广大人力资源管理实际工作者的操作需要。

图书在版编目(CIP)数据

人力资源管理/刘燕,曹会勇主编 . —北京:北京理工大学出版社,2019.8
ISBN 978-7-5682-7520-0

Ⅰ.①人… Ⅱ.①刘… ②曹… Ⅲ.①人力资源管理-高等学校-教材 Ⅳ.①F241

中国版本图书馆 CIP 数据核字(2019)第 184143 号

出版发行 / 北京理工大学出版社有限责任公司

社　　址 / 北京市海淀区中关村南大街 5 号

邮　　编 / 100081

电　　话 / (010)68914775(总编室)

　　　　　82562903(教材售后服务热线)

　　　　　68948351(其他图书服务热线)

网　　址 / http://www.bitpress.com.cn

经　　销 / 全国各地新华书店

印　　刷 / 唐山富达印务有限公司

开　　本 / 787 毫米×1092 毫米　1/16

印　　张 / 20　　　　　　　　　　　　　　　　　责任编辑 / 潘　昊

字　　数 / 471 千字　　　　　　　　　　　　　　文案编辑 / 潘　昊

版　　次 / 2019 年 8 月第 1 版　2019 年 8 月第 1 次印刷　　责任校对 / 刘亚男

定　　价 / 78.00 元　　　　　　　　　　　　　　责任印制 / 李志强

图书出现印装质量问题,请拨打售后服务热线,本社负责调换

前　言

人力资源管理是近年来管理科学工程与经济管理类专业学生的必修课程。它既是新兴的专业学科，也是应用性很强的学科，是培养和打造优秀人力资源管理人才的主要课程之一，在培养高素质专业型人才方面起着特别重要的作用。学生可通过本专业课程学习，不断提高职业素养，培养动脑思考问题和动手实践的能力。在竞争激烈的市场浪潮中，企业的竞争归根到底是对优秀人力资源的竞争，企业构建自己核心竞争力的同时，需要不断开发和探索新的人力资源管理模式和人力资源策略。因此，人力资源管理课程已经进一步成为管理科学工程与经济管理类专业中的一门重要必修课程。

近年来，管理科学工程及经济管理的各专业学生对人力资源管理表现出极大的热情与诉求，但是，能够将理论和实际的操作方法、评价体系与实践运用相结合的可供选择的教材并不多，因此，我们编写组的老师们参阅了大量的学术研究成果和中外文献，编写了这本教材。本教材强调了人力资源管理中的使命、战略、任务、目标和发展的活动，在内容体系上的编排有所创新，突出了人力资源管理各体系的系统化和整体化，共分为十三章来介绍人力资源管理的相关内容。第一章为人力资源管理概述，从整体上介绍了人力资源管理的发展及相关内容。第二至四章为人力资源的规划和组织篇，讲述了人力资源规划、工作分析与组织设计。第五至十章为人力资源管理的作业篇，主要介绍了人力资源管理的作业应用，包括人力资源招聘、员工培训与开发、职业生涯管理、员工激励与沟通、绩效管理和薪酬管理等内容。第十一至十三章为人力资源管理的延伸篇，主要讲述人力资源管理中涉及的员工关系管理、跨文化人力资源管理、人力资源管理的发展。章节编制的指导思想是让学员从人力资源管理者的角度去熟悉管理的规范化、系统化和多元化。

人力资源管理是一门实用性非常强的学科，在本教材中，重要的工作流程制定、人才引进策略、培训评价体系、企业目标管理等内容都有相关的案例进行评析和教研。本教材的使用面较为广泛，除管理科学工程及经济管理的各专业，还适合作为企业人力资源的培训教材使用。本教材由刘燕、曹会勇担任主编，具体分工如下，第五章、第七章由刘燕编写，第一章、第九章由李根红编写，第三章、第十章由丁婉娟编写，第四章、第八章由刘秀编写，第六章、第十二章由闵媛媛编写，第二章、第十一章由衷振华编写，第十三章由徐追编写；由刘燕、曹会勇负责统稿。此外，本教材在编写过程中还得到了多位业界老师的大力支持。

本教材在撰写过程中，参考了国内外大量的有关研究文献和教研材料，由于时间关系，对于文献和资料的作者们未逐一告知，谨在此向这些文献和教研材料的编者表示深深的谢意。同时，对于我们在编写过程中存在的错误和缺点，还请同行专家和读者们批评指正。

编者

2018 年 12 月

目 录

人力资源管理概述

农夫与小羊

农夫家里养了三只小白羊和一只小黑羊。三只小白羊常常为自己雪白的皮毛骄傲，而对小黑羊不屑一顾："你看看你身上像什么，黑不溜秋的，像锅底。""像穿了几代的旧被褥，脏死了！"

就连农夫也瞧不起小黑羊，常给它吃最差的草料，还时不时抽它几鞭。小黑羊过着寄人篱下的日子，经常伤心落泪。

初春的一天，小白羊与小黑羊一起外出吃草，走出很远。不料突然下起了鹅毛大雪，它们只得躲在灌木丛中相互依偎。不一会，灌木丛周围全铺满了雪，因为雪太厚，小羊们只好等待农夫来救它们。

农夫上山寻找，起初因为四处雪白，根本看不清羊羔在哪里。突然，农夫看见远处有一个小黑点，跑过去一看，果然是他那濒临死亡的四只羊羔。

农夫抱起小黑羊，感慨地说："多亏这只小黑羊呀，不然，大家都要冻死在雪地里了！"

启示：企业内部各种类型的员工都有，人力资源管理者应因人而异，比如让富有创新精神者从事市场开发工作，把墨守成规、坚持原则者安排在质量监督岗位等，最大限度地发挥他们的潜能。从这个意义上说，没有无能的员工，只有无能的人力资源管理者。

第一节　人力资源

一、人力资源的含义

（一）资源

按照逻辑从属关系，人力资源属于资源（resource）这一大的范畴，是资源的一种具体形式。因此，在解释人力资源的含义之前，有必要先对资源进行简要的说明。

《辞海》把资源解释为"生产资料或生活资料等的来源"。资源是人类赖以生存的物质基础，从不同的角度有不同的解释。从经济学的角度来看，资源是指能给人们带来新的使用价值和价值的客观存在物，泛指社会财富的源泉。自人类出现以来，财富的来源无外乎两类：一类是来自自然界的物质，可以称之为自然资源，如森林、矿藏、河流、草地等；另一类就是来自人类自身的知识和体力，可以称之为人力资源。在相当长的时期里，自然资源一直是财富形成的主要来源，但是随着科学技术的突飞猛进，人力资源对财富形成的贡献越来越大，并逐渐占据了主导地位。

从财富创造的角度来看，资源是指为了创造物质财富而投入生产过程的一切要素。法国经济学家萨伊认为，土地、劳动、资本是构成资源的三要素。马克思认为，生产要素包括劳动对象、劳动资料和劳动者，而劳动对象和劳动资料又构成了生产资料，因此，"不论生产的社会形式如何，劳动者和生产资料始终是生产的要素"。而著名经济学家熊彼特认为，除了土地、劳动、资本这三种要素之外，还应该加上企业家精神。随着社会的发展，信息技术的应用越来越广泛，其作用也越来越大，现在很多经济学家认为生产要素中还应该再加上信息。目前，伴随着知识经济的兴起，知识在价值创造中的作用日益凸显，因此也有人认为应当把知识作为一种生产要素单独加以看待。

（二）人力资源

"人力资源"的概念最早出现于 1954 年彼得·德鲁克的《管理的实践》一书中。彼得·德鲁克认为，人力资源拥有当前其他资源所没有的素质，即"协调能力、融合能力、判断力和想象力"。经理们可以利用其他资源，但是人力资源只能自我利用——"人对自己是否工作绝对拥有完全的自主权"。彼得·德鲁克关于"人力资源"概念的提出，人事管理理论和实践的发展以及后工业时代中员工管理的不适应，使人事管理开始向人力资源管理转变。这种转变正如彼得·德鲁克在其著作中所说的："传统的人事管理正在成为过去，一场新的以人力资源管理开发为主调的人事革命正在到来。"

20 世纪 60 年代以后，美国经济学家西奥多·舒尔茨和加里·贝克尔提出了现代人力资本理论，这个理论认为，人力资本是体现在具有劳动能力（现实或潜在）的人身上的、以劳动者的数量和质量（即知识、技能、经验、体质与健康）表示的资本，它是通过投资而形成的。人力资本理论的提出，使人力资源的概念更加广泛地深入人心，英国经济学家哈比森在《作为国民财富的人力资源》中写道："人力资源是国民财富的最终基础。资本和自然资源是被动的生产要素。人是积累资本，开发自然资源，建立社会、经济和政治并推动国家向前发展的主动力量。显而易见，一个国家如果不能发展人们的知识和技能，就不能发展任何新的东西。"从此，对人力资源的研究越来越多。到目前为止，对于人力资源的含义，学者给出了多种不同的解释。根据研究的角度，可以将这些定义分为两大类：第一类主要是从能力的角度来解释人力资源的含义，可以称为人力资源的"能力观"，持这种观点的人占了较大的比例。代表性的观点有以下几种。

（1）张德认为，所谓人力资源，是指能够推动整个经济和社会发展的劳动者的能力，即处在劳动年龄的已直接投入建设和尚未投入建设的人口的能力。

（2）刘昕认为，人力资源是一个国家、经济部门或组织所能够开发和利用的，用来提供产品和服务、创造价值、实现相关目标的，所有以人为载体的脑力和体力的综合。

（3）朱舟认为，所谓人力资源，是指包含在人体内的一种生产能力，它是表现在劳动者的身上，以劳动者的数量和质量表示的资源，对经济起着生产性的作用，并且是企业经营中最活跃、最积极的生产要素。

（4）萧鸣政等人认为，所谓人力资源，是指劳动过程中可以直接投入的体力、智力、心力的总和及其形成的基础素质，包括知识、技能、经验、品性与态度等身心素质。

第二类主要是从人的角度来解释人力资源的含义，可以称为人力资源的"人员观"。代表性的观点有以下几种。

（1）陆国泰认为，人力资源是指一定社会区域内所有具有劳动能力的适龄劳动人口和超过劳动年龄的人口的总和。

（2）Nabil Elias、Rensis Lakere 等人认为，人力资源是企业内部成员及外部的顾客等人员，即可以为企业提供直接或潜在服务及有利于企业实现预期经营效益的人员的总和。

（3）陈远敦、陈全明认为，人力资源是指能够推动社会和经济发展的具有智力和体力劳动能力的人员的总称。

综合国内外专家学者的研究，我们认为，人力资源是指那些体能、技能、智能健全，能够以各种有益于社会的脑力劳动和体力劳动创造财富，从而推动经济社会发展的人的总和。

二、人力资源的数量和质量

作为一种资源，人力资源同样也具有量的规定性和质的规定性。由于人力资源是依附于人的劳动能力，和劳动者密不可分，因此可以用劳动者的数量和质量来反映人力资源的数量和质量。

（一）人力资源的数量

1. 人力资源数量的计量

对于企业而言，人力资源的数量一般来说就是其员工的数量。

对于国家而言，人力资源的数量可以从现实人力资源数量和潜在人力资源数量两个方面来计量。潜在人力资源的数量，可依据一个国家具有劳动能力的人口数量加以计量。为此，各国都根据其国情对人口进行劳动年龄的划分，我国现行的劳动年龄规定是：男性 16～60 岁，女性 16～55 岁。在劳动年龄上下限之间的人口称为"劳动适龄人口"。小于劳动年龄下限的称为"未成年人口"，大于劳动年龄上限的称为"老年人口"，一般认为这两类人口不具有劳动能力。

但是在现实中，劳动适龄人口内部存在一些丧失劳动能力的病残人口。此外，还存在一些因为各种原因暂时不能参加社会劳动的人口，如在校就读的学生。在劳动适龄人口之外，也存在一些具有劳动能力，正在从事社会劳动的人口，如我们经常看到的退休返聘人员。在计量人力资源时，对上述两种情况都应当加以考虑，这也是划分现实人力资源与潜在人力资源的依据。

按照上述思路，可以对我国的人口构成进行以下的划分。

（1）处于劳动能力之内、正在从事社会劳动的人口，它占据人力资源的大部分，可称为"适龄就业人口"。

（2）尚未达到劳动年龄、已经从事社会劳动的人口，即"未成年就业人口"。

（3）已经超过劳动年龄、继续从事社会劳动的人口，即"老年劳动者"或"老年就业者"。

以上三部分构成就业人口的总体，以往被称为劳动力人口。

（4）处于劳动年龄之内，具有劳动能力并要求参加社会劳动的人口，这部分可以称为"待业人口"，它与前三部分一起构成经济活动人口，即现实人力资源。

（5）处于劳动年龄之内、正在从事学习的人口，即"求学人口"。

（6）处于劳动年龄之内、正在从事家务劳动的人口。

（7）处于劳动年龄之内、正在军队服役的人口。

（8）处于劳动年龄之内的其他人口。

2. 影响人力资源数量的因素

由上面的分析可以看出，人力资源的数量受到很多因素的影响，概括起来主要有以下几个方面。

（1）人口的总量。人力资源属于人口的一部分，因此人口的总量会影响到人力资源的数量。人口的总量由人口基数和自然增长率两个因素决定，自然增长率又取决于出生率和死亡率，用公式表示如下：

$$人口总量 = 人口基数 \times [1 + （出生率 - 死亡率）]$$

（2）人口的年龄结构。人口的年龄结构也会对人力资源的数量产生影响，相同的人口总量下，不同的年龄结构会使人力资源的数量有所不同。劳动适龄人口在人口总量中所占的比重比较大时，人力资源的数量相对会比较多；相反，人力资源的数量相对会比较少。

（二）人力资源的质量

人力资源是人所具有的智力和体力的总和，因此劳动者的素质就直接决定了人力资源的质量。人力资源质量的最直观表现，是人力资源或劳动要素的体质水平、文化水平、专业技术水平以及心理素质水平、道德情操水平等。此外，也可以用每百万人口中接受高等教育的人数、小学教育普及率、中学教育普及率、专业人员占全体劳动者比重等经济社会统计常用指标来表示。

劳动者的素质由体能素质和智能素质构成。就劳动者的体能素质而言，又有先天的体质和后天的体质之分；智能素质包括经验知识和科技知识两个方面，而科技知识又可分为通用知识和专业知识两个部分，此外，劳动者的积极性和心理素质是劳动者发挥其体力和脑力的重要条件。

与人力资源的数量相比，其质量方面更重要。人力资源的数量能反映出可以推动物质资源的人的规模，人力资源的质量则反映可以推动哪种类型、哪种复杂程度和多大数量的物质资源。一般来说，复杂的劳动只能由高质量的人力资源来从事，简单劳动则可以由低质量的人力资源从事。经济越发展，技术越现代化，对于人力资源的质量要求越高，现代化的生产体系要求人力资源具有极高的质量水平。

三、人力资源与相关概念

（一）人力资源和人口资源、人才资源

人口资源是指一个国家或地区所拥有的人口总量。它是一个最基本的资源，一切人力资源、人才资源皆产生于这个最基本的资源中，主要表现为人口的数量。

人才资源是指一个国家或地区中具有较多科学知识、较强劳动技能，在价值创造过程中起关键或重要作用的那部分人。人才资源是人力资源的一部分，即优质的人力资源。

应当说，人力资源、人口资源和人才资源这三个概念的本质有所不同，人口资源和人才资源的本质是人，而人力资源的本质则是智力和体力，从本质上来讲它们之间并没有什么可比性。就人口资源和人才资源来说，它们关注的重点也不同，人口资源更多的是一种数量概念，而人才资源更多的是一种质量概念。

在数量上，人口资源是最多的，它是人力资源形成的数量基础，人口资源中具备一定智力资本和体能的那部分才是人力资源；而人才资源又是人力资源的一部分，是人力资源中质量较高的那部分，是具有特殊智力资本和体能的人力资源，也是数量最少的。

在比例上，人才资源是最小的，它是从人力资源中产生的；而人力资源又是从人口资源中产生的。

（二）人力资源和人力资本

"人力资源"和"人力资本"也是容易混淆的两个概念，很多人甚至将它们通用，其实这两个概念是有一定区别的。

1. 资本和人力资本

"资本"一词，语义上有三种解释：一是指掌握在资本家手里的生产资料和来雇用工人的货币；二是指经营工商业的本钱；三是指谋取利益的凭借物。马克思则认为，资本是指那些能够带来剩余价值的价值。

对于人力资本（human capital）的含义，被称为"人力资本之父"的西奥多·舒尔茨认为，人力资本是劳动者身上所具备的两种能力，一种能力是通过先天遗传获得的，是由个人与生俱来的基因决定的；另一种能力是后天获得的，由个人经过努力学习而形成，而读写能力是任何民族人口的人力资本质量的关键成分。人力资本这种体现在具有劳动能力（现实或潜在）的人身上的、以劳动者数量和质量（即知识、技能、经验、体质与健康）表示的资本，是需要通过投资才能够获得的。

2. 人力资源和人力资本的关系

人力资源和人力资本是既有联系又有区别的两个概念。

应该说，人力资源和人力资本都是以人为基础而产生的概念，研究的对象都是人所具有的脑力和体力，从这一点看两者是一致的。而且，现代人力资源理论大都是以人力资本理论

为根据的，人力资本理论是人力资源理论的重点内容和基础部分，人力资源经济活动及其收益的核算是基于人力资本理论进行的，两者都是在研究人力作为生产要素在经济增长和经济发展中的重要作用时产生的。

虽然这两个概念有着紧密的联系，但它们之间还是存在一定的区别。

首先，在与社会财富和社会价值的关系上，两者是不同的。人力资本是由投资形成的，强调以某种代价获得的能力或技能的价值，投资的代价可在提高生产力过程中以更大的收益收回。因此劳动者将自己拥有的脑力和体力投入生产过程中参与价值创造，就要据此来获取相应的劳动报酬和经济利益，它与社会价值的关系应当说是一种由因索果的关系。而人力资源则不同，作为一种资源，劳动者拥有的脑力和体力对价值的创造起了重要的贡献作用。人力资源强调人力作为生产要素在生产过程中的生产、创造能力，它在生产过程中可以创造产品、创造财富，促进经济发展。它与社会价值的关系应当说是一种由果溯因的关系。

其次，两者研究问题的角度和关注的重点也不同。人力资本是通过投资形成的存在于人体中的资本形式，是形成人的脑力和体力的物质资本在人身上的价值凝结，是从成本收益的角度来研究人在经济增长中的作用。它强调投资付出的代价及其收回，考虑投资成本带来多少价值，研究的是价值增值的速度和幅度，关注的重点是收益问题，即投资能否带来收益以及带来多少收益的问题。人力资源则不同，它将人作为财富的来源来看待，是从投入产出的角度来研究人对经济发展的作用，关注的重点是产出问题，即人力资源对经济发展的贡献有多大，对经济发展的推动力有多强。

最后，人力资源和人力资本的计量形式不同。众所周知，资源是存量的概念，而资本则兼有存量和流量的概念，人力资源和人力资本也同样如此。人力资源是指一定时间、一定空间内人所具有的对价值创造起贡献作用并且能够被组织所利用的体力和脑力的总和。而人力资本，如果从生产活动的角度看，往往是与流量核算相联系的，表现为经验的不断积累、技能的不断增进、产出量的不断变化和体能的不断损耗；如果从投资活动的角度看，又与存量核算相联系，表现为投入教育培训、迁移和健康等方面的资本在人身上的凝结。

四、人力资源的特点

1. 主观能动性

主观能动性是指人力资源体力和智力的融合不仅具有主动性，而且还具有不断拓展的潜力。主观能动性表明人具有意识，知道活动的目的，因此可以有效地对自身活动做出选择，另外也表明人在各种活动中处于主体地位，可以支配其他一切资源。此外，人力资源的主观能动性还表明它具有自我开发性。在生产过程中，人一方面要发生自身损耗，另一方面则通过自身的合理行为，使自身的损耗得到弥补、更新和发展；其他资源则没有这种特性。最后，人力资源在各种活动中是可以被激励的，也就是说可通过提高人的劳动能力和劳动动机来提高劳动效率。

2. 时效性

人力资源的时效性是指人力资源要在一定的时间段内开发，超过这一时期，可能就会荒废和退化。人具有生产劳动的能力，但是随着年龄的增长和环境的变化，这种能力就会随之发生变化。人在每个年龄段的工作能力都会有所差异，不及时使用和开发就会失去其固有的作用和能力。人的生命是有限的，劳动技能会发生衰退，智力、知识和思维也会发生转变。

3. 增值性

与自然资源相比，人力资源具有明显的增值性。一般来说，自然资源是不会增值的，只会因为不断地消耗而逐渐"贬值"。人力资源则不同，人力资源是人所具有的脑力和体力，对单个人来说，他的体力不会因为使用而消失，只会因为使用而不断增强，当然这种增强是有一个限度的；他的知识、经验和技能也不会因为使用而消失，相反会因为不断地使用而更有价值。也就是说，在一定的范围内，人力资源是不断增值的，创造的价值会越来越多。

4. 两重性

人力资源既是投资的结果，又能创造财富，具有既是生产者又是消费者的两重性。人力资源投资的程度决定了人力资源的质量。研究表明，对人力资源的投资无论是对社会还是对个人所带来的收益要远远大于对其他资源的投资所产生的收益。

5. 社会性

自然资源具有完全的自然属性，不会因为所处的时代、社会不同而有所变化，比如，古代的黄金和现代的黄金是一样的，中国的黄金和南非的黄金也没有什么本质的区别。人力资源则不同，人所具有的体力和脑力明显受到时代和社会因素的影响，从而具有社会属性。

五、人力资源的作用

1. 人力资源是财富形成的关键要素

人力资源构成社会经济运动的基本前提。从宏观的角度看，人力资源不仅在经济管理中必不可少，而且是组合、运用其他各种资源的主体。也就是说，人力资源是能够推动和促进各种资源实现配置的特殊资源。因此，人力资源成为最重要和最宝贵的资源。它不仅与自然资源一起构成了财富的源泉，而且在财富的形成过程中发挥着关键作用。

社会财富由对人类的物质生活和文化生活具有使用价值的产品构成，因此自然资源不能直接形成财富，还必须有一个转化的过程，人力资源在这个转化过程中起到了重要的作用。人们将自己的脑力和体力通过各种方式转移到自然资源上，改变了自然资源的状态，使自然资源转变为各种形式的社会财富，在这一过程中，人力资源的价值也得以转移和体现。应该说，没有人力资源的作用，社会财富就无法形成。

2. 人力资源是经济发展的主要力量

人力资源不仅决定着财富的形成，而且是推动经济发展的主要力量。随着科学技术的不断发展，知识技能的不断提高，人力资源对价值创造的贡献度越来越大，社会经济发展对人力资源的依赖程度也越来越重。

3. 人力资源是企业的首要资源

在现代社会中，企业是构成社会经济系统的细胞单元，是社会经济活动中最基本的经济单位，是价值创造最主要的组织形式。企业的出现，是生产力发展的结果，而它反过来又极大地提高了生产力的水平。

通过以上分析可以得知，无论是对社会还是对企业而言，人力资源都发挥着极其重要的作用，因此我们必须重视，创造各种有利的条件以保证其作用的充分发挥，从而实现财富的不断增加、经济的不断发展和企业的不断壮大。

第二节　人力资源管理

一、人力资源管理的含义

人力资源管理（human resource management）这一概念，是在德鲁克1954年提出人力资源的概念之后出现的。1958年，怀特·巴克（Wright Bakke）出版了《人力资源管理功能》一书，首次将人力资源管理作为管理的普通职能加以论述。此后，随着人力资源管理理论和实践的不断发展，国内外产生了人力资源管理的各种流派，他们从不同的侧面对人力资源管理的概念进行了阐释。

人力资源管理是指为了达到组织的总体目标，运用现代科学的技术方法，通过对组织的人和事的管理，协调好人与事的关系，处理好人与人之间的矛盾，充分发挥人的潜能，对人力资源进行获取、开发、整合和调控的过程。人力资源管理包括人力资源规划、人员招聘与培训、薪酬体系的制定及绩效考核等方面。

二、人力资源管理的功能

尽管人力资源管理的功能和职能在形式上可能有些相似，但两者在本质上是不同的。人力资源管理的功能指人力资源管理自身应该具备或者发挥的作用，而按照前面对管理职能的解释，人力资源管理的职能则是指它所要承担或履行的一系列活动，人力资源管理的功能是通过它的职能来实现的。确切地说，人力资源管理的功能是指人力资源管理自身所具备或应该具备的作用，这种作并不是相对于其他事物而言的，而是具有一定的独立性，反映了人力资源管理自身的属性。人力资源管理的功能主要体现在四个方面：吸纳、维持、开发、激励。

吸纳功能主要是指吸引并让优秀的人才加入本企业；维持功能是指让已经加入的员工继续留在本企业；开发功能是指让员工保持能够满足当前及未来工作需要的技能；激励功能则是指让员工在现有的工作岗位上创造出优良的绩效。

就这四项功能之间的相互关系而言，吸纳功能是基础，它为其他功能的实现提供了条件，不将人员吸引到企业中来，其他功能就失去了发挥作用的对象；激励功能是核心，是其他功能发挥作用的最终目的，如果不能激励员工创造出优良的绩效，其他功能的实现就失去了意义；开发功能是手段，只有让员工掌握了相应的工作技能，激励功能的实现才会具备客观条件，否则就会导致员工"心有余而力不足"；维持功能是保障，只有将吸纳的人员保留在企业中，开发和激励功能才会有稳定的对象，其作用才可能持久。

在企业的实践过程中，人力资源管理的这四项功能通常被概括为"选、育、用、留"四个字。"选"就相当于吸纳功能，要为企业挑选出合格的人力资源；"育"就相当于开发功能，要不断地培育员工，使其工作能力不断提高；"用"就相当于激励功能，要最大限度地使用已有的人力资源，为企业的价值创造做出贡献；"留"就相当于维持功能，要采用各种办法将优秀的人力资源保留在企业中。

三、人力资源管理的目标

人力资源管理目标是指企业人力资源管理需要完成的职责和需要达到的绩效。人力资源管理既要考虑组织目标的实现，又要考虑员工个人的发展，强调在实现组织目标的同时实现个人的全面发展。人力资源管理目标包括全体管理人员在人力资源管理方面的目标任务与专门的人力资源部门的目标任务。具体来说，这些目标任务主要有以下几个方面。

（1）获取并保持适合组织发展的人力资源。人才是企业最重要的资源。在日益激烈的商业竞争中，拥有比对手更优秀、更忠诚、更有主动性与创造力的人才，是构建企业差异竞争战略优势的宝贵因素。然而，人才资源始终是稀缺资源，随着社会的发展，人才的竞争也会越来越激烈。人力资源管理工作的首要目标就是为组织获取符合其发展需要的数量和质量的劳动力和各种专业技术人员，这是开展其他工作的基础。很多企业在吸引人才方面都不惜重金，投入巨大。

（2）保持人力资源队伍的稳定性是人力资源管理的又一重要目标。近些年来，企业的人才流失率节节攀升。人才的流失不但会影响企业的正常运转，还会增加开支，降低工作效率。保持人才最主要的是提高他们的工资和福利，提供安全且舒适的工作环境和未来的发展空间。同时要加强对员工的关怀及情感上的联系。

（3）提高组织效率或经营绩效，不断获取新的竞争优势。组织效率或经营绩效与员工有着直接的联系。加强人力资源管理的目标就是通过提升员工技能、规范员工行为以及鼓励创新等方式改进员工的绩效，从而提高组织效率或经营绩效。

（4）塑造良好的企业形象。企业形象是指人们通过企业的各种标识和行为的认知，而建立起来的对企业的总体印象。企业形象是企业精神文化的一种外在表现形式，是社会公众在与企业接触交往过程中所感受到的总体印象。这种印象是通过人体的感官传递获得的。

（5）培育和创造优秀的组织文化。组织文化由其价值观、信念、仪式、标识、行为准则等组成。企业员工受组织文化的影响，同时也能反作用于组织文化。例如，高层管理人员的综合素质、行为举止要与组织文化保持相对的一致，这样才能使文化得以传播与发展；否则，组织文化会在高层管理人员的影响下慢慢发生变化，并演变成新的组织文化类型。全体员工认可组织文化本身的精髓，文化才能发展，否则，组织文化可能会发生变化，要么员工改变了文化，要么组织文化导致人员流失、运营艰难、企业倒闭。因此，优秀的组织文化对员工产生的是积极向上的正面影响，而不合理的组织文化对组织产生的是负面影响，有时甚至是致命的影响。

四、人力资源管理的原则

人力资源管理的最终目的是要做到人尽其才，才尽其用，人事相宜，最大限度地发挥人力资源的作用，以配合实现组织的总目标。如何实现科学合理的配置，是人力资源管理长期以来亟待解决的一个重要问题。如何才能对企业人力资源进行有效合理的配置呢？我们认为必须遵循以下的原则。

(1) 能级对应原则。合理的人力资源配置应使人力资源的整体功能加强，这就要求人的能力与岗位要求相对应。企业岗位有层次和种类之分，处于不同的能级水平。每个人也都具有不同水平的能力，在纵向上处于不同的能级位置。

(2) 权变原则。人的发展受先天素质的影响，更受后天实践的制约。后天形成的能力不仅与本人的努力程度有关，也与实践的环境有关，人的感情、行为及素质也是多变的。因此，人的能力的发展是不平衡的，其个性也是多样化的。每个人都有自己的长处和短处，有其总体的能级水准，同时也有自己的专业特长及工作爱好。

(3) 动态调整原则。动态调整原则是指当人员或岗位要求发生变化的时候，要适时地对人员配备进行调整，以保证始终使合适的人工作在合适的岗位上。岗位或岗位要求是在不断变化的，人也是在不断变化的，人对岗位的适应也有一个认识与实践的过程。由于种种原因，能级不对应，用非所长等情形时常发生。

(4) 普选人才原则。现在企业的竞争，已不再是一国之内的同行竞争，许多国际巨头并不排斥引入必要的外部人才。当确实需要从外部招聘人才时，就不能"画地为牢"，局限于企业内部。

五、人力资源管理人员的胜任力

根据人力资源管理者在企业中所扮演的角色和起到的作用，一位合格的人力资源从业人员须拥有相应的素质、专业知识和其他领域的知识。

(一) 具备的素质

1. 培养人才

培养人才是人力资源管理人员所应具备的关键素质之一。它具体体现为，人力资源管理人员要成为"教练员"，就必须能够制定并宣讲人力资源的政策和制度，帮助各级主管承担激发下属潜能、培养人才和贯彻执行人力资源制度的责任。在面向员工的时候，能成为"咨询师"，为员工答疑解惑。

2. 影响力

影响力主要体现在与员工建立彼此信任并达成共识的基础上，成为员工利益的代言人；同时作为人力资源管理领域的专家，依赖专业权威性影响与推动企业的变革，发挥人力资源管理对企业运营实践的支持作用等方面。

3. 人际理解力

如果人力资源管理人员无法敏感地倾听与理解员工的需求，无法基于企业与员工的需要提供人力资源的产品与服务，那么人力资源管理的价值就无法体现。

4. 客户服务

客户服务素质是建立在人际理解力基础上的，具体表现在倾听并积极响应客户（包括内部员工与外部客户）提出的问题与需求，并就此提供一系列的人力资源产品与服务，从而获得客户的满意。

5. 团队合作

团队从一定意义上说也可以看成一种培养与开发人才的有效方式。同时为促进人力资源管理部门履行其对企业经营决策的支持以及员工价值管理的职责，团队合作提供了沟通、分享与支持的平台。

（二）专业知识

1. 人力资源战略与企业文化

根据企业的发展规划，诊断企业现有人力资源状况，结合企业经营发展战略，对未来的人力资源需要和供给状况进行分析及估计，把人力资源战略与企业文化紧密地结合起来。

2. 组织结构设计

根据企业战略目标、资源状况、现有的核心流程以及同行企业的最佳实践模式，分析公司的组织结构，设计企业组织结构。

3. 流程分析与流程再造

流程是组织内部从供应商到客户的价值增长过程。流程的有效性与效率将直接影响到组织的有效性、效率与客户满意度。

4. 工作分析

工作分析是人力资源管理的一项传统的核心职能与基础性工作。一份好的职位说明书无疑是一幅精确的"企业地图"，指导着人力资源方方面面的工作。

5. 基于战略的绩效管理

绩效问题是任何公司都面临的长期挑战，人力资源从业者必须掌握绩效管理与绩效目标分解的工具和方法、绩效制度设计与基本操作、绩效目标设定与分解等相关知识。

6. 全面薪酬战略体系

考虑薪酬的不同要素该如何正确组合才能有效地发挥薪酬的作用。薪酬管理是有效支持公司的战略和公司价值提升的方法和工具。

7. 能力管理

建立素质模型，将素质模型应用到人力资源管理的不同领域，从而真正将人力资源管理回归到建构组织能力和人力资源开发利用上。

8. 招聘

制定人才选择战略，进行准确的工作分析和胜任特征分析，有效地进行人力资源分析与规划，对应聘者的专业技能及综合能力进行评估，对招聘成本进行评估。

9. 培训体系的建立与管理

培训是促成"以人为本"的企业文化的重要手段，制订有效的年度培训计划是人力资源管理人员面临的严峻挑战。

（三）其他领域的知识

企业在选择人力资源管理人员时，一般比较注重对候选人所掌握的专业知识的考察。但是，人力资源管理人员要参与企业的战略决策，要与总经理和其他业务部门沟通，仅仅具备人力资源方面的专业知识显然是远远不够的。他还必须掌握其他领域的知识，这样才能符合新时期一个合格的人力资源管理人员的要求，成为企业的战略合作伙伴和企业的人力资源管理领域的技术专家。相关知识包括组织行为学、心理学、项目管理、经济学、统计学、市场营销学、财务管理学、生产管理学、战略学、相关法律法规等。

六、人力资源管理的模式

人力资源管理模式在人力资源管理活动中扮演着十分重要的角色。关于人力资源管理模式的理论，目前国内外并无一致定论。国内外的专家学者从不同的角度提出了自己的观点，这些理论大多是结合本国的实际情况和当时的特定环境提出的。

（一）西方的人力资源管理模式

西方的人力资源管理模式主要有哈佛模式、盖斯特模式与斯托瑞模式三种，同时也存在战略性人力资源管理模式、基于胜任力的人力资源管理模式等。

1. 哈佛模式

1984年，哈佛商学院的迈克尔·比尔、伯特·斯佩克特、保罗·劳伦斯、奎茵·米尔斯和理查德·沃尔顿五位学者在共同出版的《人本管理》一书中，首次提出了"哈佛模式"。哈佛模式包含了管理情景、利益相关者、人力资源效果、长期影响几种制约因素。同年，德万纳等人在《战略人力资源管理框架》一文中，提出了所谓的人力资源管理圈的人力资源管理模式。该模式强调集合筛选、绩效评估、开发和激励等四项关键的人力资源管理要素，强调人力资源管理内部政策必须具有一致性，让人们认识到人力资源管理活动的性质和意义；并说明了人力资源管理各要素相互作用的原理。但是，该模式没有对不同主体的利益、情景因素以及管理的战略选择做出相关详细分析和说明。

2. 盖斯特模式

盖斯特模式因英国学者盖斯特提出而得名。1987年，盖斯特在《人力资源管理与产业关系》一文中提出了盖斯特模式。该模式强调，传统的人事管理与现代的人力资源管理具有很大的区别。其主要包含四个部分：人力资源管理政策、人力资源管理结果、组织结果以及系统整合。该模式与哈佛模式在一定程度上有所相似，都注重人力资源管理与组织战略的结合，具有较浓的一元化色彩，都认为组织获得高绩效的保证是雇员的忠诚，其共同的缺点就在于现实性比较差，许多假设是不现实的。

3. 斯托瑞模式

斯托瑞模式所要表达的是理想的人力资源管理模式。该模式与盖斯特模式一样，也是通过对比人力资源管理与人事管理来体现的。斯托瑞模式由四个部分构成：信念和假设、战略方面、直线管理、关键杠杆。

4. 战略性人力资源管理模式

美国学者罗纳德·舒勒于1992年在他的论文《战略人力资源管理：将员工与企业的战略需求联系起来》中提出了战略性人力资源管理模式。该模式强调人力资源管理实践必须与企业战略相结合，以期获得竞争优势，重视人力资源管理实践对企业整体绩效的影响。该模式将人力资源管理的理念、政策、项目、实践和过程等五项通过企业的各个层级有机地融合为一个整体，从而使人力资源管理实践活动与企业战略结合起来，所以又称"5P"模式。其强调人力资源管理人员参与制订企业战略发展计划是该模式的最大特征。其认为企业领导层在制定企业战略时，还必须考虑企业的人力资源战略，否则的话，就很难保证企业人力资源战略的最终有效性，从而也无法保证企业战略的有效实施。

5. 基于胜任力的人力资源管理模式

基于胜任力的人力资源管理模式是由戴维·D·杜波依斯、威廉·J·罗思韦尔、德博拉·乔·金·斯特恩等人提出来的。该模式旨在规划和实施客户驱动，并且必须具备九大步骤：第一步，使组织战略目标和人力资源客户需要得到确认；第二步，进行科学的环境扫描；第三步，清晰呈现与人力资源客户有利害关系的部门；第四步，使组织的战略目标与人力资源客户的需求保持一致；第五步，促使人力资源客户认可组织的项目目标；第六步，科学地布置下一步的工作；第七步，提出能够指导项目实施的项目管理方案；第八步，积极实施项目管理方案；第九步，进行总结性和过程性的评估。

（二）国内关于人力资源管理模式的研究综述

我国的学者对人力资源管理模式的研究大体上可以归纳为三个层面，以下就是对这三个层面的研究进行的简要综述。

1. 宏观层次（即国家层面）的人力资源管理模式

对不同国家的人力资源管理模式的研究是这个层面的主要研究内容。基于不同价值观念的必然选择，所得出的结论大同小异，是宏观层次的人力资源管理模式的最大特征。

2. 中观层次（即企业层面）的人力资源管理模式

企业层面是我国学者研究人力资源管理模式最集中的地方。于衍平提出的科技人力资源管理与激励模式，即强调人力资源管理各种活动之间的相互关联性，认为其主要由积极的激励过程和维护激励的环境两方面构成。林泽炎提出的中小企业人力资源管理的"3P"模式，即强调由岗位职责、工作绩效考核、工资分配等方面来规范中小企业人力资源管理。

3. 微观层次的人力资源管理模式

实际上，这些模式应该只能算是人力资源管理方法或者技巧。比如荆全忠等人提出的"JIT"人力资源管理模式。"JIT"就是准时生产制，但是该模式并没有太大的创新点，只是运用了"JIT"的理念和方法而已。陈晓波提出的内核外圈型人力资源管理模式，认为应该将员工划分为内核员工和外圈员工，其划分的依据主要是人力资源的独特性、人力资源成长性以及人力资源和组织战略的相关性三个维度，并强调对不同的员工类型采取不同的管理方式。

（三）其他的管理模式

1. "抽屉式"管理

在现代管理理论中，它也叫作"职务分析"。"抽屉式"管理是一个通俗形象的管理术语，形容在每个管理人员办公室的抽屉里，都有一个明确的职务工作规范，在管理工作中，既不能有职无权，更不能有权无责，必须职、责、权、利相互结合。

企业进行"抽屉式"管理有以下五个步骤：第一步，建立一个由企业各个部门组成的职务分析小组；第二步，正确处理企业内部集权与分权关系；第三步，围绕企业的总体目标，层层分解，逐级落实职责权限范围；第四步，编写"职务说明""职务规格"，制定对每个职务工作的要求准则；第五步，必须充分考虑考核制度与奖罚制度的结合。

2. "危机式"管理

美国企业界认为，如果经营者不能很好地与员工沟通，不能向员工表明危机确实存在，那么他很快就会失去信誉，因而也会失去效率和效益。美国技术公司总裁威廉·伟思看到，全世界已变成一个竞争的战场，全球电信业正在变革中发挥重要作用。因此，他启用两名大胆改革的高级管理人员为副董事长，免去五名倾向于循序渐进改革的高级人员职务；在职工中广泛宣传某些企业忽视产品质量、成本上升等问题，导致失去用户的危机，他要全体员工知道，如果技术公司不把产品质量、生产成本及用户时刻放在突出位置，公司的"末日"就会来临。

3. "合拢式"管理

"合拢"表示管理必须强调个人和整体的配合、创作整体和个体的高度和谐。具体特点是：①既有整体性，又有个体性，企业每个成员对公司有使命感，"我就是公司"是"合拢式"管理中的一句响亮口号；②自我组织性，放手让下属做决策，自己管理自己；③波动性，现代管理必须实行灵活经营策略，在波动中进步和革新；④相辅相成，要促使不同的看法、做法相互补充交流，使一种情况下的缺点变成另一种情况下的优点；⑤个体分散和整体协调性，一个组织中单位、小组、个人都是整体中的个体，个体都有分散性、独创性，通过协调形成整体的形象；⑥韵律性，企业与个人之间形成融洽和谐、充满活力的气氛，激发人们的内驱力和自豪感。

4. "走动式"管理

"走动式"管理主要是指企业主管体察民意，了解实情，与部属打成一片，共创业绩。它的优势在于：①主管动下属也跟着动；②投资小，收益大，"走动式"管理并不需要太多的资金和技术，就可能提高企业的生产力；③看得见的管理，最高主管能够到达生产第一线，与工人见面、交谈，希望员工能够认识他，对他提意见，甚至与他争辩是非；④现场管理；⑤"得人心者昌"。

七、人力资源管理与传统人事管理的区别

人事管理的起源可以追溯到非常久远的年代，对人和事的管理是伴随组织的出现而产生的。现代意义上的人事管理是伴随工业革命的产生而发展起来的，并且从美国的人事管理演变而来。20世纪70年代后，人力资源在组织中所起的作用越来越大。传统的人事管理已经不适用，它从管理的观念、模式、内容、方法等全方位向人力资源转变。从20世纪80年代开始，西方人本主义管理的理念与模式逐步凸显出来。人本主义管理，就是以人为中心的管理。人本主义管理被作为组织的第一资源，现代人力资源管理便应运而生。现代人力资源管理与传统的人事管理的差别已经不仅是名词的转变，两者在性质上有较本质的转变。

现代人力资源管理与传统人事管理的主要区别如下。

（1）管理的视角不同。传统的人事管理视人力为成本，而现代人力资源管理不仅认为

人是一种成本，而且视人力为四大资源中的第一资源，通过科学管理可以升值和增值。

（2）管理的重点不同。传统的人事管理只强调人与事的配合，而现代人力资源管理更注重共事人之间人际关系的和谐与协调，特别是劳资关系和专业技术人员间的协调。

（3）管理的层次不同。传统的人事管理一般都处于执行层，而现代人力资源管理一般都是进入决策层的，人事活动的功能多元化。

（4）管理的广度不同。传统的人事管理只注重管好自有人员，而现代人力资源管理不仅要管好自有人员，还必须对组织现今和未来各种人力资源的要求进行科学的预测和规划。

（5）管理的深度不同。传统的人事管理只注重用好职工的显能，发挥人的固有能力，而现代人力资源管理则注重开发职工的潜能，以不断激发其工作动机。

（6）管理的形态不同。传统的人事管理一般都采用高度专业化的个体静态管理，而现代人力资源管理则采用灵活多样的整体动态管理，给职工创造施展自身才华的机会和环境。

（7）管理的方式不同。传统人事管理的方法机械单一，而现代人力资源管理的方法则灵活多样，是科学理性与人文精神在现代管理理论中有机结合的典范。

（8）管理部门的性质不同。传统的人事管理部门属于非生产、非效益部门，而现代人力资源管理部门逐渐成为生产和效益部门。

八、人力资源管理的内容

企业的人力资源管理，是指企业对于人力资源的一系列管理活动。这些活动主要包括企业人力资源规划、薪酬管理、人员招聘与配置、员工培训管理、绩效管理、劳动关系管理等，即企业运用现代管理方法，对人力资源的获取（选人）、开发（育人）、利用（用人）和保持（留人）等方面所进行的计划、组织、指挥、控制和协调等一系列活动。人力资源管理可简单概括为"选、育、用、留"，最终达到实现企业和员工共同发展目标的一种管理行为。

在选才方面，首先要制定企业的人力资源管理规划。然后，在人力资源管理规划的指导下，通过合适的方式和渠道来招聘与甄选员工，进行人力资源的供需平衡。将合适的人配置在适合的岗位上，同时将人才信息纳入人力资源管理信息系统。

在育才方面，建立学习型组织，健全终身培训的体制。通过员工培训管理，使员工不断更新知识，积累不同的经验，帮助他们提高知识水平、增进技能，以便在今后的企业经营活动中能适应企业发展的需要。对企业今后发展所需要的中坚力量，企业要进行培训，使之成为人力资本。

在用才方面，当企业的人力资源管理工作进行到一定的阶段，就必须对多层次员工的工作绩效进行评估考核，纠正他们工作中的失误，肯定他们工作中的成绩，并就员工下一阶段的工作达成上下级的共识，以便于员工形成下一轮的工作计划。在企业与员工互相匹配发展的过程中，要不断地沟通，解决冲突，消除两者共同发展的障碍，形成互为动力的综合发展途径。

在留才方面，对于企业来说，辛辛苦苦培育的员工不能留在企业里工作，将是一大损失。对员工的及时激励至关重要，其中包括薪酬方面的激励、福利方面的激励和精神等其他方面的激励。对优秀员工，要加大激励的力度。企业与员工需要长期相互了解，才能达成默契，使员工心甘情愿留在公司，为实现公司的目标而努力工作。

最后，根据人力资源系统的整体运作情况，企业修正或者重新制订自身的人力资源发展战略和人力资源计划，为下一阶段人力资源管理活动再次奠定基础。

第三节　人力资源管理的产生与发展

一、人力资源管理在西方的产生与发展

对人力资源管理在西方的产生与发展，不同的学者划分出了不同的阶段。结合不同学者的划分方法，我们认为可以将人力资源管理在西方的产生与发展划分为六个阶段。

　1. 萌芽阶段

人力资源管理的前身被称为人事管理，人事管理是伴随着 18 世纪后期的工业革命而产生的。工业革命有三大特征，即机器设备的发展，人与机器的联系，需要雇用大量人员的工厂的建立。这场革命导致了两个现象：一是劳动专业化的提高；二是工人生产能力的提高，工厂生产的产品剧增。劳动分工已成为工业革命强有力的共同呼声。由于劳动分工思想的提出，个体劳动在工厂中消失，工人的协同劳动成为主体，因此对工人的管理问题就逐渐凸显出来。这一阶段，在工人的管理方面产生了各种朴素的管理思想，例如，在劳动分工的基础上对每个工人的工作职责进行界定，实行具有激励性的工资制度，推行员工福利制度，对工人的工作业绩进行考核等。这些管理思想基本上以经验为主，并没有形成科学的理论，但是奠定了人力资源管理的雏形。

　2. 初步建立阶段

初步建立阶段，即科学管理时代，时间大致从 20 世纪初至 1930 年。

科学管理思想的出现宣告了管理时代的到来，管理从经验阶段步入科学阶段，这在管理思想发展史上有着划时代的意义。在泰勒提出科学管理思想一段时间后，企业中开始出现人事部门，该部门负责企业员工的雇用、挑选和安置工作，标志着人力资源管理的初步建立。

　3. 反省阶段

反省阶段，即人际关系时代，时间大致从 20 世纪 30 年代到第二次世界大战结束。

从 1924 年开始到 1932 年结束的霍桑试验引发了人们对科学管理思想的反思，将员工视为"经济人"的假设受到了现实的挑战。霍桑试验发现了人际关系在提高劳动生产率中的重要性，揭示了对人性的尊重、人的需要的满足、人与人的相互作用以及归属意识等对工作绩效的影响。人际关系理论开创了管理中重视人的因素的时代，是西方管理思想发展史上的一个里程碑。这一理论同时也开创了人力资源管理发展的新阶段，设置专门的培训主管、强调对员工的关心和理解以及增强员工和管理者之间的沟通等人事管理的新方法被很多企业采用，人事管理人员负责设计和实施这些方案，人事管理的职能得到了极大的丰富。

　4. 发展阶段

发展阶段，即行为科学时代，从 20 世纪 50 年代到 20 世纪 70 年代。

从 20 世纪 50 年代开始，人际关系的人事管理方法也逐渐受到挑战，"愉快的工人是生产率高的工人"的假说并没有得到事实的证明，组织行为学的方法逐渐兴起。组织行为学是"一个研究领域，它探讨个体、群体以及结构对组织内部行为的影响，目的是应用这些知识改善组织绩效"，它的发展使人事管理对个体的研究与管理扩展到了对群体和组织的整体研究和管理，人力资源管理也从监督制裁到人性激发、从消极惩罚到积极激励、从专制领导到民主领导、从唯我独尊到意见沟通、从权力控制到感情投资，并努力寻求人与工作的结合。"人力资源管理"逐渐成为一个流行的名词。

5. 整合阶段

整合阶段，即权变管理时代，从 20 世纪 70 年代到 20 世纪 80 年代。

在这一阶段，企业的经营环境发生了巨大的变化，各种不确定性因素增加，企业管理不仅要考虑自身的因素，还要考虑外部各种因素的影响。在这种背景下，权变管理理论应运而生，它强调管理的方法和技术要随企业内外环境的变化而变化，应当综合运用各种管理理论而不只是某一种。在这种理论的影响下，人力资源管理也发生了深刻的变化，同样强调针对不同的情况采取不同的管理方式、实施不同的管理措施。

6. 战略阶段

战略阶段，即战略管理时代，从 20 世纪 80 年代至今。

进入 20 世纪 80 年代以后，西方经济发展过程中一个突出的现象就是兼并，为了适应兼并发展的需要，企业必须制定出明确的发展战略，因而战略管理逐渐成为企业管理的重点，而人力资源管理对企业战略的实现有着重要的支撑作用，所以从战略的角度思考人力资源管理的问题，将其纳入企业战略的范畴已成为人力资源管理的主要特点和发展趋势。

二、人力资源管理在我国的产生与发展

(一)古代人事管理的思想

中国具有五千年文明史，在古代文化典籍之中蕴藏着丰富的人事管理的思想，对于有关人才的重要性、如何选拔人才、如何用好人才等都有过精辟的论述。

(1)有关人才的重要性，有唐太宗的名言"为政之要，惟在得人"。

(2)有关如何选拔人才，汉朝的王符指出"德不称其任，其祸必酷；能不称其位，其殃必大"。强调人员的品行和能力必须与其职位相符，否则会带来严重的后果。

(3)有关如何用好人才，诸葛亮曾说过"古之善将者，养人如养己子，有难，则以身先之；有功，则以身后之；伤者，泣而抚之；死者，哀而葬之；饥者，舍食而食之；寒者，解衣而衣之；智者，礼而录之；勇者，赏而劝之。将能如此，所向必捷矣"。

(二)我国近代人事管理的概况

鸦片战争之后，中国逐步沦为半殖民地半封建社会，这时的人事管理具有两个基本特点：一是带有浓厚的封建色彩，企业大多是家族性质的小型私人企业。许多企业实行包工制度，将工作包给包工头，然后由包工头招收工人，组织生产，进行监督，发放工资。二是学习引进西方资本主义国家的科学管理方法。一些规模较大的企业学习引进了泰勒科学管理的

方法，对人员进行比较规范的管理。

（三）中华人民共和国成立以来人力资源管理的发展

中华人民共和国成立以来，我国人力资源管理的发展可分为两大阶段：改革开放前和改革开放后。随着社会主义改造的完成，我国建立起了社会主义制度，同时也确定了计划经济的经济体制，企业是国家所有，企业员工是企业的主人。与经济体制相适，我国实行了"统包统配"的就业制度，企业没有用人的自主权，不能自行招聘所需的人员；人员只进不出，没有形成正常的退出机制；同时在企业内部，对于工人的工作没有考核，工资分配中存在着严重的平均主义，与工作业绩和工作岗位没有任何关系，人事管理还停留在简单的档案管理和资料统计阶段，与现代的人力资源管理相差甚远。

党的十一届三中全会以来，特别是改革开放以后，随着我国经济体制改革的不断深入，国有企业的劳动人事工作也在不断进步。1979 年，国务院颁发了《关于扩大国营工业企业经营管理自主权的若干规定》（简称《规定》），重新规定了企业人事管理的职责权限范围。《规定》指出：允许企业根据生产需要和精简高效的原则决定自己的机构设置和人员配备；有权根据国家下达的劳动指标招工，进行岗前培训；有权对成绩优异、贡献突出的员工给予奖励；有权对严重违反劳动纪律的员工给予处分，直至辞退。

1988 年 9 月，"国际劳工组织亚洲人力资源开发网、中国人力资源开发研究中心成立暨首届学术研究会"在贵阳召开，这标志着我国人力资源管理理论研究的开始。此后，人力资源开发丛书编委会、光明日报社等单位又举行了人力资源开发理论研讨会，对人力资源管理的基本概念、基本思想进行了探讨，人力资源管理在我国开始传播。1992 年，中国人民大学劳动人事学院将下属的人事管理教研室改名为人力资源管理教研室，将人事管理专业调整为人力资源管理专业，并且在 1993 年招收了首届人力资源管理的本科生，这在我国人力资源管理发展过程中具有里程碑的意义，标志着我国人力资源管理的发展进入了专业化的阶段。1995 年以后，随着 MBA（工商管理硕士）教育的推广，人力资源管理在社会上逐渐得到普及。目前，全国已有 400 多所高校开设了人力资源管理专业，人力资源管理的培养也从本科扩大到硕士研究生与博士研究生。所有这些，都为人力资源管理在我国的发展进行了理论和人才准备。

目前，人力资源管理在我国可以说是机遇与挑战并存，需要人力资源管理的理论工作者和实际工作者共同努力，积极探讨，以不断提高我国人力资源管理的理论和实践水平。

本章小结

（1）人力资源是指那些体能、技能、智能健全，能够以各种有益于社会的脑力劳动和体力劳动创造财富，从而推动经济社会发展的人的总和。由于人力资源是依附于人的劳动能力，和劳动者密不可分，因此可以用劳动者的数量和质量来反映人力资源的数量和质量。

（2）人力资源具有主观能动性、时效性、增值性、两重性、社会性等特点。主观能动性是指人力资源体力和智力的融合不仅具有主动性，而且还具有不断拓展的潜力。人力资源的时效性是指人力资源要在一定的时间段内开发，超过这一时期，可能就会荒废和退化。在一定范围内，人力资源是不断增值的，创造的价值会越来越多。人力资源既是投资的结果，又能创造财富，具有既是生产者又是消费者的两重性。人所具有的体力和脑力明显受到时代和社会因素的影响，从而具有社会属性。

（3）人力资源管理是指为了达到组织的总体目标，运用现代科学的技术方法，通过对组织的人和事的管理，协调好人与事的关系，处理好人与人之间的矛盾，充分发挥人的潜能，对人力资源进行获取、开发、整合和调控的过程。人力资源包括人力资源规划、人员招聘与培训、薪酬体系的制定及绩效考核等方面。

（4）企业的人力资源管理，是指企业对于人力资源的一系列管理活动。这些活动主要包括企业人力资源规划、薪酬管理、人员招聘与配置、员工培训管理、绩效管理、劳动关系管理等，即企业运用现代管理方法，对人力资源的获取（选人）、开发（育人）、利用（用人）和保持（留人）等方面所进行的计划、组织、指挥、控制和协调等一系列活动。人力资源管理可简单概括为"选、育、用、留"，最终达到实现企业和员工共同发展目标的一种管理行为。

（5）对人力资源管理在西方的产生与发展，不同的学者划分出了不同的阶段。结合不同学者的划分方法，我们认为可以将人力资源管理在西方的产生与发展划分为六个阶段，具体包括萌芽阶段、初步建立阶段、反省阶段、发展阶段、整合阶段和战略阶段。

本章习题

一、名词解释

1. 资源
2. 人力资源
3. 人力资源管理
4. 战略性人力资源管理

二、简答题

1. 人力资源的特点有哪些？
2. 人力资源管理的功能有哪些？
3. 简述人力资源管理的内容。
4. 简述西方人力资源管理产生与发展的历史。

三、案例分析

王永所在的企业是一家合资的生产日用消费品的制造业企业，这几年公司业务发展迅速，平均每年有10%以上的增长，虽然近两年国内市场竞争越来越激烈，但是由于公司在前几年形成了良好的企业文化及打下了扎实的管理基础，公司仍能继续保持平稳发展。公司这几年一直采用目标管理（MBO）这一管理工具，强调参与式的目标设置，并且强调所有目标都必须是明确的、可检验的和可衡量的。同时，公司在四年前成功运行了一套企业资源计划（ERP）系统，这套计算机管理系统不仅使公司的物流、财流、信息流达到最优化，而且使公司组织结构扁平化，目标设定具体化，并对目标的绩效反馈有很大帮助。目标管理与 ERP 系统相辅相成，使公司具备了良好的管理基础，并形成了目前的企业文化。

王永于五年前进入此公司并在生产管理部门担任部门负责人，生产管理部共有四位员工，他们是进入公司一年的 B 先生与 C 小姐，进入公司三年的 D 先生与 E 小姐。在进入此部门两星期后，王永了解到 B 先生做事有条理，交给他做的事总能有计划地完成，但是 B 先生在工作中主动性不够。C 小姐活泼开朗，经常在工作中会提出一些新鲜点子，但是做事欠缺条理性。D 先生从公司刚成立就已在此部门工作，经验丰富，而且工作积极主动。E 小姐与 D 先生同为公司资深员工，工作经验丰富，且人缘很好，在公司各个部门都有好朋友。

在四年前公司 ERP 系统成功上线后，经过业务流程重组，王永负责的生产管理部门主要包括以下工作职责。

（1）制作生产计划，主要是根据公司市场部门提供的销售预测及公司财务部门的库存目标，结合工厂产能计划，制作年度、季度、月度的生产计划。

（2）制作产能计划，主要是与工程部门、技术部门、生产部门一起核定生产产能计划，通常每年定期核查，平时如有变化就要及时更改。

（3）安排日常生产排程，主要将客户订单及生产计划变成生产指令下达给生产部门组织生产。

（4）制作采购计划，系统依据生产计划及动态客户订单数量产生基础 MRP（物资需求计划），经过人为整合下达采购指令给采购部门采购原料。

（5）制作分销资源计划，由于公司在全国各地有五个仓库向各地发货，所以需要向各仓库分配产品，安排运输，同时还要与各地经营部联络、满足各地的订单需求与控制各地库存水平等。

王永利用业务流程重组的机会，将手下四位员工的工作职责进行了重新划分，经验丰富的 D 先生被安排负责制作生产计划与产能计划，同样经验丰富的 E 小姐负责制作分销资源计划，B 先生负责安排日常生产排程，C 小姐负责制作采购计划。由于部门内所有人经过了系统完整的培训，同时又都有一定的工作经验，所以大家很快熟悉并胜任了各自的工作。

由于本部门工作完成情况要与其他部门的配合，所有的工作都需要与人沟通才能完成，如要完成生产计划，不仅要与本部门生产排程、采购计划、分销计划充分沟通，还需要与市场部、财务部、研发部、技术部、工程部等部门进行有效沟通；同样制作分销计划，不仅要与本部门的生产排程进行沟通，还要与工厂仓库、运输公司、各经营部客户服务人员、市场部人员、各地仓库等进行沟通。所以王永在部门内一直强调沟通的重要性，并积极提倡协同配合，使大家明了每个人的工作都需要部门内其他人员的帮助。而要做到这点，应互相信任、互相帮助、开诚布公。

由于在生产管理部门内各成员的工作都相辅相成、互相依赖，大家都有了了解别人工作的愿望，王永要求各成员将各自的具体工作写成流程形式，并包括各类细节，供部门内所有人员参考。还鼓励大家互相学习彼此的工作，规定每年必须轮换工作。由于大家的工作业绩互相依赖，大家都努力学习他人的工作、他人的长处，同时努力帮助他人克服缺点，现今部门内所有人都具备单独完成各项工作的能力。

王永在部门中一直提倡创新观念，他本人就一直提出各种各样新的观点和想法来帮助大家更好地完成工作，而一般 D 先生会帮助王永将他的观念落实，如制定操作程序等，B 先生和 C 小姐也经常会对这些观念提些建议，而 E 小姐小心谨慎，她会考虑新观点对各方面的影响。由于王永的倡导，部门内逐步形成了许多好的观念。如"鼓励提出不同意见""不能提出改进意见，就不要反对别人的观点""不提出改进意见，就完全按别人意见做"等。

经过这几年的成长，生产管理部已成为一个工作绩效高、学习能力强、工作满意度高、内部凝聚力强的团队，部门内的成员都以在这个团队中工作为荣。

思考：

1. 请分析王永是如何成功塑造高绩效的工作团队的。

2. 你从王永的成功经验得到了什么启示？

人力资源规划

判断企业人力资源规划问题实质

——××企业诊所咨询师张××的年终工作经验交流会报告

在 2010 年的一个飘着雪花的日子里，××有限公司的人力资源部部长李××敲响了我们诊所的门。看到他那愁眉苦脸的样子，我已经猜出了几分他的来意，因为我知道李××刚刚走马上任，正在着手他的第一项工作——为该公司招聘其下属公司××电脑软件公司的 IT 人才。

进军 IT 产业是银尊集团公司的又一大战略决策，在此之前已经过反复调研，并多次咨询了××大学的教授与专家。由于××电脑软件公司组建不久，尚未设立人力资源部，公司相关部门的工作都由总公司职能部门的负责人全权负责。在人力资源管理方面的工作自然就落到了新任总公司人力资源部部长的头上。李××刚刚从××大学获得 MBA 学位，学位论文做的是人力资源吸收方面的研究，接到负责组建新公司人力资源部门的任务后，他踌躇满志，满怀信心，连续奋战几昼夜做出了人力资源规划草案。

按照李××的计划，首先要加强人力资源部的力量，增加运行经费；其次，为了确保组建的新部门有足够强的战斗力，方便后续的工作，先要招聘一些人力资源管理人员充实部门。他按照组建新公司的战略规划设计了该部门的规模与人员需求，为了保证能够公正地招聘到公司需要的人才，他将自己连日来调研到的当地的以及总公司内部可以提供的人力资源供给的来源列于草案中。他认为自己的工作做得很细致，对自己的草案很满意，想着总裁也会满意，但方案送到总裁手里后并未马上得到首肯，而是被决定提到下周的高层管理者会议上讨论。李××百思不得其解，就来到我们诊所，希望得到指点。

第一节 人力资源规划概述

一、人力资源规划的含义

人力资源规划（human resource planning，HRP）又称人力资源计划，是指在组织发展战略和经营规划的指导下，预测和分析员工的供需平衡，以满足组织在不同发展阶段对员工的需求，为组织的发展提供符合质量和数量要求的人力资源保证。简单来说，人力资源规划是对组织在某个时期内的员工供给与需求进行预测，并根据预测的结果采取相应的措施来平衡人力资源的供需。

二、人力资源规划的作用

人力资源规划是连接公司组织战略和人力资源管理具体措施的纽带，具有承上启下的作用。具体来讲，人力资源规划有以下四项突出功能。

1. 是公司组织战略目标实现的保障

人力资源规划是公司组织的战略目标在人力资源供需（包括数量、质量和结构）等方面的分解，与公司组织在其他方面的规划，如生产计划、营销计划、财务计划等共同构成公司组织目标体系。

2. 是公司组织人力资源管理的基础

人力资源规划规定了公司组织在人力资源管理方面的具体行动方案，是公司组织人力资源管理的基础。人力资源规划的各项业务计划为工作分析提供依据，是员工配置的基础，引导公司组织有针对性地进行人员储备，对公司组织急需的人才发出引进和培训预警，为员工职业发展道路的设计提供依据。

3. 有助于调动员工的积极性

在人力资源规划制定与实施的过程中，员工可以看到公司组织的发展远景和自己的发展前景，可以据此设计自己的职业生涯，确立职业发展方向，从而有助于调动员工的积极性。

4. 是公司组织人工成本控制的手段

随着公司组织的不断成长和壮大，人工成本必定也不断变化。通过人力资源规划，预测和控制公司组织人员的变化，逐步调整公司组织人员的结构，使之尽可能合理化，就可以把人工成本控制在一个合理的水平上。

三、人力资源规划的内容

人力资源规划有狭义与广义之分。狭义的人力资源规划，是指组织从战略规划和发展目标出发，根据其内外环境的变化，预测组织未来发展对人力资源的需求，以及为满足这种需求所提供的人力资源的活动过程。简单地说，狭义的人力资源规划即进行人力资源供需预测并使之平衡的过程，实质上是组织各类人员的补充规划。广义的人力资源规划是组织所有人员资源计划的总称。

人力资源规划包含两个层次的内容：总体规划与各项业务计划。人力资源总体规划是对有关计划期内人力资源开发利用的总目标、总政策、实施步骤和总预算的安排。人力资源规划所属的业务计划则包括人员补充计划、人员使用计划、提升与降职计划、教育培训计划、薪资计划、劳动关系计划、退休解聘计划等。各种业务计划一览表如表2-1所示。

表2-1　各种业务计划一览表

计划类别	目标	政策	步骤	预算
总体规划	总目标：绩效、人力总量素质、职工满意度	总政策：扩大、收缩，保持稳定	总步骤：（按年安排）如完善人力信息系统	总预算：××万元
人员补充计划	类型、数量、层次，对人力素质结构及绩效的改善等	人员素质标准，人员来源范围，起点待遇	拟定补充标准，广告吸引，面试、笔试、录用，教育、上岗	招聘挑选费用
人员使用计划	部门编制，人力结构优化及绩效改善，人力资源能位匹配，职务轮换幅度	任职条件，职务轮换范围及时间	略	按使用规模、差别及人员状况决定工资、福利预算
提升与降职计划	后备人员数量保持，提高人才结构及绩效目标	全面竞争，择优晋升，选拔标准，提升比例，未提升人员的安置	略	职务变动引起的工资变动
教育培训计划	素质及绩效改善，培训数量类型，转变态度及作风	培训时间的保证，培训效果的保证（如待遇、考核、使用）	略	教育培训总投入产出，脱产培训损失
薪资计划	人才流失减少，士气提高，绩效改进	工资政策，激励政策，激励重点	略	增加工资奖金额预算
劳动关系计划	降低非期望离职率，干群关系改进，减少投诉和不满	参与管理，加强沟通	略	法律诉讼费
退休解聘计划	编制、劳务成本降低及生产率提高	退休政策及解聘程序	略	安置费、人员重置费

四、人力资源规划的类别

按照规划涉及的时间长短，人力资源规划可分为长期规划、中期规划和短期规划三种。

长期规划指跨度为 5～10 年或以上的具有战略意义的规划，它为组织人力资源的发展和使用状况指明了方向、目标和基本政策。长期规划的制定需要对内外环境的变化进行有效的预测，才能对组织的发展具有指导性的作用。长期规划比较抽象，可能随内外环境的变化而发生改变。人力资源规划与经营环境的关系如表 2-2 所示。

表 2-2　人力资源规划与经营环境的关系

短期规划——不确定/不稳定	长期规划——确定/稳定
组织面对诸多竞争者	组织处于强有力的市场竞争地位
飞速变化的社会、经济环境	渐进的社会、政治环境
不稳定的产品/劳务需求	变化和技术革新
政治、法律环境经常变化	完善的管理信息系统
组织规模小	稳定的市场需求
管理混乱	规范且有条不紊的管理

短期规划的时间跨度一般为 1 年左右。与长期规划相比，短期规划对各项人事活动要求明确，任务具体，目标清晰。

中期规划一般为 1～5 年的时间跨度，其目标、任务的明确与清晰程度介于长期和短期两种规划之间。

规模较小的组织不适于拟定详细的人力资源规划，因为其规模小，各种内外环境对其影响大，规划的准确性差，制定的人力资源规划的指导作用也就难以体现。另外，小组织的规划成本较高。

也有学者将现代企业的人力资源管理规划大致分为三个层次：策略规划、制度规划和作业执行。这三个层次其实也代表了人力资源管理的不同发展阶段，可以体现从传统的人事管理到现代人力资源管理的过渡。

若把人力资源管理粗分为人员甄选、绩效评估、员工发展、薪资福利四大方面，则人力资源管理规划层次与职能的关系如表 2-3 所示。

表 2-3　人力资源管理规划层次与职能的关系

项目	策略规划	制度规划	作业执行
人员甄选	确认企业长期经营所需的人员，建立 HR 预测工具	设计甄选工具，确认甄选工具的效度，拟定招聘计划	招聘工作管理，人员面试等
绩效评估	决定企业应强调何种绩效指标，及早确定具有潜力的员工	设计与薪资、员工发展相结合的评估制度，发展未来组织工作所需的评估工具	绩效考评的组织实施，数据的收集、汇总、分析、反馈

续表

项目	策略规划	制度规划	作业执行
员工发展	规划企业未来主要骨干的发展计划，确认组织发展所需的人才类别，建立事业途径	设计企业发展系统，评估企业培训要求，设计培训课程及有关制度，配合组织发展	提供培训课程，执行工作教导，规划个人职业生涯
薪资福利	薪资与企业长期战略结合	调薪、核薪、发薪及日常福利等	

五、人力资源规划的原则

在制定人力资源规划时，要注意以下三个基本原则。

1. 应充分考虑内外部环境的变化

人力资源规划只有充分地考虑内外环境的变化，才能适应需要，真正地做到为组织目标服务。内部变化主要是指销售的变化、开发的变化、组织发展战略的变化、公司员工流动的变化等；外部变化指社会消费市场的变化、政府有关人力资源政策的变化、人才市场供需矛盾的变化等。

2. 要确保组织的人力资源保障

组织的人力资源保障问题是人力资源规划中应解决的核心问题。它包括人员的流入预测、人员的流出预测、人员的内部流动预测、社会人力资源需求和供给状况分析、人员流动的损益分析等。只有有效地保证对组织的人力资源供给，才可能进行更深层次的人力资源开发与管理。

3. 使组织和员工都得到长期利益

人力资源规划不仅是面向组织的规划，也是面向员工的规划。组织的发展和员工的发展是互相依托、互相促进的关系。如果只考虑组织的发展需要而忽视了员工的发展需要，则会有损组织发展目标的达成。

第二节　人力资源需求预测

一、人力资源需求预测

人力资源需求预测是指对企业未来某一特定时期内所需人力资源的数量、质量及结构进行估计。企业的人力资源需求是一种引致需求，它最终取决于市场对企业产品和服务的需求。因此在进行人力资源需求预测之前，先要预测企业产品或服务的需求，然后再在一定的技术和管理条件下，将这一预测转换为满足需求所需的员工数量和质量预测。人力资源需求预测需要对下列因素进行分析。

（一）产品和需求预测

产品和需求预测通常是从行业和企业两个层次对市场需求进行预测。从行业角度看，不同行业的产品侧重于满足消费者不同方面的需求，它受到消费者人数、消费者的偏好、收入水平、价格水平以及政治、经济、社会、技术等直接和间接、长期与短期因素的影响。因此行业需求既有长期的稳定趋势也有短期波动现象。市场对个别企业产品和服务的需求决定了其在整个行业中的市场份额，主要取决于企业与竞争对手在产品质量、成本价格、品牌信誉、促销努力等多个方面的差距。

一般地，在生产技术和管理水平不变的条件下，企业产品需求与人力资源需求呈正相关关系，当企业产品和服务需求增加时，企业内设置的职位和聘用的人数也会相应增加。

（二）企业的发展战略和经营规划

企业的发展战略和经营规划一方面取决于企业外部市场环境，尤其是企业产品和服务的需求状况；另一方面也取决于企业对外部市场环境的应对能力和独特的目标要求。企业的发展战略和经营规划直接决定了企业内部的职位设置情况以及人员需求数量与结构。当企业决定实行扩张战略时，未来的职位数和人员数肯定会有所增加，当企业对原有经营领域进行调整时，未来企业的职位结构和人员构成也会相应地进行调整。

（三）生产技术和管理水平的变化

不同的生产技术和管理方式很大程度上决定了企业内部的生产流程和组织方式，进而决定了组织内职位设置的数量和结构。因此，企业的生产和管理技术发生重大变化，会引起组织内职位和人员情况的巨大变化。当企业采用效率更高的生产技术的时候，同样数量的市场需求可能只需要很少的人员就可以，同时新的技术可能还要求企业用能够掌握新技能的员工来替换原有员工。但是新的技术也可能会有一些新的职位要求，如设计、维修等，也会在一定程度上增加对某一类员工的需求。

影响企业人力资源需求的因素很多，而且不同的企业影响因素会有所不同，即使是同一种影响因素，对人力资源需求的实际影响也有所差异，因此人力资源需求预测应根据企业的具体情况，分析和筛选出最为关键的因素；并确定这些因素对人力资源需求的实际影响，根据这些因素的变化对企业人力资源需求状况进行预测。

二、人力资源需求预测的方法

对人力资源需求进行预测的方法很多，但不外乎两大类：第一类是定性方法，包括主观判断法、微观集成法、工作研究法和德尔菲法等；第二类是定量方法，包括回归分析法、趋势预测法、生产函数法、比率预测法。需要指出的是，在实际预测中，不可能只用一种方法，而应当将多种方法结合起来，这样预测的结果才会比较准确。下面介绍几种定性预测方法。

1. 主观判断法

主观判断法是最为简单的预测方法。它是由管理人员根据自己以往的经验对人力资源影响因素的未来变化趋势进行主观判断，进而对人力资源需求情况进行预测。在实际操作中，一般先由各个部门的负责人根据本部门未来一定时期内工作量情况，预测本部门的人力资源需求，然后再汇总到企业最高层管理者那里进行平衡，以确定企业最终需求。这种方法完全凭借管理人员的经验，因此要求管理人员具有丰富的管理经验。这种方法主要适用于规模较小或者经营环境稳定、人员流动不大的企业。

2. 微观集成法

微观集成法可以分为"自上而下"和"自下而上"两种方式。"自上而下"是指由组织的高层管理者先拟定组织的总体用人计划和目标，然后逐级下达到各具体职能部门，开展讨论和进行修改，再将有关意见汇总后反馈回高层管理者，由高层管理者据此对总的预测和计划进行修改后，予以公布。"自下而上"是指组织中的各个部门根据本部门的发展需要预测未来某种人员的需求量，然后再由人力资源部门进行横向和纵向汇总，最后根据企业经营战略形成总的预测方案。

3. 工作研究法

工作研究法是在分析和确定组织未来任务和组织流程的基础上，首先确定组织的职位设置情况，然后根据职位职责，计算每个职位工作量及相应的人员数量。工作研究法的关键是工作量的计算和分解，因而必须制定明确的岗位用人标准以及职位说明书。

4. 德尔菲法

德尔菲法是邀请某一领域的一些专家或有经验的管理人员对某一问题进行预测，经过多轮反馈并最终达成一致意见的结构化方法。例如，在估计将来公司对劳动力的需求时，公司可以选择计划、人事、市场、生产和销售部门的经理作为专家。德尔菲法又称专家评估法，是用来听取专家们关于处理和预测某重大技术性问题的一种方法。

第三节　人力资源供给预测

一、人力资源供给分析

对企业来说，人力资源供给本质上是生产过程中的劳动投入，取决于企业劳动力总人数、单位劳动力的劳动时间以及标准劳动力的折算系数。由于国家法律的限制，劳动者的劳动时间基本上是恒定的。标准劳动力的折算系数取决于劳动者的能力和实际生产效率，能力和实际生产效率越高，则折算系数越大。因此人力资源的供给预测就是对在未来某一特定时期内能够提供给企业的人力资源数量、质量以及结构进行估计。对于多数实行长期雇用的企业来说，人力资源供给包括外部供给和内部供给两个来源。与此相对应，人力资源供给预测也应当从这两个方面入手。

（一）外部供给分析

外部供给是指企业可以从外部劳动力市场获得的人力资源。外部劳动力市场主要是针对那些没有技能的体力劳动或不需要多少技能的服务工作、钟点工、短工和季节工等组织中的次要部门的雇用情况，此外最主要的就是具有长期雇用潜力的新员工。具有长期雇用潜力的新员工只有经过一系列的培训，并取得企业信任之后才能进入内部劳动力市场。在此之前，他们与其他的外部劳动力一样，其标准劳动力的折算系数都比较低。因此外部供给分析主要是对劳动者供给数量进行分析。

在外部劳动力市场，雇佣关系是短期的，没有晋升的承诺，工资也完全受劳动市场的调节。一般来说，多数企业对外部劳动力市场无法控制，除非它是劳动力市场的垄断需求者。因此对外部供给的分析主要是对影响供给的因素进行分析，进而对外部供给的有效性和变化趋势进行预测。

外部劳动力市场供给主体和分析单位是家庭。影响家庭人力资源供给决策的因素不仅包括市场工资水平而且包括家庭对于闲暇的偏好。这些因素的共同作用会形成总的劳动力供给态势，当劳动供给大于或等于劳动需求时，多数企业外部劳动力需求会得以满足。当然对于某个具体企业而言，家庭对于生产行业和企业的偏好也会影响这个企业所面临的实际供给状况。因此企业所处的行业是否具有吸引力，以及企业本身是否比竞争者更有吸引力，可能对企业的人力资源供给状况具有更直接的影响。其他影响供给的因素有总体经济状况、地方劳动力市场状况和人们的就业意识等。

（二）内部供给分析

内部供给是指企业从内部劳动力市场可以获得的人力资源。经济中主要部门的劳动者，如拥有技能的蓝领工人、大部分管理和专业技术人员等，其雇用和工资并不直接受外部劳动力市场的影响，而是由企业按照内部的规定和惯例来决定，从而形成一个与外部劳动力市场（一般意义上的劳动力市场）相对隔离的内部劳动力市场，其主要特征表现为：长期雇用，从外部劳动力市场进入企业的人口很少，按工作而非个人的生产率支付工资，以及内部晋升等。

进入内部劳动力市场的劳动者，其标准劳动力的折算系数基本大于1，并且随着培训以及劳动者劳动经验的积累和基本技能的增加，其标准劳动力的折算系数还有可能进一步增加。在新员工数量受到严格限制的条件下，企业内部劳动力市场的劳动者人数将随着劳动力的自然减员（如退休、生育）和离职而降低，但是人力资源供给却可能会由于劳动者能力和素质的提升而增加。因此与外部供给分析不同，内部供给分析不仅要考虑劳动者供给人数的变化，更要研究劳动者能力和素质的变化。

1. 内部劳动力市场劳动者人数分析

内部劳动力市场劳动者人数取决于长期雇用的新员工人数以及现有内部劳动力市场劳动者人数。在新员工数量受到严格限制的条件下，内部劳动力市场人数供给状况主要取决于现有内部劳动力市场劳动者人数的自然变化和流动状况。

内部劳动力市场劳动者人数的自然变化取决于员工的性别、年龄和身体状况结构。例如，企业现有58岁男性员工30人，那么两年后内部劳动力市场供给就会减少30人。内部劳动力市场劳动者的流动状况包括人员流出和内部流动两个方面。企业人员流出的原因很多，如辞职、辞退等，企业人员流出的数量形成了内部劳动力市场减少的数量。企业人员内部流动主要影响企业内具体的部门和职位的人员供给状况。影响企业人员内部流动的因素主要是企业的绩效考核制度和结果，以及企业内部晋升和轮换制度等。

因此，内部劳动力市场劳动者人数分析应当关注员工的性别、年龄和身体状况结构，企业人员离职倾向、企业绩效考核制度和结果，企业内辞退、晋升和轮换制度等因素的变化和影响。

2. 内部劳动力市场劳动者素质分析

在内部劳动力市场劳动者人数保持不变的条件下，人员素质的变化会影响内部劳动力市场的供给状况。人员素质的变化体现在两个方面：高素质员工的比例变化以及员工整体素质的变化。无论是高素质员工数量的增加还是员工整体素质的提升，最终都会使企业生产效率提高，从而相对增加企业内部劳动力市场人力资源的供给。影响员工素质的因素很多，工资水平增加、激励工资（包括绩效工资、奖金、利润和股权分享计划）的实施，以及企业各类培训投入的增加都可能会有助于提升员工的素质。因此在进行内部劳动力市场劳动者素质分析时，必须对这些因素的变化和影响给予高度关注。

二、人力资源供给预测

人力资源供给预测是指为了满足企业在未来一段时间内的人力资源需求，对将来某个时期企业从其内部和外部可以获得的人力资源的数量和质量进行预测。它包括外部人力资源供给预测和内部人力资源供给预测。

（一）人力资源外部供给预测

1. 影响因素

行业性因素、地区性因素和全国性因素是影响外部人力资源供给预测的三个因素。

行业性因素包括企业所处行业的发展前景，行业内竞争对手的数量、实力及其在吸引人才方面的方法，企业在行业中所处的地位和竞争实力等。地区性因素包括企业所在地及其周边地区的人口密度、就业水平、就业观念、教育水平，企业所在地对人们的吸引力，教育制度的改革对人力供给的影响，国家就业政策、法规的影响等。全国性因素包括对今后几年内国家经济发展情况的预测，全国对各类人员的需求程度，各类学校的毕业生规模和结构，教育制度的改革对人力资源供给的影响，国家就业政策、法规的影响等。

2. 预测方法

（1）直接收集有关信息。企业可以对所关心的人力资源状况进行相关调查，获得第一手材料。

（2）查阅相关资料。国家或者某一地区的统计部门、劳动部门都会定期发布一些统计数据，企业可以通过这些现有资料获得所需信息。当今互联网的迅速发展使得相关信息资料的获得变得更加容易。

（3）对应聘和雇用人员的分析。对企业已经雇用或前来企业应聘的人员进行调查和分析，也可以对人力资源供给情况进行估计。

（二）人力资源内部供给预测

1. 影响因素

企业自身的人力资源策略和相应的管理措施是一个重要的影响因素。不同的企业对人才的期望是不尽相同的，有的企业采取鼓励人才合理流动的策略，将较多的精力放在吸引外部的成熟人才上，期望不断引入新鲜血液；有的企业则希望人才能够长期稳定，企图用优厚的待遇、较多的培训机会和充足的发展空间来确保企业有稳定的人才。

2. 预测方法

（1）员工档案法。从员工进入企业开始，人力资源部门就应该为其建立内容全面的人员档案，以便企业对现有的员工哪些能够被提升或调配随时做出判断。员工的个人档案中应该记录的内容包括：①员工的基本资料，如姓名、性别、年龄等个人信息；②员工过去的经历，如之前的教育经历、工作经历、培训经历等；③员工在企业中的经历；④员工在企业中职位、薪酬的变化，工作绩效评估的结果，所接受培训的内容和效果；⑤员工的能力，对员工的各项关键能力和专业技术能力测试和判断的结果，以及取得的奖励和成就等；⑥员工的素质测评结果，如对员工各项能力的测评；⑦员工的职业生涯规划，如员工的职业发展目标和计划、职业兴趣等。

（2）人员接替法。不少企业的管理人员都是从内部员工中提拔的，因此确定一些关键管理职位可能的接班人，明确这些接班人的潜力，确定能否胜任，这就是人员接替法。人员接替表如表2-4所示。

表2-4 人员接替表

职位名称：总经理				
姓名	晋升顺序	现职	绩效	晋升潜力
林伊	1	销售经理	H	N
姚洱	2	生产经理	H	S
陈珊	3	人事经理	M	L
李靓靓	4	财务经理	L	R

注：晋升潜力中，N表示可晋升，S表示需短期培训，L表示需长期培训，R表示需要被他人替代；绩效中，H表示优秀，M表示良好，L表示偏低。

（3）马尔可夫法。马尔可夫法是一种统计预测方法，其方法的基本思想：找出过去人事变动的规律，以此来推测未来的人事变动趋势。以某大学的人员流动为例，用马尔可夫法预测一段时间后学校的人员供给情况。表2-5是在对过去人员变动数据收集分析的基础上，计算出人员流动的概率，列出的人员流动概率矩阵表。所收集数据的时间周期越长，这一百分比的准确性就越高。将初期人员数乘以人员流动概率，可得出人员流动矩阵表，如表2-6所示。将期末人员数纵向相加，就可以得出组织内部未来人员供给的净值。

表2-5 人员流动概率矩阵表

职称	教授	副教授	讲师	助教	离职
教授	0.80				0.20
副教授	0.10	0.70			0.20
讲师		0.05	0.80	0.05	0.10
助教			0.15	0.65	0.20

表 2-6　人员流动矩阵表

职称	初期人员数量	教授	副教授	讲师	助教	离职
教授	40	32				8
副教授	80	8	56			16
讲师	120		6	96	6	12
助教	160			24	104	32
期末人员供给量		40	62	120	110	68
需补充人数		0	18	0	50	

马尔可夫法已经被一些大公司如 IBM 等应用。在内部人力资源供给预测的实际应用中，一般采取多种预测方法，得出几种预测结果，然后进行综合分析，得到比较合理的结果。

第四节　人力资源供需综合平衡

在预测了人力资源的需求与供给之后，人力资源规划就必须对人力资源的供求关系进行综合平衡，如出现不平衡，则要做出调整，使之趋于平衡。人力资源供给与需求预测的结果一般会出现以下三种可能：人力资源供大于求；人力资源供小于求；人力资源供求总量平衡，结构不平衡。针对这三种不同的情况，组织应采取以下措施。

（一）人力资源供大于求时

（1）撤销、合并臃肿的机构，减少冗员。这在一定程度上可以提高人力资源的利用率。

（2）辞退劳动态度差、技术水平低、劳动纪律观念不强的员工。

（3）鼓励提前退休或内退。对那些接近而未达到退休年龄者，制定一些优惠措施，鼓励提前退休。

（4）加强培训工作，使员工掌握多种技能，增强他们的择业能力，鼓励员工自谋职业。同时，通过培训也可为组织的发展储备人力资本。

（5）减少员工的工作时间，降低员工的工资水平。如可采用多个员工分担以前只需一个或少数几个人就可完成的工作，组织按完成工作量来计发工资。这是西方组织在经济萧条时经常采用的一种解决组织临时性人力资源过剩的有效方法。

（二）组织人力资源供不应求时

（1）内部调剂。可将某些符合条件而又相对富余的人员调往空缺职位。也可通过培训与晋升的方法补充空缺职位。

（2）外部招聘。对组织内部无法满足的某些职位的人员需要，有计划地经由外部招聘。

（3）如果短缺现象不严重，且本组织员工又愿意延长工作时间，则可根据《中华人民共和国劳动法》（以下简称《劳动法》）有关规定，制订延长工时并适当增加报酬的计划。

（4）制订聘用非全日制临时工计划。如返聘已退休者，或聘用小时工等。

（5）工作再设计。工作再设计主要是通过工作扩大化，使员工做更多的工作，这样不仅能降低员工的单调感和厌烦情绪，而且也提高了人力资源的利用率。

总之，以上措施虽是解决组织人力资源短缺的有效途径，但是最有效的方法是通过激励及培训提高员工的业务技能，改进工艺设计，以此调动员工的积极性，提高劳动生产率，减少对人力资源的需求。

（三）人力资源供求总量平衡、结构不平衡时

当组织中人力资源在供求总量上是平衡的，但因人员结构不合理，造成某些职位空缺或人员不足时，组织应根据具体情况制订针对性较强的业务计划，如晋升计划、培训计划等，改变结构不平衡的状况。

应当指出的是，组织在制订平衡人力资源供求的措施时，不可能是某种情况单独出现，很可能是不同部门、不同层次的不同情况同时出现。所以，应具体情况具体分析，制定出相应的人力资源规划，使各部门人力资源在数量、质量、层次、结构等各方面达到协调与平衡。

第五节　人力资源规划制定程序

一般来说，人力资源规划的过程包括四个步骤：准备阶段、预测阶段、实施阶段与评估阶段，如图 2-1 所示。

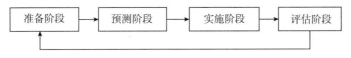

图 2-1　人力资源规划步骤

一、准备阶段

信息资料是制定人力资源规划的依据，要想制定出一个有效的人力资源规划，就必须获得丰富的相关信息。影响人力资源规划的信息主要有以下几种。

1. 外部环境信息

外部环境信息主要包括两类：一类是宏观经营环境的信息，如经济、政治、文化、教育以及法律环境等。由于人力资源规划与组织的生产经营活动密切相关，所以这些影响组织生产经营的因素都会对人力资源的供给与需求产生作用。另一类是直接影响人力资源供给与需求的信息，如外部劳动力市场的政策、结构、供求状况，劳动力择业的期望与倾向，政府的职业培训政策、教育政策以及竞争对手的人力资源管理政策等。

2. 内部环境信息

内部环境信息包括两个方面：一是组织环境信息，如组织发展战略、经营计划、生产技术以及产品结构等；二是管理环境信息，如组织的结构、管理风格、组织文化、管理结构、管理层次与跨度及人力资源管理政策等。这些因素都决定着组织人力资源的供给与需求。

3. 现有人力资源信息

现有人力资源信息即对组织内部现有人力资源的数量、质量、结构和潜力等进行调查后得

到的信息，包括员工的自然情况、录用资料、教育资料、工作经历、工作能力、工作业绩记录和态度记录等方面。组织人力资源的状况直接关系到人力资源的供需状况，对于人力资源规划的制定有直接的影响，只有及时准确地掌握组织现有人力资源的状况，人力资源规划才有效。

二、预测阶段

预测阶段的主要任务是在充分掌握信息的前提下选择使用有效的预测方法，对组织在未来某一时期的人力资源供给与需求做出预测。人力资源的供需达到平衡，是人力资源规划的最终目的，进行需求与供给的预测就是为了实现这一目的。在整个人力资源规划过程中，预测阶段是最为关键的一部分，也是难度最大的一个阶段，直接决定着人力资源的规划是否能够成功。人力资源管理人员只有准确地预测出人力资源的需求与供给，才能采取有效的平衡措施。

三、实施阶段

在需求与供给的基础上，人力资源管理人员根据两者的平衡结果，制定人力资源的总体规划和业务规划，并制定出实施平衡需要的措施，使组织对人力资源的需求得到满足。需要说明的是，人力资源管理人员在制定相关措施时，应当使人力资源的总体规划和业务规划与组织的其他规划相互协调，这样制定的人力资源规划才能有效实施。

四、评估阶段

对人力资源规划实施效果进行评估是整个规划过程的最后一个阶段。由于预测不可能做到完全正确，因此人力资源规划也需要进行修订。在实施过程中，要随时根据变化调整需求与供给的预测结果，调整平衡供需的措施。同时对预测的结果及制定的措施进行评估，对预测的准确性和措施的有效性进行评价，吸取经验教训，为以后的规划提供借鉴和帮助。

第六节　人力资源管理信息系统

一、人力资源管理信息系统概述

人才之争是市场竞争中的核心内容之一。为了稳定军心并不断吸纳优秀人才，企业必须采用现代化的人才管理方法。因此，先进的人力资源管理系统越来越引人注目。通过建立透明、相容、一致和全面的人力资源信息系统，将与人相关的信息统一管理，就能为"公平、公正、合理"原则的实现，以及企业在运作和劳资纠纷诸方面的风险规避等建立一套科学的保障体系。

（一）人力资源管理信息系统的概念

人力资源管理信息系统（human resource management system，HRMS）是结合信息技术和人力资源管理思想，依靠信息技术对企业人力资源进行优化配置的一种管理方式。从某种意义上讲，人力资源管理信息系统更像是一种观念、一种思想——一种在信息技术和软件系统支持下得以体现的管理思想。拥有这种思想和观念的人是人力资源管理信息系统的神经中枢，"以人为本"的管理思想在人力资源管理信息化过程中得到精辟的阐释。

人力资源管理信息系统是20世纪70年代末产生的一个概念，是组织进行有关人力资源信息收集、保存、分析和报告的过程。它为收集、汇总和分析与人力资源管理有关的信息提供了一种方法。在小型组织中，人工档案管理和索引形式的人力资源管理信息系统比较有效。对规模很大的组织来说，很难用人工的方式管理其人事资料，需要采用计算机信息系统，以记录工作经验代码、产品知识、行业工作经验、训练课程、外语能力、调职意愿、前程抱负和绩效评估结果等。20世纪80年代中期，80%左右的美国大公司开始建立与使用人力资源管理信息系统，我国目前也有越来越多的企业开始建立这样的系统。

（二）HRMS发展简介

20世纪80年代后期，计算机大批引入中国，我国开始HRMS的研发和应用。较早的应用就是采用计算机处理人事档案、工资，是基于DBASE、数据库的简单管理，多为企业自行开发。目前我国的人力资源管理已经逐步与世界接轨，国内外的HRMS产品纷纷活跃在中国市场。纵观全世界HRMS的发展，大致可以分为五个里程。

1. 第一代HRMS

20世纪60年代末，HRMS诞生。伴随着计算机的发明和计算机应用技术进入实用阶段，大型企业为解决手工计算薪资既费时费力又非常容易出差错的问题，研制出最初的HRMS。第一代HRMS功能非常简单，只不过是一种自动计算薪资的工具，但是它的出现具有重要意义，为人力资源的管理展示了美好的前景。

2. 第二代HRMS

20世纪70年代末，HRMS功能逐步增强。计算机技术的飞速发展、计算机的快速普及、计算机系统工具和数据库技术的发展，为HRMS的阶段性发展提供了可能。第二代HRMS解决了第一代系统的主要缺陷，增加了较多的管理功能，诸如对非财务的人力资源信息和薪资的历史信息给予了考虑，然而却未能系统地考虑人力资源的需求和理念。

3. 第三代HRMS

20世纪80年代末，先进的人力资源管理理念进入HRMS。随着经济全球化的浪潮，市场竞争加剧，人才成为企业最重要的资产之一，促使HRMS引进先进的人力资源管理理念。第三代HRMS从人力资源管理的角度出发，成为企业加强人力资源管理的重要工具，将与人力资源相关的数据统一管理，形成了集成的信息源。HRMS得到了飞速发展，但是相比财务信息化的发展，HRMS信息化程度明显落后。

4. 第四代HRMS

20世纪90年代末，HRMS发生革命性变革。20世纪90年代末，随着企业管理理念和管理水平的大幅提高，社会对HRMS有了更高的需求；同时个人计算机的全面普及，数据库技术、客户/服务器技术，特别是Internet/Intranet技术的发展，促使HRMS发生革命性变革。第四代HRMS开始运用网络技术，实现信息的实时共享。但第四代HRMS对网络的应用还有限，功能不够强大。

5. 第五代 HRMS

21 世纪初，HRMS 飞速发展，智能化和电子化 HRMS 出现。进入 21 世纪，伴随信息化的普及及互联网的快速发展，企业需要思想、技术更为先进的 HRMS。第五代 HRMS，也即 IHRMS（智能化 HRMS）和 EHRMS（电子化 HRMS），它们紧密联系企业人力资源管理实际，同时充分利用信息网络，从根本上改变了员工与企业的沟通方式。第五代 HRMS 能够为企业提供人性化的管理模式，为企业提供大量的决策信息。中国的 HRMS 正在逐步向 IHRMS 和 EHRMS 迈进。

（三）HRMS 的分类

进入 21 世纪，国内外与人力资源管理有关的系统和程序发展都非常迅速，众多 HRMS 如雨后春笋般涌现。这些 HRMS 尽管各有特点，但根据其功能情况，大致可分为四类。

1. 具有某种单一功能的 HRMS

具有某种单一功能的 HRMS，如薪资和福利计算系统、培训管理系统、考勤管理系统、人才测评软件和招聘管理软件等。

2. 传统的 HRMS

传统的 HRMS，涵盖人力资源管理的各种功能。从科学的人力资源管理角度出发，从企业的人力资源规划开始，一般包括招聘、岗位描述、培训、技能、绩效评估、个人信息、薪资和福利等。将这些信息储存到集中的数据库中，可实现对企业员工信息的统一管理。

3. ERP 蕴含 HRMS

一般 ERP 产品中都有人力资源管理信息系统。ERP 在人力资源管理信息系统加入以后，功能真正扩展到了全方位企业管理的范畴。人力资源的功能范围，也从单一的工资核算、人事管理，发展到可为企业的决策提供帮助的全方位的解决方案。HRMS 同 ERP 中的财务和生产系统组成高效的、具有高度集成性的企业资源系统。

4. 新型的 HRMS——IHRMS 和 EHRMS

Internet/Intranet 不仅冲击了传统的市场、供应、销售和服务等领域，也给人力资源管理带来了新的挑战和机遇。IHRMS 和 EHRMS，不仅使企业的人力资源管理自动化，实现了与财务流、物流、供应链、客户关系管理等系统的关联和一体化，而且整合了企业内外人力资源信息和资源，使其与企业的人力资本经营相匹配，使 HR 从业者真正成为企业的战略性经营伙伴。

（四）HRMS 功能及功能结构

1. HRMS 功能

近年来，国内外与人力资源管理有关的系统和程序都发展得非常迅速，众多软件如雨后春笋般地涌现。这些软件尽管各有特点，但从功能上来分析，大致可分为以下五种。

（1）人力资源管理模块。人力资源管理系统从科学的人力资源管理角度出发，从人力资源规划开始，记录招聘、岗位描述、培训、技能、绩效评估、个人信息、薪资和福利、各种假期、离职等与员工个人相关的信息，并以易访问和可检取的方式储存到集中的数据库中，将企业内员工的信息统一地管理起来。完整地记载员工从面试到离职的整个周期的薪资、福利、岗位变迁、绩效等历史信息。

该模块可管理较全面的人力资源和薪资数据，具有灵活的报表生成功能和分析功能，使人力资源管理人员可以从烦琐的日常工作中解脱出来。同时，综合性的报表也可供企业决策人员参考，如生成按岗位的平均历史薪资图表，员工配备情况的分析图表，个人绩效与学历、技能、工作经验、接受过的培训等关系的分析等。

（2）薪资和福利模块。该模块通常可用于管理企业薪资和福利计算的全过程，其中包括企业的薪资和福利政策的设定、自动计算个人所得税、自动计算社会保险等代扣代缴项目。通常，这些程序还可以根据公司的政策设置并计算由于年假、事假、病假、婚假、丧假等带薪假期，以及迟到、早退、旷工等形成的对薪资和福利的扣减；能够设定企业的成本中心并按成本中心将薪资和总账连接起来，直接生成总账凭证；还能存储完整的历史信息供查询和生成报表；这类系统也可处理部分简单的人事信息。

（3）培训管理模块。培训管理系统一般通过培训需求调查、预算控制、结果评估和反馈及培训结果记载等手段，实现培训管理的科学化，并且和人力资源信息有机地联系起来，为企业人力资源的配备和员工的升迁提供科学的依据。

（4）考勤管理模块。为了有效地记载员工的出勤情况，很多企业购置了打卡机、考勤机等设备。考勤管理程序一般都与这些设备相接，根据事先编排的班次信息，过滤掉错误数据，生成较为清晰的员工出勤报告，并可转入薪资和福利程序中，使考勤数据与薪资计算直接挂钩。其生成的文档还可作为历史信息保存，用于分析、统计和查询。

（5）EHR。EHR 是一种基于 Internet/Intranet 的人力资源管理系统。EHR 强调员工的自助服务，如果员工的个人信息发生了变化，本人就可以去更新信息，经过一定的批准程序即可生效。同样，对于培训、假期申请、报销等日常的行政事务也可作类似处理。这样不仅减轻了人力资源管理人员用于数据采集、确认和更新的工作量，也较好地保证了数据的质量和数据传输的速度。由于 Internet 不受时间和地理位置的限制，经理即使远在国外，也可以及时地处理其员工的各种申请，不会因为人不在公司而影响工作。同时，公司的各种政策、制度、通知和培训资料也可通过这种渠道来发布，有效地改善了公司的沟通途径。EHR 对公司的硬件环境、员工的素质和公司的管理水平都提出了较高的要求，这是 EHR 在现阶段发展的最主要的制约因素。

2. HRMS 功能结构

一套典型的 HRMS 从功能结构上应分为三个层面：基础数据层、业务处理层和决策支持层。

（1）基础数据层。基础数据层包含的是变动很小的静态数据。它主要有两大类：一类是员工个人属性数据，如姓名、性别、学历等；另一类是企业数据，如企业组织结构、职位设置、工资级别、管理制度等。基础数据在 HRMS 初始化的时候要用到，是整个系统运转的基础。

（2）业务处理层。业务处理层是指对应于人力资源管理具体业务流程的系统功能。这些功能将在日常管理工作中不断产生与积累新数据，如新员工数据、薪资数据、绩效考核数据、培训数据、考勤休假数据等。这些数据将成为企业掌握人力资源状况、提高人力资源管理水平以及提供决策支持的主要数据来源。

（3）决策支持层。决策支持层建立在基础数据与大量业务数据组成的人力资源数据库基础之上，通过对数据的统计和分析，能快速获得所需信息，如工资状况、员工考核情况等。这不仅能提高人力资源的管理效率，而且便于企业高层从总体把握人力资源情况。

（五）HRMS 的系统构成

人力资源管理信息系统是对企业人力资源进行全面管理的人和计算机相结合的系统。它综合运用各种信息技术；同时与现代化的管理理念和管理手段相结合，辅助管理者进行人力资源决策和管理。它不仅是一个技术系统，更重要的是一个管理系统。人、技术支持和组织管理理念是该系统的三个核心构成要素。

（1）人。人即企业中具有专业计算机知识的人力资源管理人员。这部分人是人力资源管理信息系统的根本，他们不仅要懂较深的网络信息知识，能熟练地操作计算机，而且还必须了解本企业人力资源的结构并具有一定的管理能力。任何先进的技术和管理理念离开了能驾驭它们的人，其效用都将大打折扣。

（2）技术支持。人力资源管理信息系统从收集数据到数据加工、储存、传送、使用和维护，都离不开信息技术的支持，缺乏有效的技术支持，系统的工作效率将难以保证，管理理念的贯彻也将失去落脚点。人力资源管理信息系统通过全面运用计算机技术、网络通信技术、数据库技术以及运筹学、统计学、模型论和各种最优化技术，实测企业的人力资源现状并建立起企业人力资源管理专家系统，为企业提供有关人力资源问题的高质量解决方案。

（3）管理理念。技术为管理服务。人力资源管理信息系统要发挥其作用仅靠技术还不行，必须与先进的管理理念结合起来。人力资源管理的实质是将知识资源视为企业最重要的战略资源，而人力资源管理信息系统本身就渗透着知识管理的思想，其关注的是如何利用员工数据信息获得员工知识，再利用这些知识获取最大的效益。这一管理思想应贯穿于人力资源管理信息化过程的始终。

（六）HRMS 的特点

与那种将员工的信息输入计算机，再用 Excel 或 Word 打印出漂亮的报表的简单做法相比，人力资源管理信息系统有着明显特点。

首先，HRMS 是整合的、集中的信息源。我们可以先看看，企业里现有有关人力资源方面的信息是如何保存和查找的？企业可能会用自编程序、FoxBase 或 Excel 来计算员工的工资，而员工的养老金信息、合同信息、个人信息等可能被存放于多个 Word 或 Excel 文件中或打印出来放在文件柜里。这种分散的信息源，在信息的采集、整理和更新时会产生许多重复的工作，造成人工浪费，其保存和查找也是一个相当困难的过程。由于这些信息都是分散保留的，当上级需要一份报表时，要将这些分散的信息匹配在一起，其工作量可想而知。而要使所有的信息得到及时的更新从而保持相容的状态则几乎不可能。

人力资源管理信息系统就可以用集中的数据库将与人力资源管理相关的信息全面、有机地联系起来，有效地减少信息更新和查找中的重复劳动，保证信息的相容性，从而大大地提高工作效率，还能使原来不可能提供的分析报告成了可能。

其次，HRMS 是易访问、易查询的信息库。在没有采用和实施人力资源管理信息系统之前，当企业管理人员要统计数字时，往往依赖于某个人或某些人来获取。首先是找到人力资源部的相关人员，由他们从不同的计算机文件、打印件或档案柜中查找相关的信息，再汇总后提交。这种依赖于人的过程往往会因为花费的时间较长或某个人不在办公室而不能及时完成。

在采用和实施人力资源管理信息系统之后，就会将依赖于人的过程改为依赖于计算机系统的过程。企业管理人员只要获取了相应的权限，就可以随时进入系统，直接查阅相应的信息。

再次，HRMS 有利于体现公平性原则，以留住人才。不少企业都不同程度上存在着人才流失现象，对此，除了抱怨外部环境以外，往往拿不出较为有效的办法。人才流失除了薪资因素之外，还有很多其他因素，如工作环境、领导公平程度、培训机会和个人前途等等。现在不少人利用业余时间学习了很多课程，得到了证书，有了一技之长。但是，按以往的情形，除了有机会在领导面前显示外，他很难得到相应的岗位和报酬。同时，在掌握了充分的技能之后，该员工也不会安于现在的岗位，结果是远走高飞。

二、人力资源管理信息系统的实施

企业在实施 HRMS 之前，首先要对自身进行客观而充分的评估，然后确定将要实施的 HRMS 的范围与边界，从自身实际情况出发，尽可能做到量体裁衣。人力资源信息化的实施过程应循序渐进，分步实施，先打基础，后谈应用。

1. 评估与定位

企业在实施 HRMS 之前，首先要对自身进行客观而充分的评估，要了解企业人力资源管理当前所处的阶段、实施 HRMS 的预算以及是否需要引入管理咨询等，然后才能确定将要实施的 HRMS 的范围与边界。由易到难，企业实施 HRMS 可分成以下三个阶段。

(1) 提高人力资源的工作效率阶段。其工作重点是行政事务管理、组织机构管理和薪酬福利管理。这几部分工作占用管理者大量时间，手工操作不仅效率低，且容易出错。因此，人力资源管理信息化首要解决的是如何提高工作效率。

(2) 规范人力资源的业务流程阶段。人力资源管理重点是招聘管理、绩效管理、培训管理。人力资源管理信息化能将相关的工作职能完全覆盖并划分清楚，且能将优化后的流程体现在系统中。

(3) 战略性人力资源开发阶段。这是 HRMS 的最高阶段，工作重点是员工发展、职业生涯规划、人力资源成本评估、人力资源战略决策。企业不能只要求 HRMS 简单地满足当前的人力资源管理需求，而要充分考虑 HRMS 是否能为人力资源管理层次的提升带来帮助。

能否顺利承担上述三个阶段各自的重点工作，要从企业的实际情况出发，不能盲目地贪大求全，要尽可能做到量体裁衣。只有准确定位，才能寻找合适的解决方案。

2. 选择供应商

在了解自己的需求之后，就要选择一家合适的 HRMS 解决方案供应商。需要特别指出的是，HRMS 解决方案的实施过程绝对不是简单的产品买卖过程，而应视为一个完整的项目。

3. 项目实施

项目的实施过程将分为三个阶段。

（1）实施前阶段。实施前阶段是与供应商配合进行的需求分析与系统设计阶段。在这个阶段，对人力资源管理者来讲，是一个难得的整理与完善人力资源管理运作体系的过程，有利于将以往离散的工作规范化、系统化。对供应商来讲，事先将客户的需求理顺，对整个项目的顺利实施起着决定性作用。因此，用户与供应商都应认真对待这一阶段的工作，而不应急于马上就要看到系统运行的效果。对系统进行定制化改造期间，用户应与供应商之间保持频繁的沟通，及时对需求进行确认，尽量避免不停地提出零散需求，否则容易导致项目管理的失控。

（2）实施完成后阶段。供应商在完成所有功能的开发之后，提交给用户的还只是一个系统框架，并不能马上运行，用户还需要在供应商的帮助下进行系统初始化与数据转换工作，使企业基础数据与员工基础数据在尽可能短的时间内迁移到系统中来。系统框架加上企业/员工基础数据，就构成了完整的 HRMS 基础设施平台，相关的人力资源业务管理职能与流程就可以在这个平台上执行了。

（3）培训阶段。由于一套完整的人力资源管理系统的内容十分丰富，为尽快使用户熟悉系统的操作，用户在正式运行系统前应接受供应商关于系统使用以及相关技能的培训。

4. 系统使用

需要指出的是，HRMS 实施成败的关键，在于管理者是否真正用它。只有供应商与用户共同努力，才能为企业打造出适用、完善、专业的解决方案，才能为人力资源管理者所用。

三、人力资源管理信息系统的开发方案

随着计算机普及速度的加快和信息技术的发展，无论是从投资方面，还是从技术应用角度，在人力资源管理工作中普及管理信息系统的条件都已具备。企业选择什么样的人力资源管理信息系统解决方案，对企业的信息化建设和人力资源管理水平有重要影响。

（一）人力资源管理信息系统开发方案

1. 软件公司专业开发方案

聘请专业化的软件公司，针对本企业人力资源管理工作的需求，开发人力资源管理信息系统。

该解决方案的优点是：信息系统开发过程标准、规范，系统功能齐全，开发速度较快，性能可靠，系统支持与维护容易；企业人力资源主管部门内部各个业务单元以及下级单位，由于使用统一的管理信息系统，可以很好地做到信息共享，减少重复劳动，提高信息的利用率；信息的准确性高、一致性好。

不足之处是：一次性投资较大，需要严格有效的组织和制度保障；新老系统交替需要一定的时间来适应，包括人员和设备两方面的能力适应，尤其是相关人员，因是新系统应用成败的关键，必须进行相应的技术培训；系统的功能扩展灵活性差，一般需要软件开发公司的后续支持。

2. 企业分散式自主开发方案

在实际工作中由于业务需要，企业人力资源管理人员根据自己掌握的信息技术边开发边使用，逐步建立起信息系统。

其优点是：因具备应用软件的开发条件，根据工作需要由具备软件开发能力的人力资源管理人员进行实用程序的开发和应用，可以提高信息的重复使用率和工作效率，减轻自身劳动，所以人员开发系统的积极性、主动性较高；边开发边使用，开发与应用同步较快；自主开发使用，不需要专门培训，即便是推广应用，由于程序功能的针对性很强，功能单一，也不需要专门集中培训；一般不需要另外投资，对系统实施过程的组织要求不高。

其缺点是：信息系统不够完善，需要不断地补充；数据的规范性不好，应用程序之间容易造成信息数据格式不一致，形成信息孤岛；信息的共享性差，业务部门之间存在较多的重复性劳动，维护起来比较困难。

3. 企业集中式自主开发方案

由企业人力资源主管部门制定人力资源信息管理系统开发的技术标准、规范，各个业务部门和不同的管理层次在统一的技术标准和技术规范之下分步实施。

其优点是：统一的技术标准能够做到信息的格式统一，提高信息的共享性，有效地避免信息孤岛的产生，减少部门之间的重复劳动，提高工作效率；统一规划能够提高系统的开放性，有利于系统结构的稳定和接口的统一，使系统性能优化；应用程序开发比较规范、便于维护，避免了一次性集中投资；人力资源管理人员能够随着系统的开发和应用逐步学习和适应，避免了新旧系统交替对使用人员的集中培训要求；功能模块开发应用同步进行，见效快，更容易调动管理人员应用系统的积极性；系统功能扩展灵活，能够很好地适应人力资源管理的各种不同需求。

其不足是：开发周期长，对专业人员进行系统规划的要求较高。

在上述三种人力资源管理信息系统开发方案中，软件公司专业开发方案和企业分散式自主开发方案是过去企业中采用较多的方案。由于软件公司专业开发方案成本高，软件的更新升级对软件公司的依赖性强以及人力资源管理工作对管理信息系统的需求灵活多变等，常常应用效果不好或者弃之不用。在这种状况下，因为人力资源管理工作的迫切需要，就会走向第二种开发方式——企业分散式自主开发。企业分散式自主开发方案由于兼容性差，信息共享困难，重复劳动大量存在，影响了管理信息系统功能的发挥和工作效率的提高。我们认为，在现阶段走企业集中式自主开发的道路，是一种可行的优化方案，只要加强对管理信息系统开发工作的领导和组织协调，就可以避免前两种方案的缺点和不足，并且其特点非常适用人力资源管理工作的性质和企业的实际情况，具有很好的适用性和灵活性。

（二）人力资源管理信息系统开发过程中应采取的措施

为了确保人力资源管理信息系统开发的成功，必须采取三大措施。

第一，统一思想，提高认识，确保一次开发成功。人力资源管理信息系统的开发是一项系统工程，具有非常复杂的内部关联性，往往"牵一发而动全身"，若在系统初建时没有打好基础，将后患无穷，甚至前功尽弃，功亏一篑。采用和实施这样一个系统会给企业的管理政策和制度、工作流程、工作习惯和工作任务带来变革，其实施过程中的数据采集也会涉及企业里的所有部门和全体员工，要花费大量的人力、财力和时间。人力资源管理信息系统要想成功实施，七分靠管理，三分靠技术。系统的规划和实施过程的实质是管理工程、软件工程、网络工程的综合集成，在系统的建设过程中必然涉及企业现行的人事管理机制的改革和创新，必然涉及部门利益和个人利益的调整。因此，公司上下都应该认识到这一点，各部门都应树立大局意识，把握好各自的定位。

第二，加大投入，重视对相关人员的培训，建立和完善系统实时维护制度，确保系统能够正常、稳定运行。人力资源管理信息系统涉及面广、信息量大，在系统建设初期，需要采集、核对大量的数据。因此，在开始进行系统建设就应该同步考虑系统的实时维护制度，对采集的数据应边输入边维护，确保人力资源管理信息系统的数据准确可靠，能够同步反映企业人力资源的现状。

第三，分模块设计开发，推广应用同步实施，确保信息系统紧贴企业实际，达到预期效果。在人力资源管理信息系统设计开发过程中，既要考虑系统的标准化和通用性，以及将来与国际接轨等问题，又要考虑企业的个性特征，系统应紧贴企业实际，切实解决企业中存在的问题。因此，采取分模块设计、开发与推广应用同步实施的做法不失为一个好措施。一方面能够缩短从设计开发到实际应用整个过程的时间。传统的方法是设计全部完成后，进行试运行，根据出现的问题再调整系统，最后正式运行系统。

四、人力资源管理信息系统分析与设计

（一）人力资源管理信息系统分析与设计概述

人力资源管理信息系统的开发一般采用结构化系统分析与设计（structured systems analysis and design，SSA&D）的方法。该方法是 20 世纪 70 年代形成的一种优秀的系统开发方法。它要求信息系统的开发工作按照规定的步骤，使用一定的图表工具，在结构化和模块化的基础上进行。结构化思想是把系统功能当作两个大模块，根据系统分析与设计的不同要求，进行模块的分解和组合工作。这种方法将贯穿于系统分析、系统设计和程序设计的各个过程。与传统的开发方法相比，该方法有以下特点。

（1）面向用户，所有工作尽量吸收用户单位的管理人员和业务人员参加，始终与用户结合，一切从用户利益考虑。

（2）加强了调查研究和系统分析。

（3）逻辑设计和物理设计分别进行。

（4）使用模块化和结构化方法。

（5）严格按照阶段进行。

（6）工作文件标准化和文献化。

使用结构化系统分析与设计的方法开发信息系统可以分为五个主要阶段。各个阶段的划分和主要任务如下。

（1）调查研究阶段：主要进行现行系统研究调查，提出新系统目标，进行可行性研究。

（2）系统分析（逻辑设计）阶段：主要设计新系统逻辑模型。

（3）系统设计（物理设计）阶段：主要进行代码设计、模块设计、输入/输出设计、文件/数据库设计、处理过程设计。

（4）系统实施阶段：主要进行程序设计、人员培训、系统分调和总调。

（5）系统维护和评价阶段：主要进行系统维护、系统评价。

下面重点讲述系统设计（逻辑设计）阶段。

（二）系统设计（逻辑设计）阶段

系统设计（逻辑设计）阶段主要完成对人力资源系统各层数据流程图（data flow diagram，DFD）的绘制工作。各层 DFD 构成了新系统的逻辑模型。在绘制 DFD 时采用了自顶向下、逐步分解的方法。确定 DFD 关键是确定系统的输入、输出、处理和外部实体。顶层 DFD 模式如图 2-2 所示。

图 2-2 顶层 DFD 模式

其中对图 2-2 中的"处理"可不断细分，由此可产生一层 DFD、二层 DFD，直到满意为止。员工管理系统顶层 DFD 如图 2-3 所示。

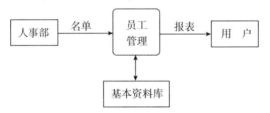

图 2-3 员工管理系统顶层 DFD

人力资源管理信息系统的主要功能模块，即图 2-4 中的员工管理，按照其功能可分为以下几类。

（1）职位管理模块。职位评价是用科学的评价手段，对各个职位的相对价值加以评定并得出各个职位的薪点，而职位分类则在对各个职位的职责做了界定和职位评价，得到了各个职位的薪点的基础上，对所有职位进行职系、职组的分类及职级、职等的划分。该模块包括职位分析、职位控制两部分，通过职位分析，对岗位要素进行量化，建立综合分析模型，评价岗位设置的必要性和重要性程度，形成岗位规范和职位说明书，管理各职位的任职情况、超编情况、空缺情况，并按部门编制职位表和空缺职位表。

（2）人员招聘管理模块。本模块可根据人力资源计划以及职位信息，对编制招聘计划、发布招聘信息、采集应聘信息、甄选、面试、录用全过程进行自动化管理。运用人员素质测评系统软件，对应聘人才的品德素质、身心素质、能力素质等进行测评，并建立人才数据库，记录人才的背景、生平资料、工作经历、专业技能、主要业绩、目前状况，以及相关的素质测评数据。通过互联网，从网络人才市场直接获得基本人才信息，存入本企业人力资源信息系统备用。

（3）人员基本信息管理模块。包括职员基本人事信息和人事变动信息两部分，主要用于职工基本信息的录入、修改、查询、统计以及人事变动情况的记录，并提供各类员工卡片、名册、统计报表。

（4）绩效评估模块。影响和决定绩效的因素包括员工自身的主观性因素和员工工作所处的客观环境因素两类，该模块主要用于对员工工作职责和内容、工作绩效进行管理和评价，对绩效要素进行量化，形成综合评价模型，为薪酬、奖惩、培训开发提供依据。

（5）薪酬与保险福利管理模块。薪酬项目、计算公式和表格的自定义功能，薪酬数据录入、计算、汇总、转换、输出功能、薪酬发放凭证、表格打印功能、保险福利项目管理功能、人工成本统计分析功能等。

（6）教育培训管理模块。企业内部面向全员的在线式培训管理模块，培训数据库根据岗位类别及等级分类构建。

（7）劳动合同管理模块。对劳动合同进行综合管理，包括合同期满人员系统提示和通知功能、自动生成和打印劳动合同文本功能、合同执行情况跟踪管理功能、存储和查询劳动合同的历史记录功能。

依照上面的模块分解员工管理系统，可以得到员工管理第一层 DFD，如图 2-4 所示（仅给出了部分子系统）。

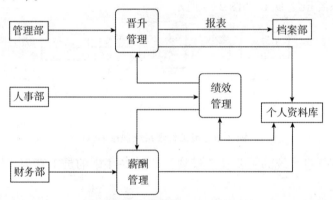

图 2-4　员工管理第一层 DFD

人力资源管理信息系统数据表如表 2-7 所示。

表 2-7　人力资源管理信息系统数据表

表名	中文名	主要信息
jgsz	机构设置表	机构码、机构名称、办公地点、联系电话
zwsz	职位设置表	职位码、职位名称、职位类型、职位等级、上一级岗位、下一级岗位、主要业务关系岗位、最低任职资格、基本工作内容、职位考核标准、岗位权限
zwzb	职位指标表	指标编码、一级指标、二级指标、指标权重
jbrs	基本人事信息表	员工号、姓名、机构码、职位码、联系方式、社会关系、自然状况、知识状况、能力状况、阅历经验、心理状况、工作状况

表名	中文名	主要信息
jxhy	绩效和约表	员工号、职位码、工作内容描述、工作资源配置、工作完成期限、绩和标准、自我绩效评价、直接上司评价
jxpg	绩效评估表	员工号、职位码、评估指标分、评定等级、主要优点、主要不足
jxzb	绩效指标表	指标编码、一级指标、二级指标、指标权重
xcgl	薪酬管理表	基本信息：员工号、机构码、薪酬方案码、发薪银行、账号、发薪时间
		发薪项目：基本工资、职别工资、年龄工资、职称工资、津贴、补贴、绩效奖金、加班工资、临时补发
		扣薪项目：养老保险金、医疗保险金、失业保险金、住房公积金、税金、考勤扣发、临时扣发
		单位负担费用：养老保险金、医疗保险金、失业保险金、工伤保险金、生育保险金、住房公积金、企业补充保险、交通费、差旅费、培训费、福利费
ldht	劳动合同表	员工号、合同类型、生效时间、期满时间、岗位、岗位职责、工资形式、工资标准、违约金额、其他约定
pxzs	培训知识库	专业类型、知识内容（连接的文档、图像、图表）
pxkt	培训考题库	专业类型、题号、题型、题目、备选答案、标准答案、评分标准
pxqk	培训情况表	员工号、培训时间、培训内容、考核时间、专业类别、考核成绩

对人力资源管理系统的数据库做了规划后，根据数据库表信息的特点设置数据表字段的名称、类型、长度。例如，绩效评估指标如表 2-8 所示。

表 2-8　绩效评估指标

字段序号	含义	字段名	字段类型	字段长度
1	员工号	ygh	C	6
2	职位码	zwm	C	6
3	评估指标分	pgzb	C	10
4	评定等级	pddj	C	20
5	主要优点	zyyd	C	50
6	主要缺点	zyqd	C	50

（三）系统模式的应用

根据新模式开发出来的人力资源管理信息系统已经应用在企业人力资源的战略规划、工作分析和岗位测评、对各类职员进行绩效评估、人力资源开发管理等部分功能模块上，还可以应用在人力资源招聘、人员素质测评、薪酬设计、人力资源投入产出情况分析以及为企业经营等管理和服务上。采用 SSA&D 开发整个系统，使开发过程简单明了。随着社会信息化发展，人力资源管理信息系统会得到更广泛的应用。

本章小结

（1）人力资源规划是人力资源管理的重要组成部分。它是组织根据其发展战略的要求，对实现组织目标所需要的人力资源进行预测，对组织现有的人力资源进行分析与统筹，对可能的人力资源进出途径进行系统安排的过程。

（2）人力资源需求预测是以组织的战略目标、发展规划和工作任务为出发点，综合考虑各种因素的影响，对组织未来人力资源需求的数量、质量和时间等进行估计的活动。

（3）人力资源供给预测是为满足组织在未来某个时期内对员工的需求，而对组织从其内部和外部所能得到的员工数量和质量进行预测。

本章习题

一、名词解释

1. 人力资源规划

2. 德尔菲法

3. 人力资源供给预测

4. 人力资源需求预测

5. 微观集成法

二、简答题

1. 我国企业如何实现人力资源供给与需求的平衡？

2. 进行企业人力资源供给预测时需要考虑哪些因素？

3. 出现劳动力匮乏的时候应如何面对？

4. 如何进行科学、合理的人力资源规划？

三、案例分析

小王的人力资源规划

2014 年年底，某名牌大学人力资源管理专业硕士生小王应聘到一家工艺品生产企业任人力资源部经理助理。上班伊始，人力资源部经理老张就交给小王一项任务，由他具体负责编制企业来年的人力资源规划。

小王立即着手调查，并了解到以下一些资讯。

（1）企业现有生产与维修工人 236 人，行政和文秘职员 32 人，基层与中层管理干部 25 人，设计人员 6 人，营销人员 128 人。

（2）统计数据显示，近 3 年来员工的平均离职率为 8%，但不同类别员工的离职率并不一样，设计人员、生产与维修工人离职率较低，只有 3%；行政和文秘职员离职率为 9%；营销人员离职率高达 15%。

（3）由于设计人员针对客户需求新开发出一条产品线，企业拟在明年扩编：营销人员增加 5%，生产与维修工人新增 8%～10%，基层与中层管理干部新增 3%。

（4）考虑到公司的产品在欧洲市场的销路逐渐打开，因此，根据 WTO（世界贸易组织）的有关规定及出于风险规避的考虑，企业需要调整招聘时的性别规定，并适当增加企业中女性员工的比例。目前，企业只有 10 位女性员工，而且都集中在行政和文秘岗位上。

小王只有 1 个月的时间拟订规划，其中包括各类干部和职工的人数、从外界招收的各类人员的数量以及招聘政策调整计划。此外，企业拟在未来 5 年内开拓北美市场，小王还得提出一项应变计划。

思考：

1. 小王在编制人力资源规划时要考虑哪些情况和因素？

2. 他该制订一项怎样的招工方案？

3. 在预测企业人力资源需求时，他能采用哪些技术？

工作分析

一个机床操作工不小心将大量液体洒在了机床周围的地板上，车间主任叫他将液体清扫干净，操作工拒绝，理由是工作说明书中没有包括清扫的工作。车间主任来不及查看工作说明书原文，便找来一个服务工清扫。但服务工同样拒绝，理由和操作工一样。车间主任威胁说要将她解雇，服务工才勉强同意，但清扫完后就进行了投诉。有关人员看到投诉之后，查阅了三类人员（机床操作工、服务工和勤杂工）的工作说明书。机床操作工的工作说明书上明确规定"操作工有责任保持车床的清洁，使之处于可操作的状态"，但没有提到清扫地板；服务工的工作说明书规定"服务工有责任以各种方式协助操作工工作，如领取原材料和工具等，随叫随到，提供实时服务"，但也没有包括清扫工作；勤杂工的工作说明书中确实包含了各种清扫工作，但她的工作时间是从正常日的下班后开始的。

第一节 工作分析概述

一、工作分析的思想渊源

"工作分析"一词在管理学领域最早见于 20 世纪初。1916 年，泰勒把工作分析列为科学管理四大原则的第一原则。工作分析的思想与活动，最早起源于社会的分工。最早论述分工问题的是中国古代政治家管仲。公元前 700 年，管仲提出四民分业定居论，主张将国人划分为士、农、工、商四大行业，并按专业分别聚居在固定的区域。荀况把分工称作"曲辨"，特别强调分工的整体功能。自给自足的小农经济生产模式与封建主义统治是限制工作分析思想与活动在中国发展的社会根源。工作分析的思想和活动产生的社会基础是社会分工的高度发展。

尽管中国很早提出社会分工的思想，但是商业经济没有得到应有的发展，社会分工水平低下，行业种类缺乏，限制了工作分析思想和活动在中国的发展。封建等级制度却使中国的人才选拔制度获得了长足发展。隋唐时代分科考试的科举制度，也影响了西欧和美国。社会制度是制约中国工作分析研究和发展的重要因素。

古希腊对社会分工的探讨，代表人物是柏拉图和色诺芬。柏拉图在《理想国》中要求工人专门化，做力所能及的工作，特定的工人从事特定的工作。社会分工方法可以大大提高社会生产率。色诺芬比柏拉图更详细地研究了分工，不仅研究整个社会的分工，而且研究单个工厂中的分工。

现代人力资源管理工作必将促进工作分析在我国的大力发展。现代人力资源管理的目标以开发为导向，以让每个员工在组织内得到充分、自由与全面发展为宗旨。通过实现岗位流动，使人获得全面的发展和能力的开发。传统人事管理的特点是以"事"为中心，只见"事"，不见"人"，强调"事"的单一方面的静态控制和管理，其管理的形式和目的是"控制人"，忽视人员流动，一配定终身。而工作分析是保证人员自由、充分、全面发展的基础和前提。

二、工作分析的相关术语

1. 工作要素

工作要素是指工作中不能继续分解的最小动作单位，例如从粉笔盒中取出粉笔，盖上瓶盖，书写板书，开启机床，酒店的行李员将行李搬运到行李推车上等。

2. 任务

任务是为达到某一明确目的所进行的一系列活动。任务可以由一个或多个工作要素组成，如工人加工产品、打字员打字等。

3. 职责

职责是为实现一定的组织职能或完成组织要求的工作使命，在特定岗位上需要完成的一个或一系列任务。例如人力资源经理要实现招聘的职责就需要完成一系列的工作任务，包括制订招聘计划、招募、甄选、录用和招聘评估等。

4. 职位

职位即岗位，在完成一项或多项责任的组织中的一个任职者所对应的位置就是一个职位，比如高校人力资源管理教师。职位是组织要求个体完成的一项或多项责任以及为此赋予个体的权力总和。职位是以"事"为中心确定的，强调的是人所担任的岗位，而不是担任这个岗位的人。

5. 职务（工作）

职务是按规定担任的工作或为实现某一目的而从事的明确的工作行为，由组织中主要责任相似的一组职位组成，也称工作。在规模大小不同的组织中，根据不同的工作性质，一种职务可以有一个职位，也可以有多个职位。例如，人力资源管理人员的职务中可能有从事各种不同人事工作的人，但他们的主要工作责任是相似的，因此可以归于同样的职务。

6. 职业

职业是一个更为广泛的概念，它由不同时间内、不同组织中的相似工作组成。职业的概念有着较大的时间跨度，处于不同时期、从事相似工作活动的人都可以被认为是同样的职业，比如教师、医生、律师等。

7. 职权

职权指依法赋予的完成特定任务所需要的权利。职权与职责紧密相关，特定的职责要赋予特定的职权，甚至于特定的职责等同于特定的职权。例如，工商质量检查员对商品质量的检查，既是工商质量检查员的职责，又是他的职权。

三、工作分析的含义及内容

（一）工作分析含义

工作分析是运用科学的方法，收集与工作相关的信息的过程，主要包括对各类工作岗位的性质、任务、职责权限、岗位关系、劳动条件和环境，以及员工承担本岗位任务应具备的资格条件等方面的信息进行系统研究，并制定出工作说明书等岗位人事规范的过程。工作分析的最终产出表现为工作描述和工作规范，即工作说明书。

（二）工作分析的时机

工作分析的时机主要有以下几种。

（1）公司新成立。

（2）产生了新的工作。

（3）企业首次进行工作分析。

（4）现有的工作内容由于引进新技术、新设备、新方法和新工艺等发生变化。

（5）现有的绩效普遍不佳。

（三）工作分析的主要内容

工作分析包括了以下三个方面的内容。

（1）在完成岗位调查取得相关信息的基础上，首先要对岗位存在的时间和空间范围做出科学的界定，然后再对岗位内在活动的内容进行系统的分析，即以岗位的名称、性质、任务、权责、程序、工作对象、工作资料以及本岗位与相关岗位之间的联系和制约方式等因素逐一进行比较、分析和描述，并进行必要的总结和概括。

（2）在界定了岗位的工作范围和内容以后，应根据岗位自身的特点，明确岗位对员工的素质要求，提出本岗位员工所应具备的诸如知识水平、工作经验、道德标准、心理品质、身体状况等方面的资格和条件。

（3）将上述岗位分析的研究成果，按照一定的程序和标准，以文字和图表的形式加以表述，最终制定出工作说明书、工作规范等人事文件。

四、工作分析的原则

1. 目的原则

如果工作分析是为了明确工作职责，那么分析的重点在于工作范围、工作职能、工作任务的划分；如果工作分析的目的在于选聘人才，那么工作分析的重点在于任职资格界定；如果工作分析的目的在于决定薪酬的标准，那么重点又在于对工作责任、工作量、工作环境、工作条件的界定等。

2. 职位原则

工作分析要从职位出发，分析职位的内容、性质、关系、环境以及人员胜任特征，即分析完成这个职位工作的从业人员须具备什么资格与条件，而不是分析在岗的人员如何。否则，会产生社会赞许行为与防御心理等不利于工作分析的问题。

3. 参与原则

工作分析要求全体员工从上到下全面参与，这样才能得到详细的有用信息。

4. 经济原则

工作分析是一项费时、费力、费钱的事情，涉及组织的各个方面。应根据工作分析的目的，采用经济合理的方法。

5. 系统原则

对某一工作进行分析时，要注意该工作与其他工作的关系以及该工作在整个组织中所处的位置，从总体上把握该工作的特征及对人员的要求。

6. 动态原则

要根据战略意图、环境的变化，业务的调整，经常性地对工作分析的结果进行调整。工作分析是一项常规性的工作，需要定期修订和更新。

7. 应用原则

应用原则是指工作分析的结果——工作描述与工作规范，即工作说明书要用于公司管理的相关方面。有的企业制作了精美的工作说明书却束之高阁，而不用于人力资源管理工作的工作说明书再精美也没有用。

五、工作分析的作用

工作分析是人力资源管理的基础，是招聘、培训、绩效管理、薪酬管理和员工关系管理的前提。通过工作分析，可以优化整合资源，为组织带来效益。工作分析是人力资源管理的基石。依据工作分析的结果可以划分部门和岗位，科学地定编、定岗、定员。具体而言，工作分析具有以下作用。

（1）工作分析为招聘、选拔、任用合格的员工奠定了基础。通过工作分析，掌握了工作任务的静态与动态特点，能够系统地提出对有关人员的文化知识、专业技能、生理心理品质等方面的具体要求，并对本岗位的用人标准做出具体而详尽的规定。

（2）工作分析为员工的考评、晋升提供了依据。员工的评估、考核和晋升，如果缺乏科学的依据，就会挫伤员工的积极性，使企业单位的各项工作受到严重的影响。根据工作分析的结果，人力资源管理部门可制定出各类人员的考评指标和标准，以及晋升的具体条件，提高员工绩效考评和晋升的科学性。

（3）工作分析是企业改进工作设计、优化劳动环境的必要条件。通过工作分析，可以揭示生产和工作中的薄弱环节，反映工作设计和岗位配置中不合理的部分，发现劳动环境中危害员工生理卫生和劳动安全、加重员工的劳动强度和工作负荷、造成过度的紧张疲劳等方面不合理的因素，有利于改善工作设计，优化劳动环境和工作条件，使员工在安全、健康、舒适的环境中工作，最大限度地调动员工的工作兴趣，充分激发劳动者的积极性和主动性。

（4）工作分析是制定有效的人力资源规划、进行各类人才供给和需求预测的重要前提。每个企业对于岗位的配备和人员安排都要制定人力资源规划，并且要根据计划期内总的任务量、工作岗位变动的情况和发展趋势，进行中长期的人才供给与需求预测。工作分析所形成的工作说明书，为企业有效地进行人才预测、编制企业人力资源中长期规划和年度计划提供了重要的前提。

总之，工作分析无论是对我国宏观社会和经济发展还是对微观企业的人力资源管理，都具有极为重要的作用。

第二节　工作分析的方法

工作分析的方法主要是指工作信息收集的方法。工作分析的内容取决于工作分析的目的和用途，不同的组织所进行的工作分析的侧重点有所不同。因此需要在工作分析的内容确定之后，选择适当的分析方法去收集工作相关的有用信息。

搜集工作分析信息的工作通常由实际承担工作的人员、工作承担人员的直接主管，以及一名人力资源管理专家来共同进行。通常的做法是，首先由人力资源管理专家（人力资源管理者、工作分析专家或咨询人员等）观察和分析正在进行中的工作，然后编写出一份工作说明书。员工及其直接主管也要参与此项工作。例如，可能会要求主管人员填写问卷，在问卷中列举出其下属的主要工作活动。最后，由承担工作的员工及其主管来审查和修改工作分析人员所编写的反映他们工作活动和职责的那些结论性描述。

一、工作实践法

工作实践法又称参与法，是指工作分析人员参与某一职位或从事所研究的工作，从而细致深入，全面体验，了解和分析工作特征及要求。例如为了了解工人的工作状况，佛罗里达州州长鲍伯·格雷尼姆在竞选期间的 100 天里，做了 100 种不同的工作。工作实践法的优点是可了解岗位的实际工作情况以及岗位对智力、体力、学历、经验、技能等方面的要求，能获得有关工作的第一手资料。适用于短期内可以掌握的岗位工作。缺点是不适用于需要进行大量训练或危险的工作。

二、工作日志法

工作日志法是一种让从事工作的员工以工作日记或工作笔记的形式将其日常工作中从事的每一项活动按照时间顺序记录下来，以此收集岗位分析所需信息的分析方法。它可以提供一个非常完整的工作图景，在以连续同员工及其主管进行面谈作为辅助手段的情况下，这种工作信息搜集方法的效果会更好。当然，员工可能会夸大某些活动，同时也会对某些活动低调处理。

三、观察法

（一）含义

观察法是指工作分析人员到现场观察员工的实际工作情况，借用人的感觉器官、观察仪器或计算机辅助系统实地观察、描述员工的实际工作活动过程，并用文字、图表和流程图等形式记录、分析和表现有关数据的方法。在对主要由身体活动构成的工作进行工作分析时，观察法是一种特别有用的方法。

（二）分类

（1）从观察方法来划分，目前常用的观察法有流程图法、运动研究法、工作样本分析法。

（2）从观察者是否兼具工作者双重身份来划分，有参与性观察与非参与性观察两种形式，即作为参与式观察者或旁观者。前者是指观察者本人兼具工作者和观察者的双重身份，这时观察者的身份通常是保密的；后者是指观察者不兼具工作者和观察者的双重身份，而只有观察者一个身份。工作分析中通常用非参与性观察。

（三）运用

在运用常用的非参与性观察法时，应注意：

（1）观察员的工作应相对稳定，即在一定时间内，其工作内容、程序、对工作人员的要求没有明显变化。

（2）适用于大量标准化的、周期较短的以体力活动为主的工作，不适用于以脑力活动为主的工作。

（3）要注意工作行为本身的代表性。

（4）观察人员尽可能不要引起被观察者的注意和干扰他们的工作。

（5）观察前要有详细的观察提纲和行为标准。

非参与性观察法特别适用于分析那些在一段时间内，工作内容、工作程序、对工作人员的要求不会发生明显变化的职务，是搜集非语言行为资料的初步方法。它在收集非语言行为资料方面明显优于问卷调查法，观察人员通过直接观察工作所获得的资料比工作人员自己描述更深入和全面。此外，它还能观察自然环境或工作场合中工人做什么及如何做等情况。

（四）优点和缺点

观察法的优点是有助于了解岗位工作条件、环境、工具、设备等方面的比较客观的信息，能澄清某些疑问，能直观得到岗位所要求的个人资格的印象。缺点是分析者的旁观可能给工人造成压力，影响其正常的工作程序和工作方法；不易观察到一些突发事件，不适用于工作周期长的岗位。

四、访谈法

（一）含义

访谈法是岗位分析较常用的方法之一，由分析人员分别访问工作人员本人或其主管人员，获取与工作有关的信息。这种方法能提供标准与非标准的工作信息，也能提供身体和精神方面的信息。在访谈过程中，访谈者应掌握谈话的主动权，但不能强迫访谈对象说话。访谈者的行为和态度应当诚恳，真正表现出对访谈对象的关心。访谈者应当引导谈话内容，取得所需信息。

（二）方式

在搜集工作分析信息的时候，可以使用以下三种访谈方式。

（1）对每个员工进行的个人访谈。

（2）对做同种工作的员工群体进行的群体访谈。

（3）对完全了解被分析工作的主管人员进行的主管人员访谈。

群体访谈通常用于大量员工做相同或相近工作的情况，因为它可以一种迅速而且代价相对较小的方式了解到工作的内容和职责等方面的情况。无论采用何种访谈方式，最为重要的是被访谈者本人必须十分清楚访谈的目的，因为这一类的访谈常常被误解为组织有目的地"对雇员的效率进行评价"。如果被访谈者对访谈目的是这样理解的话，他们往往不愿意对自己或下属的工作进行较为准确的描述。

（三）访谈法的优点和缺点

访谈法的优点是可为工作分析、绩效考核方案提供信息，能收集企业员工各种需求以及满意度，可以暴露出企业管理中存在的各种隐性问题，使员工感到受重视，同时是一种较好的沟通方法。缺点是员工在面谈中有故意夸大其工作任务作用和重要性的可能；比较费时，会占用访谈对象的正常工作时间。

（四）运用访谈法的注意事项

（1）事先征得样本员工直接主管的同意。

（2）在无人打扰的环境中进行面谈。

（3）向样本员工讲解工作分析的意义，介绍面谈的大体内容。

（4）以轻松的话题开始，消除样本员工的紧张情绪。

（5）学会倾听的技巧。

（6）鼓励样本员工真实、客观地回答问题。

（7）按照面谈提纲的顺序，由浅至深地进行提问。

（8）注意把握面谈的内容，防止样本员工离题太远。

（9）适时做好谈话记录。

五、关键事件法

关键事件法是要求调查人员、本岗位员工或与本岗位有关的员工将劳动过程中的关键事件详细加以记录，在大量收集信息之后对岗位的特征和要求进行分析研究的方法。所谓关键事件是指在工作过程中，给岗位工作任务造成显著影响（如成功与失败、盈利与亏损等）的事件。主要原则是认定员工与工作有关的行为，并选择其中最重要、最关键的部分来评定其结果。关键事件的描述内容包括四部分。

（1）导致该事件发生的背景和原因。

（2）员工特别有效或特别无效的行为。

（3）关键行为的后果。

（4）员工个人能否控制或支配上述后果。

将上述各项详细记录以后可以对数据做出分类并归纳总结出该岗位的主要特征和具体要求。采用关键事件法时，应注意：第一，标准的期限不宜过长；第二，关键事件的数量应足够说明问题，事件数目不能太多；第三，正反两边的事情都要兼顾，不得偏颇。

六、问卷调查法

获取工作信息的另外一种比较好的方法是：让员工通过填写问卷来描述其工作中所包括的任务和职责。问卷调查法是岗位分析的常用方法之一，指采用调查问卷来获取工作分析的信息，实现工作分析的目的的方法。

在采用这种方法的情况下，首先需要考虑如何安排问卷的结构以及提些什么样的问题。从理论上讲，有两种比较极端的做法。在一种极端情况下，设计出一张结构极其完备的问卷，发给每一个员工的问卷上罗列出上百种备选的特定任务或工作（如"更换并切割电线"），要求员工做的只是回答他或她是否要做这些工作，如果是，那么再注明在每项工作任务上通常需要花多长的时间。在另一种极端情况下，完全将问卷设计成开放式，只简单地要求雇员回答诸如"描述你的主要工作任务"之类的问题。在实际中，最好的问卷通常都是介于这两种极端情况之间的，既有结构性的问题也有开放式的问题。无论是结构性的问卷，还是非结构性的问卷，都有其优缺点。

第三节　工作分析的实施

一、工作分析的流程

（一）准备阶段

准备阶段的具体任务是成立工作分析小组，了解情况，建立联系，设计岗位调查方案，规定调查的范围、对象和方法。

（1）根据工作分析的总目标、总任务，对企业各类岗位的现状进行初步了解，掌握各种基本数据和资料。

①确定工作分析需要的信息类型。工作分析需要的信息类型其实质就是规范的职务描述应包括的内容或要素，即工作活动、工作程序、物理环境、社会环境和个人条件。

②工作分析的信息形式。工作分析的信息形式分为定量和定性或介于两者之间三种形式。典型的定性形式是用词语表示工作分析的结果，一般性地描述工作内容、工作条件、社会关系和个性要求等内容。定量信息是使用数量单位表示测量的结果，如工作中的氧气消耗量、单位时间内的产量、单位时间内的差错次数、工作小组的规模、能力测量的标准和对工

作的评定分等。

③工作分析（信息收集）的方法。工作分析的方法实质上就是收集工作分析所需的信息资料的方法，如前面所介绍的实践法、观察法、访谈法、问卷调查法、工作日志法和关键事件法等。

④确定由谁来收集信息。收集信息的人员可以是组织内部或外部的咨询员、工作分析专家、管理者和工作的承担者。若组织规模很大而且不同区域有独立的人力资源管理部门，工作分析则由这些部门的分析人员完成。信息收集人员所需的仪器设备，可以是照相机、生理记录仪等。另外，企业要选择有分析能力、写作技巧、善于沟通和熟悉业务的人员担任分析员的角色，并对他们做工作分析的专业培训。

（2）设计岗位调查方案。

①明确岗位调查的目的。岗位调查的任务是根据岗位研究的目的，收集有关反映岗位工作任务的实际资料。因此，在岗位调查的方案中要明确调查目的。有了明确的目的，才能正确确定调查的范围、对象和内容，选定调查方式，弄清应当收集哪些数据资料，到哪儿去收集岗位信息，用什么方法去收集岗位信息。

②确定调查对象和单位。调查对象是指被调查的现象总体，它是由许多性质相同的调查单位所组成的一个整体。所谓调查单位，是指构成总体的每一个单位。如果将企业劳动组织中的生产岗位作为调查对象，那么每个操作岗位就是构成总体的调查单位。在调查中如果采用全面的调查方式，须对每个岗位（岗位即调查单位）一一进行调查，如果采用抽样调查的方式，则应从总体中随机抽取一定数目的样本进行调查。能不能正确地确定调查对象和调查单位，直接关系到调查结果的完整性和准确性。

③确定调查项目。在上述两项工作完成的基础上，应确定调查项目，这些项目所包含的各种基本情况和指标，就是需要对总体单位进行调查的具体内容。

④确定调查表格和填写说明。调查项目中提出的问题和答案，一般是通过调查表的形式表现的。为了保证这些问题得到统一的理解和准确的回答，便于汇总整理，必须根据调查项目，制定统一的调查问卷和填写说明。

⑤确定调查的时间、地点和方法。确定调查时间应包括：明确规定调查的期限，指出从什么时间开始，到什么时间结束；明确调查的日期、时点。在调查方案中还要指出调查地点，调查地点是指登记资料、收集数据的地点。最后，在调查方案中，还应当根据调查目的和内容，决定采用什么方式进行调查。调查方式方法的确定，要从实际出发，在保证质量的前提下，力求节省人力、物力和时间，能采用抽样调查、重点调查方式，就不必进行全面调查。

（3）为了做好工作分析，还应做好员工的思想工作，说明该工作分析的目的和意义，建立友好合作的关系，使有关员工对岗位分析有良好的心理准备。

（4）根据工作分析的任务、程序，分解成若干工作单元和环节，以便逐项完成。

（5）组织有关人员先行一步，学习并掌握调查的内容，熟悉具体的实施步骤和调查方法。必要时可先对若干个重点岗位进行初步调查分析，以便取得岗位调查的经验。

（二）调查阶段

调查阶段是一个收集信息的实质性过程，运用访谈、问卷、观察、实践等方法收集与工作有关的信息，广泛、深入地收集有关岗位的各种数据资料并进行全面的调查分析。关于工作的调查分析要围绕工作本身来进行，对某项职务应承担工作的各个构成因素进行调查分析，确定和描述该岗位的工作性质、内容、任务和环境条件。同时还要研究一个岗位的具体工作活动，考察与这个岗位有关的所有方面，明确此岗位工作本身的特点。

关于人员的调查分析（针对人员进行的）要研究每一岗位的任职者所应该具有的基本任职条件，它是在工作描述的基础上，分析研究和确定担任该项职务的人员应具备的工作能力、知识结构、经验、生理特征和心理特征等方面的信息，它解决的问题是什么样的人可以从事这项工作。与此同时，可以根据调查信息，针对具体的岗位构建胜任特征模型。

（三）分析阶段

分析阶段是岗位分析的关键环节，它首先要对岗位调查的结果进行深入细致的分析，最后采用文字图表等形式进行全面的归纳和总结。具体工作如下。

（1）仔细审核、整理获得的各种信息。

（2）创造性地分析、发现有关工作和工作人员的关键要素。

（3）归纳、总结出工作分析的必需材料和要素。

（四）描述阶段

工作分析并不是简单地收集和积累某些信息，而是要对岗位的特征和要求进行全面深入的考察，充分揭示岗位主要的任务结构和关键的影响因素，并在系统分析和归纳总结的基础上，撰写出工作描述和工作规范（即工作说明书）等人力资源管理的规章制度。此阶段的任务就是根据工作分析信息编制"工作描述"与"工作规范"，即工作说明书。具体工作如下。

（1）根据工作分析的信息草拟工作说明书。

（2）将草拟的工作说明书与实际工作对比。

（3）根据对比结果决定是否修正和如何修正，是否需要进行再次调查研究。

（4）若需要，则重复2~3步工作；尤其是特别重要的岗位，可能要对工作说明书进行多次修订。

（5）形成最终的工作说明书。

（五）运用阶段

运用阶段是对工作分析的验证，只有通过实际的检验，工作分析才具有可行性和有效性，才能不断适应外部环境的变化，从而不断地完善工作分析的运行程序。此阶段的工作主要有两部分。第一，培训工作分析的运用人员。这些人员在很大程度上影响着分析程序运行的准确性、运行速度及费用，因此，培训运用人员可以增强管理活动的科学性和规范性。第二，制定各种具体的应用文件。

（六）总结阶段

对工作分析的工作本身进行总结评估，并将工作说明书归档保存（可运用现今的信息技术动态地加以保存），为今后的工作分析提供借鉴和信息基础。

二、起草和修改工作说明书的具体步骤

（1）进行系统全面的岗位调查，并起草工作说明书的初稿。

（2）人力资源部组织工作分析专家，包括各部门经理、主管及相关的管理人员，分别召开有关工作说明书的专题研讨会，对工作说明书的修订提出具体意见。从报告书的总体结构到每个项目所包括的内容，从本部室岗位设置的合理性，到每个岗位具体职责权限的划分以及对员工的要求等，都要进行细致认真的讨论，并逐字逐句地对工作说明书进行修改。

三、工作分析的结果

（一）工作描述

1. 工作描述的内容

工作描述主要解决工作内容与特征、工作责任与权利、工作目的与结果、工作标准与要求、工作时间与地点、工作岗位与条件、工作流程与规范等问题。工作描述没有统一的标准，但通常包括以下几个方面。

（1）基本情况。如工作名称，指组织对从事一定工作活动所规定的工作名称或工作代码，以便于对各种工作进行识别、登记、分类以及确定组织内外的各种工作关系。工作名称应当简明扼要，力求做到能识别工作的责任以及在组织中所居的地位或所属部门。

（2）工作内容（工作职责）。工作内容是工作描述的主体部分，必须详细描述、列出关键的工作内容。包括：①所要完成的工作任务与承担的责任；②执行任务时所需的条件，如使用的原材料和机器设备；③工作流程与规范；④与其他人的正式工作关系；⑤接受监督以及进行监督的性质和内容等。

（3）工作环境。工作环境包括物理环境和社会环境两个方面。首先，工作描述要完整地描述个人工作的物理环境，包括工作地点的温度、光线、湿度、噪声、安全条件等。此外还包括工作的地理位置，可能发生意外事件的危险性等。其次，工作分析要分析社会环境，这是工作描述的新趋势。它包括：①工作群体中的人数及相互关系；②工作群体中每个人的个人资料，如年龄、性别、品格等；③完成工作所要求的人际交往数量和程度；④与各部门之间的关系；⑤工作地点内外的公益服务、文化设施、社会习俗等。

（4）职业阶梯。职业阶梯即该岗位在组织中的位置、对组织的贡献、上下级关系、晋升路线和条件等。让新员工一看到工作说明书就对自己的未来职业发展有一个全面的了解，更好地激励新员工努力工作。

（5）工作权限。工作权限说明该岗位的工作人员的相关权限，比如对资源的分配权、人员调配权等。让员工一拿到自己的工作说明书，就清楚自己的工作权限，防止越权。

（6）工作时间。分析该岗位的工作时间，比如每周工作时间，每天工作时间，特别是有没有倒班的情况等。员工可以结合自身的情况，安排好工作和生活。

（7）工作绩效标准。通过分析岗位的职责，围绕工作内容设定工作目标和工作标准。明确地规定工作中哪些行为是组织允许的，哪些行为是组织所不允许的，这样员工就能随时了解自己的工作效果。工作绩效标准明确地说明了工作要做到什么程度才是符合标准的，员工可以对照自己的工作表现，进行自我检测。

2. 工作描述的要求

（1）清楚。工作描述清楚明了，让人一看就清楚工作的相关信息，对于指导工作有一定的帮助。

（2）具体。工作描述越具体越好，要有很强的针对性，应针对每个岗位分别进行工作描述。

（3）简洁：短而准确。工作说明书作为指导工作、招聘、培训、绩效管理和薪酬管理的依据，应做到简洁，用语精确到位。

（4）指明权力范围。本岗位的权力范围、工作权限越明确，工作中的纠纷越少。

（5）最后的检查。以"如果一个新员工阅读了这个工作描述，他能否理解要做的工作？"作为检查标准。

（二）工作规范

1. 工作规范的概念

工作规范是对组织中各类岗位某一专项事务或对某类员工劳动行为、素质要求等所作的统一规定。素质要求也即任职资格要求，说明担任某项职务的人员必须具备的生理要求和心理要求。工作规范通常包括以下几方面。

（1）一般要求：包括年龄、性别、学历、工作经验等。

（2）生理要求：包括健康状况、力量与体力、运动的灵活性、感觉器官的灵敏度等。

（3）心理要求：包括观察能力、集中能力、记忆能力、理解能力、学习能力、解决问题能力、创造性、数学计算能力、语言表达能力、决策能力、交际能力、性格、气质、兴趣爱好、领导能力等。

2. 工作规范的主要内容

工作规范包括的内容多，覆盖的范围大，大致涉及以下几个方面。

（1）岗位劳动规则。岗位劳动规则即企业依法制定的要求员工在劳动过程中必须遵守的各种行为规范。岗位劳动规则通常包括以下几方面。

①时间规则。对作息时间、考勤办法、请假程序等方面所作的规定。

②组织规则。企业单位对各个职能、业务部门以及各层级组织机构的权责关系、指挥命令系统、所受监督和所施监督、保守组织秘密等内容所作的规定。

③岗位规则。岗位规则也称岗位劳动规范，是对岗位职责、劳动任务、劳动手段和工作对象的特点、操作程序、职业道德等所提出的各种具体要求。它包括岗位名称、技术要求、

上岗标准等具体内容。

④协作规则。企业单位对各个工种、工序和岗位之间的关系，上下级之间的配合等方面所作的规定。

⑤行为规则。对员工的行为举止、工作用语、着装、礼貌礼节等所作的规定。

这些规则的制定和贯彻执行，有利于维护企业正常的生产秩序，监督劳动者严格按照统一的规则和要求履行自己的义务，按时保质保量地完成工作任务。

（2）定员定额标准。定员定额标准即对企业劳动定员定额的制定、贯彻执行、统计分析以及修订等各个环节所作的统一规定。定员定额标准包括编制定员标准、各类岗位人员标准、时间定额标准和产量定额标准等。

（3）岗位培训规范。岗位培训规范即根据岗位的性质、特点和任务要求，对本岗位员工职业技能培训与开发所作的具体规定。

（4）岗位人员规范。岗位人员规范即在岗位系统分析的基础上，对某类岗位员工任职资格以及知识水平、工作经验、文化程度、专业技能、心理品质、胜任能力等方面的素质要求所作的统一规定。

3. 工作规范的结构模式

按工作规范的具体内容，工作规范有以下几种基本形式。

（1）管理岗位知识能力规范。管理岗位知识能力规范是对各类岗位的知识、能力和工作经验要求所作的统一规定，一般包括以下内容。

①知识要求。胜任本岗位工作应具有的知识结构和知识水平。

②能力要求。胜任本岗位工作应具备的各种能力素质。

③经历要求。能胜任本岗位工作，一般应具有一定年限的实际工作经验，从事低一级岗位的工作经历，以及与之相关的工作经历。

（2）管理岗位培训规范。它主要包括以下几项内容。

①指导性培训计划。指导性培训内容即对本岗位人员进行培训的总体性计划。主要内容有培训目的、培训对象、培训时间、培训项目、课程的设置与课时分配、培训方式、考核方法等。

②参考性培训大纲和推荐教材。在培训大纲中应明确各门课程的教学目的、内容和要求，以及教学方式方法。推荐教材要符合培训大纲的要求，讲求针对性和实用性。

（3）生产岗位技能业务能力规范。它是我国传统的国有企业所使用的一种劳动规范，主要包括以下三项内容。

①"应知"。"应知"指胜任本岗位工作所应具备的专业理论知识，如所使用机器设备的工作原理、性能、构造，加工材料的特点和技术操作规程等。

②"应会"。"应会"指胜任本岗位工作所应具备的技术能力，如使用某一设备的技能，使用某种工具、仪器仪表的能力等。

③工作实例。根据"应知""应会"的要求，列出本岗位的典型工作项目，以便判定员工的实际工作经验，以及"应知""应会"的程度。

（4）生产岗位操作规范。生产岗位操作规范也称生产岗位工作规范，主要包括以下几项内容。

①岗位的职责和主要任务。

②岗位各项任务的数量和质量要求，以及完成期限。

③完成各项任务的程序和操作方法。

④与相关岗位的协调配合程度。

（三）工作说明书

1. 工作说明书的概念

工作说明书是组织对各类岗位的性质和特征（识别信息）、工作任务、职责权限、岗位关系、劳动条件和环境，以及本岗位人员任职的资格条件等事项所作的统一规定。

2. 工作说明书的分类

工作说明书根据所说明的对象，可以分为三类。

（1）岗位工作说明书，即以岗位为对象编写的工作说明书。

（2）部门工作说明书，即以某一部门或单位为对象编写的工作说明书。

（3）公司工作说明书，即以公司为对象编写的工作说明书。

3. 工作说明书的主要项目

（1）基本资料。基本资料主要包括岗位名称、岗位等级、岗位编码、定员标准、直接上下级和分析日期等方面的识别信息。

（2）岗位职责。岗位职责主要包括职责概述和职责范围。

（3）监督与岗位关系。监督与岗位关系说明本岗位与其他岗位之间在横向与纵向上的联系。

（4）工作内容和要求。它是岗位职责的具体化，是对本岗位所要从事的主要工作事项做出的说明。

（5）工作权限。为了确保工作的正常开展，必须赋予每个岗位不同的权限，但权限必须与工作责任协调一致。

（6）劳动条件和环境。它是指在一定时空范围内工作所涉及的各种物质条件。

（7）工作时间。工作时间包括长度的规定和工作轮班的设计两个方面的内容。

（8）资历。资历由工作经验和学历条件两个方面构成。

（9）身体条件。身体条件是结合岗位的性质、任务对员工的身体条件做出的规定，包括体格和体力两项具体要求。

（10）心理品质要求。心理品质要求应紧密结合本岗位的性质和特点，深入进行分析，并做出具体的规定。

（11）专业知识和技能要求。

（12）绩效考评。从品质、行为和绩效等多个方面对员工进行全面考核和评价。

工作说明书的主要项目如表3-1所示。

表 3-1　工作说明书的主要项目

工作说明书
基本资料： ①职务名称；②职位编号；③所属部门；④直接上级职位；⑤工资等级；⑥定员人数；⑦组织关系
工作描述： 1. 工作概要；2. 工作职责；3. 工作权限；4. 工作难点；5. 注意事项；6. 工作地点；7. 工作时间（工作时间特征）；8. 工作环境（工作场所、工作环境的危险性、职业病；工作的均衡性、工作环境的舒服程度）；9. 考核标准；10. 工作人员运用设备和信息说明
工作规范： 1. 任职资格说明 ①最低学历；所需培训的时间和科目；从事本职工作和其他相关工作的年限和经验 ②一般能力：兴趣爱好、个性特征、性别、年龄特征 ③体能要求：工作姿势，对视觉、听觉、嗅觉有何特殊要求，精神紧张程度，体力消耗大小 2. 工作行为要求

下面以人事行政部经理、薪资专员和人事文员的工作说明书为例进行说明。

人事行政部经理工作说明书

职位名称：人事行政部经理　　　　职位编号：JD—HR—01

所属部门：人事行政部　　　　　　工资级别：9～15 级

直接上级：总经理　　　　　　　　职位定员：1 人

1. 组织关系

人事行政部经理组织关系如图 3-1 所示。

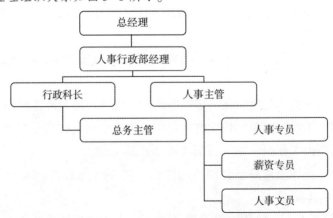

图 3-1　人事行政部经理组织关系

2. 主要职责

（1）制定规范的招聘程序并监督其运行。

（2）人员甄选、测评体系的建立和管理技术人才的招聘。

（3）编制职业发展生涯规划。

（4）薪酬管理方案设计、实施及跟踪评估。

（5）员工奖罚细则的制定和组织实施。

（6）绩效考评体系的设计、组织实施和评估。

（7）行政事务的统筹管理。

（8）企业文化建设，企业文化的理念传播。

（9）为其他部门提供人力资源管理专业咨询和服务。

3. 主要责任

（1）负有提升全员素质的责任。

（2）负有对内、对外传播企业文化和经营理念的责任。

（3）负有对人力资源开发管理体系持续改善的责任。

（4）负有控制管理成本，改善员工关系的责任。

（5）负有对全公司的安全、环境、卫生等工作的直接责任。

4. 工作权限

（1）人员任免提议权。

（2）培训经费审核权。

（3）招聘广告（信息）的发布权。

（4）管理规章制定和修改权。

（5）员工奖惩提议权。

（6）人力成本控制权。

5. 工作难点

（1）更好地为员工服务。

（2）有效地开发和利用人力资源，为企业的发展储备人才。

（3）有效地进行人力资源规划，为企业经营战略提供有力保障。

6. 考核要点

（1）员工对本部门工作的满意度。

（2）工作计划的可靠性。

（3）工作报告的完整性。

（4）工作的主动性。

7. 任职资格

（1）学历要求：本科，人力资源管理、工商管理或相关专业。

（2）工作经验：5 年以上人力资源管理和行政管理经验。

（3）语言能力：普通话和广东话流利，有良好的语言表达能力；英语四级以上。

（4）技能要求：掌握现代人力资源管理原理；能熟练操作 Word、PowerPoint、Excel，持有人力资源管理师一级证书。

制作日期：　年　月　日

制作人：×××

薪资专员工作说明书

职位名称：薪资专员　　　　　职位编号：JD—HR—05

所属部门：人事行政部　　　　工资级别：5~9 级

直接上级：人事主管　　　　　职位定员：1 人

1. 组织关系

薪资专员组织关系如图 3-2 所示。

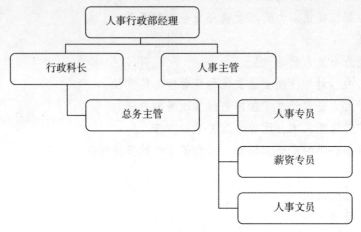

图 3-2　薪资专员组织关系

2. 主要职责

(1) 负责全公司员工的考勤统计和管理。

(2) 负责薪资的计算、统计、分析及报表的打印。

(3) 负责薪资发放并与银行办理转账过户手续。

(4) 负责员工对薪资、福利制度各种疑问的解释。

(5) 负责社会保险（如养老、工伤、失业、生育、医疗等）手续的办理。

(6) 负责福利的计算、统筹和分析。

(7) 负责员工薪资级别调整的通知。

(8) 负责工资定额的分配、调整。

(9) 负责本部门考勤的记录及汇总。

(10) 负责员工进出厂手续办理。

(11) 负责员工就业证（卡）办理、劳动合同签订。

(12) 上级领导临时交代的事务。

3. 主要责任

(1) 负有人力成本控制及工资保密的责任。

(2) 负有员工关于薪酬疑问的解释责任。

(3) 负有确保考勤资料真实、可靠的责任。

(4) 负有工资、福利统筹可行、可靠的责任。

4. 工作权限

(1) 对工资、福利的解释权。

（2）考勤查核权。

（3）工资总量监控权。

（4）工资定额分配执行权。

5. 工作难点

（1）合理的薪酬、福利统筹。

（2）出勤率统筹、分析。

6. 考核要点

（1）工资计算的准确性。

（2）考勤的真实、可靠性。

（3）工作报告的完整性。

（4）工作的主动性。

7. 任职资格

（1）学历要求：中专或以上学历，会计、统计或财经专业。

（2）工作经验：1 年以上会计、统计工作经验。

（3）语言能力：有一定的书面和口头表达能力，普通话流利。

（4）技能要求：能熟练操作 Excel、PowerPoint 和 Word，持有人力资源管理二级证书。

制作日期：　年　　月　　日

制作人：×××

人事文员工作说明书

职位名称：人事文员　　　　　　职位编号：JD—HR—07

所属部门：人事行政部　　　　　工资级别：3～6 级

直接上级：人事主管　　　　　　职位定员：1 人

1. 组织关系

人事文员组织关系如图 3-3 所示。

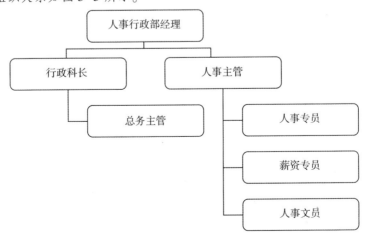

图 3-3　人事文员组织关系

2. 主要职责

（1）公司文件资料的发放、登记和管理。

（2）《管理与质量》内刊的打印、印刷、发行。

（3）报刊、邮件的分发。

（4）图书和工具用书的购置及借阅管理。

（5）工会员工储金的出纳管理工作。

（6）工伤医疗费、员工定额医药费的报销、登记管理和费用控制。

（7）协助举办公司文体活动。

（8）出售员工饭票。

（9）各种会议的通知、接待和服务工作。

（10）员工制服的发放、更换、统计工作。

（11）办公用品采购计划的编制、采购、收发、费用统计及监督。

（12）文件资料速印、复印、登记和统计等工作。

（13）上级领导临时交代的事项。

3. 主要责任

（1）负有图书、工具用书妥善管理的责任。

（2）负有及时分发报刊、邮件的责任。

（3）负有妥善保管员工储金的责任。

（4）负有及时打印、发行内刊的责任。

（5）负有办公费用的控制责任。

4. 工作权限

（1）员工医药费报销审核权。

（2）图书、工具用书及文件管制权。

（3）储金的管制权。

（4）办公文具用品采购控制建议权。

5. 工作难点

（1）科学管理文档图书资料。

（2）有效地控制费用。

6. 考核要点

（1）工作态度。

（2）工作效率。

7. 任职资格

（1）学历要求：高中以上学历。

（2）工作经验：1年以上同等职务工作经验。

（3）语言能力：有一定的书面、口头表达能力，普通话标准。

（4）技能要求：能熟练操作 Excel、PowerPoint 和 Word，持有助理人力资源管理三级证书。

制作日期：　年　月　日

制作人：×××

（四）工作规范与工作说明书的区别

工作规范与工作说明书两者既相互联系，又存在着一定区别。

（1）从其涉及的内容来看，工作说明书以岗位的"事"和"物"为中心，对岗位的内涵进行系统、深入的分析，并以文字和图表的形式加以归纳和总结，成为企业劳动人事管理规章制度的重要组成部分，为企业进行岗位设计和岗位评价及人力资源管理各项基础工作提供了必要的前提和依据。而工作规范所覆盖的范围、所涉及的内容要比工作说明书广泛得多，只是其中有些内容如岗位人员规范，与工作说明书的内容有所交叉。

（2）工作说明书与工作规范所突出的主题不同。例如，岗位人员规范是在岗位分析的基础上，解决"什么样的员工才能胜任本岗位工作"的问题，以便为企业员工的招收、培训、考核、选拔、任用提供依据。而工作说明书则通过岗位系统分析，不但要分析"什么样的员工才能胜任本岗位工作"，还要正确回答"该岗位是一个什么样的岗位，这一岗位做什么，在什么地点和环境条件下做，如何做"。总之，工作说明书要对岗位进行系统、全面、深入的剖析。从这个意义上说，工作规范是工作说明书的一个重要组成部分。

（3）从具体的结构形式来看，工作说明书一般不受标准化原则的限制，其内容可繁可简，精细程度深浅不一，结构形式呈现多样化。

第四节　工作设计

企业可通过对工作的内容、功能和相互关系等进行设计，发挥工作内在的激励作用，调动员工的工作积极性，降低成本，提高生产率。为了发挥工作的内在激励作用，企业可通过以下几种方式来进行工作设计。

一、工作轮换

工作轮换可以避免常规化的工作易使人单调乏味的缺陷。工作轮换有纵向和横向两种类型，纵向轮换指的是升职或降职，而工作设计中通常采取的工作轮换是水平方向上岗位的多样变化，即横向的工作轮换。工作轮换可以先制订培训计划，让员工在一段时间内在一个岗位上工作然后再换到另一岗位工作，以此为手段对员工进行培训。也可以在当前的工作使人产生厌倦和单调、不再具有挑战性时，让其从事另一项工作。

二、工作扩大化

工作扩大化是通过增加员工工作的种类，扩大职务范围，使其同时承担几项工作，或者做周期更长的工作循环，来减少对工作的厌烦，增加对工作的兴趣。随着工作任务的增加和多样性的提高，个体在工作时表现出更多的变化。

三、工作丰富化

工作丰富化是让员工对自己的工作施加更大的控制，使其有机会参与工作的计划和设计，得到信息反馈，评价和改进自己的工作，增强责任感和成就感，对工作本身产生兴趣。工作丰富化与工作扩大化是有区别的。工作扩大化是扩大工作的水平范围，增加的工作在类型上是相同或相似的，要求的工作能力和技术也是大致相同的。而工作丰富化是从纵向上扩大工作范围，即扩大工作的垂直负荷，要求员工完成更复杂的任务，有更大的自主性，负更大的责任，因而对其能力和技术也就提出了更高的要求。

四、工作时间选择

工作设计是一种极为有效的内在激励，但工作设计的科学性和专业性较强，对管理水平的要求较高。工作时间可采取压缩工作周、弹性工作制、通过互联网在家工作等方式。

（1）压缩工作周。可将5个8小时的工作日组成的工作周压缩为每周4个10小时的工作日，虽然工作日被压缩了一天，但每周总的工作时数不变。它没有给员工增加多少选择工作时间的自由度，只是对工作时间的安排提供了一种新的选择。

（2）弹性工作制。弹性工作制是要求员工每周工作一定的时数，但在限定范围内可以自由地变更工作时间的一种时间安排方案。按照弹性工作制，一天的工作时间由共同工作时间（通常为5~6小时）和弹性工作时间组成。在共同工作时间里，所有的员工都要求在岗位上，而在弹性时间里，员工可自行安排。

（3）通过互联网在家工作。利用互联网在家工作减少了上下班交通上的时间耗费和心理压力，提高了处理家庭事务的灵活性。员工对自己的时间拥有充分的支配权，可将工作安排在最具效率的时间段内进行，不仅提高了工作满意感和积极性，还有利于创造性的发挥。但是在家工作也带来了新的问题，这种安排方案使员工处于互相隔离的状态，缺少了正常办公所提供的日常社会交往。而对管理者来说，他只接触到员工的工作结果，对工作过程无法控制，管理的难度和风险增加了。

第五节　岗位胜任特征模型的构建

一、胜任特征的概念及内涵

胜任特征（competence）是指确保劳动者能顺利完成任务或达到目标，并能区分绩优者和绩劣者的潜在的深层次的各种特质。胜任是指对某项工作的卓越要求而不是基本要求。胜任特征是潜在的深层次的特征，必须是可以衡量和比较的，可以是单个特征指标也可以是一组特征指标。

二、岗位胜任特征的分类

1. 按运用情境分类

按运用情境，胜任特征可分为技术胜任特征、人际胜任特征和概念胜任特征。技术胜任特征包括方法、程序、使用工具和操纵设备的能力等。人际胜任特征包括人类行为和人际过程、同情和社会敏感性、交流能力和合作能力等。概念胜任特征包括分析能力、创造力、解决问题的有效性、发现机遇和潜在问题的能力。

2. 按主体分类

按主体，胜任特征可分为个人胜任特征、组织胜任特征和国家胜任特征。其中个人胜任特征是微观层面的，组织胜任特征和国家胜任特征是宏观层面的。个人胜任特征是指单个自然人身上所具有的，能够令个人取得成功的潜在特征。组织胜任特征是指一个团体组织综合显示的，令其在某个行业中取得长期收益，保持行业内外竞争优势的潜在核心特征。

3. 按内涵分类，

按内涵，胜任特征可分为六种类型，即元胜任特征、行业通用胜任特征、组织内部胜任特征、标准技术胜任特征、行业技术胜任特征和特殊技术胜任特征。冯明博士在《对工作情景中人的胜任力研究》一文中，对胜任特征做了以下描述。

（1）元胜任特征（meta competence）属于低任务具体性、非公司具体性和非行业具体性的胜任特征。它可用于完成大量不同的任务，包含广泛的知识、技能和态度。例如读写能力、学习能力、分析能力、创造力、外语和文化知识、感知和操作环境信号与事件的能力、容纳和掌握不确定性的能力、与他人沟通和合作的能力、谈判能力和适应变化的能力等。

（2）行业通用胜任特征（general industry competence）属于低任务具体性、低公司具体性和高行业具体性的胜任特征。它包括产业结构及其目前发展的知识，分析竞争对手战略运用方面的能力，在行业中的关键人物、网络和联盟方面的知识，以及在行业中同其他公司形成合作和联盟的能力等。

（3）组织内部胜任特征（intra organization competence）属于低任务具体性、高公司具体性和高行业具体性的胜任特征。这种类型的胜任特征包括组织文化知识（如亚文化、象征符号、历史、规范、伦理标准等），公司内部的沟通渠道和非正式网络，组织中的政治动态性和公司的战略及目标等。

（4）标准技术胜任特征（standard technical competence）属于高任务具体性、低公司具体性和低行业具体性的胜任特征。它是一类范围很广的具有操作定向的胜任特征，主要包括打字和速记技能、普通预算和会计原理及方法方面的知识、计算机编程技能、标准计算机软件知识、应用在不同行业中的手艺和职业技能等。

（5）行业技术胜任特征（technical trade competence）属于高任务具体性、非公司具体性和高行业具体性的胜任特征。它在行业内可跨公司流动使用，并且仅可用来完成一项或少量有限的工作任务。这种类型的胜任特征可以描述为以下技能：建造自动机械和航空器、拼装计算机硬件、理发和酒吧服务等。

（6）特殊技术胜任特征（special technical competence）属于高任务具体性、高公司具体性和高行业具体性的胜任特征。它仅仅在一个公司内解决一个任务或非常少的任务，包括与独特技术和日常操作相关的知识和技能，如在公司里使用特殊工具进行精巧制作的相关技能等。

三、胜任特征模型的概念及内涵

胜任特征模型是指采用科学的研究方法，以显著区分某类人群中绩效优异与一般员工为基础来寻求鉴别性岗位胜任特征，经过反复比较分析，最终确立起来的与绩效高度相关的胜任特征结构模式。

四、岗位胜任特征模型的分类

根据不同的分类标准，胜任特征模型有多种不同的分类方法。现将几种常见的分类方法介绍如下。

1. 按结构形式分类

按结构形式，胜任特征模型可以分为指标集合式模型和结构方程式模型。指标集合式模型是指胜任特征模型由一些经过研究和筛选的胜任特征指标组合而成，这些胜任特征可能是概念相对单一的能力指标，也可能是包含多种能力指标的综合因素。结构方程式模型多是通过回归分析等数学统计手段建立起来的关于胜任特征与绩效之间的因果关系的模型。结构方程式模型中的因子也同指标集合式模型中的因子一样，既可以是概念相对单一的能力指标，也可以是包含多种能力指标的综合因素。

2. 按建立思路分类

按建立思路，胜任特征模型可以分为层级式模型、簇型模型、盒型模型和锚型模型。

（1）层级式模型。该模型先收集数据，找出某个岗位或职业的关键胜任特征，然后对每个胜任特征进行行为描述，根据其相对重要程度进行排序，确定每个胜任特征的排名和重要性。这种模型对于识别某个胜任水平的工作要求或角色要求来说是很有效的，还有助于人与工作更好地匹配。

（2）簇型模型。簇型模型在确定了某个岗位或职业的胜任特征维度后，对每个大的胜任特征维度用多方面的行为进行描述，比如"创新性"是一个大的胜任特征维度，其行为描述可能包括"寻找新的工作方式""尝试新的程序、流程、技术""总是尽量寻找以更少的资源获得有效的工作成果，完成工作任务""冒险"等。这种模型不列出各个胜任特征的相对重要程度，比较适合掌握某项工作或某个职业群体的信息，也就是说，它关注的是一个职业群体的胜任特征，推广性较好。

（3）盒型模型。盒型模型针对某个胜任特征，左侧注明该胜任特征的内涵，右侧则写出相应的关于出色绩效行为的描述。盒型胜任特征模型主要用于绩效管理。

（4）锚型模型。锚型模型分别对每个胜任特征维度给出一个基本定义，同时对每个胜任特征的不同水平层次给出相应的行为锚，即明确描述相应的行为标准。这种模型的操作类似建立编码字典，但是与编码字典不同的是，它产生于最后一个环节，实用性强，适用于具体的工作模块，如培训和发展需求评价等。

五、研究岗位胜任特征的意义和作用

（一）人员规划

对于人员规划，岗位胜任特征的研究意义主要体现在工作分析上。传统的工作分析较为注重工作的组成要素，而基于胜任特征的工作分析则侧重于研究与工作绩效优异员工的突出表现相关联的特征及行为，结合这些特征和行为来定义相应工作岗位的职责内容，它具有更强的工作绩效预测性，能够更有效地为选拔、培训员工以及为员工的职业生涯规划、奖励、薪酬设计提供参考标准。

（二）人员招聘

对于人员招聘，岗位胜任特征尤为重要。其一，岗位胜任特征的出现，改变了传统的招聘选拔模式，扭转了过于注重人员知识和技能等外显特征的情况，使得人才的核心特质和动机逐步成为招聘选拔的重点。其二，岗位胜任特征的引用解决了测评小组或面试官择人导向不一，甚至与企业文化相冲突的问题，同时保证了甄选出的人才符合组织和岗位的要求，并能有效地进行高绩效水平的工作。其三，基于岗位胜任特征模型的人员招聘机制建立在企业发展愿景、企业价值观和工作分析评价的基础之上，注重人员、岗位和组织三者之间的动态匹配，所招聘到的员工是能胜任该岗位工作的人员。

（三）培训开发

岗位胜任特征模型的建立，为促进企业人才培训开发体系的构建和完善提供了重要依据，使企业培训工作更具系统性、科学性和实用性。具体意义如下。

（1）岗位胜任特征改变了以往知识、技能培训一统天下的格局，使员工潜能、品质和个性特征的培养也跻身培训行列。各大公司开始注重诸如员工生存训练、能力拓展训练这样的特殊培训，有意或无意地将胜任特征培训纳入员工培训体系。

（2）基于胜任特征分析，针对岗位要求并结合现有人员的素质状况，为员工量身制订培训计划，可帮助员工弥补自身的"短板"，有的放矢地突出培训重点，省去培训需求分析的烦琐步骤及不合理的培训开支，提高培训效率，取得更好的培训效果，进一步挖掘员工的潜能，为企业创造更多的效益。

（3）胜任特征研究有利于员工职业生涯的发展。其一，胜任特征研究可以使企业管理者比较清晰地了解每个员工的特质，并根据每个员工特质的不同对其进行定位培养。其二，胜任特征研究可以使员工根据自身特质与岗位胜任特征的匹配程度，对自己的职业生涯进行规划。因此，胜任特征研究加深了企业与员工之间的理解，促进了企业和员工的双赢。

（四）绩效管理

（1）胜任特征模型的建立为确立绩效考评指标体系提供了必要的前提。从理论上看，绩效是多种要素交互作用的结果，具有多因性、多维性和动态性。从实践上看，监测员工个人或组织的绩效，需要从潜力、过程和结果三个方面进行系统的考核评价，这样才能真实地反映出企业营销经理，乃至他们所领导团队的实际绩效状况和水平。

（2）胜任特征模型的建立为完善绩效考评管理体系提供了可靠的保障。岗位胜任特征模型是对某个岗位绩效优异者及其成功事件所做出的系统总结和高度概括，从更深的层面上挖掘了员工获得事业成功的奥妙，揭示了员工顺利有效地完成本岗位工作所应当具备的素质和能力要求。可以说，岗位胜任特征模型是增强企业核心竞争力，保持员工绩效不断增长的动力源。企业员工为了保持旺盛的斗志和持续增长的工作业绩，需要根据胜任特征模型进行对照和比较，找到自己的长处和不足，并制订出切实可行的中长期职业生涯规划和短期提升自身素质的培训需求计划。同时，企业应当从实际出发，根据岗位胜任特征模型的要求，制订切实可行的人才培训开发规划，为员工职业发展和综合素质的提高搭建一个平台，开辟一条通向美好前景的阳光大道。

六、构建岗位胜任特征模型的基本程序

（一）定义绩效标准

绩效标准一般采用工作分析和专家小组讨论的办法来确定，即运用工作分析的各种工具与方法来明确工作岗位的具体要求，提炼出能够鉴别业绩优秀员工与业绩一般员工的标准。专家小组讨论则是由优秀的领导者、人力资源部和人力资源专家组成专家小组，围绕某一研究对象如岗位的任务、责任和绩效标准等进行讨论，反复论证，最终得出大家一致认可的结论。

（二）选取绩效标准分析样本

根据工作岗位的要求，在从事某类岗位工作的绩效优秀和绩效一般的员工中，随机抽取一定数量的人员进行调查。

（三）获取绩效标准样本有关胜任特征的数据资料

可以采用行为事件访谈法、专家小组法、问卷调查法、全方位评价法、专家系统数据库和观察法等来获取绩效标准样本有关胜任特征的数据资料，但一般应以行为事件访谈法为主。

（四）建立岗位胜任特征模型

首先进行一系列高层访谈，了解公司的战略方向、组织结构和主要业务流程等。同时，组织专家小组围绕所要研究岗位的工作职责、绩效目标和行为表现等内容进行深入讨论。

然后，对行为事件访谈报告内容进行编码、分析，记录各项胜任特征在报告中出现的频次。接下来对优秀组和普通组的要素指标发生频次和相关程度的统计指标进行比较，找出两组的共性与差异特征。根据不同的主题进行特征归类，并根据频次的集中程度，估计各类特征组的大致权重。

（五）验证岗位胜任特征模型

验证岗位胜任特征模型可以采用回归法或其他相关的验证方法，采用已有的优秀绩效与一般绩效的有关标准或数据进行检验，关键在于企业选取什么样的绩效标准来进行验证。

七、构建岗位胜任特征模型的主要方法

在开展岗位胜任特征研究，构建某类岗位胜任特征模型时，处理和分析所采集的数据是一项重要而复杂的任务，当前国内外学者曾经采用过多种多样的分析研究方法。属于定性研究的主要有编码字典法、专家评分法、频次选拔法等。而进行定量研究的主要方法有T检验分析、相关分析、聚类分析、因子分析、回归分析等。

（一）编码字典法

编码字典法是指专家根据经验列出胜任特征清单，并对各项胜任特征进行分级和界定的方法。建立编码字典是构建岗位胜任特征模型的重要前提。

（二）专家评分法

专家评分法主要以德尔菲法为主。德尔菲法是指就研究的问题设置好问卷，然后挑选该领域的专家，将设置好的问卷和相关资料传达给选定的专家，各专家就掌握的信息和自己的经验对该问题发表自己的观点，由一个中间人收集专家们的意见并进行汇总整理。中间人将汇总的专家意见以匿名的方式反馈给各专家（专家不知道具体的意见是由哪位专家给出的），专家得到反馈后调整自己的观点再提出新的观点，中间人再次汇总整理，经过多次循环，最终达成一致的意见，作为预测或决策的依据。

（三）频次选拔法

频次选拔法是基于专家意见并利用频次来统计胜任特征的简单方法。具体步骤如下。

（1）将专家意见汇总为 A、B、C、D、E、F、G、H、I、J、K、L、M，N 共 14 项指标。

（2）依靠专家会议对 50 名员工是否具有各项指标进行标注，比如根据情况，给编号 001 的员工标上了 A、B、D、E、G、H、I、L 这几项指标，给编号 002 的员工标上了 A、C、D、G、L、M、N 这几项指标，……给编号 050 的员工标上了 A、C、E、H、L、M、N 这几项指标，统计这 14 项指标出现的频次。

（3）将频次较高的若干项指标选取为胜任特征，具体有两种方法。

①直接按 14 项指标在 50 个人中出现的频次选取胜任特征，每项指标最大频次是 50，最小频次是 1（如果频次低于 1 则将该指标删去，不成为汇总指标）。比如 A 指标的频次为 45，B 指标的频次为 44，……频次最小的指标是 K，为 8 次，那么可以根据实际需要，把频次较高的指标挑出来，作为研究的基础指标。再要求专家对这些指标的重要程度进行排序，通过整理和加权平均重要指标，得到一组关于这些指标重要程度的最终排序，最后选择重要程度高的指标作为胜任特征。

②把优秀组和一般组分开后再汇总频次，得到优秀组和一般组关于 14 项指标出现频次的两组数据，比较两组数据，将优秀组区别于一般组的指标挑选出来，即可得到胜任特征。

（四）T 检验分析

T 检验分析与频次选拔法相类似，但利用 T 检验可以得到比较满意的结论。通常在胜任特征研究中采取独立样本 T 检验，实现步骤如下。

（1）将专家意见汇总为 A、B、C、D、E、F、G、H、I、J、K、L、M、N 共 14 项指标。

（2）依靠专家会议对 50 名员工是否具有各项指标进行标注，比如根据情况，给编号 001 的员工标上 A、B、D、E、G、H、I、L 这几项指标，给编号 002 的员工标上了 A、C、D、G、L、M、N……给编号 050 的员工标上了 A、C、E、H、L、M、N，统计这 14 项指标出现的频次。

（3）淘汰频次过低的指标（比如出现概率在20%以下的指标）。

（4）对优秀组和一般组的各项指标进行打分（比如用1~9给指标打分）。例如，针对编号001的员工，依据访谈录音或整理的文字材料，结合某次事件或所叙述的事实情况，专家1对其协调沟通能力（指标A）的评分为8分，学习能力（指标B）为7分，创新能力（指标L）为3分……专家2对编号001的员工的协调沟通能力的评分为6分，学习能力为8分，创新能力为1分……对所有专家的打分结果进行整理，并录入计算机。

（5）直接平均专家的评分，或者采取去掉最高分和最低分再取平均的方式，也可以取打分相近的两位专家的平均分数，将评分数据导入SPSS统计分析软件中。专家的打分数据如表3-2所示。

表3-2　专家的打分数据

编号	协调沟通能力	学习能力	创新能力	…
001	8	7	3	…
002	6	8	1	…
…	…	…	…	…

（6）T检验分析。利用SPSS统计分析软件里的T检验功能，可以很轻松地得到T检验分析结果。独立样本T检验解决了两个组在特定指标上的差异比较问题，适合于胜任特征研究中优秀组与一般组胜任特征指标的比较，简便易行。其先决条件是有两组员工胜任特征指标的量化数据。

本章小结

（1）工作分析是运用科学的方法，收集与工作相关的信息的过程，主要包括对各类工作岗位的性质、任务、职责权限、岗位关系、劳动条件和环境，以及员工承担本岗位任务应具备的资格条件等方面的信息进行系统研究，并制定出工作说明书等岗位人事规范的过程。工作分析的最终产出表现为工作描述和工作规范，即工作说明书。

（2）工作分析的原则有目的原则、职位原则、参与原则、经济原则、系统原则、动态原则。

（3）工作分析的方法主要有工作实践法、工作日志法、观察法、访谈法、关键事件法和问卷调查法。

（4）工作分析的流程有准备阶段、调查阶段、分析阶段、描述阶段、运用阶段、总结阶段。

（5）工作设计的方式有工作轮换、工作扩大化、工作丰富化、工作时间选择等。

（6）胜任特征模型是指采用科学的研究方法，以显著区分某类人群中绩效优异与一般员工为基础来寻求鉴别性岗位胜任特征，经过反复比较分析，最终确立起来的与绩效高度相关的胜任特征结构模式。

本章习题

一、名词解释

1. 工作分析

2. 职责

3. 职业

4. 职务

5. 职权

二、简答题

1. 简述观察法及其优缺点。

2. 简述访谈法及其优缺点。

3. 简述问卷调查法及其优缺点。

4. 简述关键事件法及其优缺点。

5. 简述工作分析的原则。

6. 简述工作分析的作用。

7. 简述工作分析的流程。

8. 简述工作说明书的主要项目。

9. 简述工作设计的方式。

10. 简述岗位胜任特征模型的构建方式。

三、案例分析

王强到底要什么样的工人

"王强，我一直想象不出你究竟需要什么样的操作工人。"江山机械公司人力资源部负责人李进说，"我已经给你提供了4位面试人选，他们好像都比较满足工作说明中的要求，但你一个也没有录用。"

"什么工作说明？"王强答道，"我所关心的是找到一个能胜任那项工作的人，但是你给我提供的人都无法胜任，而且我从来就没有见过什么工作说明。"

李进递给王强一份工作说明，并逐条解释给他听。他们发现，要么是工作说明与实际工作不相符，要么是规定以后，实际工作又有了很大变化。例如，工作说明中说明了有关老式钻床的使用经验，但实际中所使用的是一种新型数字式钻床。为了有效地使用这种新机器，工人们必须掌握更多的数字知识。

听了王强对操作工人必须具备的条件及应当履行职责的描述后，李进说："我想我们现在可以写一份准确的工作说明，以其为指导，我们就能找到适合这项工作的人。让我们今后加强工作联系，这种状况就再也不会发生了。"

思考：

1. 王强认为人力资源部找来的4位面试人选都无法胜任，根本原因在哪里？

2. 工作分析（即工作说明的具体内容）有哪些？李进应该如何修改工作说明？

组织设计

金果子公司是美国南部一家种植和销售黄橙和桃子两大类水果的家庭式农场企业，由老祖父约翰逊于 50 年前开办。因为美国南部拥有肥沃的土地和明媚的阳光，特别适合种植这些水果。公司长期以来积累了丰富的水果存储、运输和营销经验，能有效地向海内外市场提供新鲜、质好的水果。经过半个世纪的发展，公司已初具规模。老祖父 10 年前感到自己体衰，将公司的管理大权交给儿子杰克。孙子卡尔前两年从农学院毕业后，回到农场担任了父亲的助手。

金果子公司大体上开展以下三个方面的活动：一是有相当一批工人和管理人员在田间劳动，负责种植和收获黄橙和桃子；二是从事发展研究，工作人员主要是高薪聘来的农业科学家，负责开发新的品种并设法提高产量；三是市场营销活动，工作团队由一批经验丰富的销售人员组成，他们负责走访各地的水果批发商和零售商。公司的销售队伍实力强大，而且也像公司其他部门的员工一样，非常卖力地工作着。

不过，金果子公司目前规模已经发展得相当大了。杰克和儿子卡尔都感到有必要为公司建立起一种比较正规的组织结构。准备请管理咨询人员来帮助他们公司设计组织结构。

第一节　组织设计的原则和内容

一、组织设计的基本原则

组织设计是以组织结构安排为核心的组织系统的整体设计工作。当我们谈论决策应在哪一层次做出，或者员工要遵循哪些规则之时，所指的就是组织设计。组织设计的原则尽管体现为流动性，但历经数十年设计理论与实务的演化，还是存在着较为一般性的基本原则。这些基本原则，为企业设计既有效率又有效果的组织提供了强有力的指导。当然，任何原则性的条文，在发挥正向作用的同时，也不可避免地产生着负向作用。所以，在具体运用这些原则指导组织设计时，既要注意坚持，又要注意超越。

（一）目标明确化原则

任何一个组织的存在，都是由它特定的目标决定的。设计组织的目的，就是要保证实现组织目标，完成组织的任务。所以，在建立管理组织机构时，一定要明确总的目标、各个分支机构的分目标，以及每个人的工作，这就是目标明确化原则。明确的目标是衡量组织工作是否有效的首要标准，目标不明成果好坏就无法确定。离开了组织目标，则其工作效果必然是无功或虚功或负功。目标明确的组织机构，才能指引管理部门，使每个组织成员的工作指向组织的目标，指向成果。

当前，最值得警惕的一种倾向是，在建立组织机构时，不是围绕着组织目标和工作任务因事择人，而是因人设事。应该明确一点，管理组织的设计，应围绕组织目标，要以事为中心，因事设机构、职务，配备人员，做到人与事的高度配合，而不能以人为中心，因人设职，因职找事。

（二）分工协作原则

在实现总目标的过程中，必然要划分许多活动和职能，为使管理工作有成效并协调，就必须进行专业分工和协作。分工是按照提高管理专业化程度和工作效率的要求，把组织的目标、任务分成各级、各部门、各个人的任务、目标，明确干什么、怎么干。有分工还必须有协作，明确部门间和部门内的协调关系与配合方法。分工要注意以下问题：一是尽可能按照专业化的要求设置组织机构；二是工作上要有严密分工；三是要注意到分工带来的效益。协作要注意以下两个问题：一是自动协作是至关重要的；二是对协调中的各项关系，应逐步走上规范化、程序化，应有具体可行的协调配合方法以及违反规范后的惩罚措施。

（三）统一指挥与分权管理相结合原则

有效的组织必须有统一的指挥。组织中的每个职务都要有人负责，每个人都应该知道他向谁负责，有哪些人要对他负责。它要求各级管理组织机构必须服从上级管理机构的命令和指挥，而且非常强调只能服从一个上级的命令和指挥，并对他负责，在指挥和命令上严格地实行"一元化"。上下级之间的上传下达，都要按层次进行，不得越级，这就形成了一个"指挥链"。如果从两个或两个以上的上级接受命令，就会造成多头领导和多头指挥，从而可能造成管理组织的混乱。

但是，实行统一指挥原则，并不是要把一切权力都集中在组织最高一级管理层，而应是既有集权，又有分权，该集中的权力必须集中起来，该下放的权力就应当充分地下放给下级，这样才可以加强部门的灵活性和适应性，才能充分调动各级管理者的积极性。如果事无巨细，把所有的权力都集中于最高一级领导层，不仅会使最高领导湮没于烦琐的事务中，顾此失彼，无法调动下属的积极性，而且还会助长官僚主义、命令主义和文牍主义作风，甚至使领导成为庸庸碌碌的事务主义者。

（四）权责对等原则

组织中每个部门和职务都必须完成规定的工作。而为了从事一定的活动，需要利用一定的人、财、物等资源。因此，为了保证"事事有人做""事事都能正确地做好"，不仅要明确各个部门的任务和责任，而且在组织设计中，还要规定相应的取得和利用人力、物力、财力以及信息等工作条件的权力。没有明确的权力，或权力的应用范围小于工作的要求，则可能使责任无法履行，任务无法完成。当然，对等的权责也意味着赋予某个部门或岗位的权力不能超过其应负的职责。权力大于工作的要求，虽能保证任务的完成，但会导致不负责任地滥用，甚至会危及整个组织系统的运行。

（五）管理幅度原则

所谓管理幅度，就是研究一个管理者能够领导多少下属。每一个管理者的时间、精力和能力是有限的，一个上级管理者能够直接有效地指挥的下属数量有一定限度。当管理者的下属人员数以数学级数增加时，管理者和下属间相互影响的总数量，将以几何级数增加。

（六）管理层次原则

组织的层次取决于组织机构总任务的工作量及管理幅度。总任务工作量大，组织中总人数多，组织的层次必然增加。但在完成同样数量的工作时，管理幅度越狭窄，则所需管理层次也越多。从管理的质量和效率来看，在最高管理层和最基层工作人员之间，如果组织层次过多，不利于上传下达，相互沟通。

管理层次的增加虽有弊病，但是，从系统论的观点看，组织有方的大系统比小系统有更高的功效。从社会发展的现实来看，整个社会趋向于组织严密的大系统，适当增加组织层次，加大管理幅度，是必然趋势。因此，在组织管理中，应进一步研究授权、组织体制和组织机构类型等问题。一般来说，应该在通盘考虑决定管理幅度因素后，在实际运用中再根据具体情况确定管理层次。

此外，高效和相对稳定原则、才职相称原则，也是进行组织设计所必须遵循的原则。

二、组织设计的内容

组织设计一般包括以下内容。

（1）把为实现管理目标所必须进行的各项业务活动，根据其内在的联系及工作量进行分类组合，设计出各种基本职务和组织机构。

（2）规定各种职务、各个组织机构的责、权、利及其与上下左右的关系，并用组织系统图和责任制度、职责条例、工作守则等形式加以说明。

（3）选拔和调配合适的人员担任相应的职务，并授予执行职务所必需的权力，使每个人都能充分发挥作用。

（4）通过职权关系和信息系统，把各个组织机构连成一个严密而又有活力的整体。

（5）对组织系统内的职工进行教育培训和智力开发，使他们的知识不断更新，更有效地完成自己所承担的工作。

三、组织设计应考虑的因素

一个好的组织设计应当具有清晰的职责层次顺序、流畅的意见沟通渠道、准确的信息反馈系统、有效的协调合作体系、相对封闭的组织结构。同时，随着社会的前进和经济的发展，执行管理功能的组织，不能一成不变，不能刻板僵化，应当随着外部环境的改变，对组织进行相应的变革。组织设计应当充分考虑以下因素。

（一）目标明确

一个好的组织必须目标明确。首先应该明确大系统的总目标，这个目标是衡量一个系统的工作是做正功还是做负功、无功、虚功的标准。组织的设计和建立必须能指引管理部门，将每个组织成员的视线指向组织的总目标，指向成果。如果组织目标不明确，导致管理部门和组织成员的视线偏离总目标，则不仅难以做到整体大于部分之和，而且成果的总和是有利还是有弊，也是不确定的。

（二）任务明确

组织系统的目的、目标和任务是一致的，但三者概念的层次不同。在管理过程中，在目的的指引下制定具体的目标，由目标落实到任务。因此，不仅目标要明确，而且任务要落实。组织的设计和建立应能使每一个成员，尤其是管理人员的工作专门化，做任何一项工作，必须具体且特定。

共同的任务是各管理单位和个人任务的基础。组织中的每一个成员，都必须了解个人的任务应该如何配合整个组织的任务，也必须知道整个组织的任务对个人的意义。只有这样，组织中每一个成员的努力才能符合整个组织的共同利益。

（三）完成任务的方法明确

任务明确后还必须明确如何完成任务，这也是组织设计的特点，不仅总的任务要明确，而且各层次的分任务也应明确，即完成任务的每一个步骤，甚至每一行动的要求都应是明确的。组织中的每一个管理单位及组织中的每一个成员，都必须清楚其所处的地位和归属，了解从何处取得所需的指令和资料，知道如何去完成工作任务。

（四）管理效率高

所谓管理效率高，是指管理机构应花最少的人力，尤其是最少的高绩效人才（高级管理人才），完成组织所需要的管理、监督及引导有关人员的执行等任务，保持机构的正常运转，达成组织的目标。也就是说，管理效率高就是以最少的人力来从事管理、组织、内部控制、内部联系及处理人事问题。因此，组织结构必须能促成人的自我管理和自我激励。

（五）决策合理性

组织设计如何才能有效地向目标逼近，每一步都需要决策。一个组织机构必须经得起决策程序的考验，考验其是否有助于做出正确决策，能否使决策转化为行动和结果。

（六）沟通渠道畅通

在管理中，沟通要以信息沟通去指引人力、物力、财力的沟通。一个组织的优劣，在很大程度上取决于沟通，特别是信息沟通的能力。组织的设计和建立，应保证有畅通的信息沟通渠道，促进信息的传递速度、准确性，提高信息接受率。

（七）稳定性与适应性

组织必须有相当程度的稳定性，能够以之前的成就为基础，从事本身的建设，规划未来，保持本身的稳定性和连续性。但是，稳定并不意味着一成不变，相反，它必须随着环境变化而变化，使组织结构具有高度的适应性。一个完全刚性的结构，往往难以达到真正的稳定。组织结构只有能够随时调整以适应新的形势、新的要求和新的条件，才能稳定。

（八）具有自我更新能力

一个有生命力的组织机构，还必须能够根据组织目标的变化对组织机构提出的新要求来不断调整自身的组织机构，完善内部管理，通过提高组织成员的经验和能力完善组织机能，而使组织具有执行新工作的能力。

在管理组织工作的实践中，一旦察觉到以下情况，就必须着手对组织进行调整和更新：一是信息不灵，情况不清，假象屡现；二是职责不明，摩擦不断，内耗丛生；三是力量分散，行动迟缓，不能统一；四是职能部门效率低，彼此之间不协调；五是层次太多，或控制跨度过大等。

四、组织设计的程序

组织设计一般要经过以下程序。

第一步，确定组织总体目标和方向。

第二步，确定各部门的（派生的）目标、任务和工作计划。

第三步，确定各部门为实现目标、完成任务所必需的业务活动。

第四步，按照所具备的人力、物力等条件组织活动，并根据具体情况用最好的方式使用这些人力和物力，取得最大的使用效果。

第五步，明确各部门负责人必要的职权，使所授权力能开展这些业务活动。

第六步，通过职权关系和信息系统，将各横向及纵向部门的工作联系起来，保证组织有效运转。

第二节　组织结构设计的类型

建立管理的组织结构，需要有一定的形式，这个组织形式主要解决各个部门、各个环节领导和从属的关系，即有比较稳定的组织形式把各个部门、各个环节领导和从属的关系固定下来，使上下级更好地沟通，更好地进行管理活动，避免管理上的混乱现象。这也是建立一个有权威的管理系统必不可少的条件。

管理机构的组织形式，随着生产、技术和经济的发展而不断演变，但应与管理组织的目标、状态、条件、规模相适应。规模不同，组织形式也不一样。从企业组织机构的发展来看，有以下几种基本的组织形式。

一、一般组织结构的设计

1. 直线制组织形式

对于生产规模小、生产流程非常简单的工业企业，通常采用直线制组织形式，即厂长下设若干车间主任，每一车间主任下又设若干班组长。这种组织形式，一切指挥和管理职能基本上由行政负责人执行，只有少数职能人员协助，但不设专门的职能机构。这种机构形式比较简单，指挥管理统一，责任和权限比较明确，但它要求行政负责人通晓多种专业管理知识，能亲自处理许多业务。因此，这种形式只适用于比较简单的管理系统。

2. 直线职能制组织形式

在直线职能制组织形式中，各级行政负责人有相应的职能机构作为助手，以充分发挥其专业管理的作用；而每个管理机构内又保持了集中统一的生产指挥和管理。因此，这是一种较好的组织结构形式。

3. 矩阵式组织形式

矩阵式组织也叫规划目标结构组织。这里的"矩阵"，是从数学移植过来的概念。这种组织形式，把按照职能划分的部门和按照产品或项目划分的专题小组结合起来，形成一个矩阵。专题小组是为完成一定的管理目标或某种临时性的任务而设的。每个专题小组的负责人，都在厂长的直接领导下工作，小组成员既受专题小组领导，又与原职能部门保持组织与业务联系，受原职能部门领导。矩阵式组织形式示意如图4-1所示。

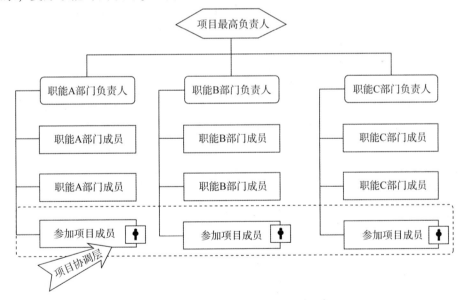

图4-1 矩阵式组织形式示意

矩阵式组织结构有以下优点。

（1）纵横交错，打破了传统管理中管理人员只受一个部门领导的原则，加强了各部门的联系，有利于互通情况，集思广益，协作配合，可以提高组织信息传递和协调控制的效率。

（2）可以把不同部门、不同专业的人员组织在一起，发挥专业人员的长处，提高技术水平和管理水平。

（3）能够充分利用各种资源、专业知识和经验，有利于新技术的开发和新产品的研制。

（4）既能适应管理目标和组成人员的临时性，又能保持原有组织的稳定性。

采取矩阵式组织形式，可促进综合管理和职能管理的结合。我国在总结国内外企业管理经验的基础上，提出了全面计划管理、全面质量管理、全面经济核算和全面人事管理四项最基本的综合管理。这些管理制度包含着矩阵式组织的思想。

4. 分权事业部制组织形式

随着社会经济的迅速发展，在一部分大中型企业里，因为规模比较庞大，实行多种经营，跨国经营，产品、技术种类繁多，加上市场因素多变，为了适应这种需要，就采用了分权事业部制。

分权事业部制，是指在大公司之下按产品类别、地区或经营部门，分别成立若干自主营运的事业部，每个事业部均自行负责本身的效益及对总公司的贡献。事业部必须具备相对独立的市场、相对独立的利益和相对独立的自主权三个基本因素。这一组织制度实际上是在集中指导下进行分权管理，它是在职能制和直线职能制结构的基础上，为克服两者的缺点而发展起来的组织形式，是现代社会化大生产发展的必然趋势。

分权事业部制组织形式的基本原则是"政策制定与行政管理分开"，即"集中决策，分散经营"。也就是说，使公司最高一级领导层摆脱日常行政事务，集中力量来研究和制定公司的各项政策。例如，财权、重要领导人的任免、长期计划和其他主要政策由总公司掌握，而公司所属的各个事业部，则在总公司政策的控制下发挥自己的主动性和责任心。

二、新型组织结构的设计

1. 团队结构

所谓工作团队，就是指为了实现某一目标而由相互协作的个体组成的正式群体。当管理人员动用团队作为协调组织活动的主要方式时，其组织结构即为团队结构。这种结构形式的主要特点是，打破部门界限，可以快速地组合、重组、解散，促进员工之间的合作，提高决策速度和工作绩效，使管理层有时间进行战略性的思考。

在小型公司中，可以把团队结构作为整个组织形式。例如，有一家30人的市场营销公司，完全按团队来组织工作，团队对日常的大多数操作性问题和顾客服务问题负全部责任。

在大型组织中，团队结构一般作为典型的职能结构的补充，这样组织既能得到职能结构标准化的好处，提高运行效率，又能增强组织灵活性。例如，为提高基层员工的生产率，像摩托罗拉公司、惠普公司、施乐公司这样的大型组织都广泛采用自我管理的团队结构。

2. 虚拟结构组织

虚拟结构是一种只有很小规模的核心组织，以合同为基础，依靠其他商业职能组织进行制造、分销、营销或其他关键业务的经营活动的结构。这样做的目的是追求最大的灵活性。这些虚拟结构组织创造了各种关系网络，管理者如果认为别的公司在生产、配送、营销、服务等方面比自己更好，或成本更低，就可以把自己的有关业务外包给它们。

虚拟结构组织与官僚组织截然不同，官僚组织垂直管理层次较多，控制是通过所有权来实现的，研究开发工作主要在实验室中进行，生产环节在公司的下属工厂中完成，销售工作由公司自己的员工去做。为保证这些工作顺利进行，管理层不得不雇用大量的额外人员，包括会计人员、人力资源专家、律师等。相反，虚拟结构组织从组织外部寻找各种资源，来执行上述职能，而把精力集中到自己最擅长的业务上。对于大多数美国公司来说，这就意味着公司主要把精力集中在设计和营销上。例如，爱默生无线电公司集中力量开发设计新型的电视机、录像机、音响及其他消费类电子产品，把生产任务外包给了亚洲的供应商。

虚拟结构组织并不是对所有企业都适用的组织。它比较适合于玩具和服装制造企业，它们需要相当大的灵活性以对时尚的变化迅速做出反应。从不利的方面来看，虚拟结构组织的管理当局对其制造活动缺乏传统组织所具有的那种严密的控制力，供应品的质量也难以预料。另外，虚拟结构组织所取得的设计上的创新容易被窃取，因为创新产品一旦交由其他组织的管理当局去组织生产，要对创新加以严密防卫是非常困难的。

随着计算机网络技术的飞速发展，一个组织现在可以和其他组织直接进行相互联系和交流，使虚拟结构组织日益成为一种可行的新型设计方案。

3. 无边界组织

通用电气公司前首席执行官杰克·韦尔奇创造了无边界组织这个词，用来描述他理想中的通用公司的形象。韦尔奇想把他的公司变成一个年销售额达600亿美元的家庭式杂货店。也就是说，尽管公司体积庞大，韦尔奇还是想减少公司内部的垂直界限和水平界限，消除公司与客户及供应商之间的外部障碍。无边界组织寻求的是减少指挥链，对控制跨度不加以限制，取消各种职能部门，代之以授权的团队。

4. 学习型组织

1990年，麻省理工学院斯隆管理学院著名管理学家彼得·圣吉的代表作——《第五项修炼——学习型组织的艺术与实务》在美国出版，书中提出了"学习型组织"理论。彼得·圣吉在研究中发现，1970年名列美国《财富》杂志"500强"排行榜的大公司，到了20世纪80年代已有1/3销声匿迹，这些不寻常的现象引起了彼得·圣吉的思考。通过深入研究，他发现是组织智障妨碍了组织的学习和成长，并最终导致组织衰败。

组织智障，是指组织或团体在学习及思维方面存在的障碍。这种障碍最明显的表现是，组织缺乏一种系统思考的能力。这种障碍对组织来说是致命的，许许多多的企业因此走向衰落。因此，彼得·圣吉认为，要使企业茁壮成长，必须建立学习型组织，即将企业变成一种学习型组织，以此来克服组织智障。

学习型组织理论认为，在新的经济背景下，企业要持续发展，必须提升企业的整体能力，提高整体素质。也就是说，企业的发展不能只靠像福特、沃森那样伟大的领导者一夫当关、运筹帷幄、指挥全局，未来真正出色的企业是能够设法使各级人员全心投入并有能力不断学习的组织——学习型组织。

所谓学习型组织，是指通过培养弥漫于整个组织的学习气氛，充分发挥员工的创造性思维而建立起来的一种有机的、高度柔性的、扁平的、符合人性的、能持续发展的组织。通过培育学习型组织的工作氛围和企业文化，企业具有不断学习、不断进步、不断调整的新观念，从而具有长盛不衰的生命力。

尽管学习型组织的前景十分诱人，但建立学习型组织并非易事，彼得·圣吉指出，必须进行以下五项修炼。

（1）自我超越。它是学习型组织的精神基础。

（2）改善心智模式。心智模式是根深蒂固的，它影响我们如何了解这个世界，以及如何采取行动。

（3）建立共同愿景。共同愿景是指一个组织中各个成员发自内心的共同目标。在一个团体内整合共同愿景，涉及发掘共有"未来景色"的技术，帮助组织成员主动而真诚地奉献和投入。

（4）团队学习。团体的智慧总是高于个人的智慧。当团体真正在学习的时候，不仅团体能产生出色的效果，其个别成员的成长速度也比其他学习方式要快。

（5）系统思考。企业和人类的其他活动一样，也是一种系统，也都受到细微且息息相关的行为的牵连，彼此影响着，因此必须进行系统思考修炼。系统思考的修炼，是建立学习型组织最重要的修炼。

学习型组织的理念，不仅有助于企业改革与发展，而且对其他组织的创新与发展也有启示。人们可以运用学习型组织的基本理念，去开发各自的组织，创造未来的潜能，反省当前存在于整个社会的种种学习障碍，思考如何使整个社会早日向学习型社会迈进，这才是学习型组织所产生的更深远的影响。

本章小结

（1）组织设计是以组织结构安排为核心的组织系统的整体设计工作。当我们谈论决策应在哪一层次做出，或者员工要遵循哪些规则之时，所指的就是组织设计。组织设计的原则尽管体现为流动性，但历经数十年设计理论与实务的演化，还是存在着较为一般性的基本原则。这些基本原则，为企业设计既有效率又有效果的组织提供了强有力的指导。

（2）建立管理的组织结构，需要有一定的形式，这个组织形式主要解决各个部门、各个环节领导和从属的关系，即有比较稳定的组织形式把各个部门、各个环节领导和从属的关系固定下来，使上下级更好地沟通，更好地进行管理活动，避免管理上的混乱现象。这也是建立一个有权威的管理系统必不可少的条件之一。常见组织结构有直线制、直线职能制、矩阵式、分权事业部制等。

（3）新型组织结构包括团队结构、虚拟组织、无边界组织、学习型组织。

本章习题

一、名词解释

1. 直线制组织结构

2. 矩阵式组织结构

3. 无边界组织

4. 学习型组织

二、简答题

1. 组织设计的原则有哪些?
2. 简述组织设计的内容。
3. 简述矩阵式组织结构的优点。

三、案例分析

王氏年糕厂的抉择

王小旺本是北京平谷的一位普通农民,不过人们早就知道他家有一种祖传绝招,那就是烹制一种美味绝伦的年糕——王氏年糕。早在清朝道光年间,王小旺祖上所创的这种美食就远近闻名,王家代代在村口开有一家专卖此种年糕的小饭馆。他的父亲直到中华人民共和国成立初期还经营着这祖传的小饭馆,那时才十来岁的王小旺已时常在店里帮忙干活了。后来合作化,跟着又公社化,他爸又病死,饭馆不开了,他成了一名普通的公社社员,人家似乎已不知道他还保留了那种绝技。

20世纪80年代,改革之风吹来,王小旺丢了锄把,又办起了"王家饭馆",而他做的年糕绝不亚于他的祖上。由于生意兴隆,他很快就发了。最初是到邻村去开分店,后来竟把分店开到县城去了。1987年,不知是他自己还是别人给他提出的主意,他就在本村办起了利平年糕厂,开始生产"老饕"牌袋装和罐装系列年糕食品来了。由于其独特风味和优等质量,牌子很快打响。不说本县,就是在北京市里也呈供不应求之势。王小旺厂长如今已管理着这家有100多名职工的年糕厂和多家经营"王氏年糕"的王家饭馆、小食品店。

王小旺厂长在经营上有自己的想法。他固执地要求保持产品的独特风味与优秀质量,如果小食品店服务达不到规定标准,职工的技能培训未达应有水平,宁可不设新点。王小旺强调质量是生命,宁可放慢速度,也决不降低产品质量,不能砸了牌子。

目前,王小旺年糕厂里的主要部门是质量检验科、生产科、销售科和设备维修科,还有一个财会科以及一个小小的开发科。其实这厂的产品很少改变,品种也不多。王小旺坚持就凭几种传统产品,服务的对象也是"老"主顾们,彼此都很熟悉。厂里质量检验科要检测进厂的所有原料,保证必须是最优质的。每批产品都一定抽检,要化验构成成分、甜度、酸碱度。当然最重要的是检控产品的味道,厂里高薪聘有几位品尝师,他们的唯一职责是品尝本厂生产的美食。他们经验丰富,可以尝出与要求的标准的微小偏差。所以王家美食始终在努力保持着它固有的形象。

不久前,王小旺的表哥周大龙回村探亲。他原在县城念中学,后来回乡,20世纪80年代初便只身南去深圳闯天下。大家知道他聪明能干,有文化,敢冒险。他一去十年,村里人只听说他靠两头奶牛起家,如今已是千万元户。周大龙来看望表弟王小旺,对年糕厂的发展称赞一番,还表示想投资入伙。但他指出王小旺观点太迂腐保守,不敢开拓,认为牌子已创出,不必僵守原有标准,应当大力扩充品种与产量,大力发展北京市内市场甚至向北京以外扩展。他还指出,目前厂里这种职能型结构太僵化,只适合于常规化生产,为定型的、稳定的顾客服务,适应不了变化与发展,各职能部门眼光只限于本领域内,看不到整体和长远,彼此沟通和协调不易。他建议王小旺彻底改组本厂结构,按不同产品系列来划分部门,才好适应新形势。但王小旺对周大龙发表的建议听不进去,他说他在基本原则上决不动摇。两人话不投机，语句转激烈。最后周大龙说王小旺是"土包子""死脑筋""眼看着大财不会赚"。王小旺反唇相讥说："有大财你去赚得了，我并不想发大财，要损害质量和名声的事坚决不做。你走你的阳关道，我过我的独木桥！"周大龙听罢，挥袖而去，不欢而散。

思考：

1. 本案例反映了组织设计中的哪些问题？
2. 企业一定要做大吗？请结合战略与组织设计的关系，谈谈自己的看法。

第五章

人力资源招聘

柯达的内部人才培训提拔法

人才由生产一线造就，并非凭空而来，选拔与培训一样重要。对此柯达公司的做法是，以严格的选择评定标准找到所需要的人才，再以相关的培训和发展课程对其进行培养，以便更好地开发现有人力资源的潜力。换言之，柯达公司在生产第一线创造了一批人才。

柯达公司要求候选人要能当机立断、协助解决问题、有创意及领导才能，能够听取他人的意见，文字和语言均能有效沟通，了解公司的各项组织功能，并能圆满达成任务。

为了寻找到合适的人选，柯达公司设置了评估中心对候选人进行评估。

评估作业一般在当地旅馆进行，每次有 12 位候选人参加。候选人于周日晚到达，次日早晨进行评估作业，周一下午都将离去，6 名评审则多待一天以讨论评估的结果，并决定合适人选。柯达公司的评估作业包括现场实况操作及角色扮演等作业，个性剖析也包括在内。虽然这类评估作业成本很高，但公司认为价有所值。

对每个人的优缺点做客观的评估后，那些被认定具有领袖才能的候选人就可参加所谓的"团队管理技巧发展课程"。课程分为两个阶段：第一个阶段为课堂教育，主要进行实务培训，传授经验，历时 7 个星期。为保证理论与实务的融合，受训者通常是一星期上课，一星期回到工作岗位，如此交替进行。第二个阶段历时 6 个月，受训者将有机会表现他们的领导才能。他们必须认定一个目标，并尽力完成。培训即将结束时，由经理人员所组成的小组进行最后的评估，以决定受训者是否符合公司要求。

为培养团队合作精神，公司还要求候选人参加为期 1 周的领导才能发展课程，在前往集训地前，他们将被问到所担忧的事情。每个人所担心的都不一样，但通过团队合作后，都一一克服了。当他们重返工作岗位时，每个人都非常自信，自认天下再无难事。

第一节　人力资源招聘概述

一、人力资源招聘基本范畴

（一）人力资源招聘的含义

人力资源招聘是建立在两项工作基础之上的：一是组织的人力资源规划；二是工作分析。人力资源规划确定了组织招聘职位的类型和数量，而工作分析使管理者了解什么样的人应该被招聘进来填补这些空缺。这两项工作使招聘能够建立在比较科学的基础之上。

人力资源招聘，简称招聘，是"招募"与"聘用"的总称，是指在总体发展战略规划的指导下，根据人力资源规划和工作分析的数量与质量要求，制订相应的职位空缺计划，并通过信息发布和科学甄选，获得所需合格人员填补职位空缺的过程。招募与聘用之间夹着甄选。

（二）人力资源招聘的意义

人力资源招聘在人力资源管理中占据十分重要的位置，它的意义具体表现在以下几个方面。

1. 招聘是组织补充人力资源的基本途径

组织的人力资源状况处于变化之中，组织内人力资源向社会的流动、组织内部的人事变动（如升迁、降职、退休、解雇、死亡、离职等）等多种因素，导致了组织人员的变动。同时，组织有自己的发展目标与规划，组织成长过程也是人力资源拥有量的扩张过程。上述情况意味着组织的人力资源总是处于稀缺状态的，需要经常补充。因此，通过市场获取所需人力资源成为组织的一项经常性任务，人力资源招聘也就成了组织补充人员的基本途径。

2. 招聘有助于创造组织的竞争优势

现在的市场竞争归根到底是人才的竞争。一个组织拥有什么样的人力资源，就在一定意义上决定了它在激烈的市场竞争中处于何种地位——是立于不败之地，还是最终面临被淘汰的命运。而对人才的获取是通过人才招聘这一环节来实现的。因此，招聘工作能否有效地完成，对提高组织的竞争力、绩效及实现发展目标，均有至关重要的影响。从这个角度说，人力资源招聘是组织创造竞争优势的基础环节。对于获取某些实现组织发展目标急需的紧缺人才来说，招聘更具有特殊的意义。

3. 招聘有助于组织形象的传播

研究结果显示，招聘过程的质量会明显地影响应聘者对组织的看法。许多经验表明，人力资源招聘既是吸引、招募人才的过程，又是向外界宣传组织形象、扩大组织影响力和知名度的一个窗口。应聘者可以通过招聘过程来了解组织的组织结构、经营理念、管理特色、组织文化等。尽管人力资源招聘不是以组织形象传播为目的的，但招聘过程客观上具有这样的功能，这是组织不可忽视的一个方面。

4. 招聘有助于组织文化的建设

招聘过程中信息传递的真实与否，直接影响着应聘者进入组织以后的流动性，有效的招聘既能使组织得到所需人员，同时也为人员的保持打下基础，有助于减少由于人员流动过于频繁而带来的损失，并有助于营造组织内的良好气氛，如能增强组织的凝聚力，提高士气，增强人力资源对组织的忠诚度等。

（三）人力资源招聘的影响因素

招聘活动的实施往往受到多种因素的影响，为了保证招聘工作的效果，在规划招聘活动之前，应对这些因素进行综合分析。归纳起来，影响招聘活动的因素主要有外部影响因素和内部影响因素两大类。

1. 外部影响因素

（1）国家的法律法规。国家和地方的有关法律、法规和政策，是约束组织招聘行为的重要因素，从客观上界定了组织招聘活动的外部边界。例如，西方国家的法律规定，组织的招聘信息中不能涉及性别、种族和年龄的特殊规定，除非证明这些是职位所必需的。我国在人力资源方面的法律体系尚不健全。1994 年通过的《劳动法》是我国劳动立法史上的一个里程碑。以《劳动法》为准绳，我国已经颁布了一些与招聘有关的法律、法规、条例、规定和政策，包括《女职工禁忌劳动范围的规定》《就业服务与就业管理规定》《未成年工特殊保护规定》等。

（2）劳动力市场。由于招聘特别是外部招聘，主要是在外部劳动力市场进行的，因此市场的供求状况会影响招聘的效果，当劳动力市场的供给小于需求时，组织吸引人员就会比较困难；相反，当劳动力市场的供给大于需求时，组织吸引人员就会比较容易。在分析外部劳动力市场的影响时，一般要针对具体的职位层次或职位类别来进行，例如当技术工人的市场比较紧张时，组织招聘这类人员就比较困难，往往要投入大量的人力、物力。

（3）竞争对手。在招聘活动中，竞争对手也是非常重要的一个影响因素。应聘者往往是在进行比较之后才做出决策的，如果组织的招聘政策和竞争对手存在差距，那么就会影响组织的吸引力，从而降低招聘的效果。因此，在招聘过程中，取得对竞争对手的比较优势是非常重要的。

2. 内部影响因素

（1）职位性质。空缺职位的性质决定了招聘什么样的人以及到哪个相关劳动力市场进行招聘，因此它是整个招聘过程的灵魂。另外，它还可以让应聘者了解该职位的基本情况和任职资格，便于应聘者进行求职决策。

（2）组织形象。一般来说，组织在社会中的形象越好，越有利于招聘活动。良好的组织形象会对应聘者产生积极的影响，引起他们对组织空缺职位的兴趣，从而有助于提高招聘的效果。如青岛海尔、联想集团等一些形象良好的企业，往往是大学生毕业后择业的首选。而组织的形象又取决于多种因素，如组织的发展趋势、薪酬待遇、工作机会以及组织文化等。

（3）招聘预算。由于招聘活动必须支出一定的资金，因此组织的招聘预算对招聘活动有着重要的影响。充足的招聘资金可以使组织选择更多的招聘方法，扩大招聘的范围，如可以花大量的费用来进行广告宣传，选择的媒体也可以是影响力比较大的；相反，有限的招聘资金会使组织进行招聘时的选择大大减少，这会对招聘效果产生不利的影响。

（4）招聘政策。组织的相关政策对招聘活动有直接的影响，组织在进行招聘时一般有内部招聘和外部招聘两个渠道，至于选择哪个渠道来填补空缺职位，往往取决于组织的政策。有些组织可能倾向于外部招聘，而有些组织则倾向于内部招聘。在外部招聘中，组织的政策也会影响到招聘来源，有些组织愿意在学校进行招聘，而有些组织更愿意在社会上进行招聘。

第二节　人力资源招聘过程管理

　　人力资源是企业最重要的资源，招聘是企业与潜在的员工接触的第一步，人们通过招聘环节了解企业，并最终决定是否为它服务。从企业的角度看，只有对招聘环节进行有效的设计和良好的管理，才能得到高质量的员工，否则就只能得到平庸之辈。但是，如果高素质的员工不知道企业的人力需求信息，或者虽然知道但是对这一信息不感兴趣，或者虽然有些兴趣但是还没有达到愿意来申请的力度，那么企业就没有机会选择这些有价值的员工。有效的招聘方法要取决于劳动力市场、工作空缺的类型和组织的特征等多种因素，但是不管怎样，以下四个问题是人力资源部门在制定招聘策略时必须牢记的：第一，开展招聘工作的目标；第二，需要招到怎样的员工；第三，需要工作申请人接收到什么样的信息；第四，这些信息怎样才能最好地传达给工作申请人。

　　招聘和选拔员工，是企事业组织最重要也最困难的工作之一。员工招聘和选拔出现错误，对组织会产生极其不好的影响。生产线上的员工如果不符合标准，就可能导致花费额外的精力去进行修正。而与客户打交道的员工如果缺乏技巧，就可能使企业丧失商业机会。在小组中工作的人缺乏人际交往技能，就会打乱整个团队的工作节奏，影响产出效率。招聘的错误，还关系到企事业组织员工队伍的构成。员工的等级越高，其招聘和选拔就越难。要想估计一个一般工人的价值，几天甚至几个小时就够了；但是如果要评判一个工段长的价值，有时需要几周甚至几个月的时间；要想评判一个大企业管理者的价值，则要几年时间才能确切地评价。因此，在招聘和选拔高层管理人才方面，一定不能出现失误。

　　在当今知识经济发展的新格局下，处于组织人力资源金字塔顶端的人才资源，在企事业发展中的重要地位越来越突出。而人才的形成基础是平时对人力资源的招聘和选拔。人才对组织的发展来说是至关重要的。

一、招聘的制约因素

　　招聘的成功取决于多种因素，如外部影响、企事业职务的要求、应聘者个人的资格与偏好等。有许多外部因素对企事业招聘决策有影响。外部因素主要可以分为两类：一是经济条件，一是政府管理与法律的监控。

　　有许多经济因素影响招聘决策，这些因素是人口和劳动力、劳动力市场条件、产品和服务市场条件。

二、招聘过程的重要性

招聘过程的第一步是确定与组织人力资源供给相关的劳动力市场。第二步是以此为对象开展征召活动。对组织的征召活动做出积极的事实反应的人就成为工作申请人。第三步是组织对申请人的挑选工作，由此产生录用的员工。再经过组织在人力资源管理方面对员工的保持工作，那些持续在组织服务的员工就成为组织的长期雇员。

征召环节在整个招聘过程中具有重要地位，因为今天来应聘的员工有可能成为组织明天的高级主管。在这种意义上，招聘工作实际上决定着组织今后的发展与成长。即使组织的员工选拔技术和日后的员工保持计划十分有效，但是如果在征召环节上没有吸引到足够数量的合格申请人，这些选拔技术和保持计划也就不会发生作用。因此我们一定要记住，招聘的成效是申请人的数量、申请人的质量、组织的遴选技术和员工保持政策共同作用的结果。

三、招聘人的选择

组织在进行招聘过程中，工作申请人是与组织的招聘组成员接触而不是与组织接触，而且招聘活动是工作申请人与组织的第一次接触。在对组织的特征了解甚少的情况下，申请人会根据组织在招聘活动中的表现来推断组织其他方面的情况。因此，招聘人员的选择是一项非常关键的人力资源管理决策。

一般来说，招聘组成员除了包括组织人力资源部门的代表以外，还可以包括直线经理人等。申请人会将招聘组作为组织的一个窗口，由此判断组织的特征。因此，招聘组成员的表现将直接影响到申请人是否愿意接受组织提供的工作岗位。那么，这些"窗口人员"什么样的表现能够增加申请人的求职意愿呢？有研究显示，招聘人员的个人风度是否优雅、知识是否丰富、办事作风是否干练等因素都直接影响着申请人对组织的感受和评价。

四、招聘收益金字塔

招聘从企业获得应征信函开始，经过笔试、面试等各个筛选环节，最后才能决定正式录用或试用。在这一过程中，应征者的人数变得越来越少，就像金字塔一样。这里所谓的招聘收益指的是经过招聘过程中的各个环节筛选后留下的应征者的数量，留下的数量大，我们就说招聘收益大；反之就说招聘的收益小。企业中的工作岗位可以划分为许多种，在招聘过程中针对每种岗位空缺所需要付出的努力程度是有差别的。为招聘到某种岗位上足够数量的合格员工应该付出多大的努力，可以根据过去的经验数据来确定，招聘收益金字塔就是这样一种经验分析工具。

如图5-1所示，假设根据企业过去的经验，每成功地录用到1个销售人员，需要对5个候选人进行试用，而要挑选到5个理想的候选人又需要有15人来参加招聘测试和面谈筛选程序，而挑选出15名合格的测试和筛选对象又需要有20人提出求职申请。那么，如果现在企业想最终招聘到10名合格的销售人员，就需要有至少200人递交求职信和个人简历，而且企业发出的招聘信息必须有比200多很多的人能够接收到。由此可见，招聘收益金字塔可以帮助企业的人力资源部门对招聘的宣传计划和实施过程进行准确的估计与有效的设计，可以帮助企业决定为了招聘到足够数量的合格员工需要吸引多少应征者。

1	录用
5	试用
15	测试和面谈
20	求职申请

图 5-1　招聘收益金字塔

在确定工作申请资格时，组织有不同的策略可以选择。一种策略是把申请资格设定得比较高，于是符合标准的申请人就比较少，然后组织花费比较多的时间和金钱来仔细挑选最好的员工。另一种策略是把申请资格设定得比较低，于是符合标准的申请人就比较多。这时组织有比较充分的选择余地，招聘的成本会比较低。一般而言，如果组织招聘的工作岗位对于组织而言至关重要，员工质量是第一位的，就应该采取第一种策略。如果劳动力市场供给形势比较紧张，组织也缺乏足够的招聘费用，同时招聘的工作对于组织不是十分重要，就应该采取第二种策略。

在招募新员工时，组织面临的问题是如何在众多的工作申请人中挑选出合格的有工作热情的应征者。特别是在我国现阶段，就业形势严峻，劳动力过剩将是一个长期存在的现象。那些经营业绩出众的大公司，在招聘中面对的将是申请人众多的情况。组织的招聘是一个过滤器，它影响着什么样的员工能成为组织的一员。一个理想的录用过程的一个重要特征是被录用的人数相对于最初申请者的人数少得多。这种大浪淘沙式的录用可以保证录用到能力比较强的员工。而且能力强的员工在接受培训后的生产率提高幅度将高于能力差的员工经过相同的培训后的生产率提高幅度。

五、真实工作预览

在招聘过程中，公司总是会使用各种办法来吸引工作申请人。公司常用的项目包括奖励、工作条件、职业前景、技能训练、自助餐厅、住房优惠贷款和工作的挑战性等。但是需要指出的是，公司在想方设法吸引外部人才加盟时，不能顾此失彼，导致新员工与原有的员工之间的不公平。企业在吸引工作申请人时，公司不应该只暴露公司好的一面，同时也应该让申请人了解公司不好的一面，以便使申请人对组织的真实情况有一个全面的了解。在美国，一些公司经常使用小册子、录像带、光盘、广告和面谈等方式开展真实工作预览的工作。

真实工作预览的优点是：第一，展示真实的未来工作情景，可以使工作申请人首先进行一次自我筛选，判断自己与这家公司的要求是否匹配。另外，还可以进一步决定自己可以申请哪些职位，不申请哪些职位，为日后降低离职率奠定了良好的基础。第二，真实工作预览可以使工作申请人清楚什么是可以在这个组织中期望的，什么是不可以期望的。这样，一旦他们加入组织，就不会产生强烈的失望感，而是会增加工作满意程度、投入程度和长期服务的可能性。第三，这些真实的未来工作情景可以使工作申请人及早做好思想准备，一旦日后的工作中出现困难，他们也不会回避难题，而是积极设法解决难题。第四，公司向工作申请人全面展示未来的工作情景，会使工作申请人感到组织是真诚的、可以信赖的。

公司在准备实际工作预览的内容时，应该注意以下五个方面。

第一，真实性。

第二，详细程度。公司不应该仅仅只给出休假政策和公司的总体特征这样一些宽泛的信息，还应该对诸如日常的工作环境等细节问题给出详细的介绍。

第三，内容的全面性。公司应该对员工的晋升机会、工作过程中的监控程度和各个部门的情况逐一介绍。

第四，可信性。

第五，工作申请人关心的要点。一个公司的有些方面是申请人可以从公开渠道了解的，因此这不应该成为真实工作预览的重点。真实工作预览应该着重说明那些申请人关心的但是又很难从其他渠道获得的信息。

六、招募过程管理与招聘周期

企业的招募工作很容易出现失误，而且一旦招募过程出现失误就可能损害组织的声誉，为此应该遵循以下原则。

第一，申请书和个人简历必须按照规定的时间递交给招聘部门，以免丢失。

第二，每个申请人在招聘过程中的某些重要活动（如来公司见面），必须按时记录。

第三，组织应该及时对申请者的工作申请做出书面答复，否则会给申请人造成该组织工作不力或傲慢的印象。

第四，申请人和雇主关于就业条件的讨论应该以公布的招聘规定为依据，并及时记录。如果同一个申请人在不同的时间或不同的部门得到的待遇相差很大，必然会出现混乱。

第五，没有接受组织雇用条件的申请者的有关材料应该保存一段时间。

企业招聘周期的长度要受到许多因素的影响。首先，不同的工作岗位空缺填补的时间有所不同；在不同的社会中，劳动力市场的发达程度不同，组织的招聘周期也不一样；此外，组织人力资源计划的质量对招聘周期也有影响。以美国为例，平均地说，经理人员和主管的周期是6.8周，销售人员的招聘周期是4.9周，办公室文秘人员的招聘周期是2.7周，操作员工的招聘周期是2.1周。一般而言，组织中空缺持续的时间既反映了发现申请人的难度，也反映了组织招聘和选择过程的效率。

第三节　招聘渠道的类别及其选择

企业首先要确定自己的目标劳动力市场及其招聘收益的水平，然后选择最有效的吸引策略。招聘策略包括负责招聘的人员、招聘的来源和招聘方法三个主要方面。在设计外部招聘策略时，可以根据以下步骤：第一，对组织总体的环境进行研究。这需要对组织的发展方向进行分析，然后进行工作分析。第二，在此基础上推断组织所需要的人力类型。这需要考虑员工的技术知识、工作技能、社会交往能力、员工的需要、价值观念和情趣等各个方面。第三，设计信息沟通的方式，使组织和申请人双方能够彼此了解相互适应的程度，为此，需要对员工的人格、认知能力、工作动力和人际关系能力进行测试，与日后可能的同事进行面谈，开展真实工作预览。在本节中，我们重点讨论企业招聘中的渠道选择策略。

一、应征者的内部来源

实际上，企业中绝大多数工作岗位的空缺是由公司的现有员工填充的，因此公司内部是最大的招聘来源。在企业运用内部补充机制时，通常要在公司内部张贴工作告示，其内容包括工作说明书和工作规范中的信息以及薪酬情况，说明工作机会的性质、任职资格、主管的情况、工作时间和待遇标准等相关因素。这样做的目的是让企业的现有员工有机会将自己的技能、工作兴趣、资格、经验和职业目标与工作机会相互比较。工作告示是最常使用的吸引内部申请人的方法，特别适用于非主管级别的职位。在这一过程中，人力资源部门必须承担全部的书面工作，以确保遴选出最好的申请人。

内部补充机制有很多优点：第一，得到升迁的员工会认为自己的才干得到组织的承认，因此积极性和绩效都会提高；第二，内部员工比较了解组织的情况，为胜任新的工作岗位所需要的指导和训练会比较少，离职的可能性也比较小；第三，提拔内部员工可以提高所有员工对组织的忠诚度，使他们在制定管理决策时，能做比较长远的考虑；第四，上级对内部员工的能力比较了解，因此，提拔内部员工比较保险。

但是内部补充机制也有缺点：第一，那些没有得到提拔的应征者会不满，因此需要做解释和鼓励的工作；第二，当新主管从同级的员工中产生时，工作集体可能会不满，这使新主管不容易建立领导声望；第三，很多公司的老板都要求经理人张贴工作告示，并面试所有的内部应征者，然而经理人往往早有中意人选，这就使面试浪费很多时间；第四，如果组织已经有了内部补充的惯例，当组织出现创新需要而急需从外部招聘人才时，就可能会遇到现有员工的抵制，损害员工工作的积极性。

长期以来，尽管人们很想知道哪一种员工来源最可能创造好的工作绩效，但是现有的研究还无法精确地回答到底哪种工作应该采用哪种招聘来源。不过一般而言，内部来源的员工比外部来源的员工离职率要低，长期服务的可能性要大一些。当然，在内部补充机制不能满足企业对人力的需求时，就需要考虑在企业的外部劳动力市场进行招聘。

二、招聘广告

招聘广告是补充各种工作岗位都可以使用的吸引方法，因此应用最为普遍。阅读这些广告的不仅有工作申请人，还有潜在的工作申请人，以及客户和一般大众，所以公司的招聘广告代表着公司的形象，需要认真实施。

企业使用广告作为吸引工具有很多优点。第一，工作空缺的信息发布迅速，能够在一两天之内就传达给外界。第二，同许多其他吸引方式相比，广告渠道的成本比较低。第三，在广告中可以同时发布多种类别工作岗位的招聘信息。第四，广告发布方式可以给企业保留许多操作上的优势，这体现在企业可以要求申请人在特定的时间段内亲自来企业、打电话或者向企业的人力资源部门邮寄自己的简历和工资要求等方面。此外，企业还可以利用广告渠道来发布"遮蔽广告"。遮蔽广告指的是在招聘广告中不出现招聘企业名称的广告，这种广告通常要求申请人将自己的求职信和简历寄到一个特定的信箱。

使用广告启事时要注意两点。第一，媒体的选择。广告媒体的选择取决于招聘工作岗位的类型。一般来说，低层次职位可以选择地方性报纸，高层次或专业化程度高的职位则要选择全国性或专业性的报刊。第二，广告的结构。广告的结构要遵循"AIDA"原则，即注意（attention）、兴趣（interesting）、欲望（desire）和行动（action）。换言之，好的招聘广告要能够引起读者的注意并产生兴趣，继而产生应聘的欲望并采取实际的应征行动。在招聘广告的内容方面，美国学者戈登（J. Gordon）、威尔逊（P. Wilson）和斯旺（H. Swann）在1982年通过对报纸读者的调查来了解企业招聘广告中各种信息的必要性，如表5-1所示，表中的数字是读者认为各种细节有必要的百分比。

表5-1　广告的必要内容

细节	细节的必要性/%
工作地点	69
任职资格	65
工资	57
职务	57
责任	47
公司	40
相关经历	40
个人素质	32
工作前景	8
公司班车	8
员工福利	6

企业的招聘广告应该向合格的员工传达企业的就业机会，并为本企业塑造一个正面的形象，同时提供有关工作岗位的足够信息，以使那些潜在的申请人能够将工作岗位的需要同自己的资格和兴趣进行比照，并唤起那些最好的求职者的热情前来申请。这不仅适用于企业在外部劳动力市场进行招聘，也适用于企业在内部劳动力市场的招聘工作。

三、职业介绍机构

改革开放以来，我国已经出现了许多职业介绍机构。在美国，职业介绍机构有公立的也有私立的。公立职业介绍机构主要为蓝领服务，有时还兼管失业救济金的发放。私立职业介绍机构主要为高级专业人才服务，要收取一定的服务费，费用可以由求职者付费，也可以由雇主付费，这往往要取决于劳动力市场的供求状况。但是实际上由雇主付费的情况居多。

职业介绍机构的作用是帮助雇主选拔人员，节省雇主的时间，特别是在企业没有设立人事部门或者需要立即填补空缺时，可以借助于职业介绍机构。但是，如果需要长期借助职业介绍机构，就应该把工作说明书和有关要求告知职业介绍机构，并委派专人同几家职业介绍机构保持稳定的联系。

四、猎头公司

猎头公司是一种与职业介绍机构类似的就业中介组织，但是由于它特殊的运作方式和服务对象的特殊性，经常被看作是一种独立的招聘渠道。一个被人们广泛接受的看法是，那些最好的人才已经处于就业状态，猎头公司是一种专门为雇主"搜捕"和推荐高级主管人员和高级技术人员的公司，他们设法诱使这些人才离开正在服务的企业。猎头公司的联系面很广，而且它特别擅长接触那些正在工作并对更换工作还没有积极性的人。它可以帮助公司的最高管理当局节省很多招聘和选拔高级主管等专门人才的时间。但是，借助猎头公司的费用要由用人单位支付而且费用很高，一般为所推荐人才年薪的 1/4 到 1/3。

无论是借助猎头公司寻找人才的企业还是被猎头公司推荐的个人，都需要注意许多问题。使用猎头公司的企业需要注意的是，第一，必须首先向猎头公司说明自己需要哪种人才及其理由。第二，了解猎头公司开展人才搜索工作的范围。美国猎头公司协会规定，猎头公司在替客户推荐人才后的两年内，不能再为另一个客户把这位人才挖走。所以，在一定时期内，猎头公司只能在逐渐缩小的范围内搜索人才。第三，了解猎头公司直接负责指派任务的人员的能力，不要受其招聘人物的迷惑。第四，事先确定服务费用的水平和支付方式。第五，选择值得信任的人。这是因为猎头公司为你搜索人才时不仅会了解本公司的长处，还要了解本公司的短处，所以一定要选择一个能够保密的人。第六，向这家猎头公司以前的客户了解其服务的实际效果。

五、校园招聘

大学校园是专业人员与技术人员的重要来源。公司在设计校园招聘活动时，需要考虑学校的选择和工作申请人的吸引两个问题。在选择学校时，组织需要根据自己的财务约束和所需要的员工类型来进行决策。如果财务约束比较紧张，组织可能只在当地的学校中来选择；而实力雄厚的组织通常在全国范围内进行选择。

在大学校园招聘中，一个经验是最著名的学校并不总是最理想的招聘来源，其原因是这些学校的毕业生可能自视甚高，不愿意承担具体而烦琐的工作，这在很大程度上妨碍了他们对经营的理解和管理能力的进步。像百事可乐公司就很注意从二流学校中挖掘人才。

校园招聘的缺点是费钱费时，需要事先安排时间，印制宣传品，还要做面谈记录。

大学毕业生在选择申请面试的公司时主要考虑的问题是公司在行业中的名声、公司提供的发展机会和公司的整体增长潜力等因素。一般而言，受商业周期对劳动力供求形势影响最明显的大学毕业生申请人，在商业周期走向高涨期间，他们是最大的受益者；而在商业周期走向衰退期间，他们是最大的受害者。因此，大学生应该重视招聘环节对就业机会的影响，要想方设法给招聘者留下一个深刻的印象。

六、员工推荐与申请人自荐

过去，许多公司严格限制家庭成员在一起工作，以避免过于紧密的个人关系会危害人事决策的公正性。不过，现在已经有很多公司逐渐认识到，通过员工推荐的方法雇用现有员工的家属或者朋友有很多好处。这种方式既可以节省招聘人才的广告费和付给职业介绍机构的费用，还可以得到忠诚而可靠的员工。但如果员工推荐的工作申请人的特征与组织的要求不匹配，不仅会影响自己在企业中的地位，也将危害到自己和被推荐者之间的关系。

七、临时性雇员

随着市场竞争的加剧，企业面临的市场需求常常会发生波动，而且企业还要应付经济周期的上升和下降。在这种情况下，企业往往需要在保持比较低的人工成本的同时，使企业的运营具有很高的适应性和灵活性。为此，企业可以把关键员工数量限制在最低的水平上，同时建立临时员工计划。

这种计划可以有四种选择。第一种，内部临时工储备。企业可以专门向外部进行招聘，也可以把以前曾经雇用过的员工作为储备，这些员工随叫随到。第二种，通过中介机构临时雇用。企业可以同那些保持和管理劳动力储备的中介就业服务机构签订合同，临时性地使用这些人力。第三种，利用自由职业者，如与自由撰稿人和担当顾问的专家签订短期服务合同。第四种，短期雇用，即在业务繁忙的时期或者一个特定的项目进行期间招聘一些短期服务人员。临时性雇员计划的缺点是：第一，增加招聘的成本；第二，增加培训成本；第三，产品的质量稳定性下降；第四，需要管理人员加强对临时性员工的激励。

八、招聘来源的比较

组织在进行招聘时必须使潜在的工作申请人知道存在的工作机会。在现实的招聘实践中，组织有多种招聘来源可以选择，而组织具体选择哪种招聘方式在很大程度上取决于组织的传统和过去的经验。原则上，组织所选择的招聘渠道应该能够保证组织以合理的成本吸引到足够数量的高质量的工作申请人。美国人力资源管理学界的一个主流看法是，招聘专业人员最有效的三个途径依次是员工推荐、广告和职业介绍机构。招聘管理人员的三个最有效途径依次是员工推荐、猎头公司和广告。

各种招聘来源吸引来的员工的工作前程可能具有不同的特征。一项研究表明，通过员工推荐进入组织的员工通常不会在很短的时间内离职。其原因可能有以下三个方面：第一是推荐者已经事先向被推荐者详细介绍了组织的情况，使得他进入组织后没有产生强烈的意外和失望；第二是被推荐者已经通过了推荐者按照组织的需要进行的筛选；第三可能是推荐者对被推荐者施加了某种压力，使其比较稳定地工作。还有研究表明，被推荐进入组织的员工在开始时获得的报酬水平比较高，但是在随后的晋级中，薪酬增加得比较缓慢。其原因可能是开始时组织对被推荐者的资格比较确信，但是随后的长期表现说明开始时对他们的评价存在着高估的现象。

第四节　应征者的求职过程

在企业的招聘过程中，工作申请人的行为对企业招聘工作的成败具有重要的影响。而且现代人力资源管理非常重视员工的工作生活质量，因此对工作申请人本身的考察也就构成了人力资源管理的重要内容。

一、申请人选择工作方式的类型

在申请人寻找工作的过程中，他们首先确定自己的目标职业，然后再选择设置这种职业的组织。经济学家的观点是人们在自己的职业选择中遵循的原则是最大化自己的终生收入的现值，但是实际上影响个人职业选择的因素有很多，其中包括父母的职业、个人的教育背景、经济结构调整对劳动力市场产生的约束和引导等。在这一点上，组织也并不是完全无能为力。有些组织在大学、中学甚至小学中设立奖学金或奖教金，目的是加强在读的学生对组织所在行业的认识和兴趣。在开始具体的求职活动以前，对于职业的选择缩小了工作申请人选择目标组织的范围。

大学毕业生是典型的求职者，以他们的行为特征为例，在求职过程中，大学毕业生所采用的取舍标准可以划分为以下几种类型：第一种，最大化标准。这种大学生尽可能多地参加面试，得到尽可能多的录用通知，然后再根据自己设定的标准理性地选择工作。第二种，满意标准。这种大学生接受他们得到的第一个工作机会，并认为各个公司之间没有什么实质性的差别。第三种，有效标准。这种大学生在得到一个自己可以接受的工作机会后再争取下一个机会，然后在这两者之间进行比较，并选择其中比较合意的一个。

有人把大学生求职的方法划分为补偿性方法和非补偿性方法。所谓的补偿性方法是指大学生对每一个获得的工作机会都收集全面的信息，然后根据自己设定的所有重要标准把每个可以选择的工作机会与所有其他的工作机会进行比较，在某些标准方面价值比较低的工作机会可能在其他方面具有比较高的价值，最后大学生将选择一个总体价值最大的工作机会。但是，由于人们的时间、耐心和精力都是有限的，因此实际上人们很少这样理性地来选择工作，而是采用所谓的"有限理性"原则来处理这一问题。有限理性原则是指人们采用一些简化的策略。具体方法是首先把那些在薪水、工作地点等关键的标准方面没有达到自己要求的工作机会排除，然后在剩下的比较少的工作机会中通过全面的比较来进行选择。组织了解求职者的求职方式对于设计招聘活动是非常必要的。

二、工作申请人与组织的目标冲突

在招聘过程中充满了很多冲突。第一种冲突是工作申请人的内在冲突，即申请人既要表现出自己的个人魅力，对组织的信息做出积极的反应；同时又要通过提供自己能力的真实情况来评估和选择组织，并询问组织将提供的报偿等方面的问题。第二种冲突是组织的内在冲突，即组织既要表现出最具吸引力的组织特征，并尽力要使工作申请人在招聘环节感觉轻松，又要提出各种棘手的问题来区分合格的申请人和不合格的申请人。第三种冲突是工作申请人和组织之间的冲突。这有两种表现形式，第一种是组织在极力表现自己对员工吸引力的时候，可能无法提供给工作申请人用来判断组织真实情况的信息。第二种是工作申请人在极力表现自己价值的时候，可能无法为组织提供用来评价工作申请人真实情况的信息。由此可见，对于组织而言，有效的招聘工作需要在现实性和理想主义之间取得平衡。

总之，一个完整的招聘计划要求组织考虑工作申请人的资格确定、沟通方式和沟通渠道，计划提供的补偿、录用决策制定和发布的时间，安排招聘考官，做好对冲突的协调工作。

三、准备简历

1. 简历的内容

工作申请人需要准备一份合适的简历。由于简历是申请人给公司的第一印象，所以一定要体现出专业、简练和出众的特征，需要结构平衡、讲究文法、界面清晰。简历一般要包括以下几个方面：

（1）身份，说明申请人的姓名、地址和电话号码等。

（2）申请人的职业抱负或前程目标。

（3）教育背景，包括与所申请的工作密切相关的学习课程。

（4）工作经历，列举与所申请的工作相关的部分。

（5）参加过的团体和活动。

（6）与所申请的工作有关的兴趣和爱好。

（7）发表过的论文或文章。

（8）推荐人。

2. 求职信

在向目标组织递交简历的同时一般应该有一封求职信。在准备求职信时应该注意以下几个方面。

（1）虽然在申请工作时可能要向多家公司递交申请，但是每封求职信都必须分别打印，绝对不能用复印件。在现代印刷技术已经非常普及的今天，有时一份手写的求职信会有意想不到的效果。

（2）尽可能不把求职信寄送给某个部门，而是应该寄送给某个具体的人。如果有重要的人物鼓励你申请这个工作，最好在经过他的同意之后在求职信中提及他的名字。

（3）求职信要简明扼要，篇幅限定在一页纸之内，陈述自己对所申请职位的兴趣，说明求职优势，请求得到一个面试的机会。

第五节　员工招聘与甄选的方法

一、心理测验方法

甄选工作在整个招聘过程中的地位与作用日渐突出，应该借助于多种甄选手段来公平、客观地进行正确的决策。因此，在长期的人力资源招聘工作实践中，发展了许多种实用的甄选方法，具体包括面试法、测验法（技能、智能测验法，知识测验法，品性测验法等）、评价中心法、个人信息法、背景检验法、笔迹学法等。当前使用得最广泛的、最主要的甄选方法是心理测验法、面试法及评价中心技术。为了对心理测验有个较为全面的理解，下面拟从心理测验的发展、定义、形式、特点等方面做简单介绍。

（一）起源与发展

心理测验大致经历了萌芽、成熟、昌盛及完善发展四个时期。

心理测验起源于实验心理学个别差异研究的需要。1879 年，德国心理学家冯特（Wandt）在德国莱比锡大学设立了第一所心理实验室，实验中发现个体的行为相互间存在个别差异。个别差异的确定引起了心理测量的需要。

1883 年，英国优生学家高尔顿（F. Galton）在《人类才能及其发展的研究》一书中首先提出了"测验"这个术语，1884 年创设了"人类学测量实验室"，此后的 6 年间测量了9 337 个人的身高、体重、视力、听力、色觉等素质特征。

1890 年，美国个性心理学家卡特尔（J. M. Cattell）发表了《心理测验与测量》的论文，介绍了他编制的第一套心理测验。这套测验共 10 个题目，主要测量个体的感觉能力与动作过程。

1894 年，卡特尔首先用各种测验测量哥伦比亚大学的学生，使测验走出实验室，直接应用于实际。

1938 年瑟斯顿（Thurstone）发表了"主要的心理能力论"，在使用因素分析法数学化之后，概括出了 7 种主要的智力：知觉速度、推理能力、语词理解、语词流畅、空间知觉、记忆、计算能力。同年，默里（Murray）与摩根（Morgan）编制了投射测验之一的主题统觉测验，简称 TAT。哈特威（Hathaway）和麦金利（Mckinley）于 20 世纪 40 年代初期编制了调查个人适应和社会适应的明尼苏达多相个性调查表（MMPI）。1953 年，艾森克（Egsenck）夫妇编制了人格（个性）问卷（EPQ）。

（二）心理测验定义

从心理测验的起源与发展可知，心理测验产生于对个别差异鉴别的需要，广泛应用于教育、企事业人才的挑选与评价。在这一过程中，人们编制了许许多多的心理测验。其中比较有影响的心理测验，有比奈—西蒙智力测验（1905—1911）、斯坦福比奈儿童智力测验(1916)、罗夏（Rorschach, 1921）墨迹测验、默里与摩根的主题统觉测验（TAT）、明尼苏达多相个性测验（MMPI）、艾森克人格测验（EPQ）、卡特尔 16 因素测验、皮亚杰（Piaget）故事测验、科尔伯格（Kohlberg）两难故事测验、雷斯特（J. Rest）检测等。分析这些较为典型的心理测验后，我们觉得所有的心理测验定义中，阿纳斯塔西（Anastasi）所下定义的比较确切：心理测验实质上是行为样组的客观的和标准化的测量。

（三）测验的种类与形式

依据不同的标准，心理测验可以划分出不同的类别。

根据测验的具体对象，可以将心理测验划分为认知测验与人格测验。认知测验测评的是认知行为，而人格测验测评的是社会行为。

认知测验又可以按其具体的测验对象，分为成就测验、智力测验及能力倾向测验。成就测验主要测评人的知识与技能，是对认知活动结果的测评；智力测验主要测评认知活动中较为稳定的行为特征，是对认知过程或认知活动的整体测评；能力倾向测验是对人的认知潜在能力的测评，是对认知活动的深层次测评。

人格测验按其具体的对象，可以分成态度、兴趣与道德（包括性格）测验。

根据测验的目的，可以将心理测验划分为描述性、预测性、诊断咨询、挑选性、配置性、计戴性、研究性等形式。

根据测验的材料特点，可以将心理测验划分为文字性测验与非文字性测验。文字性测验即以文字表述，让被试者用文字作答。典型的文字测验即纸笔测验。非文字性测验，包括图形辨认、图形排列、实物操作等方式。

根据测验的质量要求，有标准化测验与非标准化测验。

根据测验的实施对象，有个别测验与团体测验。

根据测验中是否有时间限制，有速度测验、难度测验、最佳行为测验、典型行为测验。

根据测验应用的具体领域，有教育测验、职业测验、临床测验、研究性测验。

心理测验的类别如表5-2所示。

表5-2 心理测验的类别

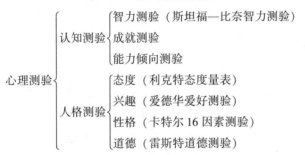

心理测验形式与心理测验的类别是有所不同的。心理测验的形式，是指测验的表现形式，包括刺激与反应两个方面。划分的标准不同，形式也就各异。

按测验目的与意图表现的程度划分，有结构明确的问卷法与结构不明确的投射法。后者所表现的刺激为意义不明确的各种图形、墨迹、词语，让被测者在不受限制的情境下，自由地做出反应，从而分析反应结果来推断测验的结果；前者所表现的则为一系列具体明确的问题，它们从不同方面来了解被试的素质情况，要求被试者按实际情况作答。如果从问卷调查的具体对象来看，有自陈量表与非自陈量表。

根据测验时被试者反应的自由性来看，有限制反应型与自由反应型。投射测验属于自由反应型，而强迫选择属于限制反应型。按测验作答结果的评定形式，有主观型与客观型之分。从作答方式来看，有纸笔测验、口头测验、操作测验、文字测验与图形、符号、实践等测验形式。从测验反应场所来看，有一般测验、情境测验及观察评定测验。一般测验是对被试者在行为样组上反应的测评；情境测验是对被试者在模拟情境中反应的测评；观察评定测验，是对被试者在日常实际情况下行为表现的测评。

二、面试方法

面试的历史虽然源远流长，但人们却至今未能对面试形成一致的看法，众说纷纭。

（一）面试的概念与内容

1. 面试的概念

面试，可以说是一种经过精心设计，在特定场景下，以面对面的交谈与观察为主要手段，由表及里测评应试者有关素质的一种方式。

在这里，"精心设计"的特点使它与一般性的面谈、交谈、谈话相区别。面谈与交谈，强调的只是面对面的直接接触形式与情感沟通的效果，并非经过精心设计。"在特定场景下"的特点，使它与日常的观察、考察测评方式相区别：日常的观察、考察，虽然也少不了面对面的谈话与观察，但那是在自然情景下进行的。"以面对面的交谈与观察为主要手段，由表及里测评"的特点，不但突出了面试"问""听""察""觉""析""判"的综合性特色，而且使面试与一般的口试、笔试、操作演示、情景模拟、访问调查等人才素质测评的形式区别开来。口试强调的只是口头语言的测评方式及特点，而面试还包括对非口头语言、行为的综合分析、推理及直觉判断。"有关素质"说明了面试的功能并非是万能的，在一次面试当中，不要面面俱到、去测评人的一切素质，要有选择地针对其中一些必要素质进行测评。

2. 面试的内容

（1）仪表风度：应聘者的体格状态、穿着举止、精神风貌。

（2）求职的动机与工作期望：判断本单位提供的职位和工作条件是否能满足其要求。

（3）专业知识与特长：从专业的角度了解其特长及知识的深度与广度。

（4）工作经验：应聘者以往的经历及其责任感、思维能力、工作能力等。

（5）工作态度：应聘者过去的工作业绩及其对所谋职业的态度。

（6）事业心、进取心：事业的进取精神、开拓精神。

（7）语言表达能力：口头表达的准确性。

（8）综合分析能力：分析问题的条理性、深度。

（9）反应能力：思维的敏捷性。

（10）自控能力：理智与耐心。

（11）人际关系：社交中的角色，为人的好恶。

（12）精力与活力：精、气、神的表现。

（13）兴趣与爱好：知识面与嗜好。

（二）面试的特点

与其他人才素质测评的方式相比，面试有其相对独特之处。

1. 对象的单一性

面试的方式有个别面试与集体面试两种。在集体面试中，几个考生可以同时坐在考场之中，但主考官不是同时分别考不同的考生，而一般是逐个提问逐个测评。即使在面试中引入辩论、讨论，评委们也是逐个提问逐个观察的。

2. 内容的灵活性

由于单位时间内面试对象是单一的，因此面试的具体内容可以自由调节。面试的问题虽然事先可以设计一番，准备很多很多的试题，但绝不是向所有考生都提同样的问题，按统一的步骤与内容进行。实际上面试的问题可多可少，视所获得的信息是否足够而定；同一问题可深可浅，视主考官的需要而定；所提的问题可异可同，视应试者情况与面试要求而定。因此面试的时间可长可短。但就目前一般情况来看，面试时间大约30分钟，一般提10个问题。

面试内容的灵活变化也是必要的。首先，面试内容因工作岗位不同而无法固定，岗位不同，工作性质、职责以及任职资格与要求也就不同；其次，应试者的经历、背景不尽相同，因而所提问题及回答要求就应该有所区别；再次，同一个问题，每个考生回答的方式与内容不尽相同，主考官后续的提问就应该针对应试者回答的情况变化而变化。

3. 信息的复合性

与测验、量表等测评方式不同，面试对任何信息的确认，都不是通过单一的视（眼）、听（耳）、想（脑）等信息通道进行，而是通过主考官对应试者的问（口）、察（眼与脑）、听（耳）、析（脑）、觉（第六感）综合进行的。也就是说，对于同一素质的测评，既注意收集它的语言形式信息，又注意收集它的非语言形式信息，这种信息复合性增强了面试的可信度。

4. 交流的直接互动性

与笔试、观察评定不同，面试中应试者的回答及行为表现，与主考官的评判是相连接的，中间没有任何中介转换形式。面试中主考官与应试者的接触、交谈、观察也是相互的，是面对面进行的。主客体之间的信息交流与反馈也是相互作用的。而笔试与观察评定却对命题人、评分人严加保密，不让被试者知道。

5. 判断的直觉性

其他测评大多数是理性的逻辑判断与事实判断，面试的判断却带有一种直觉性。它不是仅仅依赖于主考官严谨的逻辑推理与辩证思维，也往往包括很大的印象性、情感性及第六感特点。我们常常一见某人便觉察出了他的某种素质特点，但又说不出所以然来。

（三）面试的功能作用

任何一种测评方法只有当它具有某种特殊的功能作用时，才有存在的价值。面试与其他素质测评方法相比，有以下几点功用。

1. 可以有效地避免高分低能者或冒名顶替者入选

一般来说，笔试是严谨的，成绩高者其能力也高。但是，由于目前笔试方式操作的局限性，考试中高分低能者、冒名顶替者在所难免。辽宁省、上海市、宁波市等地招聘录用干部时发现，有的人笔试成绩虽然很高，但面试时却言语木讷，对所提问题的回答见识浅薄，观点幼稚；有的则表现出只能背书，分析问题和解决问题的能力很差；有的则是冒名顶替者，一问三不知。

2. 可以弥补笔试的失误

测验或问卷等笔试，有的人因误解、学习条件差、转行或紧张等原因没有发挥好，如果仅以笔试成绩为录用依据，那么这些人就没有机会被录用了。如果再采用面试形式，则这些人可以有机会再次表现。沈阳市干部测评录用中发现，有些人虽然笔试成绩不算很高，但面试对答如流，能力很强，显示出很大的发展潜力，从而成为理想的人选。

3. 可以考查笔试与观察中难以测评到的内容

笔试以文字为媒介来测评人的素质水平，即以文观人。但文何以能与人同呢？有些内容文字是无法表现的，例如仪表、风度、口头表达能力、反应快慢等。

有些素质虽然可以通过文字形式来表达，但因为应试者的掩饰行为或某种困惑而无法表达，却可以通过面试来测评。

4. 可以灵活、具体、确切地考查一个人的知识、能力、经验及品德特征

由于面试是一种主考官与应试者间的互动可控的测评方式，测评的主动权主要控制在主考官手里，测评要深即深，要浅即浅，要专即专，要广即广，具有很强的灵活性、调节性与针对性。而笔试、情景模拟与观察评定均不如面试。

5. 可以测评个体的任何素质

只要时间充裕，设计精细，手段适当，面试可以测评个体的任何素质。问、察及触摸可以测评一个人的身体素质，肤色、舌苔、脉搏、气色等都是我国中医用来诊断病情的指标，显然我们由此可以建立一套测评身体健康程度的指标，测评身体素质。

三、评价中心技术

评价中心技术简称评价中心，对我国许多人来说，还是一个陌生名词。评价中心是什么，有哪些形式，起源于何时，有什么特点，诸如此类的问题，人们都还不清楚。

（一）历史探源

评价中心技术被认为是现代人才素质测评的一种新方法，起源于德国心理学家 1929 年所建立的一套用于挑选军官的多项评价程序。其中一项是对领导才能的测评，测评的方法是让被试者参加指挥一组士兵，他必须完成一些任务或者向士兵们解释一个问题。在此基础上，评价员再对他的面部表情、讲话形式和笔迹进行观察。

（二）测评技术

评价中心技术综合运用了各种测评技术。它的主要特点是使用情景性的测验方法对被试者的特定行为进行观察和评价。这种方法通常将被试者置于一个模拟的工作情境中，采用多种评价技术，观察和评价被试者在这种模拟工作情境中的心理和行为。因此，这种方法有时

被称为情境模拟法。评价中心技术的活动形式主要有公文处理、小组讨论、管理游戏、角色扮演、个人演说等，然后根据所给的材料撰写报告、案例分析等。

1. 公文处理

公文处理是以书面材料的形式提供给被试者若干需要解决的问题以及相关的背景资料，让其在较短的时间内进行处理，以考察其分析问题及解决问题的能力的一种评价方法。公文处理可以有效地测试被试者利用信息的能力、系统思维的能力以及决策能力，具有较高的信度及效度。

2. 小组讨论

小组讨论是给被测试的小组一个待解决的问题，由他们展开讨论以解决问题，评价者则通过对该过程的观察来对被试者的人际能力，在群体里分析、解决问题的能力以及领导方式等进行评价。小组讨论有多种形式，如无领导小组讨论、有领导小组讨论、不指定角色小组讨论、指定角色小组讨论等。

3. 管理游戏

管理游戏是指设计一定的情景，分给被试小组一定的任务由他们共同完成，如购买、搬运等，或者在几个小组之间进行模拟竞争，以评价被试者的合作精神、领导能力、计划能力、决策能力等的一种评价方法。管理游戏一般具有较强的趣味性，但设计的工作量大。管理游戏一般具有较好的信度及效度。

4. 角色扮演

角色扮演是在一个精心设计的管理情景中，让被试者扮演其中的角色以评价其胜任能力的模拟活动。要提高评价的准确性，管理情景的设计是关键，情景中的人际矛盾与冲突必须具有一定的复杂程度，使得被试者只能按其习惯方式采取行动，从而降低伪装的可能性。

5. 个人演说

通过让被试者就一指定的题目发表演讲来评价其沟通技能和说服能力。

（三）其他测评技术

人力资源测评方法除以上几种外，在组织中应用较多的还有观察评定法、申请表法、民意测验法、履历分析法等。

1. 观察评定法

观察评定法是借助一定的量表，在观察的基础上对人的素质进行评价的一种测评活动。观察评定具有以下几种基本类型：日常观察评定、现场观察评定、间接观察评定等。其优点是客观、方便；缺点是可控性差，观察结果难以记录及处理。

2. 申请表法

申请表法是通过分析求职者在申请表上所提供的信息，对其素质进行判断、预测的一种测评方法。申请表法是素质测评中最常用的方法之一。对于求职量特别大的组织来说，该方法可以提高筛选的效率。

3. 民意测验法

民意测验对敬业精神、合作意识、工作态度、领导方式等素质项目的测评具有较好的效果。主要原因是上述素质要素在其他测评方法中被试者易于伪装，民意测验法则能有效地消除伪装的影响。

4. 履历分析法

履历分析法是指根据档案记载的事实，了解一个人的成长历程和工作业绩，从而对其素质状况进行推测的一种评价方法。该方法可靠性高，成本低，但也存在档案记载不详而无法全面深入了解的弊端。

本章小结

（1）人力资源招聘，简称招聘，是"招募"与"聘用"的总称，是指在总体发展战略规划的指导下，根据人力资源规划和工作分析的数量与质量要求，制订相应的职位空缺计划，并通过信息发布和科学甄选，获得所需合格人员填补职位空缺的过程。招募与聘用之间夹着甄选。

（2）人力资源的招聘过程对招聘人的选择、招募过程管理与招聘周期都有一定要求。

（3）员工招聘与甄选的方法有心理测验方法、面试方法和评价中心技术等。

本章习题

一、名词解释

1. 招聘

2. 心理测验

3. 面试法

二、问答题

1. 在企业招聘过程中使用内部补充机制有哪些优点和缺点？

2. 在对招聘过程进行评价时应该进行哪些工作？

3. 大学毕业生选择工作的模式有哪些特点？

三、案例分析

招聘中层管理者的困难

远翔精密机械公司在最近几年招募中层管理职位上不断遇到困难。该公司是制造销售较复杂机器的公司，目前重组成六个半自动制造部门。公司的高层管理层相信这些部门的经理有必要了解生产线和生产过程，因为许多管理决策须在此基础上做出。传统上，公司一贯是严格地从内部选拔人员。但不久，公司就发现提拔到中层管理职位的基层员工缺乏相应的适应新职责的技能。

这样，公司决定改为从外部招募，尤其是招聘那些企业管理专业的好学生。通过一个职业招募机构，公司得到了许多有良好训练的工商管理专业毕业生作为候选人。他们录用了一些，并先放在基层管理职位上，以便为今后提为中层管理人员做准备。不料在两年之内，所有人都离开了该公司。

公司只好又回到以前的政策，从内部提拔；但又碰到了与过去同样的素质欠佳的问题。不久将有几个重要职位的中层管理人员退休，他们的空缺亟待称职的继任者。面对这一问题，公司想请咨询专家来出些主意。

思考：

1. 这家公司确实存在选拔和招募方面的问题吗？

2. 如果你是咨询专家，你会有哪些建议？

员工培训与开发

RB 制造公司的培训课程

RB 制造公司是一家位于华中某省的皮鞋制造公司，拥有将近 400 名工人。大约在一年前，公司失去了两个较大的主顾，因为他们对产品过多的缺陷表示不满。RB 公司领导研究了这个问题之后，一致认为：公司的基本工程技术还是很可靠的，问题出在生产线上的工人、质量检查员以及管理部门工作人员的疏忽大意，缺乏质量管理意识。于是公司决定通过开设一套质量管理课程来解决这个问题。

质量管理课程的授课时间被安排在工作时间之后，每个周五晚上 7：00—9：00，历时10 周。公司不支付来听课的员工额外的薪水，员工可以自愿听课，但是公司的主管表示，如果一名员工积极参加培训，那么这个事实将被记录到他的个人档案里，以后在加薪或升职时，公司将会予以考虑。

课程由质量监控部门的李工程师主讲，主要形式包括各种讲座，有时还会放映有关质量管理的录像，并进行一些专题讨论。内容包括质量管理的必要性、影响质量的客观条件、质量检验标准、检验的程序和方法、质量统计方法、抽样检查以及程序控制等。公司里所有对此感兴趣的员工，包括监管人员，都可以去听课。

课程刚开始时，听课人数平均为 60 人。在课程快要结束时，听课人数已经下降 30 人左右。而且，因为课程是安排在周五晚上，所以听课的人都显得心不在焉，有一部分离家远的人课听到一半就提前回家了。

在总结这一课程培训的时候，人力资源部经理评论说："李工程师的课讲得不错，内容充实，知识系统，而且他很幽默，使得培训引人入胜，听课人数减少并不是他的过错。"

第一节　培训与开发概述

培训与开发一方面可以提高员工的知识技能，另一方面可以使员工认可和接受企业的文化和价值观，提升员工的素质并吸引保留优秀员工，增强企业凝聚力和竞争力。在纷繁复杂、不断变化的市场竞争环境下，企业要想立于不败之地，就必须持续扩充和增强人力资本，因而准确地理解培训与开发是很有必要的。

一、培训与开发的概念

现代人力资源管理的目的就是组织最大限度地发挥员工能力，提高组织绩效。在人力资源管理理论中，培训与开发是两个既有区别又有联系的概念。

（一）基本概念

培训与开发（training and development，T&D）是指为了使员工获得或改进与工作有关的知识、技能、动机、态度和行为，有效提高员工的工作绩效以及帮助员工对企业战略目标做出贡献，组织所做的有计划的、系统的各种努力。

（二）培训与开发的历史沿革

虽然有人认为培训与开发是新兴领域，但在实践中，人类组织培训与开发的历史源远流长，可以追溯到18世纪。培训与开发的发展主要经历了以下几个阶段。

1. 早期的学徒培训

在手工业时代，培训与开发主要是一对一的师父带徒弟模式。

2. 早期的职业教育

1809年，美国人戴维德·克林顿建立了第一所私人职业技术学校，使培训与开发进入学校阶段，预示培训进入专门化和正规化的阶段。

3. 工厂学校的出现

新机器和新技术的广泛应用，使培训需求大幅度增加。1872年，美国印刷机制造商Hoe & Company公司开办了第一个有文字记载的工厂学校，其要求工人短期内掌握特定工作所需要的技术。随后福特汽车公司等各个工厂都尝试自行建立培训机构，即工厂学校。1917年美国通过了《史密斯—休斯法》，规定政府拨款在中学建立职业教育课程，标志着职业教育体系开始形成。

4. 培训职业的创建与专业培训师的产生

第二次世界大战时期，美国政府建立了行业内部培训服务机构来组织和协调培训计划的实施。1944年，美国培训与发展协会（American Society for Training & Directors，ASTD）成立，为培训行业建立了标准，之后有了专业培训人员，培训成为一个职业。

5. 人力资源开发领域的蓬勃发展

20世纪六七十年代，培训的主要功能是辅导和咨询有关知识和技术、人际交往功能等方面的问题。随着企业商学院、企业大学的成立和成功运作，自20世纪80年代以来，培训成为企业组织变革、战略人力资源开发的重要组成部分。

二、培训与开发人员及其组织结构

人力资源开发人员的素质不仅关系其自身的发展，而且也关系着整个企业人力资源开发职能工作的质量。不同的企业人力资源开发部门的组织结构存在较大差异，因此有必要了解培训与开发人员及其组织结构。

（一）专业培训与开发人员和组织的诞生

1944 年成立的美国培训与发展协会（American Society for Training & Development，ASTD），是全球最大的培训与发展行业的专业协会，是非营利的专业组织，定期发表行业研究报告，颁发专业资格证书，举办年会以及各种培训活动等。

（二）培训与开发人员的资格认证

人力资源开发人员的认证可以分为社会统一资格认证体系和组织内部资格认证体系。目前统一采用人力资源专业人员的资格证书，美国人力资源协会（The Society for Human Resource Management，SHRM）的注册高级人力资源师（SPHR）和人力资源师（PHR）。

（三）培训与开发的组织结构

企业规模、行业、发展阶段不同，培训与开发的组织结构也不同，主要模式有学院模式、客户模式、矩阵模式、企业大学模式、虚拟模式五种，各类培训与开发组织结构的特点如表 6-1 所示。

表 6-1　各类培训与开发组织结构的特点

模式	如何组织	优点	不足之处
学院模式	培训部门将由一名主管会同一组对特定课题或在特定的技术领域具有专业知识的专家来共同领导	1. 培训人员是该培训领域内的专家 2. 培训部门计划由人事专家拟定	1. 可能没有意识到经营问题 2. 可能会导致受训者失去学习的动力
客户模式	根据客户模式组建的培训部门，负责满足公司内某个职能部门的培训需求	能够使培训项目与经营部门的特定需要相一致	1. 要花费相当多的时间来研究经营部门业务职能 2. 大量涉及类似专题的培训项目是由客户开发出来的
矩阵模式	同时向培训部门经理和特定职能部门的经理汇报工作的一种模式。培训者具有培训专家和职能专家两个方面的职责	1. 有助于将培训与经营需要联系起来 2. 受训者可以通过了解某一特定经营职能而获得专门的知识	培训者将会遇到更多的指令和矛盾冲突

续表

模式	如何组织	优点	不足之处
企业大学模式	客户群不仅包括雇员和经理，还包括公司外部的相关利益者，如社区大学、普通大学等	1. 企业一些重要的文化和价值观将在企业大学的培训课程中受到重视 2. 保证了在公司某一部门内部开展的有价值的培训活动可以在整个公司进行推广 3. 企业大学可以通过开发统一培训实践与培训政策来控制成本	费用高昂
虚拟模式	利用电子网络和多媒体技术	即时性，没有场地限制	缺少人性化交流

三、培训与开发在人力资源管理中的地位

随着信息技术、经济全球化的发展，受到终身学习、人力资源外包等因素的挑战，培训与开发在人力资源管理中的地位日益提升，对培训与开发人员提出了新的、更高的要求。同时，企业战略和内在管理机制不同，也要求提供相应的培训与开发支持。

(一) 培训与开发是人力资源管理的基本内容

1. 培训与开发是人力资源管理的基本职能

人力资源管理的基本职能包括获取、开发、使用、保留与发展，现代培训与开发是充分发挥人力资源管理职能必不可少的部分。

2. 培训与开发是员工个人发展的客观要求

接受教育与培训是每个社会成员的权利，尤其是在知识经济时代，知识的提高及知识老化、更新速度的加快客观上要求员工必须不断接受教育和培训，无论从组织发展的角度，还是从员工个人发展的角度，员工必须获得足够的培训机会。

3. 培训与开发是国家和社会发展的客观需要

人力资源质量的提高对国家和社会经济的发展，以及国际竞争力的提升具有重要作用。世界各国都非常重视企业员工的培训问题，并制定了相关的法律和政策加以规范，并对企业的培训和开发工作给予相关的支持和帮助。

4. 培训与开发与人力资源管理其他功能模块的关系

培训、开发与人力资源管理各个方面都相互联系，尤其是人力资源规划、职位设计、绩效管理、甄选和配置等联系更为紧密。招聘甄选后便要进行新员工的入职培训，培训与开发是员工绩效改进的重要手段，职位分析是培训需求分析的基础，人力资源规划则确定培训与开发的阶段性与层次性。

（二）培训与开发在人力资源管理中的地位和作用的变迁

1. 员工培训与开发伴随着人力资源管理实践的产生而产生

培训与开发是人类社会生存与发展的重要手段。通过培训而获得的知识增长和技能优化有助于提高劳动生产率。早在1911年，泰勒的《科学管理原理》就包括了培训与选拔的内容（按标准化作业培训工作人员并选拔合格者）。

2. 现代培训与开发逐渐成为人力资源管理的核心内容

在全球化的背景下，培训已成为许多国际大企业大公司投资的重点。美国工商企业每年用于职工培训的经费达数千亿美元，绝大多数企业为职工制订了培训计划。以满足高质量要求的工作挑战。同时，多元化带来的社会挑战、技术革新使员工的技能要求和工作角色发生变化，使得员工需要不断更新专业知识和技能。

3. 培训与开发是构建学习型组织的基础

随着传统资源的日益稀缺，知识经济的形成和迅速发展，21世纪最成功的企业是学习型组织。不论利润绝对数，还是销售利润率，学习型企业都比非学习型企业高出许多。培训与开发作为构建学习型组织的基础，具有重要的地位。

（三）战略性人力资源管理对培训的内在要求

战略性人力资源管理是指企业为实现目标所进行和所采取的一系列有计划、具有战略意义的人力资源部署和管理行为。企业战略与培训战略的匹配如表6-2所示。

表6-2　企业战略与培训战略的匹配

基本战略	通常需要的基本技能和资源	基本组织要求	人力资源战略	培训战略
成本领先战略	1. 持续的资本投资和良好的融资能力 2. 工艺加工技能 3. 对工人严格地监督 4. 所设计的产品易于制造 5. 低成本的分销系统	1. 结构分明的组织和责任 2. 以满足严格的定量目标为基础的激励 3. 严格成本控制 4. 经常、详细的控制报告	1. 严格的工作划分，明确细致的工作责任 2. 严格监督和控制 3. 简单招聘甄选测试，强调应聘者纪律和服从；一般上司考核 4. 低于或等于平均薪酬水平 5. 不提供培训或提供少量培训	1. 强调纪律和服从 2. 强调效率优先和成本优先 3. 标准化的操作训练和指导 4. 在实干中学习

续表

基本战略	通常需要的基本技能和资源	基本组织要求	人力资源战略	培训战略
差异化战略	1. 强大的生产营销能力 2. 产品加工 3. 对创造性的鉴别能力 4. 很强的基础研究能力 5. 质量或技术上领先公司声誉 6. 在产业中有悠久传统或从其他业务中得到独特技能组合 7. 得到销售渠道的高度合作	1. 在研究与开发、产品开发和市场营销部门之间的密切协作 2. 重视主观评价和激励，而不是定量指标 3. 有轻松愉快的气氛，以吸引高技能工人、科学家和创造性人才	1. 广泛的工作划分，模糊的工作责任 2. 强调自我监督和同事监督 3. 严格的招聘甄选测试，特别强调应聘者创新精神和学习能力 4. 上司、同事多主体的考核 5. 高于或等于平均薪酬水平 6. 提供系统培训或提供大量的培训，鼓励员工学习与成长	1. 强调文化与创新 2. 强调创新效率优先 3. 各个职能与专业知识的广泛培训 4. 脱产培训 5. 学习环境建设、创建学习型组织
集中战略	针对具体战略指标，由上述各项组合构成	针对具体战略指标，由上述各项组合构成	针对具体战略指标，由上述各项组合构成	针对具体战略指标，由上述各项组合构成

四、培训与开发的发展趋势

目前，培训与开发规模日益壮大，培训与开发水平不断提高，培训与开发技术体系日益完善，培训开发理论体系逐渐形成，人力资源培训与开发领域呈现出以下几方面的发展趋势。

（一）培训与开发的目的：更注重团队精神

培训与开发的目的比以往更加广泛，除了新员工上岗引导、素质培训、技能培训、晋升培训、轮岗培训之外，培训开发更注重企业文化、团队精神、协作能力、沟通技巧等。这种更加广泛的培训开发目的，使每个企业的培训开发模式从根本上发生了变化，如图6-1所示。

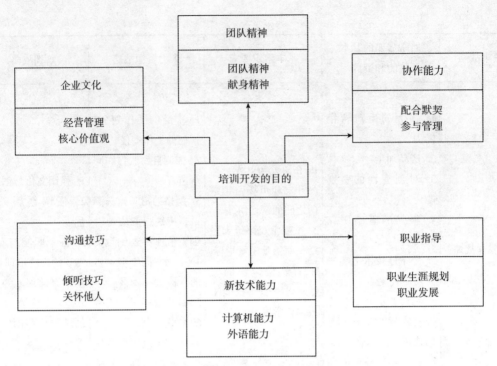

图 6-1　培训开发的目的发生变化

（二）培训与开发的组织：转向虚拟化和更多采用新技术

　　虚拟培训与开发组织能达到传统培训组织所无法达到的目标。虚拟培训与开发组织是应用现代化的培训与开发工具和培训与开发手段，借助社会化的服务方式而达到培训与开发的目的。现代化的培训与开发工具及手段包括多媒体培训与开发、远程培训与开发、网络培训与开发、电视教学等。在虚拟培训与开发过程中，虚拟培训与开发组织更加注意以顾客为导向，凡是顾客需要的课程、知识、项目、内容，都能及时供给并更新原有的课程设计。虚拟培训与开发组织转向速度快，更新知识和更新课程有明显的战略倾向性。

　　虚拟培训与开发组织的优缺点比较如表 6-3 所示。

表 6-3　虚拟培训与开发组织的优缺点比较

培训与开发技术	优点	缺点
多媒体培训与开发	自我控制进度；内容具有连续性；互动式学习；反馈及时；不受地理位置限制	开发费用高昂；不能快速更新
网络培训与开发	自我控制培训传递；信息资源共享；简化培训管理过程；培训项目更新快速	受到网络速度限制；开发成本高；培训成果转化一般
虚拟现实	适合危险或复杂工作培训；培训成果转化率高；反馈及时	有时缺乏真实感

续表

培训开发技术	优点	缺点
智能指导系统	模拟学习过程；自我调整培训过程；及时沟通与回应；培训成果转化率高；	开发费用高
远程学习	多人同时培训；节约费用；不受空间限制	缺乏沟通；受传输设备影响大

（三）培训与开发效果：注重对培训与开发效果的评估和对培训与开发模式的再设计

控制反馈实验是检验培训开发效果的正规方法。组织一个专门的培训开发效果测量小组，对进行培训与开发前后的员工的能力进行测试，以了解培训与开发的直接效果。对培训与开发效果的评价，通常有四类基本要素。一是反应：评价受训者对培训开发计划的反应，对培训开发计划的认可度及感兴趣程度；二是知识：评价受训者是否按预期要求学到所学的知识、技能和能力。三是行为：评价受训者培训开发前后的行为变化。四是成效：评价受训者行为改变的结果，如顾客的投诉率是否减少，废品率是否降低，人员流动是否减少，业绩是否提高，管理是否更加有序，等等。

（四）培训与开发模式：更倾向于联合办学

培训与开发模式已不再是传统的企业自办培训与开发的模式，更多是企业与学校联合、学校与专门培训与开发机构联合、企业与中介机构联合或混合联合等方式。社会和政府也积极地参与培训与开发，如再就业工程，社区也在积极地参与组织与管理。政府的专门职能部门也与企业、学校挂钩，如人事部门组织关于人力资源管理的培训，妇联组织关于妇女理论与实践的培训与开发和婚姻、家庭、工作三重角色相互协调的培训与开发等。

五、培训与开发体系

培训与开发是一项系统的工作，一个有效的培训与开发体系可以运用各种培训方式和人力资源开发的技术、工具，把零散的培训资源有机地、系统地结合在一起，从而保证培训与开发工作能持续地、有计划地开展下去。

（一）培训与开发体系

1. 培训与开发体系的定义

培训与开发体系是指一切与培训与开发有关的因素有序地组合，是企业内部培训资源的有机组合，是企业对员工实施培训的一个平台，主要由培训制度体系、培训资源体系、培训运作体系组成。

2. 培训与开发体系的建设与管理

（1）培训制度体系。培训制度是基础，包括培训计划、相关表单、工作流程、学员管理、讲师管理、权责分工、培训纪律、培训评估、培训档案管理制度等。建立培训体系首要工作就是建立培训制度、设计培训工作流程、制作相关的表单、制订培训计划。培训制度的作用在于规范公司的培训活动，作为保证培训工作顺利进行的制度依据。有效的培训制度应当建立在人力资源管理的基础上，与晋升考核等挂钩。

（2）培训资源体系。培训资源体系主要包括培训课程体系、培训资产维护、师资力量开发、培训费用预算等。

①培训课程体系：主要来源于岗位胜任模型，包括岗位式课程体系、通用类课程、专用类课程培训资源等。

②培训设施：培训必备工具（计算机、投影仪、话筒等）；培训辅助工具（摄影机、培训道具）；培训场地。

③培训教材：包括培训光碟、培训书籍、电子教材（软件）等。

④管理要求：定期检查、分类管理、过程记录、专人负责。

（3）培训运作体系。培训运作体系包括培训需求分析、培训计划制订、培训方案设计、培训课程开发、培训实施管控、培训效果评估。

（二）企业大学

1. 企业大学的定义

企业大学又称公司大学，是指由企业出资，以企业高级管理人员、一流的商学院教授及专业培训师为师资，通过实战模拟、案例研讨、互动教学等实效性教育手段，培养企业内部中、高级管理人才和企业供销合作者，满足人们终身学习的一种新型教育、培训体系。

企业大学是比较完美的人力资源培训与开发体系，是有效的学习型组织实现手段，也是公司规模与实力的证明。早在1927年，通用汽车就创办了GM学院，通用电气1956年建立的克劳顿培训中心（现在称为领导力发展中心）标志着企业大学的正式诞生。

2. 企业大学的类型

（1）内向型企业大学。内向型企业大学是为构筑企业全员培训体系而设计的，学员主要由企业员工构成，不对外开放，如麦当劳大学、通用汽车的领导力发展中心等。

（2）外向型企业大学。外向型企业大学分为两类，一类是仅面向其供应链开放，将其供应商、分销商或客户纳入学员体系当中，主要目的是支持其业务发展，如爱立信学院；另一类是面向整个社会，主要目的是提升企业形象或实现经济效益，如惠普商学院。

3. 企业大学理论模型

（1）企业大学轮模型（corporate university wheel）。2001年，普林斯和海里提出"企业大学轮模型"，把理想企业大学的五种元素整合到同一个理论结构中，并定义企业大学的重点是支持企业目标、协助知识的创新及组织的学习。企业大学轮模型整合了企业大学的流程、重要活动和相关任务，假设学习是产生在个体之内、个体与个体之间的活动和流程，试图把流程融入学术上的组织和学习理论，并把知识管理和学习型组织结合在同一个理论结构里。企业大学轮模型整合了作为理想企业大学的五种元素，这五种元素为支持企业目标的方式、网络和合作伙伴、知识系统和流程、人的流程，以及学习流程，如图6-2所示。

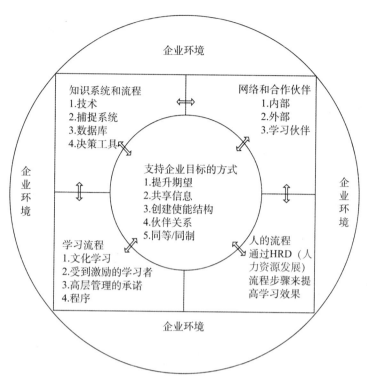

图6-2　企业大学轮模型

（2）企业大学创建轴承模型。在中国企业的企业大学创建研究和咨询中，南天竺公司搭建了"企业大学创建轴承模型"，如图6-3所示，概括出"1结合，2实体，3体系，4关键"的企业大学创建1234法，用简洁通俗的语言描述企业如何立足管理现状，有效地创建适合企业需要的企业大学。1结合，指以企业战略为核心，适应环境变化；2实体，指组建领导机构和执行部门；3体系，指建立课程体系、师资体系、评估体系；4关键，主要是财务规划、制度建设、需求分析、持续改善。

4. 西方企业大学成功的关键因素

（1）公司高层主管的参与和重视。

（2）将培训与发展目标和组织的战略性需求紧密结合。

（3）重视学习计划的绩效评估。

（4）根据企业内部和外部的学习需求，设计和实施具有针对性的核心课程。

（5）善于利用现代化的网络及数字工具，构建完善的学习环境。

（6）与其他企业和传统高校建立良好的合作关系。

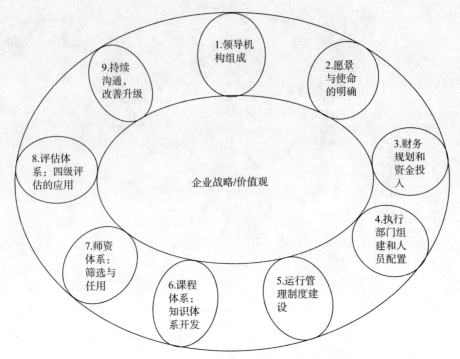

图6-3 企业大学创建轴承模型

第二节 培训需求分析

一、培训需求分析的含义与作用

（一）培训需求分析的含义

所谓培训需求分析，是指在规划与设计每项培训活动之前，由培训部门、主管负责人、培训工作人员等采用各种方法与技术，对参与培训的所有组织及其员工的培训目标、知识结构、技能状况等方面进行系统的鉴别与分析，以确定这些组织和员工是否需要培训及如何培训，弄清谁最需要培训、为什么要培训、培训什么等问题，并进行深入探索研究的过程。

（二）培训需求分析的作用

培训需求分析作为现代培训活动的首要环节，在培训中具有重大作用，具体表现如下。

1. 充分认识现状与目的差距

培训需求分析的基本目标就是确认差距，即确认绩效的应有状况同现实状况之间的差距。绩效差距的确认一般包含三个环节：一是必须对所需要的知识、技能、能力进行分析，即理想的知识、技能、能力的标准或模式是什么；二是必须对现实实践中缺少的知识、技能、能力进行分析；三是必须对理想的或所需要的知识、技能、能力与现有的知识、技能、能力之间的差距进行分析。这三个环节应独立并有序地进行，以保证分析的有效性。

2. 促进人事管理工作和员工培训工作的有效结合

当需求分析考虑到培训和开发时，需求分析的另一个重要作用便是能促进人事分类系统向人事开发系统的转换。包括企业在内的一般组织之中，大部分有自己的人事分类系统。人事分类系统作为一个资料基地，在做出关于补偿金、员工福利、新员工录用、预算等的决策方面非常重要，但在工作人员开发计划、员工培训和解决实际工作中等方面的用处很小。

3. 提供解决工作中实际问题的方法

可供选择的方法可能是一些与培训无关的选择，如组织新设与撤销、某些岗位的人员变动、新员工吸收，或者是几个方法的综合。

4. 能够得出大量员工培训的相关成果

培训需求分析能够作为规划开发与评估的依据。一个好的需求分析能够得出一系列的研究成果，确立培训内容，指出最有效的培训战略，安排最有效的培训课程。同时，在培训之前，通过研究这些资料，建立起一个标准，然后用这个标准来评估培训项目的有效性。

5. 决定培训的价值和成本

如果进行了好的培训需求分析，并且找到了存在的问题，管理人员就能够把成本因素引入培训需求分析。这个时候，如果不进行培训的损失大于进行培训的成本，那么培训就是必要的、可行的。反之，如果不进行培训的损失小于培训的成本，则说明当前还不需要或不具备条件进行培训。

6. 能够获得各个方面的协助

工作人员对必要的工作程序的忽视，并不能排除组织对工作人员承担的责任。如果一个组织能够证明信息和技能被系统地传授，就可以避免或减少不利条件的制约。同时，高层管理部门在对规划投入时间和金钱之前，对一些支持性的资料很感兴趣。中层管理部门和受影响的工作人员通常支持建立在客观的需求分析基础之上的培训规划，因为他们参与了培训需求分析过程。无论是组织内部还是外部，需求分析提供了选择适当指导方法与执行策略的大量信息，这为获得各方面的支持提供了条件。

二、培训需求分析的内容

培训需求分析的内容主要有三个方面：培训需求的对象分析、培训需求的阶段分析、培训需求的层次分析。

（一）培训需求的对象分析

培训对象分为新员工培训和在职员工培训两类，所以培训需求的对象分析包括新员工培训需求分析和在职员工培训需求分析。

1. 新员工培训需求分析

新员工主要进行企业文化、制度、工作岗位的培训，通常使用任务分析法。新员工的培训需求主要产生于对企业文化、企业制度不了解而不能融入企业，或是对企业工作岗位不熟悉而不能胜任新工作。对于新员工培训需求分析，特别是对于企业低层次工作的新员工培训需求，通常使用任务分析法来确定其在工作中需要的各种技能。

2. 在职员工培训需求分析

在职员工主要进行新技术、技能的培训，通常使用绩效分析法。由于新技术在生产过程中的应用，在职员工的技能不能满足工作需要等而产生培训需求。

（二）培训需求的阶段分析

培训活动按阶段，可分为针对目前存在的问题和不足所进行的目前培训和针对未来发展需要所进行的未来培训。因此，培训需求的阶段分析包括目前培训需求分析和未来培训需求分析。

1. 目前培训需求分析

目前培训需求是针对企业目前存在的不足和问题而提出的培训需求，主要包括分析企业现阶段的生产经营目标、生产经营目标实现状况、未能实现的生产任务、企业运行中存在的问题等，找出这些问题产生的原因，并确认培训是解决问题的有效途径。

2. 未来培训需求分析

这类培训需求是为满足企业未来发展需要而提出的培训需求，主要包括预测企业未来工作变化、职工调动情况、新工作职位对员工的要求以及员工已具备的知识水平和尚欠缺的部分。

（三）培训需求的层次分析

培训需求的层次分析从三个层次进行：战略层次、组织层次、员工个人层次。与此相对应，培训需求的层次分析可分为战略层次分析、组织层次分析和员工个人层次分析三种。

1. 培训需求的战略层次分析

战略层次分析要考虑各种可能改变组织优先权的因素，如引进一项新技术、出现了突发性的紧急任务、领导人的更换、产品结构的调整、产品市场的扩张、组织的分合以及财政的约束等；还要预测企业未来的人事变动和企业人才结构的发展趋势（如高中低各级人才的比例、老中青各年龄段领导的比例等），调查了解员工的工作态度和对企业的满意度，找出对培训不利的影响因素和可能对培训有利的辅助方法。

2. 培训需求的组织层次分析

组织层次分析主要分析的是企业的目标、资源、环境等因素，准确找出企业存在的问题，并确定培训是否是解决问题的最佳途径。组织层次的分析应首先将企业的长期目标和短期目标作为一个整体来考察，同时考察那些可能对企业目标发生影响的因素。因此，人力资源部必须弄清楚企业目标，才能在此基础上做出一份可行的培训规划。

3. 培训需求的员工个人层次分析

员工个人层次分析主要是确定员工目前的实际工作绩效与企业的员工绩效标准对员工技能要求之间是否存在差距，为将来培训效果的评估和新一轮培训需求的评估提供依据。对员工目前实际工作绩效的评估主要依据以下资料：员工业绩考核记录、员工技能测试成绩以及员工个人填写的培训需求调查问卷等资料。

三、培训需求分析的方法与程序

（一）培训需求分析的方法

任何层次的培训需求分析都离不开一定的方法与技术。而这种方法与技术又是多种多样的。在此，从宏观的角度探讨三种方法：必要性分析方法、全面性分析方法、绩效差距分析方法。

1. 培训需求的必要性分析方法

（1）必要性分析方法的含义与内容。所谓必要性分析方法，是指通过收集并分析信息或资料，确定是否通过培训来解决组织存在的问题的方法，它包括一系列的具体方法和技术。

（2）九种基本的必要性分析方法与技术。

①观察法。通过较长时间的反复观察，或通过多种角度、多个侧面对有典型意义的具体事件进行细致观察，进而得出结论。

②问卷法。其形式可能是对随机样本、分层样本或所有的"总体"进行调查或民意测验。可采用各种问卷形式，如开放式、投射式、强迫选择式、等级排列式等。

③关键人物访谈。通过对关键人物的访谈，如培训主管、行政主管、专家主管等，了解到所属工作人员的培训需要。

④文献调查。通过对专业期刊、具有立法作用的出版物等的分析、研究，获得调查资料。

⑤采访法。可以是正式的或非正式的、结构性的或非结构性的，可以用于一个特定的群体如行政机构、公司、董事会或者每个相关人员。

⑥小组讨论。像面对面的采访一样，可以集中于工作（角色）分析、群体问题分析、目标确定等方面。

⑦测验法。以功能为导向，可用于测试一个群体成员的技术知识熟练程度。

⑧记录报告法。可以包括组织的图表、计划性文件、政策手册、审计和预算报告；对比较麻烦的问题提供分析线索。

⑨工作样本法。采用书面形式，由顾问对已作假设并且相关的案例提供书面分析报告；可以是组织工作过程中的产物，如项目建议、市场分析、培训设计等。

2. 培训需求的全面性分析方法

全面性分析方法是指通过对组织及其成员进行全面、系统的调查，以确定理想状况与现有状况之间的差距，从而进一步确定是否进行培训及培训内容的一种方法。

（1）全面性分析方法的主要环节。由于工作分析耗费大量时间，且需要系统的方法，因而分析前制订详细的计划对于全面分析方法的成功实施非常重要。在计划阶段，一般包括计划范围的确定和咨询团体的任命两部分内容。

（2）研究阶段。工作分析的规范制定出以后，工作分析必须探究目标工作。首先检验的信息是工作描述。当研究阶段结束后，工作分析人员应该能从总体上描述一项工作。

（3）任务或技能目标阶段。这一阶段是工作分析的核心，有两种方法可以应用：一种是形成一个完全详细的任务目录清单，即每一项任务被分解成微小的分析单位；另一种方法是把工作仅剖析成一些任务，然后形成一个描述任务目录的技能目标。

（4）任务或技能分析阶段。工作任务的重要性是能够分析的维度或频率，频率即一定时间内从事一项任务的次数。其他维度包括所需要的熟练水平、严重性及责任感的强弱程度。熟练水平这一维度主要用来考查在不同的任务中是否需要高级、中级或低级的熟练水平。严重性这一维度主要考查何种任务如果执行得不适当、不合理将会产生灾难性后果。责任感的强弱程度这一维度主要用来考查在职工作人员在不同层次的监督下所表现出来的责任感的大小。

3. 培训需求分析的绩效差距分析方法

绩效差距分析方法也称问题分析法，它主要集中在问题而不是组织系统方面，其推动力在于解决问题而不是系统分析。绩效差距分析方法是一种广泛采用的、非常有效的需求分析法。绩效差距分析法的环节如下。

（1）发现问题阶段。发现并确认问题是绩效分析法的起点。问题是理想绩效和实际绩效之间差距的一个指标。其类型诸如生产力问题、士气问题、技术问题、资料或变革的需要问题等。

（2）预先分析阶段。此阶段也是由培训者进行直观判断的阶段。在这一阶段，要注意两个问题：一项是如果发现了系统的、复杂的问题，就要运用全面性分析方法；另一项是确定应用何种工作收集资料。

（3）资料收集阶段。收集资料的技术有多种，各种技术在使用时最好结合起来，经常采用的有扫描工具、分析工具等。

（4）需求分析阶段。需求分析涉及寻找绩效差距。传统上，这种分析考查实际个体绩效同工作说明之间的差距。然而，需求分析也考查未来组织需求和工作说明。既然如此，工作设计和培训就高度结合起来。我们可以把需求分析分为工作需求、个人需求和组织需求三个方面。

（5）需求分析结果。需求分析结果是通过一个新的或修正的培训规划解决问题，是全部需求分析的目标所在。对结果进行分析后，最终确定针对不同需求采取的不同培训方法及不同的培训内容。

（二）培训需求分析的程序

1. 做好培训前期的准备工作

培训活动开展之前，培训者就要有意识地收集有关员工的各种资料。这样不仅能在培训需求调查时方便调用，而且能够随时监控企业员工培训需求的变动情况，以便在恰当的时候向高层领导者请示开展培训。

（1）建立员工培训档案。培训部门应建立起员工的培训档案，培训档案应注重员工素质、员工工作变动情况以及培训历史等方面内容的记载。员工培训档案可参照员工人事档案、员工工作绩效记录表等方面的资料来建立。另外，培训者应密切关注员工的变化，随时向其档案里添加新的内容，以保证档案的及时更新和监控作用。

（2）同各部门人员保持密切联系。培训工作的性质决定了培训部门通过和其他部门之间保持更密切的合作联系，随时了解企业生产经营活动、人员配置变动、企业发展方向等方面的变动，使培训活动开展起来更能满足企业发展需要，更有效果。培训部门工作人员要尽可能和其他部门人员建立起良好个人关系，为培训收集到更多、更真实的信息。

（3）向主管领导反映情况。培训部门应建立一种途径，满足员工随时反映个人培训需要的要求。可以采用设立专门信箱的方式，或者安排专门人员负责这一工作。培训部门了解到员工需要培训的要求后应立即向上级汇报，并汇报下一步的工作设想。如果这项要求是书面的，在与上级联系之后，最好也以书面形式作答。

（4）准备培训需求调查。培训者通过某种途径意识到有培训的必要时，在得到领导认可的情况下，就要开始需求调查的准备工作。

2. 制订培训需求调查计划

培训需求调查计划应包括以下几项内容。

（1）培训需求调查工作的行动计划。即安排活动中各项工作的时间进度以及各项工作中应注意的一些问题，这对调查工作的实施很有必要。特别是对于重要的、大规模的需求分析，有必要制订一个行动计划。

（2）确定培训需求调查工作的目标。培训需求调查工作应达到什么目标，一般来说完全出于某种培训的需要，但由于在培训需求调查中会有各种客观或主观的原因，培训需求调查的结果并不是完全可信的。所以，要尽量排除其他因素的影响，提高培训需求调查结果的可信度。

（3）选择合适的培训需求调查方法。应根据企业的实际情况以及培训中可利用的资源选择一种合适的培训需求分析方法。如工作任务安排非常紧凑的企业员工不宜采用面谈法，专业技术性较强的员工一般不用观察法。

（4）确定培训需求调查的内容。确定培训需求调查内容的步骤如下：首先要分析这次培训调查应得到哪些资料，然后排除手中已有的资料，就是需要调查的内容。培训需求调查的内容不要过于宽泛，以免浪费时间和费用；对于某一项内容可以从多角度调查，以便取证。

3. 实施培训需求调查工作

在制订了培训需求调查计划以后，就要按计划规定的行动依次开展工作。实施培训需求调查主要包括以下步骤。

（1）提出培训需求动议或愿望。由培训部门发出制订计划的通知，请各责任人针对相应岗位工作需要提出培训动议或愿望。培训需求动议应由理想需求与现实需求或预测需求与现实需求存在差距的部门和岗位提出。

（2）调查、申报、汇总需求动议。相关人员根据企业或部门的理想需求与现实需求或预测需求与现实需求的差距，调查、收集来源于不同部门和个人的各类需求信息，整理、汇总培训需求的动议和愿望，并报告企业培训组织管理部门或负责人。

（3）分析培训需求。申报的培训需求动议并不能直接作为培训的依据。因为培训需求常常是一个岗位或一个部门提出的，存在一定的片面性，所以对申报的培训需求进行分析，就是要消除培训需求动议的片面性，也就是说要全方位分析。

（4）汇总培训需求意见，确认培训需求。培训部门对汇总上来并加以确认的培训需求列出清单，参考有关部门的意见，根据重要程度和迫切程度排列培训需求，并依据所能收集到的培训资源制订初步的培训计划和预算方案。

4. 分析、输出培训需求结果

（1）对培训需求调查信息进行归类、整理。培训需求调查信息来源于不同的渠道，信息形式有所不同，因此，有必要对收集到的信息进行分类，并根据不同的培训调查内容进行信息的归档，同时要制作表格对信息进行统计，并利用直方图、分布曲线图等工具将信息所表现趋势和分布状况予以形象地处理。

（2）对培训需求分析、总结。对收集上来的调查资料进行仔细分析，从中找出培训需求。此时应注意个别需求和普遍需求、当前需求和未来需求之间关系。要结合业务发展的需要，根据培训任务重要程度和紧迫程度对各类需求进行排序。

（3）撰写培训需求分析报告。对所有的信息进行分类处理、分析总结以后，根据处理结果撰写培训需求分析报告，报告结论要以调查信息为依据，不能凭个人主观看法得出结论。

第三节　培训计划制订与实施

培训计划直接关系培训与开发活动的成败，是确定培训内容和方法、评估培训效果的主要依据。因此，必须了解什么是培训计划、培训计划包括哪些内容、如何制订培训计划。

一、培训计划工作概述

（一）培训计划的概念

培训计划是按照一定的逻辑顺序排列的记录，它是从组织的战略出发，在全面、客观的培训需求分析基础上做出的对培训内容、培训时间、培训地点、培训者、培训对象、培训方式和培训费用等的预先系统设定。

（二）培训计划的类型

培训计划要着重考虑可操作性和效果。以时间跨度为标准，培训计划可以分为长期培训计划、中期培训计划、短期培训计划。

1. 长期培训计划（3年以上）

长期培训计划必须明确培训的方向性，考虑组织的长远目标、个人的长远目标、外部环境发展趋势、目标与现实的差距、人力资源开发策略、培训策略、培训资源配置、培训支援的需求、培训内容的整合、培训行动步骤、培训效益预测、培训效果预测等因素。

2. 中期培训计划（1~3年）

中期培训计划是长期计划的进一步细化，要明确培训中期需求、培训中期目标、培训策略、培训资源分配等因素。

3. 短期培训计划（1年以下）

从目前国内组织的培训实践来看，通常所说的培训计划大多是短期培训计划，更多的是某次或某项目的培训计划。

以上三种计划属于从属关系，从长期到短期培训计划工作不断细化。

二、培训计划的制订

（一）确立培训目的与目标

1. 培训目标的分类

培训目标可以分为提高员工在企业中的角色意识、提高知识和技能、转变态度动机几类。培训目标可分为若干层次，从某一培训活动的总体目标到某个学科直至每堂课的具体目标，越往下越具体。

2. 确定培训目标的注意事项

确定培训目标应当和组织长远目标相吻合，一次培训的目标不要太多，要从学习者的角度出发，明确说明预期课程结束后学员可以拥有哪些知识、信息及能力。目标确立应符合SMART 原则，即目标必须是具体的（specific），目标必须是可以衡量的（measurable），目标必须是可以达到的（attainable），目标必须和其他目标具有相关性（relevant），目标必须具有明确的截止期限（time-based）。

（二）确定培训时间

培训时间主要包括培训时机和培训的持续时间。

1. 选择培训时机

企业可选择以下时间作为培训时机。

（1）新员工加盟时。

（2）新技术、新设备引进或生产工艺流程变更时。

（3）满足补救需要时（缺乏合格员工）。

2. 确定培训的持续时间

企业应根据以下因素确定培训的持续时间。

（1）培训内容。

（2）培训费用。

（3）学员素质。

（4）学员的工作与休闲时间的分配。

（三）确定培训场所与设施

确定培训场所与设施时必须注意以下问题。

（1）培训场所的多样化。

（2）判断培训场所与设施的基本要求，即舒适度与合适度。

（3）场所选择必须考虑各种细节。

（四）确定培训者

培训者有广义和狭义之分。广义的培训者包括培训部门领导人、培训管理人员以及培训师；狭义的培训者专指培训师。

1. 培训部门领导人的条件

（1）对培训工作富有热情，具有敬业精神。

（2）有培训与开发工作的实际经验。

（3）以身作则，对受训者和自己一视同仁。

（4）富有远见，能清楚地分析组织的培训要求，对人力资源发展有战略眼光。

（5）有良好的知识结构，特别是有培训与开发的专业知识。

（6）有良好的职业道德品质和身体状况。

2. 培训管理人员的条件

（1）善于与人打交道。

（2）工作主动、积极。

（3）有任劳任怨的精神。

（4）有一定的组织管理能力。

3. 培训师的条件

培训师是企业培训活动的关键环节，培训师资水平直接影响培训活动的实施效果，甚至可能会影响企业领导对人力资源部门和企业培训与开发工作的基本看法。培训师可以来自企业内部或外部。优秀的培训师需要具备以下素质和技能。

（1）态度。培训师应当喜欢培训工作，符合"3C"，即关心（care）、创造性（creativity）和勇气（courage）。

（2）能力。培训师应当具备信息转化能力、良好的交流和沟通能力、一定的组织管理能力、创新能力。

企业内部的培训讲师是企业培训师资队伍的主体，他们能有效传播企业真正需要的知识与技能，对企业有效经验和成果进行共享和复制；同时选择优秀员工担任讲师，为员工职业生涯发展开辟更广阔的道路。所以，企业应注意对内部讲师的培养和激励以及制度建设问题。

外部讲师的选拔同样要遵照相应的程序，还应考虑促进外部讲师授课成果的有效转化。内外部培训师的优缺点比较如表6-4所示。

表6-4 内外部培训师的优缺点比较

	优点	缺点
内部培训师	1. 了解企业，培训有针对性，利于增强培训效果 2. 与学员相互熟悉，交流顺畅 3. 培训相对易于控制 4. 成本较低	1. 不易在学员中树立威望，影响学员参与度 2. 内部选择范围小，不易开发高质量的教师队伍 3. 看待问题受环境影响，不易上升高度
外部培训师	1. 选择范围大，可得到高质量培训师资 2. 可带来许多全新的理念 3. 对学员具有较大的吸引力 4. 可提高培训档次，引起企业重视 5. 容易营造气氛，获得良好的培训效果	1. 对企业缺乏了解，加大风险 2. 教师与企业及学员之间缺乏了解，可能降低培训适用性 3. 学校教师缺乏实际工作经验，易导致纸上谈兵 4. 聘用成本较高

（五）确定培训对象

一般而言，组织内有三种人员需要培训。

1. 可以改进目前工作的员工

培训可以使他们更加熟悉自己的工作和技术。

2. 有能力而且组织要求他们掌握另一门技术的员工

培训的目的是将其安排到更重要、更复杂的岗位上。

3. 有潜力的员工

经过培训让他们进入更高层的岗位。

培训对象确定后，最好能立即列出该对象的相关资料，如平均年资、教育背景、共同特质、曾参加过的培训等。

（六）确定培训内容与项目

培训内容应服务于培训目的与目标。培训的内容一定要科学，既要考虑系统性、适用性，也要考虑超前性，并根据不同的对象和不同的时间有所变化。

1. 确定培训内容与项目的依据

（1）以工作岗位标准为依据。

（2）以生产/服务质量标准为依据。

（3）以组织的发展目标为依据。

2. 确定培训内容与项目的分析方法

（1）任务分析法。

（2）缺陷分析法。

（3）技能分析法。

（4）目标分析法。

（七）确定培训方法

培训内容确定后，可以依据知识性课程、技能性课程、态度性课程等不同的课程，选择相适应的培训方法。培训方法主要包括课堂讲授法、研讨法、角色扮演法、游戏法、案例法、敏感性训练、视听法、程序指导、头脑风暴法、模拟法等。

（八）确定培训与开发预算

培训与开发预算是指在一段时间内（通常是 12 个月）培训与开发部门所需要的全部开支。培训与开发预算主要由五部分构成，包括培训场地及设施，与培训相关人员的食宿费，培训器材、教材费，培训相关人员工资以及外聘教师讲课费，交通差旅费等。

培训与开发预算的确定主要有六种方法。

1. 比较预算法

参考同行业平均培训预算与优秀企业培训预算，结合本企业实际情况确定。

2. 比例确定法

对某一基准值设定一定的比率来决定培训经费预算额。如根据企业全年产品的销售额或总经费预算的一定百分比来确定培训经费预算。

3. 人均预算法

预先确定企业内部人均培训经费预算额，然后再乘以在职人员数量。

4. 推算法

根据过去培训的使用额来推算，或与上一年度对比决定预算。

5. 需求预算法

根据企业培训需求确定一定时限内必须开展的培训活动，分项计算经费，然后加总求和。

6. 费用总额法

企业划定人力资源部门全年费用总额后，再由人力资源部门自行分配预算。

三、编制培训计划书

（一）概念

培训计划书是关于培训计划制定结果的一份文字总结。具体包括培训项目名称、培训目的、培训进度、培训内容、培训步骤、意外控制、注意事项、策划人、日期等。

（二）作用

（1）可对整个项目做一个清晰的交代，同时充分陈述项目的意义、作用和效果，简化培训程序。

（2）信息与分析结果高度浓缩的培训计划书可为高层领导的决策提供必要的依据和便利。

（3）可预先帮助管理者加深对培训项目各个环节的了解，从而做到统筹规划。

（三）编写技巧

（1）项目名称要尽可能详细地写出。

（2）应写明培训计划者所属部门、职务、姓名。团队形式则应写出团队名称、负责人、成员姓名。

（3）培训计划的目的要尽可能简明扼要，突出核心要点。

（4）培训计划书内容应在认真考虑受众的理解力和习惯的基础上详细说明，表现方式宜简单明了，并可适当加入一些图表。

（5）详细阐述计划培训的预期效果与预测效果，并解释原因。

（6）对计划中出现的问题要全部列明，不应回避，并阐述计划者的看法。

（7）培训计划书是以实施为前提编制的，通常会有很多注意事项，在编写时应将它们提出来供决策者参考。

四、培训材料

培训材料指能够帮助学习者达成培训目标、满足培训需求的所有资料，具体包括课程描述、课程的具体计划、学员用书、课前阅读资料、教师教学资料包（视听材料、练习册、背景资料、电脑软件等）、小组活动的设计与说明、测试题目。

五、培训实施

（一）明确培训学习的原则

1. 近期目标和长远战略相结合的原则

为了制订科学的、切实可行的培训计划，应该对企业人才需求进行预测，并且充分考虑到企业的生产经营特点、近期目标、长远规划，以及社会劳动力供求变化趋势等因素。要对培训的目标、方法、效益进行周密、细致的研究。通过制订和执行培训计划，保持培训的制度化和连续性。企业还应建立培训效果的追踪检查方案，并根据生产经营的变化，随时对培训计划做出相应的修订。

2. 全员培训与重点提高相结合的原则

全员培训就是有计划、有步骤地对在职的所有员工进行培训，这是提高全体员工素质的必经之路。为了提高培训投入的回报率，培训必须有重点，即注重对企业兴衰有着重大影响的管理和技术骨干，特别是中高层管理人员的培训；再者，有培养前途的梯队人员，更应该有计划地进行培训与开发。

在坚持全员培训与重点提高相结合的原则的同时，要因材施教，处理好学员共性和个性的关系。也就是说，要针对员工的不同文化水平、不同职务岗位、不同要求以及其他差异，区别对待。只有这样，才能最大限度地发挥培训的功能，使员工的才能在培训活动中得到培养和提高，并在生产经营中得以实现。

3. 知识技能培训与企业文化培训兼顾的原则

培训与开发的内容，除了文化知识、专业知识、专业技能外，还应包括理想、信念、价值观、道德观等方面的内容。而后者又要与企业目标、企业文化、企业制度、企业优良传统等结合起来，使员工在各方面都能够符合企业的要求。

4. 理论联系实际，学以致用的原则

员工培训应当有明确的针对性，一定要从本企业实际出发，从实际工作的需要出发，根据企业的实际需要组织培训，使培训与生产经营实际紧密结合，与职位特点紧密结合，与培训对象的年龄、知识结构、能力结构、思想状况紧密结合，目的在于通过培训让员工掌握必要的技能以完成规定的工作，最终为提高企业的经济效益服务。企业培训既不能片面强调学历教育，也不能片面追求立竿见影。

5. 培训效果的反馈与强化原则

培训效果的反馈与强化是不可缺少的重要环节。培训效果的反馈指的是在培训后对员工进行检验，其作用在于巩固员工学习的技能，及时纠正错误和偏差。反馈的信息越及时、准确，培训的效果就越好。强化则是指由于反馈而对接受培训人员进行的奖励或惩罚。其目的一方面是奖励接受培训并取得绩效的人员，另一方面是加强其他员工的培训意识，使培训效果得到进一步强化。

6. 培训活动的持久性原则

培训作为人力资源体系中的一个很重要的环节，要充分认识到培训的持续作用。仅仅几次培训很难达到预期效果，也不符合人力资源发展规律，那种试图"一蹴而就"的做法是不可取的，时冷时热式的培训虽然可以在一定程度上取得效果，但会挫伤员工的积极性。

7. 培训活动的协调性

首先是时间上的协调。有的培训需要较长的时间，这就不可避免地产生时间冲突，尤其是与员工私人时间的冲突。如果占用太多私人时间，员工参加培训时就会心不在焉，培训效果自然大打折扣。

其次是组织上的协调。有的培训很难把参加的人员组织好，诸如出差、工作忙、开会等因素都会影响培训的人员安排，这就需要培训部门和相关人员协调好，保证大家都有机会参加。

（二）合理选择培训的方法

员工培训的方法是指培训主体（通常是企业）为了实现培训目标而采取的作用于企业员工的各种方式、形式、手段和程序等的总和。它是实现企业员工培训目标的中介和桥梁，是整个员工培训系统的重要组成部分，是提高员工培训实效性的关键之一。企业员工培训方法的综合把握和有效调试，对提高员工培训的实效性有着重要意义。

1. 目前我国企业员工培训方法存在的问题

目前，我国企业员工的培训工作已经取得了一些成就，尤其是一些大企业的员工培训，已经具有相当高的水平。但是受传统观念的束缚，目前企业的员工培训方法在很多方面已经和时代不相吻合，主要存在着以下弊端。

（1）观念落后，认识不足。相当一部分企业将员工培训看作单纯的投入，所以尽可能地减少培训人数和费用。这是一种典型的短视行为，只看到了短期的投入，而没有看到员工培训为企业长远发展所培养、积攒的人力资本。这种陈旧的观念和思想很难与社会同步，需要及时更新。

（2）只重技能，不重素质。企业员工培训的内容很多，一般由知识培训、技能培训和素质培训组成。我国企业的员工培训主要停留在员工的知识和技能方面，对于其他方面则做得不够。如对企业文化的传承、企业内聚力的加强、员工工作热情的激发等方面认识不足，导致我国企业员工的培训只注重技能培训而忽视素质培训。其结果是虽然员工技能得到了长足的提高，但缺乏正确的工作态度和优良的职业精神，导致员工离职率居高不下，企业的培训投入无法得到回报。

（3）不成体系，方法老套。一份权威机构对我国企业的培训调查报告显示，92%的企业没有完善的员工培训体系，仅有42%的企业有自己的培训部门。很多企业一提到员工培训，就是来场讲座或是外派学习一周等形式，很少考虑自身需要，只是为培训而培训。

（4）流于表面，缺乏激励。大部分企业只是注重培训的现场状况，只对培训的组织、培训讲师的表现等最表面的东西进行考评，而对于培训对员工行为的影响，甚至对公司整体绩效的影响却不去考评。外派培训则更为简单，只看培训者有没有培训的合格证书，流于表面，不重视培训的内涵。

2. 完善企业员工培训方法的途径

针对目前国内企业员工培训工作中所存在的弊端和不足，企业员工培训工作要根据企业培训的新目标、新内容，总结其他企业的培训经验，建立符合自身特色和时代特征并符合规律性、富有实效性的系统方法，具体需要从以下几个方面努力。

（1）注意运用渗透式培训方法。不断加强渗透式培训，是今后企业员工培训方法发展的一个趋势。企业应借鉴国内外先进大公司的有益做法并结合自身特点，探索具体渗透方法。首先，寓员工培训于企业文化建设之中。可通过企业愿景、战略目标、企业价值观等的宣传，引导员工从中获得良好的企业氛围熏陶，提高综合素质，摆正价值取向，选择正确的、和企业发展一致的职业生涯。其次，寓员工培训于开放模式之中。开放型的培训模式应该是"面向世界、面向社会、走出企业、多方参与、内外开放、齐抓共管"的模式。

（2）注意运用隐性培训的方法。我国企业的员工培训比较侧重于显性方法，即能让员工明显感到培训意图的方法。这种方法有利于对员工进行正面系统的理论培训，而且容易对培训过程进行监控和评估。但光靠显性方法是不够的，应结合企业实际，借鉴运用隐性培训方法，使员工在不知不觉中得到提高。

（3）注意运用灵活多样的培训方法。正确认识员工的层次性、差异性，是实施灵活多样的培训方法的前提。这就需要与时俱进，以更加多样的方法增强员工培训的针对性和实效性。当然，强调员工培训方法的多样性，并不等于否定员工培训内容的主导性，应用培训方法的多样性来丰富培训主导性的内容，两者相互依存、相互促进、共同发展。

（4）注意科学化的培训方法。传统的企业培训从"本本"出发，沿袭常规不变的教条；而当今时代的员工培训从目标设计到具体实施都经过科学的评估和实验过程，是经过反复论证筛选的结果。科学化的培训方法表现在普遍使用各种较先进的科技来辅助培训，用计算机来处理分析有关资料；也表现在培训观念更新和实践领域的通俗化上。

3. 员工培训的常用方法

随着企业员工培训理论的不断发展和深入，企业对员工培训的方法也变得日趋多样和成熟。员工培训主要的方法有授课法、研讨法、案例法、工作轮换法、户外拓展、视听教学法等。企业培训方式的选择对培训效果有直接影响，因此，对不同的培训对象和培训内容，必须选择不同的培训方法，才能达到企业员工培训的目的。

（1）授课法。授课法是最普遍的员工培训方法，是通过讲师的语言和演示，向员工传授知识和技能。授课法具有方便实施、效率高的特点。在实施授课法时，企业员工培训的内容要符合企业和员工的需求，并考虑员工的接受能力。讲师的选择也是关键，要选择专业经验丰富的授课老师。

（2）研讨法。研讨法是员工培训的重要方法之一，是鼓励员工就所学知识提问、探讨的一种培训方式。通过员工之间的交流来解决学习和生产中存在的问题，有助于巩固理解学习的知识，培养员工的综合能力和解决问题的能力。

（3）案例法。案例法源自国外大学的教学模式，是研讨教学法的延伸。这种方法的主要优点是鼓励员工认真思考、主动参与，并发表个人见解和体会，可以培养员工的表达能力、合作精神。案例法的重点在于如何提高员工培训效果，难点在于教学案例的开发。

（4）工作轮换法。工作轮换法是将员工调到另一个工作岗位去工作，也叫"轮岗培训"。工作轮换法能帮助员工理解多种工作环境，扩展员工的工作经验，适合于培训综合性管理人员。

（5）户外拓展。户外拓展主要是利用有组织的户外活动来培训团队协作能力。这种方法适用于培训与团队效率有关的技能，如自我意识、问题解决、冲突管理和风险承担。户外拓展培训的方式一般是团体性的体育活动或游戏，如登山、野外行军、攀岩、走木桩、翻越障碍及各种专门设计的游戏。企业员工培训方案如果采取户外拓展，一定要有针对性，要通过活动来达到培训员工的目的。

（三）培训内容的选取

1. 培训内容选取的原则

（1）学以致用。企业培训与社会办学不同，社会办学强调的是强化基础、宽化专业，这是因为学生毕业后面对的是整个社会，大多数人很难匹配到狭义上的"对口专业"，只有具备了扎实的基础知识和宽广的专业面，才能较从容地面对就业。而在企业中，每一个员工都有自己的工作岗位，所要适应的知识和技能有一个基本确定的范围。因此，企业对员工的培训应该围绕着这个范围来展开。这样，员工学得会、用得上、见效快，企业成本也低，从而实现成本收益的最优化。

（2）培训的结果对企业和员工都有利。在培训活动中，企业投入的是人、财、物等资源，目的是提升企业的技术能力、产品质量和生产效率，进而提高企业在市场上的竞争力；员工投入的是时间、精力，目的是提升自身的素质和工作技能，赢得尊重，为日后更换工作岗位、晋升、加薪做好准备。

（3）内容丰富、形式多样。在企业中，员工的职系分工不同，应用的知识、技能随之不同；员工的职位层级不同，应用知识、技能的深浅程度也不同。为使每一个员工都得到有针对性的培训，必须有丰富的培训内容。员工培训决不可理解为单调地上课。根据培训的对象、目的、时间周期、培训人数等，培训可采用军体训练、讲课讲座、办短训班或集训队、跟班学习、班组研讨会、外派学习、师傅带徒弟、户外活动等多种形式进行。

2. 新员工培训的主要内容

新员工的岗前培训是最常见的企业培训之一。与一般的企业员工培训不同，新员工培训主要侧重于两个方面：首先，帮助新员工熟悉企业的工作环境，让他们轻松愉快地成为企业中的一员；其次，使新员工了解必要的知识和技能，了解公司的运作程序，使他们熟悉公司的设施和他们的岗位责任。

3. 在职员工培训的主要内容

在企业培训中，对在职员工的培训约占整个企业培训工作量的80%~90%。在职员工不仅人数众多、培训需求千差万别、现有水平参差不齐，而且这种培训需要长期持续不断、逐步深入地进行。因此，对企业在职人员培训内容的确定，是做好企业培训工作关键之一。在职员工培训主要侧重于对新知识、新技术的培训。

第四节　培训效果评估

一、培训效果评估的作用

在企业培训的某一项目或某一课程结束后，一般要对培训效果进行一次总结性的评估或检查，以便找出受训者究竟有哪些方面的收获与提高。

培训效果评估是一个完整的培训流程的最后环节，它既是对整个培训活动实施成效的评价与总结，同时评估结果又为下一个培训活动确定培训需求提供了重要信息，是以后培训活动的重要输入。在运用科学的方法和程序获取培训活动的系统信息前提下，培训效果评估能够帮助企业决策者做出科学的决策，提高培训项目的管理水平，并确保培训活动实现所制定的目标。

（一）培训效果评估是整个培训系统模型的重要组成部分

在整个培训系统中，培训效果评估是一个非常重要的组成部分。没有培训效果评估，整个培训系统将不完整。一个完整的培训系统模型，应该从组织、工作和个人三方面进行分析，确定培训需求；然后进行培训目标的确定，通过确定培训目标，可以确定培训的对象、内容、时间和方法等；接下来是进行培训计划的拟订，这是培训目标的具体化和操作化；下一步是实施培训活动；最后一步便是培训效果评估。在进行评估时，通过对整个培训项目的成本收益或存在的问题进行总结，为下次培训项目的开展和改进提供有力的帮助。

（二）培训效果评估是培训循环系统的一个关键环节

培训过程应该是一个系统性的循环过程。在这个循环系统中，培训效果评估同样是整个过程的重要环节，属于独立的核心部分，是整个培训系统的一部分，而不是一个孤立的环节，它的变化将影响许多其他子系统的变化。培训效果评估在整个培训系统中有重要的地位，它会给培训过程其他环节带来益处。

（三）培训效果评估可以提高培训的地位

企业培训不同于学校教育。学校教育是一种文化活动，其宗旨是提高全民文化素质，而不要求立即获得现实的经济利益。但是，企业培训通常由企业自身承担，需要消费企业的稀缺资源。培训效果评估能够反映出培训对于企业的作用，同时也充分体现出人力资源部门在组织中的重要作用。特别是在评估中采用一些定量指标进行分析，能够让组织中的每个员工和管理者看到培训投资的有效性，证明培训投资决策的正确性。提高组织管理者对培训的重视，加大对培训的投入。

二、培训效果评估的内容

有关培训效果评估的最著名模型是由柯克帕特里克提出的。从评估的深度和难度看，柯克帕特里克的模型包括反应层、学习层、行为层和结果层四个层次，如表6-5所示，这也是培训效果评估的主要内容。人力资源培训人员要确定最终的培训评估层次和内容，因为这将决定要收集的数据种类。

表6-5　柯克帕特里克的四层次评估标准框架

层次	标准	重点
1	反应层	受训者满意程度
2	学习层	知识、技能、态度、行为方式等方面的收获
3	行为层	受训者在工作中行为的改进
4	结果层	受训者在培训后获得的绩效

（一）反应层评估

反应层评估是指受训人员对培训项目的看法，包括对材料、讲师、设施、方法和内容等的看法，这些反应可以作为评估培训效果的内容和依据。反应层评估的主要方法是问卷调查。问卷调查是在培训项目结束时，收集受训人员对于培训项目的效果和有用性的反应，受训人员的反应对于重新设计或继续培训项目至关重要。反应问卷调查易于实施，通常只需要几分钟的时间。

（二）学习层评估

学习层评估是目前最常见也最常用到的一种评价方式。它是测量受训人员对原理、事实、技术和技能的掌握程度。学习层评估的方法包括笔试、技能操练和工作模拟等。培训组织者可以通过笔试、绩效考核等方法来了解受训人员培训后在知识以及技能方面有多大程度的提高。

（三）行为层评估

行为层评估往往发生在培训结束后的一段时间，由上级、同事或客户观察受训人员，确定其行为在培训前后是否有差别，他们是否在工作中运用了培训中学到的知识。这个层次的评估可以包括受训人员的主观感觉、下属和同事对其培训前后行为变化的对比，以及受训人员本人的自评。这种评价方法要求人力资源部门与职能部门建立良好的关系，以便不断获得员工的行为信息。

（四）结果层评估

结果层评估上升到组织的高度，即评估组织是否因为培训而经营得更好。这可以通过一些指标来衡量，如事故率、生产率、员工流动率、质量、员工士气以及企业对客户的服务等。通过对这些组织指标的分析，企业能够了解培训带来的收益。例如人力资源开发人员可以通过比较培训前后事故率，分析事故率的下降有多大程度归因于培训，确定培训对组织整体的贡献。

三、培训效果评估的方法

（一）培训效果的定性、定量评估方法

1. 培训效果的定性评估方法

培训效果的定性评估方法是指评估者在调查研究、了解实际情况的基础之上，根据自己

的经验和相关标准，对培训效果做出评价的方法。这种方法的特点在于评估的结果只是一种价值判断，如"培训整体效果较好""培训讲师教学水平很高"之类的结论，因此它适合于对不能量化的因素进行评估，如员工工作态度的变化。目前国内大多数企业采用这种培训评估方法。

2. 培训效果的定量评估方法

定性评估方法只能对培训活动和受训人员的表现做出原则的、大致的、趋向性的判断，而定量评估方法能对培训作用的大小、受训人员行为方式改变的程度及企业收益多少给出数据解释，通过调查统计分析来发现和阐述行为规律。从定量分析中得到启发，然后以描述形式来说明结论，这在行为学中是常见的处理方法。

（二）培训效果评估的主要技术方法

培训效果评估技术通过建立培训效果评估指标及评估体系，对培训的成效进行检查与评价，把评估结果反馈给相关部门。它可作为下一步培训计划与培训需求分析的依据之一。以下介绍几种培训效果评估的技术方法。

1. 目标评价法

目标评价法要求在制订培训计划时，将受训人员完成培训计划后应学到的知识、技能，应改进的工作态度及行为，应达到的工作绩效标准等目标列入其中。培训课程结束后，应将受训者的测试成绩和实际工作表现与既定培训目标相比较，得出培训效果，作为衡量培训效果的根本依据。目标评价法操作成功的关键在于确定培训目标，所以在培训实施之前企业应制定具有可确定性、可检验性和可衡量性的培训目标。

2. 绩效评价法

绩效评价法是由绩效分析法衍生而来的。它主要用于评估受训者行为的改善和绩效的提高。绩效评价法要求企业建立系统而完整的绩效考核体系。在这个体系中，要有受训者培训前的绩效记录。在培训结束3个月或半年后，对受训者再进行绩效考核时，只有对照以前的绩效记录，企业才能明确地看出培训效果。

3. 关键人物评价法

所谓的关键人物是指与受训者在工作上接触较为密切的人，可以是他的上级、同事，也可以是他的下级或者顾客等。有研究发现，在这些关键人物中，同级最熟悉受训者的工作状况，因此，可采用同级评价法，向受训者的同级了解其培训后的改变。这样的调查通常很容易操作，可行性强，能够提供很多有用信息。

4. 测试比较法

无论是国内的学者还是国外的学者，都将员工通过培训学到的知识、原理和技能作为企业培训的效果。测试比较法是衡量员工知识掌握程度的有效方法。在实践中，企业会经常采用测试法评估培训效果，但效果并不理想，原因在于没有加入任何参照物，只是进行简单的测试。而有效的测试法应该是具有对比性的测试比较评价法。

5. 收益评价法

企业的经济性特征迫使企业必须关注培训的成本和收益。培训收益评价法就是从经济角度综合评价培训项目，计算出培训为企业带来的经济收益。

这五种培训效果评估方法，一般可以多种方法联合使用。企业在操作中，可以利用一些常用的工具，如问卷调查、座谈会、面谈、观察等，取得相关数据，再将两组或多组不同的数据进行分析比较。

本章小结

（1）培训需求分析是指在规划与设计每项培训活动之前，由培训部门、主管负责人、培训工作人员等采用各种方法与技术，对参与培训的所有组织及其员工的培训目标、知识结构、技能状况等方面进行系统的鉴别与分析，以确定这些组织和员工是否需要培训及如何培训，弄清谁最需要培训、为什么要培训、培训什么等问题，并进行深入探索研究的过程。

（2）培训计划书是关于培训计划制定结果的一份文字总结，具体包括培训项目名称、培训目的、培训进度、培训内容、培训步骤、意外控制、注意事项、策划人、日期等。

（3）培训效果评估是一个完整的培训流程的最后环节，它既是对整个培训活动实施成效的评价与总结，同时评估结果又为下一个培训活动确定培训需求提供了重要信息，是以后培训活动的重要输入。

（4）培训效果的定性评估方法是指评估者在调查研究、了解实际情况的基础之上，根据自己的经验和相关标准，对培训效果做出评价的方法。定量评估方法能对培训作用的大小、受训人员行为方式改变的程度及企业收益多少给出数据解释，通过调查统计分析来发现和阐述行为规律。

本章习题

一、名词解释

1. 培训
2. 培训需求
3. 培训课程
4. 培训计划书

二、问答题

1. 什么是员工培训？它有什么作用？培训管理的大致流程是什么？
2. 培训需求分析的三个层次是什么？培训需求分析的程序有哪些？
3. 培训计划大致包括哪些内容？编写培训计划书的步骤有哪些？
4. 如何加强培训过程的管理？
5. 培训效果评估的主要技术方法有哪些？

三、案例分析

培训费只买来"轰动效应"

某国有机械公司新上任的人力资源部部长王先生，在一次研讨会上获得了一些他自认为不错的其他企业培训经验，于是，回来后就兴致勃勃地向公司提交了一份全员培训计划书，以提升人力资源部的新面貌。不久，该计划书就获批准。王先生便踌躇满志地"对公司全体人员——上至总经理，下至一线生产员工，进行为期一周的脱产计算机培训"。为此，公司还专门下拨十几万元的培训费。

可一周的培训过后，大家议论最多的，便是对培训效果的不满。除办公室的几名员工和45岁以上的几名中层干部觉得有所收获外，其他员工要么觉得收效甚微，要么觉得学而无用，大多数人竟达成共识，认为十几万元的培训费用只买来了一时的"轰动效应"。有的员工甚至认为，这场培训是新官上任点的一把火，是在用单位的钱往自己脸上贴金！

而听到种种议论的王先生则感到委屈：在一个有着传统意识的老国企，给员工灌输一些新知识怎么效果就不理想呢？他百思不得其解，在当今竞争环境下，每人学点计算机知识应该是很有用的呀，怎么就不受欢迎呢？

思考：

十几万元的培训费用只买来了一时的"轰动效应"，为什么？

职业生涯管理

跳槽跳到刀刃上

可可，女，28岁，人事管理。下面是她的自述。

"我做的是人力资源方面的工作，招聘时，领导都会很在意应聘者跳过几次槽，跳槽频率高不高。实际的工作经验也说明，频频跳槽者，再高的工资、再高的职务也留不住他们，这也许就是所谓的忠诚度不高吧。

"要说工作不如意想跳槽，估计每个人都会有这种想法吧。我在以前那家公司工作第三年的时候，觉得我的领导简直不可理喻，每天只知道批评我们，从不为我们下属争取什么，心烦意乱的时候，也想过换个工作、换个环境。但真的动心思跳槽的时候，我冷静、客观地想了想，觉得这位领导虽然总是批评我们，但他批评的都是对的呀，正因为他的批评，我们部门的办事效率是全公司最高的。更何况这位领导为人正直，从不使坏，所以也算不错。

"自我安慰一番后，我留了下来，心态也好多了。后来，一家猎头公司找到我，想要我跳槽去一家外企，我还去咨询这位领导的意见呢，他帮我分析形势，鼓励我跳槽。

"如今，在新公司的我和原公司领导的职务是相当的，但我们关系一直都很好，有时还会共享一些资源。看来，这一跳，跳得很值。"

第一节　职业生涯管理

一、职业生涯管理的含义

（一）职业

职业一般是指人们在社会生活中所从事的以获得物质报酬作为自己主要生活来源并能满足自己精神需求的、在社会分工中具有专门技能的工作。它是人类文明进步、经济发展以及社会劳动分工的结果。同时，职业也是社会与个人或组织与个体的结合点。这个结合点的动态相关形成了人类社会共同生活的基本结构。也就是说，个人是职业的主体，但个人的职业活动又必须在一定的组织中进行。组织的目标靠个体通过职业活动来实现，个体则通过职业活动对组织的存在和发展做出贡献。因此，职业活动对员工个人和组织都具有重要的意义。

从个人的角度讲，职业活动几乎贯穿人一生。人们在生命的早期阶段接受教育与培训，是为职业做准备。从青年时期进入职业世界到老年退离工作岗位，职业生涯长达几十年；即使退休以后，仍然与职业活动有着密切的联系。职业不仅是谋生的手段，也是个人存在意义和价值的证明。选择一个合适的职业，度过一个成功的职业生涯，是每一个人的追求和向往。对于组织来说，不同的工作岗位要求具有不同能力、素质的人担任，把合适的人放在合适的位置上，是人力资源管理的重要职责。只有使员工选择了适合自己的职业并获得职业上的成功，真正做到人尽其才、才尽其用，组织才能兴旺发达。

（二）职业生涯

一个人也许会选择一种职业后终身从事，也许会一生中转换几种职业。不论怎样，一旦开始进入职业角色，他的职业生涯就开始了，并且随时间的流逝而延续。职业生涯就是这样一个动态过程，它指一个人一生在职业岗位上所度过的、与工作活动相关的连续经历，并不包含在职业上成功与失败或进步快与慢的含义。也就是说，不论职位高低，不论成功与否，每个工作着的人都有自己的职业生涯。职业生涯不仅表示职业工作时间的长短，而且内含着职业发展、变更的经历和过程，包括从事何种职业工作、职业发展的阶段、由一种职业向另一种职业的转换等具体内容。

职业生涯是一种复杂的现象，由行为和态度两方面组成。要充分了解一个人的职业生涯，必须从主观和客观两个方面进行考察。表示一个人职业生涯的主观内在特征是价值观念、态度、需要、动机、气质、能力、性格等，表示一个人职业生涯的客观外在特征是职业活动中的各种工作行为。一个人的职业生涯受各方面的影响，如本人对自己职业生涯的设想与计划，家庭中父母的意见、配偶的理解与支持，组织的需要与人事计划，社会环境的变化等。

（三）职业生涯管理

职业生涯管理主要是指对职业生涯的设计与开发。虽然职业生涯是指个体的工作行为经历，但职业生涯管理可以从个人和组织两个不同的角度来进行。

从个人的角度讲，职业生涯管理就是一个人对自己所要从事的职业、要去的工作组织、在职业发展上要达到的高度等做出规划和设计，并为实现自己的职业目标而积累知识、开发技能的过程。它一般通过选择职业，选择组织（工作组织），选择工作岗位，在工作中提高技能发挥才干、晋升职位等来实现。任何一个具体的职业岗位，都要求从事这一职业的个人具备特定的条件，如教育程度、专业知识与技能水平、体质状况、个人气质及思想品质等。因此，人们越来越重视职业生涯的管理，越来越看重自己的职业发展机会。

职业生涯是个人生命运行的空间，但又和组织有着必然的内在联系。一个人的职业生涯设计得再好，如果不进入特定的组织，就没有职业位置，就没有工作场所，职业生涯就无从谈起。组织是个人职业生涯得以存在和发展的载体。同样，组织的存在和发展依赖于个人的职业工作，依赖于个人的职业开发与发展。所以，员工的职业发展就不仅是其个人的行为，也是组织的职责。事实上，筛选、培训、绩效考评等诸如此类的人力资源管理活动在组织中可以扮演两种角色。首先，从传统意义上讲，人力资源管理的重要作用在于为组织找到合适的人选，即用能够达到既定兴趣、能力和技术等方面要求的员工来填补工作岗位的空缺。然而人力资源管理活动还越来越多地在扮演另外一种角色，这就是确保员工的长期兴趣受到企业的保护。其作用尤其表现在鼓励员工不断成长，使他们能够发挥出全部潜能。人力资源管理的一个基本假设就是企业有义务最大限度地利用员工的能力，为每一位员工提供一个不断成长以及挖掘个人最大潜力和建立职业成功的机会。这种趋势得到强化的一个信号，是许多组织越来越多地强调重视职业规划和职业发展。换言之，许多组织越来越多地强调为员工提供帮助和机会，以使他们不仅能够形成较为现实的职业目标，而且能够实现这一目标。

从组织的角度对员工的职业生涯进行管理，集中表现为帮助员工制定职业生涯规划，建立各种适合员工发展的职业通道，针对员工职业发展的需求进行适时培训，给予员工必要的职业指导，以促使员工职业生涯的成功。

二、职业选择理论

职业选择是指人们从自己的职业期望、职业理想出发，依据自己的兴趣、能力、特点等素质，从社会现有的职业中选择一种适合自己的职业的过程。从某种意义上说，选择了自己的职业，实际上就等于选择了自己的职业生涯。自主择业、双向选择是现代社会的主要就业方式，职业流动、职业转换现象司空见惯。这就是说，人们不仅在就业前面临着职业选择的问题，即使就业后仍然有对职业重新选择的机会。职业选择成为人们职业生涯管理中的一个重要环节。长期以来，很多心理学家和职业指导专家对职业选择的问题进行了专门研究，提出了自己的理论。这里介绍两种有广泛影响的职业选择理论。

（一）帕森斯的人与职业相匹配的理论

美国波士顿大学教授帕森斯于1909年在其著作《选择一个职业》中阐述了这一经典理论。他认为，每个人都有自己独特的人格模式，每种人格模式的个人都有其相适应的职业类型，人人都有职业选择的机会，而职业选择的焦点就是人与职业相匹配，即寻找与自己特性相一致的职业。在现实中，可以将帕森斯的这一理论运用于对职业生涯的管理，在职业选择时进行职业适宜性分析。所谓职业适宜性分析，就是要解决什么样的人适合做什么类型的工作，或者说什么类型的工作需要什么样的人来做这一问题。它通过分析、了解自我的个性特征和不同工作的性质、特点及其对任职者的具体要求，找出和个人相匹配的职业类型。这种职业适宜性分析是职业生涯管理中非常重要的一项工作。

职业适宜性分析一般要从两个方面进行，一方面要获取职业信息，一方面要对人的个性进行分析，在两方面相比较的基础上判定人与职业的适宜性问题。

1. 获取职业信息

职业信息指的是与个人职业生活有关的知识和资料，其范围十分广泛。进行职业适宜性分析所需要的主要是有关职业分类以及特定职业的性质、任务、操作程序、资格要求、工作环境等具体的职业信息。

职业的类别极为复杂，可以按照不同的分类标准对职业进行划分。但通常都是按工作者的工作性质和受教育程度来划分的，我国第三次人口普查所制定的职业分类标准就是如此。它根据人们从事工作的性质，把我国现有职业分为 8 个大类，64 个中类，301 个小类。这 8 个大类如下。

（1）各类专业技术人员：指专门从事各种专业和科学技术工作的人员。

（2）国家机关、党群组织、企事业组织负责人：指在各级人民代表大会、人民法院、检察院、政府、党、团、工会、妇联和其他社团担任领导职务的人员。

（3）办事员和有关人员：指在机关和企事业组织中，在各级负责人领导下，办理各种具体业务工作的人员。

（4）商业工作人员：指从事商品的收购、采购、批发、零售、推销、回收及有关工作的人员。

（5）服务性工作人员：指在饮食、旅馆、旅游、修理及其他服务行业从事服务性工作的人员。

（6）农林牧渔劳动者：指直接从事农业、林业、畜牧业、渔业生产，以及农业机械操作、狩猎的人员。

（7）生产工人、运输工人和有关人员：指直接从事地面、地下矿物、石油、天然气等采掘与处理，工业产品制造、保养与修理及运输设备操作等工作的工人。

（8）不便分类的其他人员。

每一类职业，包括每一职业类别中任何一个特定的职业（或具体职务）都有特定的工作性质、任务、待遇以及对人员任职资格的特定要求。通过工作分析而编制的工作说明书就包含着这些重要信息。搜集、分析这类信息，有助于分析人和职业的匹配问题。

2. 个性分析

个性心理学家麦迪（S. R. Maddi）把个性定义为：个性是决定每个心理和行为的普遍性和差异性的那些特征和倾向的较稳定的有机组合。它包括需要、动机、价值观、兴趣、爱好、能力、气质、性格等。一个人在选择职业时，必须首先对自己进行个性分析，了解自己的心理动机、需要、兴趣、价值取向、性格、才能、专长、不足等，才能保证职业选择的方向性，真正找到适合自己的职业。了解自己的个性，既可以通过自我总结来获得，也可以通过心理咨询借助心理测量工具来加深自我认识。

以职业能力为例，一个人了解了自己的职业能力类型，又掌握了大量的职业信息，就可以在此基础上，做出自己的职业选择。职业能力类型及其职业适宜性对照表如表 7-1 所示。

表7-1 职业能力类型及其职业适宜性对照表

职业能力类型	特点	适宜的职业类型
操作型职业能力	以操作能力为主，即运用专业知识或经验，掌握特定技术或工艺，并形成相应的职业技能与技巧的能力	打字、驾驶汽车、种植、操纵机床、控制仪表
艺术型职业能力	以想象能力为核心，即运用艺术手段再现社会生活和塑造某种艺术形象的能力	写作、绘画、演艺、美工
教育型职业能力	运用各种教育手段传授知识与思想，或组织受教育者进行知识与态度学习的能力	教育、宣传、思想政治工作
科研型职业能力	以人的创造性思维为核心，即通过实验研究、社会调查和资料检索等手段进行新的综合、发明与发现的能力	研究、技术革新与发明、理论
服务型职业能力	以敏锐的社会知觉能力和人际关系协调能力为主，即借助人际交往或直接沟通使顾客获得心理满足的能力	商业、旅游业、服务业等
经营型或管理型职业能力	以决策能力为核心，即能够广泛获得信息，并以此独立地做出应变、决策或形成谋略的能力	经理、厂长、主任等管理领域及各行各业的负责人
社交型职业能力	以人际关系协调能力为核心，即深谙人情世故，掌握人际吸引规律，善于周旋、协调，且能使对方通力合作的能力	联络、洽谈、调解、采购

（二）霍兰德的人业互择理论

约翰·霍兰德是美国约翰·霍普金斯大学心理学教授，著名的职业指导专家。他于1959年提出了具有广泛社会影响的人业互择理论。这一理论认为，职业选择是个人人格的反映和延伸，他将人格分为六种基本类型，相应地将职业分为六种类型。职业选择取决于人格与职业的相互作用。霍兰德的六种人格类型及相应的职业如表7-2所示。

表7-2 霍兰德的六种人格类型及相应的职业

人格类型	人格特点	职业兴趣	代表性职业
现实型	真诚坦率、重视现实 讲求实际、有坚持性 实践性、稳定性	手工技巧 机械的 农业的 电子的技术	体力员工、机器操作者、飞行员、农民、卡车司机、木工、工程技术人员等

续表

人格类型	人格特点	职业兴趣	代表性职业
研究型	分析性、批判性、好奇心、理想的、内向的、有推理能力的	科学 数学	物理学家、人类学家、化学家、数学家、生物学家、各类研究人员
艺术型	感情丰富的、理想主义的、富有想象力的、易冲动的、有主见的、直觉的、情绪性的	语言 艺术 音乐 戏剧 书法	诗人、艺术家、小说家、音乐家、雕刻家、剧作家、作曲家、导演、画家
社会型	富有合作精神的、友好的、肯帮助人的、和善的、爱社交和易了解的	与人有关的事 人际关系技巧 教育工作	临床心理学家、咨询者、传教士、教师、社交联络员
企业型	喜欢冒险的、有雄心壮志的、精神饱满的、乐观的、自信的、健谈的	领导 人际关系的技巧	经理、汽车推销员、政治家、律师、采购员、各级行政领导者
常规型	谨慎的、有效的、无灵活性的、服从的、守秩序的、能自我控制的	办公室工作 营业系统的工作	出纳员、统计员、图书管理员、行政管理助理、邮局职员等

　　人格类型与职业类型的关系也并非绝对相对应。霍兰德经过实验发现，尽管大多数人的人格类型可以主要地划归为某一类型，但个人又有着广泛的适应能力，其人格类型在某种程度上相近于另外两种类型，也能适应另外两种职业类型的工作。也就是说，某几种类型之间存在着较多的相关性，同时每一种人格类型又有一种极为相斥的职业类型。

　　霍兰德用六边形图简明地描述了六种类型之间的关系。人格类型关系如图7-1所示。

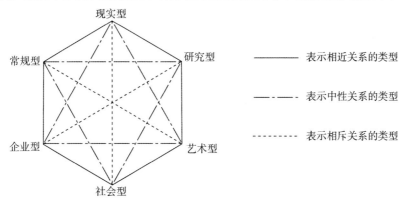

图7-1 人格类型关系

　　霍兰德认为，最为理想的职业选择就是个体能够找到与其人格类型相重合的职业环境，在这样的环境中工作，个体容易感到满足，最有可能充分发挥自己的才能。如果个人不能获得与其人格类型相一致的工作环境，则可以寻找与其人格相接近的职业环境，如现实型与常规型及研究型相接近，社会型与企业型及艺术型相接近等。在与自己的人格类型相接近的职业环境中，个人经过努力也完全能够适应。但如果选择和自己人格类型相斥的职业，则既不可能感到有乐趣，也很难适应，甚至无法胜任工作，如常规型人格在艺术型的职业环境中就是如此。

霍兰德的"人业互择"理论与帕森斯关于职业指导"三要素"的理论具有一脉相承的内在联系，运用这些理论的关键在于对个人人格类型的分析与评定。霍兰德编制了两种类型的测评工具，其一是"职业偏好问卷"（VPI），本量表于1953年编制，1975年和1977年又分别做了修订，它通过让被试者在一系列工作中做出选择，最后经过统计处理，确定其职业兴趣领域。另一测评工具为"职业自我探索量表"（SDS）。SDS量表于1970年编制，1977年做了修订，这一量表包括个人的职业愿望、具体职业所需的能力、能力倾向测验及自我评估等项目，可帮助被试者在广泛的职业领域中进行抉择，最后经过计算机处理，确定与其人格一致的职业类型。

霍兰德的理论主要是通过人格类型与职业类型的匹配来说明个人职业选择和职业适应问题的。的确，个人的人格特征是职业选择和职业生涯成功的重要因素，但不是唯一的因素。除了人格因素外，个人在进行职业生涯规划时还应将更为广泛的社会背景和组织发展目标综合起来考察分析。

三、职业生涯发展阶段

职业生涯的发展常常伴随着年龄的增长而变化，尽管每个人从事的具体职业各不相同，但在相同的年龄阶段往往表现出大致相同的职业特征、职业需求和职业发展任务，据此可以将一个人的职业生涯划分为不同的阶段，要对职业生涯进行有效的管理，就有必要了解这一点。

美国著名人力资源管理专家加里·德斯勒在其代表作《人力资源管理》一书中，综合其他专家的研究成果，将职业生涯划分为五个阶段。

（一）成长阶段（从出生到14岁）

在这一阶段，个人通过对家庭成员、朋友、老师的认同以及与他们之间的相互作用，逐渐建立起了关于自我的概念，并形成了对自己的兴趣和能力的基本看法。到这一阶段结束的时候，进入青春期的青少年就开始对各种可选择的职业进行某种带有现实性的思考。

（二）探索阶段（15岁到24岁）

在这一时期，个人将认真地探索各种可能的职业选择。人们试图将自己的职业选择与自己对职业的了解以及通过学校教育、休闲活动和业余工作等途径所获得的个人兴趣和能力匹配起来。在这一阶段开始的时候，人们往往做出一些带有实验性质的较为宽泛的职业选择。随着个人对所选择的职业以及自我的进一步了解，人们的这种最初选择往往会被重新界定。到这一阶段结束的时候，一个看上去比较恰当的职业就已经被选定，人们也已经做好了开始工作的准备。人们在这一阶段需要完成的最重要任务就是对自己的能力和天资形成一种现实性的评价，并尽可能地了解各种职业信息。

（三）确立阶段（25 岁到 44 岁）

这是大多数人职业生涯中的核心部分。人们通常希望在这一阶段的早期找到合适的职业，并随之全力以赴地投入有助于自己在此职业中取得永久发展的各项活动中。然而，在大多数情况下，在这一阶段人们仍然在不断地尝试与自己最初的职业选择所不同的各种能力和理想。

确立阶段本身又由三个子阶段构成。第一，尝试阶段（25 岁到 30 岁）。在这一阶段，个人确定当前所选择的职业是否适合自己，如果不适合，就会更改自己的选择。第二，稳定阶段（31 岁到 40 岁）。在这一阶段，人们往往已经定下了较为坚定的职业目标，并制订较为明确的职业计划，以确定自己晋升的潜力、工作调换的必要性以及为实现这些目标需要开展的学习活动等。第三，危机阶段（在 30 多岁到 40 多岁的某个阶段，人们可能会进入职业中期危机阶段）。在这一阶段，人们往往会根据自己最初的理想和目标对自己的职业进步状况进行一次重要的重新评价。人们有可能发现自己并没有朝着自己所梦想的目标靠近，或者已经完成了预定的任务后才发现，自己过去的梦想并不是自己所想要的全部东西。在这一时期，人们还有可能会思考工作和职业在自己的全部生活中到底占多大的重要性。在通常情况下，处在这一阶段的人们不得不面对一个艰难的抉择，即判定自己到底需要什么，什么目标是可以达到的，以及为了达到这一目标自己需要牺牲多少。

（四）维持阶段（45 岁到 65 岁）

在这一阶段，人们一般都已经在自己的工作领域中有了一席之地，因而把大多数精力放在保有这一位置上。

（五）下降阶段

当临近退休的时候，人们不得不面对职业生涯中的下降阶段。在这一阶段，许多人不得不面临这样一种前景，接受权力和责任减少的现实，学会接受一种新角色，学会成为年轻人的良师益友。接下去，就是几乎每个人都不可避免地要面对的退休，这时人们所面临的选择就是如何去打发原来用在工作上的时间。

对职业生涯进行阶段划分的意义在于，在不同的生命阶段有不同的职业任务，面临不同的职业问题，应该进行有针对性的职业生涯管理。

四、职业生涯管理中组织的任务

个人职业生涯管理的成功，不仅需要员工个人的努力，而且需要组织的配合。在我国，职业生涯的开发与管理还是一个新的课题，但已引起许多有远见的企业的高度重视，他们已经开始实施员工职业生涯管理方案，并取得显著效果。如，博福-益普生（天津）制药公司本着"对外致力于社会贡献，对内致力于人的发展"的经营理念，把员工职业生涯开发与管理提高到战略高度加以实施。他们把职业生涯管理视为综合动态的管理过程，以企业员工的心理开发、生理开发、智力开发、技能开发、伦理开发等人的潜能开发为基础，以工作内容的确定和变化、工作业绩的评定、工资待遇和职称职务的变动为标志，以满足需求为目标，从而为企业的发展增添了新的动力。西门子（中国）有限公司十分注重员工的成长与发展，鼓励员工设定自己的职业发展轨迹，工作一段时间后表现出色的就会得到提升，即使本部门没有空缺，也会被安排到其他部门，保证员工有充分施展才华的机会。对那些一时不能胜任工作的员工，在尽可能的情况下为他们换一个岗位，让他们进行新的尝试，许多时候，不称职的员工通过调整找到了自己的位置，干得和别人一样出色了。朗讯科技（中国）有限公司明确推出了以下员工职业生涯规划：当一名新员工进入公司后，部门经理要与其进行一次深入的长谈，询问来到本公司后，对个人发展的打算，一年之内要达到的目标，三年之内要达到的目标；为了实现目标，除个人努力外，需要公司提供的帮助。通过谈话，促使员工制定个人职业生涯规划。这已成为一项滚动发展制度，每到年末，部门经理都要和员工一起对照上一年的规划进行检查，制定下一年的规划。职业生涯规划不仅为员工架起了成长的阶梯，而且使公司的发展获得了永不衰竭的动力。总结成功企业的经验，结合有关职业生涯发展的理论，从组织角度进行的职业生涯管理，应该找出不同职业生涯期的管理重点。

（一）招聘时期的职业生涯管理

员工的职业生涯管理是一个长期动态的过程，从招聘新员工起就应该开始。招聘的过程实际上是应聘者和组织相互了解的过程。组织职位出现空缺时，有的愿意从应届大学生中招聘，有的则愿意接受有工作经验的候选人。大学生初出校门，缺乏对组织和职业的了解，往往有许多不切实际的幻想，即使是有工作经验的应聘者对未来的工作组织也不够了解。在这一阶段，组织急于网罗高素质的人才，应聘者急于将自己优秀的一面展示给组织，双方往往都会发出不真实的信息。其结果是组织对应聘者的职业目标形不成较为真实的印象，而应聘者对组织形成了一种较好的但也许是不现实的印象。这对员工刚开始的职业生涯是不利的，一方面组织不能真正地了解应聘者，很难做出人尽其才的职业安排，另一方面当新员工发现组织与其想象的差距较大时，就会萌生离意。因此，组织在招聘时，要提供较为现实的企业与未来工作的展望，要将组织的基本理念和文化观念传达给应聘者，以使他们尽可能真实地了解组织；另外要尽可能全面地了解候选人，了解他们的能力倾向、个性特征、身体素质、受教育水平和工作经历，以为空缺岗位配备合格的人选，并为新员工未来的职业发展奠定一个好的开端。

（二）进入组织初期的职业生涯管理

这大致相当于职业生涯确立阶段的尝试子阶段。在一个人的职业生涯中，没有哪个阶段能像初次进入组织时一样需要组织考虑职业发展情况。正是在这一阶段，员工被招募、雇用并第一次被分配工作和认识上级。在这一阶段上，员工必须建立自信，必须学会与上级和同事们相处，必须学会接受责任，然而最重要的莫过于对自己的才能、需要以及价值观是否与最初的职业目标相吻合进行审视和判断。对于新员工来说，这是一个现实测试时期，他的最初期望和目标第一次面对组织生活的现实，并且第一次与自己的能力和需要面对面碰在一起。对于许多第一次参加工作的人来说，这可能是一个比较痛苦的时期，因为他们第一次面对现实的冲击。

在这一时期，组织职业生涯管理的主要任务如下。

（1）了解员工的职业兴趣、职业技能，然后把他们放到最适合的职业轨道上。这种做法是运用人事功能来帮助员工实现个人成长和自我发展需要的途径之一。

（2）进行岗前培训，引导新员工。主要是向新员工介绍组织的基本情况，历史和现状，宗旨、任务和目标，有关的制度、政策和规定，工作职责和劳动纪律，组织文化等；目的是引导员工熟悉环境，减少焦虑感，增加归属感和认同感。

（3）挑选和培训新员工的主管。新员工的第一任主管是其进入组织后的直接领导、第一个老师，主管的言行、态度、工作风格对新员工的职业生涯影响极大。主管应成为新员工的良师益友。相关的研究表明，在新员工与其上级之间往往存在一种"皮格马利翁效应"。

（4）分配给新员工第一项工作，对其工作表现和潜能进行考察和测试，并及时给予初期绩效反馈，使他们了解自己工作的结果，以消除紧张和不安，帮助其学会如何工作。在这里特别值得一提的是，大多数专家认为，组织为新员工提供的初期工作应是具有挑战性的。

（5）协助员工进行自己的职业规划。比如，有些企业尝试开展职业生涯方面的培训，使员工意识到对自己的职业加以规划以及改善职业决策的必要性，学到职业规划的基本知识和方法。

（三）中、后期的职业生涯管理

中期大致相当于职业生涯确立阶段的稳定子阶段和危机子阶段。职业生涯中期是一个时间长、变化多，既有事业成功，又可能引发职业危机的敏感时期。这一时期的年龄跨度一般是从 30 岁到 45 岁，甚至到 50 岁。这一时期不仅家庭责任重大，需要成家立业、生儿育女、赡养父母，同时职业任务繁重，要求工作上独当一面。一般而言，进入这一年龄段的员工大都去掉了 20 多岁时不切实际的幻想，通过重新审视和评估自我，有了明确的职业目标，确定了自己对企业的长期贡献区，积累了丰富的职业工作经验，逐步走向职业发展的顶峰。人到中年，一方面年富力强，自我发展的需要仍很强烈；另一方面会意识到职业机会随年龄增长越来越受限制，从而产生职业危机感。总之，这是一个充满矛盾的复杂阶段，尤其需要组织加强职业生涯的管理。

古人云："三十而立。"这一时期的员工十分重视个人职业上的成长和发展。在这一时期的职业生涯管理中，组织要保证员工合理的职位轮换和晋升。所谓职位轮换，是指把一个人安排到另一个工作岗位上，其所承担的义务、责任、职位和报酬都与前一个工作差不多。但职位轮换可以使员工学到新知识和新技能，为今后的晋升和发展奠定基础。晋升是在组织中被指定做更高一级的工作。通常，新的工作在薪资和地位上有所提高，并要求有更多的技能或承担更多的责任。晋升能够使组织更有效地利用员工的技能和知识，而且也可以将得到晋升的机会看作对员工的内在激励。因此，组织管理的一项重要工作就是为员工设置合理畅通的职业发展通道。职业发展通道是组织中职业晋升的路线，是员工实现职业理想和获得满意工作，达到职业生涯目标的路径。组织中的职业发展通道不应是单一的，而应是多重的，以便使不同类型的员工都能找到适合自己的职业发展路径。

第二节　人力资源调配

一、人力资源市场

人力资源市场就是供求双方通过相互选择而自动配置人力资源的体系，或者说是一种以市场机制调节人力资源供求的经济关系。人力资源市场的形成需要具备三个条件。第一，人力资源供求双方具有相对独立性。员工个人拥有独立支配自己人力资源的权利，人力资源需求方拥有独立的用人权，供求双方均可自由进行选择。第二，人力资源供求双方作为对等的利益主体，以劳动合同的形式确立劳动关系。第三，工资是人力资源的市场价格，由人力资源市场供求关系调节。工资率成为引导人力资源合理配置的价格信号。人力资源市场可以分成社会人力资源市场和组织内部的人力资源市场。

社会人力资源市场是一种人力资源供给方和需求方可以跨地区、跨部门、跨行业进行相互选择，以实现全社会范围内人力资源最佳配置的人力资源市场。我国社会人力资源市场的目标模式，是建立公平竞争、运行有序、控制有力、服务完善的现代人力资源市场。这就意味着要彻底打破统包统配的就业政策，废除人力资源在不同所有制、不同地区、不同行业之间自由流动的身份界限，消除人力资源市场的歧视。人力资源市场应建立一整套法规，使劳动关系的建立、调整和终止都通过劳动合同等法律形式来进行。还要通过劳动监察，保证人力资源市场良好运行，并通过经济的、法律的以及必要的行政手段调控人力资源总量和结构。

组织内部的人力资源市场是指在雇佣关系比较稳定的组织内部，供组织（雇主）和员工双方再次选择经济关系的人力资源市场。例如，组织内部的人员调动、提升、降职、转业等。组织内部的人力资源市场是促进组织内部人员流动的重要途径。在某些情况下，组织内部人力资源市场还被赋予另一种意义，即解决组织富余人员的一种手段。

市场经济要求人力资源的使用市场化。人力资源个人所有和风险型就业是市场经济条件下人力资源使用的基本特征。人力资源属于个人所有，员工有权支配个人的人力资源。在人力资源市场中，员工是具有自主性的市场主体，自主就业、自主流动、自己掌握自己的命运。人力资源的利用遵循价值规律，而供求规律调节人力资源供求关系，从而促进人力资源合理流动，优化人力资源的合理配置。在人力资源市场上，通过员工与组织的双向选择，引入竞争机制，从而提高双方的积极性。通过每个社会成员个人的最优化选择，实现整个社会劳动资源的最优化配置。

二、人力资源的流动

（一）人力资源流动的含义

人力资源流动一般是指员工相对于人力资源市场条件的变化，在岗位之间、组织之间、职业之间、产业之间以及地区之间的转移。简单地说，人力资源流动就是指员工离开原来的工作岗位，走向新的工作岗位的过程。人力资源流动包括水平流动和垂直流动。所谓水平流动，即员工在不同地区、不同行业、不同组织、不同部门或同一部门的不同岗位之间自由流动。所谓垂直流动，是指员工在组织内部的升迁。人力资源流动的总倾向是从经济增长缓慢、收入水平低、就业机会少的落后地区流向经济增长迅速、收入水平高、就业机会多的发达地区，从经济效益差、社会声望低、薪酬水平低的组织流向经济效益好、社会声望好、薪酬水平高的组织。

（二）人力资源流动的原因

人力资源流动是一种客观的、必然的社会经济现象。具体地说，主要有以下几个原因引起了劳动力的流动。

第一，产业结构的变化。随着社会经济的不断发展以及生产的社会化和现代化，旧的生产形式和产业部门不断被淘汰，原来在这些部门工作的人力资源面临着职业转换。同时新兴产业的涌现又提供了新的就业机会，不断地把原来分布于传统部门的人力资源纳入自己的生产过程。经济的发展和产业结构的变动推动了人力资源的全面流动。

第二，科学技术的发展。科学技术的发展一方面创造了许多新的就业机会和就业岗位，另一方面又淘汰了一部分旧的工作岗位。技术密集型的产业由于其产品的技术含量大，产品附加值高，其人力资源的价格必然较高，待遇较好，从而吸引了大批合格人力资源进入，加剧了人力资源的流动。

第三，区域经济发展的不平衡。由于资源分布、自然条件以及其他因素的差异，地区经济发展的状况很不平衡。经济落后地区受经济发展水平的限制，就业机会很少，人力资源供给又常常大于需求，致使人力资源就业比较困难。而经济发达地区人力资源需求量大，本地供给相对不足，人力资源价格又明显高于不发达地区，同时个人发展的机遇也比较多，这就促使不发达地区的剩余人力资源向发达地区流动。

第四，不同部门、不同组织间同样存在着经济、技术发展的不平衡。这种不平衡不断对所需人力资源的数量和质量提出新的要求，推动着人力资源的全面流动，并促使员工由经济效益差的部门、组织流向经济效益好的部门和组织。

第五，人力资源供给意向的变化。人力资源供给意向的变化取决于人们对物质需求和精神需求满足程度的判断。员工根据自己的兴趣、爱好、专长和收入等需求目标，对现有的职业或岗位和市场上可供选择的职业或岗位做出比较性评价。只要有其他岗位或职业能使其更有效地发挥个人才能并得到更大的效用和满足，员工就有可能辞去现有的工作而选择新的工作，从而引起人力资源的流动。

（三）人力资源流动的作用

从全社会的角度看，人力资源的流动有利于整个社会更加合理地使用人力资源，实现资源的优化配置。国民经济是一个动态系统，各组织、各行业、各地区的发展是不平衡的，对人力资源的需求也必然不平衡。为了使人力资源得到最充分的利用，必然要求人力资源从相对富裕的行业、地区以及组织流入相对稀缺的行业、地区及组织。只有让人力资源流动起来，才能使员工在流动中找到适合自己的岗位，也才能使最需要人才的地区和组织得到自己所需要的人才。人力资源流动的意义，在于从根本上促进人与事的配合和协调，优化资源配置，使人尽其才、事得其人。

对于组织来说，人力资源的流动有利于促使组织提高人力资源管理水平。人才竞争是现代社会的一个重要特征，而人才竞争必然带来人才流动。对于现代的员工来说，就业绝非单纯的谋生手段，也是谋求个人发展、实现自我价值的途径。一个组织，如果没有较强的经济实力、良好的内部文化和管理，就无法吸引和留住人才，就有可能走向衰落。因此，要增强组织的竞争力、吸引力，就要在组织内部创造一种机制，使所有的组织成员都能通过自身的努力获得增加收入、升迁职位、发展事业的机会，这将促使组织内部的人力资源管理走向科学化和规范化。

对于员工来说，人力资源流动有助于个人规划自己的职业生涯，实现自己的人生价值。根据职业选择发展理论，个体的职业选择不是一次性完成的，而要经历尝试、转变、稳定这样一个逐步成熟的过程。在过去统包统配的制度下，个体职业发展的这一自然过程受到严重制约，员工一旦被分配到某一职业岗位，不管适合与否，变动的可能性极其有限，员工的职业流动只能在一个相当有限的范围内沿着系统内部"由低向高"（即垂直流动）这样一种单一的模式发展。但在就业制度和劳动用工制度发生根本变化以后，加上新兴的职业和新的就业机会的不断出现，员工的职业流动需要便迅速表现出来，它打破了传统的单一垂直流动模式而形成了多元化的局面，使员工在职业流动中发现自己的兴趣与潜能，形成对自身价值的准确评价，并不断丰富经历，提高能力，实现自己的价值。

人力资源流动也可能为社会、组织、个人带来负面作用。例如，人力资源的流动会造成发达地区、好的行业和组织人才济济甚至过剩，而落后地区、不好的行业和组织则人才外流、人才短缺、技术流失、商业机密泄露等。因此，企业必须加强对人力资源流动的管理。

三、就业指导

就业指导就是由专门的就业指导机构帮助择业者确定职业方向、选择职业、准备就业，谋求职业发展的咨询指导过程。就业指导作为一项重要的社会活动，最早出现在欧美国家，它是西方国家经济发展、职业分化、技术进步而产生一系列社会矛盾后，社会为解决就业问题而做出努力的产物。就业指导的正式形成，一般以美国波士顿大学教授帕森斯1908年创立地方职业局为标志，他首次提出了"就业指导"（也称职业指导）这一概念，并使就业指导成为具有组织形态的专业性工作。因而，帕森斯被认为是就业指导的创始人。随后，就业指导在苏联、日本、德国、加拿大等国发展起来，并受到社会各界的重视。

我国是一个拥有十多亿人口的大国，解决如此众多人口的就业问题不仅关系国民生计，而且关系国家的稳定与发展。在人力资源市场上，人力资源的分配与使用是通过员工与组织"双向选择"来实现的。社会各行各业为员工个人提供了广泛的就业门路，而求职者则为不同的组织提供了广泛的人力资源。然而，求职者面对千差万别的职业，往往不知所措，找不到适合自己的位置。而对组织来说，如何从千差万别的求职者中选拔到最适当的工作人员，同样面临着种种困难。就业指导最基本的含义就是实现"人—职"匹配，即把员工推向最合适的工作岗位，以及为特定的工作岗位物色最合适的员工。就业指导可以减少盲目择业带来的盲目职业流动，减少人—职错位造成的人才浪费，使社会的人力资源得到最有效的利用，促进整个社会的稳定与发展。同时就业指导也是一种教育过程，一种培养人的过程，可增进员工（包括学生）的职业角色和生活角色技能，培养员工的职业决策能力，满足社会对员工的需求。因此，我们应该大力开展就业指导工作。

就业指导工作的主要内容包括以下几个方面。

（1）职业素质分析。就业指导的目的在于帮助择业者寻找适当的职业，通过人员素质测评，了解求职者在能力、个性方面的具体水平，帮助求职者客观地了解自己，以此作为达成人—职匹配的基本依据。职业素质分析项目主要包括职业身体素质、职业能力倾向、职业个性特征、职业价值观类型等。

（2）职业信息服务。职业信息服务的内容十分广泛，主要有以下几部分。

①传播职业知识。职业知识包括职业的名称、种类、职业的社会经济意义、职业的环境条件、报酬、晋升机会、职业前景、职业资格要求（如体力要求、能力和个性要求、教育程度）、职业道德等。只有掌握有关的职业知识，择业者才有可能做出适当的职业选择。

②反映市场供求。员工与职业岗位的结合，最终取决于就业市场的供求关系。人力资源供求关系经常处于变化之中，不同的社会发展阶段、不同的地区、不同的时间，职业岗位的空缺与求职者人数都是有变化的。求职者迫切需要得到就业市场的供求信息，作为职业定向的现实依据。因此，充分地、不失时机地反映就业市场供求状况是就业指导信息服务的重要内容。

③宣传就业政策。就业政策也是影响就业市场供求关系和个人职业选择的重要因素。在我国，就业政策及劳动人事制度随着社会政治经济形势的变化而变化，就业指导工作应配合劳动人事制度，宣传新的就业政策，帮助人们正确理解并适应市场经济条件下的就业政策和就业方式。

四、职业咨询

职业咨询是一种以语言为主要沟通方式，对当事人在自己职业选择和职业生涯发展中所遇到的问题给予分析、帮助，从而使其能够根据自身的实际状况做出合理职业决策的就业指导方式。所以，职业咨询的过程实质上就是促进当事人自我认识的发展，引导当事人自己寻找解决问题的方法和途径，以克服职业发展过程中的障碍和问题的过程。承担职业咨询的可以是专门的职业咨询机构，大学或研究院的有关研究机构，职业生涯研究专家、心理学专家、组织中员工的直接主管或人力资源部门专门负责此项工作的专员。

第三节　劳动关系与合同管理

一、劳动关系

（一）劳动关系的内容和法律特征

从广义上看，劳动关系的内涵非常宽泛，它包括一切劳动者在社会劳动时形成的所有劳动方面的关系。而从人力资源开发与管理的角度谈论的劳动关系，仅指员工与所在组织之间在劳动过程中发生的关系，是员工与企业基于有偿劳动所形成的权利义务关系。这种关系具有相对稳定性并受到法律的保护。在西方国家，劳动关系又称为"劳资关系"，是指雇主（由管理层代表）和工人（通常由工会代表）之间的相互关系。它涉及集体交涉过程、谈判和协商。劳动关系的基本内容包括员工与组织在工作时间、休息时间、劳动报酬、劳动安全卫生、劳动纪律与奖惩、劳动福利保险、职业教育培训、劳动环境等方面形成的关系。这些方面都与员工的自身利益密切相关，是直接影响企业员工劳动积极性和工作满意度的重要因素。人是生产力中最重要的因素，而劳动关系是生产关系中的重要因素之一。调整、维护和谐的劳动关系，是人力资源管理和开发的重要内容。

劳动法是调整劳动关系以及与劳动关系密切相关的其他关系的法律规范，其作用在于从法律角度确立和规范劳动关系。劳动法所规范的劳动关系主要有以下三个法律特征。

（1）劳动关系是在现实劳动过程中发生的关系，与员工有直接的联系。

（2）劳动关系的双方当事人，一方是员工，另一方是提供生产资料的员工所在的组织，如企业、事业组织、行政部门等。

（3）劳动关系的一方员工要成为另一方组织的成员，并遵守组织的内部劳动规则，我国从 1995 年 1 月 1 日开始实施《劳动法》。《劳动法》对劳动主体双方所享有的权利和应承担的义务做出了明确的规定，而这些权利和义务的规定涵盖了劳动关系的具体内容。

（二）解决劳动争议的途径和方法

劳动争议亦称劳动纠纷。它是指劳动关系当事人之间因劳动的权利发生分歧而引起的争议。狭义的劳动争议指因执行劳动法或履行劳动合同、集体合同的规定而引起的争议。广义的劳动争议不仅包括因执行劳动法或履行劳动合同、集体合同的规定而引起的争议，还包括因制订或变更劳动条件而产生的争议。

劳动争议是劳动关系双方发生矛盾、冲突的表现，争议的有效解决则可以使劳动关系由矛盾、冲突达到统一、和谐。解决劳动争议的途径和方法如下。

1. 通过劳动争议调解委员会进行调解

劳动法规定，在用人单位内部可以设立劳动争议调解委员会。它由职工代表、用人单位代表和工会代表三方组成。在企业中，职工代表由职工代表大会或职工大会推举产生，企业代表由厂长或经理指定，工会代表由企业工业委员会指定。调解委员会组成人员的具体人数由职工代表会提出，并与厂长（经理）协商确定，企业代表的人数不得超过调解委员会成员人数的三分之一。调解委员会主任由企业工会代表担任，其办事机构设在企业工业委员会。劳动争议调解委员会所进行的调解活动是群众自我管理、自我教育的活动，具有群众性和非诉讼性的特点。劳动争议调解委员会调解劳动争议的步骤如下。

（1）申请。申请指劳动争议当事人以口头或书面方式向本组织劳动争议调解委员会提出调解的请求。申请应是自愿的。

（2）受理。受理指劳动争议调解委员会接到当事人的调解申请后，经过审查，决定接受申请的过程。受理包括三个阶段：第一，审查，即审查发生争议的事项是否属于劳动争议，只有属于劳动争议的事项才能受理；第二，通知并询问另一方当事人是否愿意接受调解，只有双方当事人都愿意接受调解，调解委员会才能受理；第三，决定受理后，应及时通知当事人，并告知调解时间、地点等事宜。

（3）调查。经过深入调查和研究，了解情况，掌握证据，弄清争议的原委以及调解争议的法律政策依据等。

（4）调解。调解委员会召开准备会，统一认识，提出调解意见，找双方当事人谈话，召开调解会议。

（5）制作调解协议书。经过调解，双方达成协议，即由调解委员会制作调解协议书。

2. 通过劳动争议仲裁委员会进行裁决

劳动争议仲裁委员会是依法成立、独立行使劳动争议权的劳动争议处理机构。它以县、市、市辖区为组织，负责处理本地区发生的劳动争议。

劳动争议仲裁委员会由劳动行政部门代表、同级工会代表和用人单位方面的代表组成。劳动争议仲裁委员会主任由劳动行政部门代表担任。劳动争议仲裁委员会是一个带有司法性质的行政执行机关，其生效的仲裁决定书和调解书具有法制强制力。

（1）劳动争议仲裁原则

劳动争议仲裁应遵循以下原则。

①调解原则。仲裁之前先行调解，调解无效再及时仲裁，因为调解简便易行，迅速灵活。但要贯彻当事人双方自愿原则。

②及时、迅速原则。劳动争议仲裁委员会必须严格依照法律规定的期限结案，即"仲裁裁决一般应在收到仲裁申请的六十日内作出"。

③一次裁决原则。劳动争议仲裁委员会对每一起劳动争议案件实行一次裁决即行终结的法律制度。

当事人不服裁决，可在收到仲裁裁决书之日起十五日内，向有管辖权的人民法院起诉。期满不起诉的，仲裁决定书即发生法律效力。

（2）劳动争议仲裁步骤

劳动争议仲裁一般步骤如下。

①受理案件阶段。即当事人申请和委员会受理阶段。当事人应在争议发生之日起六十日内向劳动争议仲裁委员会递交书面申请，委员会应在自收到申请书之日起七日内做出受理或不予受理的决定。

②调查取证阶段。此阶段工作分为三步：第一，拟订调查提纲；第二，有针对性地进行调查取证工作；第三，审查证据，去伪存真。

③调解阶段。调解必须遵循自愿、合法的原则。"调解书"具有法律效力。

④裁决阶段。调解无效即行裁决。

⑤执行阶段。

3. 通过人民法院处理劳动争议

人民法院只处理以下范围内的劳动争议案件。

①争议事项范围：因履行和解除劳动合同发生的争议；因执行国家有关工资、保险、福

利、培训、劳动保护的规定发生的争议；法律规定由人民法院处理的其他劳动争议。

②企业范围：国有企业；县（区）属以上城镇集体所有制企业；乡镇企业；私营企业；三资企业。

③员工范围：与上述企业形成劳动关系的员工；经劳动行政机关批准录用并已签订劳动合同的临时工、季节工、农民工；依据有关法律、法规的规定，可以参照本法处理的其他员工。

人民法院受理劳动争议案件的条件是：

①劳动关系当事人之间的劳动争议，必须先经过劳动争议仲裁委员会仲裁。

②必须是在接到仲裁裁决书之日起十五日内向人民法院提起诉讼的；超过十五日，人民法院不予受理。

③属于受诉人民法院管辖。

二、劳动合同

（一）劳动合同的含义和特征

1. 劳动合同的含义

在现代社会中，劳动关系通常以劳动合同来确立。签订劳动合同是建立劳动关系的具体方式。所谓劳动合同，就是员工与组织确立劳动关系、明确双方权利和义务的协议，是组织和员工之间确立劳动关系的法律凭证。可从以下几个方面来理解劳动合同这一概念。

（1）组织和员工之间建立劳动关系，必须签订劳动合同。劳动合同一经签订，就是一种法律文件，具有法律效力，就成为规范双方当事人劳动权利和义务的依据，合同规定的各项条款双方当事人都必须认真履行，否则必须承担相应的法律责任。

（2）劳动合同的主体是员工和组织双方。作为劳动合同关系当事人一方的员工，必须具备法律规定的条件，即必须达到法定的最低劳动年龄。我国《劳动法》第十五条规定："禁止用人单位招用未满十六周岁的未成年人。"这就是说，在一般情况下，只有年满十六周岁的公民，才具有劳动行为能力，才能参与劳动合同关系。同时还必须具备组织根据工作需要规定的资格条件，才有可能成为劳动合同的一方。作为劳动合同另一方当事人的组织，必须是依法设立的企事业组织、国家机关、社会团体或者私营经济组织。

（3）劳动合同作为确立劳动关系的协议，其主要内容是员工与组织双方的责任、权利和义务。员工为组织承担一定的工作，按组织的要求，完成劳动任务，并遵守组织的各项规章制度；组织为员工提供一定的工作条件和符合国家法定标准的安全卫生环境，付给员工相应的报酬，保障员工享有法定的或合同规定的各项政治经济待遇。

2. 劳动合同的特征

劳动合同作为一种经济合同，首先必须具备一般经济合同所共有的特征，这是劳动合同得以成立的前提条件。具体表现在四个方面。

①合法。劳动合同必须依法订立，做到主体合法、内容合法、形式合法、程序合法。只有合法的劳动合同才能产生相应的法律效力。任何一方面不合法的劳动合同，都是无效合

同，不受法律承认和保护。

②协商一致。在合法的前提下，劳动合同的订立必须是员工和组织双方协商一致的结果，不能是单方意思表示的结果。

③合同主体地位平等。在劳动合同的订立过程中，当事人双方的法律地位是平等的。

④等价有偿。劳动合同是一种有偿合同，当事人一方有提供劳务的义务，另一方有支付报酬的义务，双方都相应地享有平等的权利和义务。

劳动合同除了具备一般经济合同所共有的特征外，作为一种确立和调解劳动关系的合同，还具有自己特有的法律特征。

①劳动合同主体的构成具有特殊性。劳动合同由特定的员工与组织双方订立。这也就是说，劳动合同当事人一方必须是员工即人力资源所有者和人力资源使用权的租让者，而且是符合组织工作要求、达到法定劳动年龄的自然人；另一方必须是组织即人力资源使用权的租用者。两个组织之间订立的有关劳动问题的协议不是劳动合同。

②在劳动合同履行过程中，劳动合同主体之间具有从属性。由于劳动合同是以实现一定劳动过程为目的的，在劳动合同订立后，员工一方必须加入组织一方，成为组织的一名成员，在工作上接受组织的管理和监督，享受本组织员工的权利，承担本组织员工的义务。组织有权利也有义务组织和管理员工，把个人劳动组织到集体劳动中。

③劳动合同在一定条件下，往往要涉及与员工有关的第三人的物质利益。这一特征是由人力资源本身的再生产特点决定的，员工从事生产劳动不仅要维持自身的生存，而且要繁衍后代，发展自己。

④劳动合同的目的在于劳动过程的实现，而不是劳动成果的给付。劳动过程是一个相当复杂的过程，有的劳动直接创造价值，有的劳动实现价值，有的劳动创造的价值可以衡量，有的劳动创造的价值难以直接衡量。因此，劳动合同的目的在于确定劳动关系，使劳动过程得以实现。当然，这并不排除劳动合同对劳动成果给付的要求。

⑤劳动合同的订立必须采用书面形式。劳动合同都有一定的期限，而且劳动关系十分复杂，涉及许多内容，采用书面形式使双方的权利义务明确具体，便于合同的履行。一旦发生争议，也有据可查，便于争议的解决。

以上是劳动合同的主要特征。掌握这些特征，有助于正确订立和履行劳动合同，正确实施对劳动合同的管理，保证劳动合同制度的正常运行，有效发挥劳动合同调解劳动关系的功能。

（二）劳动合同的内容

劳动合同内容是指劳动合同中约定的事项，主要是劳动关系当事人双方（即员工和组织）各自的权利、义务、责任。劳动合同的内容表现为劳动合同的各项条款。依据《劳动法》的规定及劳动管理的实际情况，我国的劳动合同一般包括下列内容。

1. 双方当事人的名称、姓名、地址

组织的名称要写全称、地址要具体；员工的姓名、地址要与户口簿、身份证相一致。

2. 合同期限

劳动合同期限是指当事人双方所订立的劳动合同起始和终止的时间，也就是合同约定的劳动关系存续的日期。劳动合同期限分为固定期限、无固定期限和以完成一定的工作为期限三种。要写明员工被录用的期限，具体到年、月、日。无固定期限的，要写订立合同及合同生效日期。以完成一定工作为期限的要写明工作时间。

3. 试用期限

劳动合同一般都有试用期限的规定。要写明试用开始和结束的日期。试用期的长短，按《劳动法》规定最长不超过 6 个月。试用期包括在劳动期限内。

4. 职务（工种、岗位）

要明确员工所担任的具体工作。职务和工种（岗位）须用专门术语写明，不得含糊其词。

5. 工作时间

按《劳动法》和国家规定执行。如低于国家规定的，可由双方约定：一是每周工作几天，休息几天；二是每天工作几小时和上下班的准确时间（包括工间休息时间）。如果是以完成一定工作量为期限的合同，工作时间可由双方协商确定。

6. 劳动报酬

劳动报酬是人力资源的价值表现形式（或人力资源的价格），是员工履行劳动义务后应当享受的经济权利，包括工资、奖金、津贴等。支付劳动报酬是组织的义务。工资可分为试用期工资、试用期满后的工资。合同中一般要写明月、日、小时工资标准，以及在合同期限内晋级后升工资的方法和标准等。实行计件工资的，按计件付酬。按工作量订立的合同，可按工作量确定报酬。劳动合同中规定的劳动报酬必须符合国家法律、法规和政策的规定。

7. 生活福利待遇

一是补贴待遇，合同制员工的粮、菜、交通、取暖等补贴应和原国家对固定工的规定相同；二是假日待遇，合同制员工的节日假、婚丧假、探亲假按《劳动法》执行；三是特殊费用，如抚恤费、救济金等，也应与固定工相同。

8. 劳动保护

这是为组织设立的义务性条款。组织为员工提供的劳动保护措施和劳动条件必须符合国家有关规定。如优于国家规定的，可由双方约定。

9. 劳动保险待遇

员工患病、伤残、生育等待遇以及养老失业、工伤等保险办法，凡国家有规定的，按规定执行；国家没有规定的，由双方协商约定。

10. 政治待遇和劳动待遇

合同制员工享有参加企业民主管理的权利、参加选举和被选举的权利、参加党团组织和工会的权利等。

11. 教育与培训

合同应规定组织加强对员工的思想政治教育、遵纪守法教育和安全生产教育等；规定组织应根据工作和生产任务的需要，多方面、多形式地开展岗位业务和技术培训，对培训合格者经过试用可上岗使用，并承认国家或有关组织颁发的学习证明。

12. 劳动合同的变更

这项内容凡国家有规定的，按国家规定办；国家没有规定的，由双方协商约定。在签订劳动合同时，须规定变更合同的原因及变更的办法。凡没有变更原因或变更原因未出现时，组织不得随意安排员工从事合同规定以外的工作。

13. 劳动合同的解除

国家对劳动合同的解除条件有明确规定的，按国家规定办；国家没有规定的，由双方协商约定。双方协商的内容不得违背《劳动法》规定及其他有关法律、法规、政策的规定。合同解除后，双方必须办理解除手续，组织必须上报有关部门备案。

14. 违约责任

违反劳动合同应承担的责任，是指劳动合同当事人一方或双方，因自己的过错造成劳动合同不能履行或不能完全履行时，依照法律、法规和劳动合同的规定应当承担的相应法律责任。

15. 其他事项

如住房问题、特殊困难等内容，均可在本条款中写明。

16. 纠纷处理

在劳动合同中，应明确规定按国家有关劳动争议处理规定的程序，处理劳动纠纷。

从以上关于劳动合同内容的论述中可以看出，劳动合同中的有些内容不是由双方协商确定的，而是劳动政策法规已有规定、必须执行的。这些内容是劳动基本标准，是劳动合同的必备条款，它对调整劳动合同当事人双方的权利与义务，具有普遍的适用性和强制性。

除必备条款外，劳动合同往往还包括协定条款，它是双方当事人自愿协商在劳动合同中规定的权利义务内容的条款。协定条款也可分为必要条款和补充条款两部分。

（三）劳动合同的管理

劳动合同的管理，从广义上讲，是指国家司法机关、劳动行政主管部门、组织主管部门、组织内部行政和工会组织，按照国家的授权，在各自的职责范围内，根据法律、法规和政策的要求，运用指导、组织、监督、检查等手段，分别对劳动合同的订立、履行、变更、解除等行为实施司法管理、行政管理、企业管理和民主管理，制止、纠正和查处劳动合同运行中的违法行为，以保障劳动合同的贯彻实施。劳动合同管理同任何一项管理工作一样，是一种指挥、监督、协调和控制的活动，其目的在于通过管理，把劳动合同运行过程中各个要素的功能统一起来，使之取得最佳经济效益。

1. 劳动行政部门对劳动合同的管理

国家劳动行政部门和地方各劳动行政部门，是法律规定的统一管理劳动合同的机关，在劳动合同管理中占有重要地位，起着主导作用。各级劳动行政部门管理劳动合同的主要职责如下。

（1）负责制定有关劳动合同的法律、法规和政策。劳动合同的管理，必须依照国家关于劳动合同制度的法律、法规和政策进行。这些法律、法规和政策主要由各级劳动部门按照国家的立法计划起草和制定。国家劳动行政部门负责制定全国统一的劳动合同法律、法规和政策，报经立法机关批准发布。地方劳动部门负责地方劳动合同法规和政策的制定工作，按照立法权限和程序发布实施。

（2）统一管理和监督检查劳动合同的订立和履行情况。各级劳动部门通过经常性地了解情况和定期分析检查，掌握劳动合同订立和履行的全面情况，培训劳动合同管理人员，完善劳动合同的管理制度，自上而下地形成完整的劳动合同管理网络，并通过与组织建立广泛的联系，帮助和指导组织依法订立和履行劳动合同。

（3）广泛宣传劳动合同法规，进行劳动合同法制教育，是劳动合同管理的一项基础工作。各级劳动行政部门应当拟定劳动合同法制宣传教育计划，结合贯彻劳动合同法规组织实施。通过举办学习班、研讨班、培训班，组织劳动合同法规知识竞赛等，总结推广先进经验，交流信息，分析案例，大力宣传劳动合同法规知识，增强广大员工的劳动合同法律意识和观念，增强执行劳动合同的自觉性。

（4）进行劳动合同鉴证。劳动合同鉴证是劳动行政部门对劳动合同实施行政管理的有效手段，是一项监督服务措施。劳动合同订立后，对于当事人申请劳动合同鉴证的，劳动合同签订地或履行地的劳动行政部门负责进行鉴证。

（5）确认和处理无效劳动合同。确认和处理无效劳动合同，是劳动合同管理中的一个十分重要的环节，是保障合同有效的有力手段。劳动部门是国家确认无效劳动合同的管理机关。对监督检查劳动合同订立和履行过程发现的无效劳动合同、第三者告知的无效劳动合同以及劳动争议仲裁委员会在仲裁中遇到的无效劳动合同，依照有关法律、法规进行确认和处理。

（6）受理和仲裁劳动合同争议案件。劳动行政部门要负责受理劳动合同争议案件，并主持劳动争议仲裁委员会处理劳动合同争议，依法维护劳动合同当事人的权益。这是劳动行政部门管理劳动合同的一项重要职责。

（7）查处和制裁违法劳动合同。对于违反法律、法规和国家政策的劳动合同，由劳动行政部门负责依法查处。劳动行政部门在检查劳动法律、法规贯彻执行情况时，对于发现或告知的违法劳动合同，根据有关法律、法规的规定可以给予违法者以警告、罚款，提请工商行政机关吊销营业执照，对有关责任人员可提请其主管机关给予行政处分；触犯刑法的，要由司法机关追究刑事责任。

2. 员工所在组织对劳动合同的管理

劳动合同的管理，除了劳动行政部门负主要责任外，组织的管理也是劳动合同管理的一个重要方面。劳动合同是明确双方当事人权利和义务的协议，劳动合同的履约率，直接影响着生产经营活动。组织对劳动合同的管理主要是通过下列活动实现的。

（1）建立组织内部劳动合同管理机制。组织内部劳动合同管理是建立现代组织制度所要求的。组织建立劳动合同管理机制，主要应做好三个方面的工作：①要有管理机构，从组织制度上保证劳动合同的管理；②要有专人管理，明确职责，各司其职；③要有切实可行的规章制度，使组织对劳动合同的管理有章可循。

（2）健全组织劳动合同管理制度。组织劳动合同管理的内容一般应包括：招聘、用人的条件和标准，岗位责任或岗位说明书，劳动合同订立、变更、解除、终止和续订的条件，劳动合同履行情况的考评奖惩制度，企业内部劳动合同档案制度，劳动合同统计报告制度，劳动纠纷调解制度，等等。

（3）配合劳动行政部门或主管部门做好劳动合同管理工作。劳动行政部门是劳动合同的管理机关。主管部门是组织的领导机关和行政管理机关，对其所属组织订立和履行劳动合同的情况负有管理责任。组织作为用人单位，与员工签订劳动合同建立劳动关系后，除了按职责范围对劳动合同进行管理外，在合同的变更、解除，合同的鉴证，合同法制教育，劳动争议处理，合同履行情况的检查以及合同审计报告方面，要积极主动配合劳动行政部门或主管部门做好管理工作，接受劳动行政部门、主管部门的管理指导，不断提高管理水平。

（4）实行考评制度。考评是指根据一定的标准、方法、程序，对员工的工作表现和履行劳动合同情况等进行评价和认定的一种活动。组织按定岗定员招（聘）用员工后，还须经常对员工的工作态度、工作成效等与劳动合同相关的内容进行考评，并以考评的结果作为工资分配和人事使用提拔的依据。考评不仅具有评价和认定的作用，还具有激励员工学习、调动其生产积极性的作用。

（5）实行动态管理。劳动合同制度是一种适应社会主义市场经济体制的新型用人制度，它与传统固定工制度的一个显著区别，即员工能进能出，能上能下。因此，劳动合同制度在运行中就要进行动态管理，即通过考评，根据员工职责的履行情况、员工的劳动态度、员工的技能和表现，将员工分为"在岗""试岗""下岗""待岗"四种状态。四种状态的人员分别享受不同的工资待遇，促使"在岗"人员有光荣感和责任感，"试岗"人员有压力感，"下岗"人员有紧迫感，"待岗"人员有危机感。"四岗"制构成动态的劳动合同管理机制，既能促使企业强化考评管理工作，又能增强广大员工的竞争和进取意识。

3. 工会对劳动合同的管理

工会是工人阶级的群体组织。工会对劳动合同的管理是由工会维护、建设、参与、教育等各项职能所决定的，工会劳动合同管理方面的职责主要有三种。

（1）对员工进行劳动法律、法规教育，增强员工的劳动法制观念。工会对员工的宣传教育工作，是工会教育职能所决定的。工会对员工进行劳动法律、法规教育，使员工了解自己享有的权利和应履行的义务，提高员工的素质，使员工了解自己签订劳动合同的重要性；并组织员工认真履行合同义务，积极生产劳动。

（2）监督劳动合同的订立和履行。《中华人民共和国工会法》（简称《工会法》）规定工会有权利代表和组织员工参与国家社会事务管理，参加企业事业组织的民主管理，当然也包括对劳动合同的管理。

（3）参与劳动合同争议的调解、仲裁工作。在市场经济条件下，由于多种经济成分并存，劳动关系呈现多元化的形态，更加复杂。劳动关系双方因履行劳动合同而引发的争议是不可避免的。工会作为员工群众与企业行政发生联系的桥梁，有权而且有必要参与劳动争议的处理工作。

工会参与劳动争议的处理是一项新的工作。为做好这一工作，工会必须坚持以事实为根据，以法律为准绳的原则。对于员工的正当要求，应当予以坚决支持，以维护员工的合法权益；对于员工的无理要求，工会应当进行耐心细致的说服教育工作，以维护企业的正确决定。

第四节 组织职业生涯规划的操作

一、组织职业生涯规划的目标

(一) 员工的组织化

1. 基本目标——组织人

一般来说，员工的组织化即员工在一个组织中完成其社会化、成为合格员工的过程。人力资源管理学者对于个人初入单位的被接纳与塑造成合格员工的过程（即组织化过程），给予了高度重视。在这一过程中，个人要实现对职业岗位的适应、组织文化的适应和职业心理的转换，组织则要把没有职业阅历或者有其他单位职业经历的新招聘人员，塑造成基本符合本单位需要的员工，即在本组织中被认同，能够完成组织工作，具有与老成员类似特征的人。

2. 有价值的文化人

发达国家先提出"机器人""经济人"的理念，后发展为承认人的社会性、满足员工的成就感、提升要求等，使员工成为服从组织的"社会人"。20 世纪 90 年代进一步发展为承认人的教育和文化背景、承认人的不同观点和思考方式，即把员工看作有价值的"文化人"。

3. 合理自利的企业人

组织中的人是"企业人"，具有"有限工作欲望假设""有限理性假设"和"合理自利假设"，"将企业目标、社会规范内化到员工的价值体系中，引导员工自觉地在合理的范围内去追求其自身利益，从而使个人利益与企业目标达到和谐统一的很高境界"。

4. 完成社会化的全面人

个人进入组织的职业方面是"学会工作、担任好角色、译解组织文化、融入组织"的特定社会化过程，可以把工作人看作"全面人"，这样，组织对员工的职业生涯以至于其他个人生活问题也应当给予关心。

(二) 协调组织与员工的关系

任何组织，都是由从上到下各层级的一个个员工所组成的，组织与员工之间的协调至关重要。协调组织和员工的关系，一般来说即是承认员工个人的利益和目标，这能使员工的个人能力和潜能得到较大的发挥，使他们努力为组织完成生产经营任务，达到"双赢"的目标。

(三) 为员工提供发展机会

人力资源是一种能动性的资源，发挥其能力与潜能至关重要。通过职业生涯规划，组织更加了解员工的能力，从而恰当地使用这一资源。尊重人、尊重员工，也是现代管理的理念。在组织正常发展的情况下，实行职业生涯规划和管理措施，尽量考虑员工的个人意愿，为员工提供发展机会，也是组织发挥员工主动精神的重要手段。

（四）促进组织事业的发展

实行职业生涯规划，还有利于大大提高员工的综合素质，进而提高组织的效益和对外部变化的应变能力。从根本上说，就是促进了组织事业的发展。要做到这一点，必须靠组织之中各方面人员的努力。

1. 好的领导者

要以领导者的真知灼见规划组织的未来，并制定方案去实现。同时，实行职业生涯规划，也有利于从现有组织成员中选拔出优秀的领导者。

2. 各层次的管理者

通过职业生涯规划，各层次的管理者有了明晰的升迁渠道、路径，也有了较多的培训和其他个人能力发展机会，因而他们会以非常负责任的态度和创造性的精神去从事管理活动，解决各种问题，这有利于保证组织工作的有效运行。

3. 每一个员工的团结协作

对广大员工开展职业生涯规划与管理，有利于一般员工主人翁精神的形成，有利于他们执行组织决策，积极工作，自觉为组织的目标努力。

二、职业生涯规划的实施

（一）制订职业生涯规划表

职业生涯规划表，是组织对于员工实施职业生涯规划与管理的主要方法之一，也是设计、实施和观察职业生涯规划与管理的重要工具。

职业生涯规划表可以有不同的内容和多种模式，要根据一个组织的具体情况、职业生涯规划与管理需要选择和制订。职业生涯规划表如表7-3所示。

表7-3 职业生涯规划表

第　次生涯计划 　　　　　　　　　　　　　　　　　上次计划时间：　年　月　日

姓　名		员工编号	
年　龄		性　别	
所学专业		学　历	
目前任职岗位		岗位编号	
目前所在部门		部门编号	
计划制订时间	年　月　日	部门负责人	
职业类型 （在选定种类的题号上画钩，可选择两个或以上） 1. 管理　2. 技术　3. 营销　4. 操作　5. 辅助 如选择的职业类别更具体、细化，请进一步说明：			

第　次生涯计划　　　　　　　　　　　　　　上次计划时间：　年　月　日

姓　名		员工编号	
年　龄		性　别	
所学专业		学　历	
目前任职岗位		岗位编号	
目前所在部门		部门编号	
计划制订时间	年　月　日	部门负责人	

人生目标

人生目标结构：

1. 岗位目标：

2. 技术等级目标：

3. 收入目标：

4. 社会影响目标：

5. 重大成果目标：

6. 其他目标：

人生通道：

图示（简略）：

简要文字说明：

实现人生目标的战略要点：

长期目标（通常在 10 年以上）（略）

长期目标结构：

长期通道：

实现长期目标的战略要点：

中期目标（通常在 3 年以上）（略）

中期目标结构：

中期通道：

实现中期目标的战略要点：

短期目标（通常在 1 年以上）（略）

短期目标结构：

短期通道：

实现短期目标的战略要点：

（二）员工自我分析

员工首先应对自己的基本情况（包括个人的优势、弱点、经验、绩效、喜恶等）有较为清醒的认识，然后在本人价值观的指导下，确定自己近期与长期的发展目标，并进而拟订具体的职业发展计划。此计划应具有一定的灵活性，以便根据自己的实际情况进行调整。员工的自我评价如表7-4所示。

表7-4 员工的自我评价

1. 选出下列你最感兴趣或最想干的工作	
（1）有自由支配时间的工作	（2）具有权力性的工作
（3）工资福利待遇高的工作	（4）具有独立自主性的工作
（5）有趣味性的工作	（6）有安全性的工作
（7）有专业地位的工作	（8）具有挑战性的工作
（9）无忧无虑的工作	（10）具有广泛接触性、能广交朋友的工作
（11）具有声誉性的工作	（12）能表现自己且能活动让别人看得见的工作
（13）具有地区选择性的工作	（14）有娱乐性的工作
（15）环境气氛和谐的工作	（16）有教育设施和机会性的工作
（17）领导性的工作	（18）具有专家性的工作
（19）带有旅行性的工作	（20）可与家人有更多时间在一起的工作

2. 你目前从事哪一类工作？它能满足你下一步的要求吗？说说为什么能、为什么不能。

3. 你希望接着从事的工作能满足你的要求吗？如希望的话，如何进行或计划；如果不希望的话，请说明理由。

4. 请具体描述你下一步最希望从事的工作。

5. 根据你的实际爱好和能力，说明你最希望从事的工作的各种具体活动或内容，不要描述其工作的头衔，而要说明其具体的工作活动和内容。说明你将如何去实现自己的愿望。例如，具体列出你目前可以干的五种工作，如我可以分析财务报表、我可以进行某产品的市场销售预测、我可以编写广告等。

6. 为了从事你下一步的工作，你是否需要接受培训或通过自学等形式学习和掌握新的知识或技能？如果需要的话，请详细说明，并说明学习或获得这方面知识和技能的途径或方法。

7. 你的这些要求是否可以从你目前从事的工作以外的方面得到满足？如果可能的话，你是否希望升到更重要一级的岗位上。

8. 概述你自己希望并能干什么工作以满足你的需要。

（三）组织对员工的评估

组织评估是组织指导员工制定职业生涯规划的关键，它对组织合理地使用、开发人才和员工职业生涯规划目标的实现都有重要影响。组织评估的渠道主要有三种。

（1）在选择员工的过程中收集有关的信息资料（包括能力测试，员工填写的有关教育、工作经历的表格以及人才信息库中的有关资料）做出评估。

（2）收集员工在目前工作岗位上表现的信息资料（包括工作绩效评估资料、有关晋升推荐或工资提级等方面的情况）做出评估。

（3）通过心理测试和评价中心法做出评估。发达国家的许多大企业组织都设有评价中心，有一支经过特别培训的测评人员。这两种方法在我国的一些组织中也已得到应用。

（四）提供职业岗位信息

员工进入一个单位后，要想制订一个切实可行的、符合企业需要的个人职业发展计划，就必须获得企业内有关职业选择、职业变动和空缺岗位等方面的信息。从组织的角度看，为了使员工的个人职业规划制定得实际并有助于目标的实现，就必须将有关员工职业发展方向、职业发展途径以及有关职位候选人在技能、知识等方面的要求及时地利用本单位内部报刊、公告或口头传达等形式传递给广大员工，以便使那些对该职位感兴趣、又符合自己职业发展方向的员工参与公平的竞争。此外，组织还要创造更多的岗位或新的职位，以使更多员工的职业规划得到实现。

（五）进行职业生涯发展咨询

在制定职业生涯发展规划时，员工往往有下列问题需要咨询。

（1）我现在掌握了哪些技能？我的技能水平如何？我如何去发展和学习新的技能？发展与学习哪些方面的技能最为可行？

（2）我在目前工作岗位上真正的需要是什么？如何才能在目前的工作岗位上达到既使上司满意，又使自己满意的程度？

（3）根据目前的知识与技能，我是否可以或有可能从事更高一级的工作？

（4）我下一步朝哪个职位（或工作）发展为好？如何去实现这个目标？

（5）我的计划目标是否符合本组织的情况？如我要在本组织实现我的职业计划目标，应接受哪些方面的培训？

组织的人力资源部门及各级管理人员，应能够为员工回答这些问题，并根据本企业的实际情况，协助员工制定出切实可行的职业规划，并对其目标的实现和途径进行具体的指导。

（六）职业生涯规划年度评价

年度评价，是职业生涯规划与管理的一项重要手段。职业生涯规划年度评价的具体方法，包括自我评估、直线经理评估和全员评估几种。一般来说，自我评估是自主和自觉的评估，也是能够取得实效的评估；直线经理评估比较详细，能够与组织的工作有机地结合，而且容易跟进组织的职业生涯管理措施；全员评估类似于人力资源绩效评价中的360度考核，评估结果比较全面和客观。

三、职业生涯发展渠道的提供

为员工提供职业生涯发展渠道，是组织的重要责任。一般来说，组织在为员工提供职业生涯发展渠道方面时，需要注意以下几个方面。

（一）组织的前途

员工的职业发展远景是基于组织的前途的。可持续发展，尤其是近期能够快速成长的单位，能够给员工提供较多的发展机会，"短命公司"则不可能有所作为。为此，组织、决策者和广大员工要非常紧密地团结和努力，解决好组织的发展和壮大问题，从而使"职位"

和机会大大增加。

（二）职业路径的明晰

组织要全面展示自己的机构、职业阶梯、任职条件、竞争情况和成长概率，使每一个员工都清楚地了解本组织的职业生涯路径。在有条件的情况下，还应当帮助每个员工进行个性化的职业生涯发展设计。

（三）工作与职业的弹性化

职业生涯规划的目的之一，是促进员工的全面发展。为此，组织要积极推动工作再设计，采取多通道的职业生涯管理，且一定程度上打通各通道，使员工的职业生涯发展有更多的选择余地。

四、日常的职业生涯工作

（一）招聘与职业生涯规划

在一个组织中进行职业生涯管理，对于选拔合格分子是极为重要的。为此，用人单位在招聘方面，要对组织政策进行调整。这包括两个主要方面：其一，在招聘过程中，突出对应聘者价值观、人性和潜力的选择，要选拔具有"自我实现人"特征和与组织文化、价值观相同的求职者；其二，生涯导向的招聘对象，定位在"初级岗位补充空缺"。因为组织的中高级岗位基本上留给员工发展之用。

（二）职务调配与职业生涯规划

晋升和调配，是人力资源管理中的经常性工作，这些工作涉及员工的个人前途与发展，因而应当在职业生涯规划与管理中给予高度关注。传统的人事管理，以组织需要为出发点对员工进行调配，很少考虑员工。在现代人力资源管理中，员工工作岗位的调配应当是具有职业生涯导向的，它强调根据员工的职业生涯发展需要进行。

（三）培训与职业生涯规划

培训工作是组织人力资源管理的重要内容。在组织从事职业生涯规划与管理的情况下，培训工作不仅目标明确、具体，而且很容易和员工的需求相结合，从而取得较好的培训效果。在该方面应当注意的是，培训要有超前意识，并要与职业生涯规划有机结合。

（四）绩效考评与职业生涯规划

人力资源管理中的绩效考评，主要目的在于帮助员工寻找绩效方面的问题及其原因，进而采取改进绩效的行动。在推行职业生涯规划的情况下，绩效考评既可以帮助员工改进绩效，达到修正职业生涯发展偏差的作用，也是修改或调整职业生涯计划的重要依据。

本章小结

（1）职业生涯是指个体的工作行为经历，但职业生涯管理可以从个人和组织两个不同的角度来进行。从个人的角度讲，职业生涯管理是一个人对自己所要从事的职业、要去的工作组织、在职业发展上要达到的高度等做出规划和设计，并为实现自己的职业目标而积累知识、开发技能的过程。它一般通过选择职业，选择组织（工作组织），选择工作岗位，在工作中提高技能、发挥才干、晋升职位等来实现。

（2）从组织的角度对员工的职业生涯进行管理，集中表现为帮助员工制定职业生涯规划，建立各种适合员工发展的职业通道，针对员工职业发展的需求进行适时培训，给予员工必要的职业指导，以促使员工职业生涯的成功。

（3）劳动合同就是员工与组织确立劳动关系、明确双方权利和义务的协议，是组织和员工之间确立劳动关系的法律凭证。劳动合同的内容是指劳动合同中约定的事项，主要是劳动关系当事人双方（即员工和组织）各自的权利、义务、责任。

本章习题

一、名词解释

1. 劳动合同
2. 职业
3. 职业生涯

二、简答题

1. 劳动关系的主要内容和法律特征。
2. 劳动合同的主要内容以及解决劳动争议的具体方法。
3. 就业指导工作的主要内容。
4. 职业生涯发展的不同阶段。

三、案例分析

一名北大保安的"混搭"人生

2012年6月，一位叫甘相伟的北大保安出版了名为《站着上北大》的书。正如书名一样，他"站着上北大"。2007年9月，甘相伟和3 000多名新生一同走进北大校园。他的身份是在西门站岗的保安。用他自己的话说，保安只是一个跳板，他要"借"个身份上北大。

最初当保安时，甘相伟连要求校外人员出示证件这种例行的工作也会碰钉子："哎呀，你不就是个保安嘛，还查什么证件呀！"很多次，看到擦身而过的学生，他都忍不住埋怨自己，"当时怎么没有考进来"。当年高考失利后，他上了大专，后来当过教材推销员、小公司的法律顾问、农民工子弟小学的语文老师。他还会有些不服气地想："我为什么不可以走进课堂？"换下保安服，背上单肩书包，甘相伟志忐地走进教室。他第一次旁听只敢坐靠后的位置，生怕老师点名时会注意到这个一直没有举手的人，更害怕同学知道后会盯着他看个不停。

当然，那堂课到最后也没有人知道他是谁。坐在旁边的同学甚至还把他当作中文系的学生，问他"最近在看谁的作品"。"鲁迅的散文集《野草》。"他回答。后来，他总是提前半个小时去教室里抢占前三排的位置。有时为了听课，还要和同事换班。他随身带着小纸条，记下别人提到的书籍；为了买书，他可以一连吃好几天的方便面；可以不顾别人投来的怪异目光，在岗亭里读康德。这本《站着上北大》，是他5年来利用业余时间所写的随笔集。由北大校长周其凤亲自写序："相伟是个聪明人，我不止一次对北大的同学说过，北大的资源用之不竭，学生用得越多，就越富有、越高兴。相伟将这方面的智慧发挥到了极致，这是特别值得北大学生学习和效法的。"

从农民到保安，再到北大学生，甘相伟的经历相当励志。事实上，他能够成才，并不是传奇，只是因为他有持续学习的精神。

思考：

1. 甘相伟是如何实现自己的人生目标的？

2. 为什么甘相伟会有不断学习的意识和毅力？

3. 从甘相伟的"混搭"履历，可以学到什么？

第八章

员工激励与沟通

★导入案例

36年前，美国的研究人员对艾瑞默航空公司（现在是联邦快递的一部分）的搬运工进行了一项经典的研究。公司的管理层希望搬运工将货物搬入集装箱内而不是随便地四处放置（因为使用集装箱可以节省开支）。当研究人员问搬运工的集装箱使用率是多少时，他们的回答为90%，然而根据研究人员的调查和分析，此时的集装箱使用率只有45%左右。那么该如何让搬运工提高集装箱的使用率呢？

在研究人员的建议下，管理部门建立了一个反馈和积极强化方案，也就是每位搬运工将每天搬运的货物记录到一张货物搬运一览表上，包括放入集装箱和没有放入集装箱的。同时，让每位工人自己计算其集装箱的使用率。此外，每天管理部门都会向工人们反馈他们的工作情况。

惊人的结果产生了。在实施该方案的第一天，集装箱的使用率就从45%飙升到90%以上，并在之后的时间里一直保持这种水平。据艾瑞默航空公司的报告显示，这一方法为公司节省了数百万美元的开支。

第一节　激励的基本知识

激励是组织用以吸引、保留员工的重要手段，在员工的引进和绩效的提高方面有着不可替代的作用。但激励是一个界定比较宽泛、内容十分丰富的领域，许多专家在对激励的定义上存在较大的差异。

一、激励的内涵和定义

激励（motivation）这个词语来源于拉丁文字"movere"，原意是采取行动。我国在《史记·范雎蔡泽列传》最早出现"激励"一词："欲以激励应侯。"这里的意思是激发使其振作。司马光的《资治通鉴》一书中也有"贼众精悍，操兵寡弱，操抚循激励，明设赏罚，承间设奇，昼夜会战，战辄擒获，贼遂退走""将士皆激励请奋"之类的句子。在这里，"激励"是指激发、鼓动、鼓励之意。

在现代，国内外的学者对激励的定义进行了不同角度的描述。孔茨（Koontz）认为激励是"一系列的连锁反应，即是从需要出发，由此引起要追求的目标，然后，个体出现了一种紧张感（即未满足的愿望），并引发为实现目标的行动，最后，满足了个体的要求"，主要是指人的行为过程。国内学者周三多认为，激励是"通过影响职工的需要达成来提高他们的工作积极性、引导他们在企业经营中的行为"。张晓芒等认为激励是指激发人的动机的过程，是针对人的行为、动机而进行的工作。

根据前面的分析，在本书中，我们将激励定义为：在外界环境等诱因的作用下，个体根据自己的内在驱动力量，通过运用一定的自我调控方式，从而达到激发、引导、维持和调节行为并朝向某一既定目标的过程。在该定义中，我们强调三个激发动机的因素，分别是内驱力、诱因和自我。

在现代企业管理中，激励的最简单心理过程模式可以表示为：源于需要，始于动机。具体来说就是员工个体因为自身内在或外在的需要而产生了一系列的动机，随后又由动机引导自己的行为；而这些行为都是个体为了达到某个目标的活动，借此满足自己的需要；最后，这一行动又刺激和强化了原来的动机，从而形成一个循环。动机激发的简单心理过程模式如图 8-1 所示。

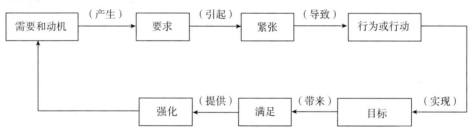

图8-1　动机激发的简单心理过程模式

如果将上图稍微进行一些调整，即在需要的前面加上引起需要的刺激（包括内在的和外在的刺激），那么我们就可以得到比较全面的激励模式图，如图 8-2 所示。

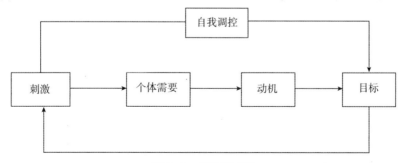

图8-2　激励模式图

从心理学的角度来分析激励过程，实质上就是心理学研究中的刺激变量、机体变量和反应变量之间的关系。

刺激变量是指能够引起有机体反应的刺激特征。这些特征可以具有多种形式，主要包括可以变化与控制的自然和社会环境刺激。

机体变量是指个体自身的特征。主要包括物种特征（比如猴子与狗对同频率声波的感受性）和个体特征（比如性别、学历、动机、内驱力强度等）以及学习特征（如成功感、习得性无助感等）。

反应变量是指刺激引起在行为上发生变化的反应种类和特征。人的行为反应可分为言语行为反应和动作行为反应。

二、激励的机制

(一) 激励机制简述

现代组织行为学理论认为，激励的本质是调动员工去做某件事的意愿，这种意愿是以满足员工的个人需要为条件的。因此，激励的关键在于正确地把握员工的内在需求，并以恰当的方式去满足他们。

刘正国认为激励机制是指通过一套理性化的制度来反映激励主体与激励客体相互作用的方式。一般来说，激励机制主要包括诱导因素、行为导向制度、行为幅度制度、行为时空制度和行为规划制度等五个方面的内容。

(1) 诱导因素是用于调动员工积极性的各种奖酬资源。对诱导因素的提取，必须建立在对员工个人需要进行调查、分析和预测的基础上，然后根据组织所拥有的奖酬资源的实际情况设计各种奖酬形式，包括各种外在性奖酬和内在性奖酬。

(2) 行为导向制度是指组织对其成员所期望的努力方向、行为方式和应遵循的价值观的规定。在组织中，由诱导因素诱发的个体行为可能会朝向各个方向，不一定都指向组织的目标方向。同时，个人的价值观也不一定与组织的价值观完全一致，这就要求组织在员工中培养一定的主导价值观。行为导向一般强调全局观念、长远观念和集体观念，这些观念都是为实现组织的各种目标服务的。

(3) 行为幅度制度是指对由诱导因素所激发的行为在强度方面的控制规则。根据期望理论公式，对个人行为幅度的控制是通过改变奖酬与绩效之间的关联性以及奖酬本身的价值来实现的。根据斯金纳的强化理论，按固定的比率和变化的比率来确定奖酬与绩效之间的关联性，会对员工行为带来不同的影响。

(4) 行为时空制度是指奖酬制度在时间和空间方面的规定。这方面的规定包括：特定的外在性奖酬与特定的绩效相关联的时间限制、员工与一定工作相结合的时间限制以及有效行为的空间范围。这样的规定可以使企业所期望的行为具有一定的持续性，并在一定的时间和空间范围内发生。

(5) 行为规划制度是指对成员进行组织同化，对违反行为规范或达不到要求成员的处罚和教育。它包括对新成员在人生观、价值观、工作态度、合乎规范的行为方式、工作关系、特定的工作机能等方面的教育，使他们成为符合组织风格和习惯的成员，从而具有一个合格的成员身份。

(二) 激励机制的实现途径

在实践应用中，结合管理学、心理学的激励理论，激励机制可以通过薪酬体系设计与管理、职业生涯管理和升迁变动制度、分权与授权机制等多个方面来实现。

1. 薪酬体系设计与管理

薪酬体系设计与管理是人力资源管理的核心职能模块，更是激励员工的重要手段和方式。而要实现薪酬最有效的激励效果，必须树立科学的薪酬分配理念，合理拉开分配差距，同时在企业中建立依靠员工业绩和能力来支付报酬的制度化体系。要实现这些目标，企业应该做到以下几点：实现"职位分析—职位评价—职务工资设计一体化"，实现"能力分析—能力定价—能力工资设计一体化"；实现"薪酬与绩效考核的有机衔接"；实现"薪酬与外部劳动力市场价格的有机衔接"；将"员工的短期激励与长期激励有机结合"。

2. 职业生涯管理和升迁变动制度

传统的职业生涯通道建立在职务等级体系的基础上，是一种官本位式的职业生涯管理制度。一般来说，等级是呈金字塔形状分布的，在这样的职业生涯制度下，如果员工职务升迁无望，也就意味着其发展的意愿破灭，这一切就会导致员工的工作积极性下降，甚至滋生腐败。在现代的企业中，我们主张建立多元的职业生涯通道，让员工在不同的职业通道内合理"分流"，在各自的通道内发展，得到同样的工资、奖金、地位、尊重等，从而达到激励效果。

3. 分权与授权机制

分权与授权机制主要是针对知识型员工的，也就是具有一定知识、技能和能力的员工。这些员工除了看重薪酬、职务升迁等因素之外，对工作的自主性、工作的参与权以及决策权也有很大的需求。企业建立恰当科学的分权与授权机制（主要包括员工在财务、人事和业务工作方面的权限），不仅可以较大幅度地提高组织运行的效率，同时还可以对员工起到较好的激励效果。

三、激励的作用

对一个企业来说，科学有效的激励制度和方式、方法至少具有以下两方面的作用。

（一）实现企业的经营目标

企业有了好的绩效才能生存。具体来说，有效的激励对企业实现其经营目标有以下作用。

1. 为企业吸引大批优秀的人才

在很多成熟型的企业中，激励措施有丰厚的薪酬福利待遇、优惠的各种政策、快捷的晋升途径和良好的发展前景等，这些都可以使企业在市场竞争中赢得大批优秀人才。

2. 协调企业目标和个人目标

在实际工作中，企业组织目标与个人目标之间既有冲突矛盾的一面又有一致和谐的一面。很多时候，往往因为利益分配不均导致企业的组织目标与员工的个人目标产生不一致甚至是相悖的情况。这个时候就需要通过一些合适的激励措施把个人目标和组织目标合二为一。同时，对于与组织目标不一致的员工个人目标也应该区别对待。在不会对企业组织目标造成重大危害和负面影响的时候，企业应该承认其合理性，并在许可的范围内尽量帮助和支持员工去实现，这样可以更好地激发员工的工作积极性，进而提高员工对组织的忠诚度和归属感。

3. 形成良性竞争环境，保证员工完成个人绩效

科学的激励制度包含着竞争精神，它的运行能够创造出一种良性的竞争环境，进而形成

良性的竞争机制。在具有良性竞争机制的组织中，组织成员会受到环境的压力，在竞争机制的作用下，这种外在的环境压力将转变为促使其努力工作的动力。

（二）促进员工成长

每个员工都有自己的梦想，也都渴望得到别人肯定的工作。在日常工作中，我们经常看到这样一种现象：某些企业尤其是品牌企业，或许它们的薪酬、福利不是最高的，但它们却往往比那些高薪的企业更能吸引和留住人才。这是为什么呢？原因就在于企业的激励方式更有利于员工成长，很多员工在选择自己的雇主时，相比于普通的物质薪酬而言，更看重的个人成长。

四、现阶段我国企业存在的激励误区

现阶段，我国在企业管理方面已经引进了大量西方管理中的激励理论和手段，促进了我国企业管理的发展，然而，在具体实施过程中，依然存在着很多问题，总的来说有以下几点误区。

（一）管理意识落后

首先，有的企业尤其是一些中小企业，表面上重视人才，但实际上对人才不是很重视，认为有无激励是一样的。这些企业需要革新自己的陈旧观点，把人才当作一种资本来看，注重挖掘人的潜力，重视激励机制的健全。

其次，许多企业认为激励就是奖励。这是企业普遍存在的一个误区。管理者也要认识到仅仅有奖励是不够的，奖励的同时要与一定的约束机制相结合。因为被剥夺有时候也可以引发员工的紧张状态，促使其产生较高的积极性。企业的一项奖励措施往往会使员工产生各种行为方式，但其中有的部分却不是企业所希望的。因此，适当的束缚措施和惩罚措施就很有必要。奖励正确的事、约束错误的行为才是正确的管理之道。

（二）激励存在一定的盲目性

不少企业看到别的企业有激励措施，自己便"依葫芦画瓢"。合理的借鉴是必要的，但很多企业只是盲目地照搬。此外，有人认为激励的强度越大越好。其实，这也是一种错误的观点，凡事物极必反，激励也是这样。过度激励就会给员工过度的压力，当压力超过员工承受力的时候，结果是可想而知的。

（三）激励措施的无差别化

许多企业实施激励措施时，并没有对员工的需要进行分析，而是"一刀切"地对所有人采用同样的激励手段，结果适得其反。这也是因为没有认识到激励的基础是需要。同样的激励手段不可能满足所有的需要。此外，企业需要注重对核心员工的激励。在企业中，核心技术人员、高级管理者、营销骨干等都属于核心员工，他们有着高于一般员工的能力。加强对他们的激励，可以起到事半功倍的效果。当然对核心员工的激励可以使用长期激励手段，如股票期权、目标激励等。

（四）激励过程中缺乏沟通

因为缺乏沟通，企业往往只重视命令的传达，而不注重沟通和反馈。松下幸之助曾经说过"在我所遇到的组织中，沟通不畅是其面临的一个基本问题"。从人际误解到财政、运营和生产问题，无不与低效沟通有关。在激励过程中也同样存在类似的误区，比如，在对员工进行奖励的时候，企业关注的只是奖励的对象和数目，而沟通这一环节往往忽略不计。

第二节　激励的理论

在学术界，激励理论一般有以下两种分法：一种是将激励理论分为行为激励理论、认知激励理论和综合型激励理论，另外一种是将其分为内容型激励理论、过程型激励理论和强化型激励理论。本节从心理学的角度对原有的激励理论进行重新整合和划分。在此，将激励理论分为外在诱因激励理论、内驱力激励理论和自我调节激励理论三大类。

一、外在诱因激励理论

（一）强化激励理论

强化激励理论的代表人物是斯金纳（B. F. Skinner），他也是行为主义学派极负盛名的代表人物、世界心理学史上最为著名的心理学家之一。在哈佛大学攻读心理学硕士的时候，他受到了行为主义心理学的吸引，从此开始了心理学家生涯。他在华生等人的基础上向前迈进了一大步，提出了有别于华生和巴甫洛夫理论的另一种行为主义理论，即操作性条件反射理论。在此基础上，他提出了强化激励理论。

1. 强化激励理论的内容

斯金纳在对动物学习进行了大量研究的基础上提出了强化激励理论，该理论十分强调强化在学习中的重要性。斯金纳认为，强化就是通过"强化物"增强某种行为的过程，而强化物就是增加反应可能性的任何刺激。该理论认为人的行为是其所受刺激的函数。如果这种刺激对他有利，那么这种行为就会重复出现；若对他不利，则这种行为就会减弱直至消失。因此，管理者要采取各种强化方式使人们的行为符合组织的目标。根据强化的性质和目的，强化可以分为正强化和负强化两大类型。

（1）正强化。所谓正强化，就是奖励那些符合组织目标的行为，以使这些行为得到进一步加强，从而有利于组织目标的实现。正强化的刺激物不仅包含奖金等物质奖励，还包含表扬、提升、改善工作关系等精神奖励。

为了使强化达到预期效果，还必须注意实施不同的强化方式。有的正强化是连续的、固定的，譬如对每一次符合组织目标的行为都给予强化，或每隔一段固定的时间给予一定数量的强化。尽管这种强化有及时刺激、立竿见影的效果，但久而久之，人们就会对这种正强化有越来越高的期望，或者认为这种正强化是理所应当的。管理者需要不断加强这种正强化，否则其作用会减弱甚至不再起到刺激行为的作用。

另一种正强化的方式是间断的、时间和数量都不固定的，管理者根据组织的需要和个人行为在工作中的反应，不定期、不定量实施强化，使每次强化都能起到较大的效果。实践证明，后一种正强化更有利于组织目标的实现。

（2）负强化。所谓负强化，就是惩罚那些不符合组织目标的行为，以使这些行为削弱甚至消失，从而保证组织目标的实现。实际上，不进行正强化也是一种负强化，譬如，过去对某种行为进行正强化，现在组织不再需要这种行为，但基于这种行为并不妨碍组织目标的实现，这时就可以取消正强化，使行为减少或者不再重复出现。负强化包含着减少奖酬或罚款、批评、降级等。

实施负强化的方式与正强化有所差异，应以连续负强化为主，即对每一次不符合组织要求的行为都及时予以负强化，消除人们的侥幸心理，减少直至消除这种行为重复出现的可能性。

2. 强化激励理论对管理的启示

在激励的实际应用中，强化激励理论给我们的启发在于，如何使强化机制协调运转并产生整体效应，为此，在运用该理论时应注意以下五个方面。

（1）应以正强化方式为主。在企业中设置鼓舞人心的安全生产目标是一种正强化方法，但要注意将企业的整体目标和员工个人目标、最终目标和阶段目标等相结合，并对在完成个人目标或阶段目标中做出明显绩效或贡献者，给予及时的物质和精神奖励（强化物），以充分发挥强化作用。

（2）采用负强化（尤其是惩罚）手段时要慎重。负强化应用得当会促进安全生产，应用不当则会带来一些消极影响，它们可能使人由于不愉快的感受而出现悲观、恐惧等心理反应，以致产生对抗性消极行为。因此，在运用负强化时，应尊重事实，讲究方式方法，处罚依据准确公正，尽量消除其副作用。实践证明，将负强化与正强化结合应用一般能取得更好效果。

（3）注意强化的时效性。强化的时间对强化的效果有较大的影响。一般来说，及时强化可提高行为的强化反应程度，但需注意及时强化并不意味着随时都要进行强化。不定期的、非预料的间断性强化，往往可以取得更好的效果。

（4）因人制宜，采用不同的强化方式。由于人的个性特征及需要层次不尽相同，不同的强化机制和强化物所产生的效果会因人而异。因此，在运用强化手段时，应采用有效的强化方式，并随对象和环境的变化而进行相应调整。

（5）利用信息反馈增强强化的效果。信息反馈是强化人们行为的一种重要手段，尤其是在应用安全目标进行强化时，定期反馈可使员工了解自己参加安全生产活动的绩效及结果，既可使员工得到鼓励、增强信心，又有利于及时发现问题、分析原因、修正所为。

（二）目标激励理论

目标激励理论也称目标管理法（management by objectives），是由美国管理心理学家彼得·德鲁克（Peter F. Ducker）根据目标设置理论提出的目标激励方案。综合来说，目标激励理论认为组织群体共同参与并制定具体可行的、能够客观衡量的目标是激励的关键之处。

1. 目标激励理论的内容

目标管理理论是在科学管理理论和行为科学管理理论的基础上形成的。它强调"凡是在工作状况和成果直接严重地影响公司生存和繁荣发展的地方，目标管理就是必要的，而且希望各位经理所能取得的成就必须来自企业目标的完成，同时他的成果必须用他对企业有多大贡献来衡量"。

德鲁克认为，企业的目的和任务必须转化为目标，目标的实现者同时也应该是目标的制定者。首先，他们必须一起确定企业的航标，即总目标，然后对总目标进行分解，使目标流程分明。其次，在总目标的指导下，各级职能部门制定自己的目标。再次，为了实现各层目标必须把权力下放，培养一线职员的主人翁意识，以唤起他们的创造性、积极性和主动性。除此之外，绝对的自由必须有一个绳索——强调成果第一，否则总目标只是一种形式，而没有实质内容。企业管理人员必须通过目标对下级进行领导并以此来保证企业总目标的完成，如果没有方向一致的分目标来指导每个人的工作，则企业的规模越大、人员越多时，发生冲突和浪费的可能性就越大。只有每个管理人员和工人都完成了自己的分目标，整个企业的总目标才有完成的希望。企业管理人员对下级进行考核和奖励时也需要依据这些分目标。

2. 目标激励理论的主要观点

总体来说，目标激励理论有以下观点。

(1) 明确的、具体的目标能提高员工的工作绩效。具体明确的目标要比笼统的、模糊不清的目标效果好，因为具体的目标规定了员工努力的方向和强度。如，一个销售人员在有目标"一个月内销售 5 000 件产品"时，比只有笼统目标"尽最大努力"做得更好。也就是说，目标的具体性本身就是一种内部激励因素。

(2) 目标越具挑战性，绩效水平越高。该理论认为，如果能力和目标的可接受性不变，目标越困难，绩效水平就越高，即困难、压力越大，则动力越强。

(3) 绩效反馈能带来更高的绩效。如果在朝向目标努力的过程中能得到及时反馈，人们会做得更好，因为反馈有助于了解已做的事和要做的事之间的差距，也就是说，反馈引导行为。

(4) 通过参与设置目标，可以提高目标的可接受性。目标设置理论认为，在某些情况下，参与式的目标设置能带来更高的绩效；而在另一些情况下，上级指定目标时绩效更高。也就是说，参与目标不一定比指定目标更有效。但是，参与的一个主要优势在于提高了目标本身作为工作努力方向的可接受性，这是由于人们一般更为看重自己的劳动成果。如果人们参与目标设置，即使是一个困难的目标，相对来说也更容易被员工接受。因此，尽管参与目标不一定比指定目标更有效，但参与可以使困难目标更容易被接受。

3. 影响目标与绩效关系的主要因素

目标设置理论表明，除了明确性、挑战性和绩效反馈以外，还有三个因素影响目标和绩效的关系。

(1) 目标承诺。目标设置理论的前提假设是每个人都忠于目标，即个人承诺不降低或不放弃这个目标。因此，当目标是当众确定的、自己参与设置而不是指定的时，可能会产生出较高的工作绩效。

(2) 自我效能感。自我效能感是指一个人对他能胜任工作的信心。自我效能感越高，对获得成功的能力就越有信心。研究表明，在困难情况下，具有高自我效能感的人会努力把握挑战，而自我效能感低的人则降低努力或放弃目标；同时，高自我效能感的人对消极反馈的反应是更加努力，而自我效能感低的人面对消极的反馈则可能降低努力程度，甚至偃旗息鼓，萎靡不振。

（3）个体差异。目标设置理论假设的条件是：下级有相当的独立性，管理者和下属都努力寻求挑战性的工作，管理者和下属都认为绩效非常重要。如果这些前提条件不存在（事实上也不一定存在），则有一定难度的具体目标不一定能带来员工的高绩效。

（三）双因素理论

1. 双因素理论的内容

20 世纪 50 年代末期，赫茨伯格和他的助手们在美国匹兹堡对 9 个企业中的 203 名工程师、会计师进行了调查访谈。结果他发现，使员工感到满意的都属于工作本身或工作内容方面；使职工感到不满的都属于工作环境或工作关系方面。他把前者叫作激励因素，后者叫作保健因素。双因素理论两种因素分类如表 8-1 所示。

表 8-1　双因素理论两种因素分类

激励因素	保健因素
工作本身： 成就 业绩的承认 责任的增长 成长与发展	环境： 政策与环境 监督 作业条件 人际关系 金钱、地位、安全

保健因素的满足对职工产生的效果类似于卫生保健对身体健康所起的作用。保健消除有害于健康的事物，不能直接提高健康水平，但有预防疾病的效果。因此，它不是治疗性的，而是预防性的。保健因素包括公司政策、管理措施、监督、人际关系、物质条件、工资、福利等。当这些因素恶化到人们认为可以接受的水平以下时，就会产生对工作的不满意。但是，当人们认为这些因素很好时，它只是消除了不满意，并不会导致满意。因此，赫茨伯格认为，传统的满意与不满意是相反概念的观点是不正确的。满意的对立面应当是没有满意，不满意的对立面应该是没有不满意。

在满意和不满意中，那些能带来积极态度、满意和激励作用的因素就叫作"激励因素"，这是那些能满足个人自我实现需要的因素，包括成就、赏识、挑战性的工作、增加的工作责任，以及成长和发展的机会。如果这些因素具备了，就能对人们产生更大的激励。

从这个意义出发，赫茨伯格认为传统的激励假设，如工资刺激、人际关系的改善、提供良好的工作条件等，都不会产生更大的激励。虽然它们能消除不满意，防止产生问题，但这些传统的"激励因素"即使达到最佳程度，也不会产生积极的激励。按照赫茨伯格的意见，管理当局应该认识到保健因素是必需的，不过它一旦使不满意中和，就不能产生更积极的效果，只有"激励因素"才能使人们有更好的工作成绩。

2. 对双因素理论的分析

（1）赫茨伯格双因素理论的贡献。

赫茨伯格的双因素理论突破了传统两分法的局限，其贡献是显而易见的。

第一，满足各种需要所引起的激励深度和效果是不一样的。物质需要的满足是必要的，没有它会导致不满，但是即使获得满足，它的作用也往往是很有限的、不能持久的。

第二，要调动人的积极性，不仅要注意物质利益和工作条件等外部因素，更重要的是注意工作的安排，适才适用，各得其所；注意对人进行精神鼓励，给予表扬和认可；注意给人以成长、发展、晋升的机会。用这些内在因素调动人的积极性，才能起到更大的激励作用并维持更长的时间。

（2）对赫茨伯格双因素理论的批评。赫茨伯格的双因素理论虽然在国内外有很大影响，但也有人对它提出了各种各样的批评意见，归结起来，主要有以下方面。

第一，赫茨伯格调查取样的数量和对象缺乏代表性。样本数量较少，而且对象是工程师、会计师，他们在工资、安全、工作条件等方面都比较好。因此，这些因素对他们自然不会起激励作用，但这显然不能代表一般员工的情况。

第二，赫茨伯格在调查时，设计问卷的方法和题目有缺陷。首先，根据归因理论，把好的结果归因于自己的努力，而把不好的结果归罪于客观的条件或他人身上是人们一般的心理状态，人们的这种心理特征在他的问题上无法反映出来。其次，赫茨伯格没有使用满意尺度的概念。人们对任何事物总不是那样绝对，一个人很可能对工作一部分满意，一部分不满意，或者比较满意，这在他的问卷中也是无法反映的。

第三，赫茨伯格认为，满意和生产率的提高有必然的联系，而实际上满意并不等于劳动生产率的提高，这两者并没有必然的联系。

二、内驱力激励理论

相比于外在诱因激励理论来说，内驱力激励理论更强调在激励过程中个体内在意向所起的关键作用。内驱力激励理论主要包括马斯洛的需要层次理论、奥尔德弗的 ERG 理论、麦克利兰的成就需要理论、佛隆的期望理论等。

（一）需要层次理论

需要层次理论是由马斯洛（Abraham H. Maslow，1908—1970）提出的。马斯洛是美国心理学家，早期曾从事动物社会心理学的研究。1940 年在美国社会心理学杂志上发表《灵长类优势品质和社会行为》一文，之后又转向研究人类社会心理学研究，提出了融合精神分析心理学和行为主义心理学的人本主义心理学。

1. 需要层次理论的内容

在《人类动机的理论》（1943 年）一书中，马斯洛提出了需要层次理论，他将人类的需要分为 5 个层次，即生理需要、安全需要、归属与爱的需要、尊重需要和自我实现的需要，如图 8-3 所示。

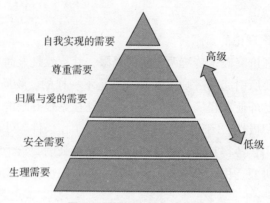

图8-3 马斯洛需求理论图

马斯洛的需要层次理论，假定人们会被激励起来去满足一项或多项在他们一生中很重要的需要。更进一步地说，人们对特定需要的强烈程度取决于它在需要层次中的地位，以及它和其他更低层次需要的满足程度。此外，马斯洛认为，激励的过程是动态的、逐步的、有因果关系的。比如，自我实现需要的产生有赖于前述四种需要的满足。

2. 需要层次理论对现代企业管理的启示

需要层次理论认为，这五种需要是以一种渐进的层次表达出来的，也就是说，必须满足低层次的需要，然后个体才会关注更高层次的需要。这一理论对现代企业管理的启示有以下几点。

首先，依据马斯洛需要层次理论，人的生理需要和安全需要是较低层次的"匮乏性的基本需要"，只有满足这两种需要员工才能有更高层次的需要。这就要求企业必须为员工提供一份稳定工作和足够薪酬，因为这些薪酬不仅满足了员工及其家庭的生存需要，同时也有助于巩固员工安全感。

其次，管理者不要总是固执地认为，员工所关心和追求的仅仅是金钱及物质待遇，只要给钱，他们就会卖力干活，钱给得越多他们干活越卖力。随着现代社会物质财富日益丰富，人类素质不断提高，需要层次也逐渐从生理性的、安全的低级需要向高级的归属和爱的需要、尊重的需要和自我实现的需要演进；金钱和物质需要的比重不断下降，而团队、尊重、自我实现等精神性的需要比重则明显上升。

最后，高层管理人员和基本管理人员相比，前者更能够满足他们较高层次的需求，因为高层管理人员面临着有挑战性的工作，在工作中能够自我实现；相反，基本管理人员更多地从事常规性工作，满足较高层需求就相对困难一些。这就需要在任务设置时有意识地进行必要的内容调整。

（二）ERG 理论

ERG 理论是美国耶鲁大学教授克雷顿·奥尔德弗（Clayton Alderfer）于 20 世纪 70 年代提出的一种新的人本主义需要理论。该理论是在马斯洛提出的需要层次理论和赫茨伯格的双因素理论的基础上形成的。

1. ERG 理论的内容

奥尔德弗把人类的需要整合为三种需要，即生存需要（existence）、相互关系需要（relatedness）和成长需要（growth）。因为这三种需要的英文首写字母分别为"E""R""G"，所以该理论被称为 ERG 理论。

奥尔德弗认为这三种需要之间是没有明显界限的，它们是一个连续体。ERG 理论的特点表现在它对各种需要之间内在联系的有力阐述上。

（1）各个层次的需要得到的满足越少，则这种需要就越为人们所渴望。比如，满足生存需要的工资越低，人们就越希望得到更多的工资。

（2）与马斯洛需要层次理论类似的是，个体的较低层次需要满足得越充分，则其对较高层次的需要则越强烈。比如，在 E、R 的需要得到满足后，G 需要就会特别突出。

（3）较高层次的需要满足得越少，则对较低层次需要的渴求则越强烈。

此外，奥尔德弗还认为在任何一段时间内，人都可以有一个或一个以上的需要同时发生作用；并且这些需要由低到高顺序也并不一定那样严格，可以越级上升。

2. ERG 理论对现代企业管理的启示

奥尔德弗的 ERG 理论告诉我们，企业管理人员应该了解员工的真实需要，这种需要和工作成果有着一定的关系。管理人员要想有效地掌控员工的工作行为或工作结果，首先需要从调查研究入手，了解员工的真实需要。其次，应该在调查研究的基础上，对员工的需要进行综合分析，同时考虑下属的个性心理特点，逐步合理地解决其问题，通过对员工需要的满足来达到控制员工行为的目的。需要本身就是激发动机的原始驱动力，一个人如果没有什么需要，也就没有什么动力与活力。反之，一个人只要有需要，就存在着可激励的因素。由于每一层次需要包含了众多的需要内容，具有相当丰富的激励作用，就为管理者提供了设置目标、激发动机和引导行为的依据。此外，低层次需要满足后，又有上一层次需要继续激励，因而人的行为始终充满着内容丰富多彩、形式千变万化的激励方式。管理者要想对员工进行有效的激励，提高企业运作的有效性和高效性，就要将满足员工需要所设置目标与企业的目标密切结合起来。

（三）成就需要理论

成就需要理论是美国哈佛大学心理学家戴维·麦克利兰（David McClelland）经过长期研究之后于 20 世纪 60 年代提出来的一种新理论。

1. 成就需要理论的内容

成就需要理论认为，个体在较高层次上存在三种需要，即权力需要、亲和需要和成就需要。

（1）权力需要。权力需要是指影响和控制别人的一种愿望或驱动力。不同的人对权力的渴望程度有所不同。一般来说，具有较高权力欲的人，对施加影响和控制他人表现出很大的兴趣，也就是通常所说的喜欢对别人"发号施令"，注重争取地位和影响力。他们喜欢具有竞争性和能体现较高地位的场合和情境，追求出色的成绩，但他们这样做并不是为了个人的成就感，而是为了获得地位和权力。

（2）亲和需要。很多教材将其翻译为归属需要，它是指寻求被他人喜爱和接纳的一种愿望和需要。具有这方面需要的人通常会从友爱、情谊、社会交往中得到欢乐和满足，也会设法避免被某个组织或社会团体拒之门外而带来的痛苦。

（3）成就需要。成就需要指个体追求成功的一种欲望。该理论认为具有强烈成就需要的人渴望将事情做得更为完美，提高工作效率，获得更大的成功，他们追求的是在争取成功的过程中克服困难、解决难题、努力奋斗的乐趣，以及成功之后的个人成就感，而并不看重成功所带来的物质奖励。个体的成就需要与他们所处的经济、文化、社会、政府的发展程度有关；同时，社会风气也制约着人们的成就需要。

2. 成就需要理论的基本观点

麦克利兰认为，不同的人对成就、权力和亲和的需要程度不同，排列层次不同。个体行为主要取决于那些被环境激活起来的需要，经过大量广泛的研究，他得出以下结论。

（1）具有高成就需要的人更喜欢具有个人责任、能够获得工作反馈和适度冒险性的环境。当具备了这些特征，高成就者的工作积极性会很高。例如，不少证据表明，高成就需要者在创新性活动中更容易获得成功。如，开发新产品，管理一个大组织中的一个独立部门。

（2）高成就需要的人不一定就是一个优秀的管理者。尤其是在一个大组织中，高成就需要者感兴趣的是个人如何做好，而不是如何影响其他人。高成就需要的销售人员也不一定是优秀的销售管理者。

（3）亲和和权力需要与管理者的成功有密切关系。高权力需要可能是有效管理的必要条件，这种观点认为，一个人在组织中的地位越高，权力动机就越强。因此，有权和较高的职位是高权力需要者的激励因素。

（4）可以通过培训激发员工的成就需要。具有高成就需要的人才可以通过教育培训的方法加以培养。培训人员指导个人根据成就、胜利和成功来思考问题，并以高成就者的方式行动；设计具有个人责任、反馈和适度冒险性的环境；提供取得成就的榜样，刺激人们取得成功的愿望和行为。

（四）期望理论

期望理论（expectancy theory）是一种过程型的激励理论。它是由美国心理学家佛隆（V. H. Vroom）提出来的。1964 年，佛隆出版了著作《工作与激励》，正式提出了期望理论这一经典的过程型激励理论。佛隆认为，人总是渴求满足一定需要并设法达到一定的目标。这个目标在尚未实现时，表现为一种期望，此时目标反过来对个人的动机又是一种激发，而这个激发力量的大小，取决于目标价值（效价）和期望概率（期望值）的乘积。用公式表示如下：

$$M = V \times E$$

其中，M 表示激发力量，是指调动一个人的积极性，激发人内部潜力的强度。V 表示目标价值（效价），这是一个心理学概念，是指达到目标对于满足个人需要的价值。同一目标，由于个人所处的环境和需求不同，其需要的目标价值也就不同。同一个目标对每一个人可能有三种效价：正、零和负。效价越高，激励力量就越大。E 是期望值，是人们根据过去经验判断的自己达到某种目标的可能性，即能够达到目标的概率。目标价值大小直接反映人需要动机的强弱，期望概率反映个体实现需要和动机的信心强弱。关于怎样使激发力量达到最高值，佛隆提出了人的期望模式：

个人努力→个人成绩（绩效）→组织奖励（报酬）→个人需要。

在这个期望模式中的四个因素需要兼顾三个方面的关系。

1. 努力和绩效的关系

这两者的关系取决于个体对目标的期望值。期望值又取决于目标是否适于个人的认识、态度、信仰等个性倾向以及个人的社会地位、别人对他的期望等社会因素。

2. 绩效与奖励关系

人们总是期望在达到预期成绩后，能够得到适当的合理奖励，如奖金、晋升、提级、表扬等。组织的目标，如果没有相应有效的物质奖励和精神奖励来强化，时间一长，员工积极性就会消失。

3. 奖励和个人需要关系

奖励需要匹配各种人的不同需要，要充分考虑效价。要采取多种形式的奖励，满足各种需要，最大限度地挖掘人的潜力，最有效地提高工作效率。

由此可见，当一个人对某项结果的效价很高，并且判断自己获得这项结果的可能性也很大时，用这项结果来激励就会起到很好的作用。从此可见，要想使激励作用变得更大，效价和期望值也必须变高。

三、自我调节激励理论

自我调节激励理论是激励理论的又一重要组成部分，该类激励理论侧重于研究人们从产生动机到实施行为的心理过程中个体的自我调节作用。自我调节激励理论主要包括公平理论、归因理论和自我效能感理论等。

（一）亚当斯的公平理论

美国心理学家亚当斯（J. S. Adams）于1963年发表了论文《对于公平的理解》，1965年他又发表了论文《在社会交换中的不公平》，从而正式提出公平理论的观点。该理论侧重于研究工资报酬分配的合理性、公平性及其对职工生产积极性的影响。

1. 公平理论的内容

公平理论的基本要点是：人的工作积极性不仅与个人实际报酬有关，而且与人们对报酬的分配是否感到公平的关系更为密切。人们总会自觉或不自觉地将自己付出的劳动代价及其所得到的报酬与他人进行比较，并对公平与否做出判断。公平感直接影响职工的工作动机和行为。

亚当斯的公平理论用公式可以表示为：

$$O_p/I_p = O_o/I_o$$

其中，O_p 代表一个人对自己所获报酬的感觉；I_p 代表了一个人对自己所作贡献的感觉；O_o 代表一个人对他人所获报酬的感觉；I_o 代表一个人对他人所作贡献的感觉。组织中，员工对自己是否受到公平合理的对待是十分敏感的，他们有时更关注的不是所获报酬的绝对值，而是与他人所获报酬进行比较后的相对值。当 $O_p/I_p = O_o/I_o$，也就是个人感觉自己所获得的结果与投入的比值与别人相等的时候，就产生了公平感。如果一方的比值大于另一方，另一方就会产生不公平感。具体来说，有以下几种情况。

$O_p/I_p=O_o/I_o$，报酬相当，双方都感到公平（自己满意）。

$O_p/I_p>O_o/I_o$，自己的报酬过高，自己感觉多得（自己满意）。

$O_p/I_p<O_o/I_o$，自己的报酬过低，自己感觉不公平（自己不满意）。

同样，在上述三种情况之下，员工所表现出来的激励状态是不一样的。

第一种情况即双方比值相等的情况，员工会觉得公平，此时应该说员工所处的是一个相对稳定的激励状态；在第二种情况之下，员工自己感觉报酬过多，自己多得了，此时员工会觉得很满意，并且受到了激励；在第三种情况之下，员工感觉不公平，此时员工可能出现以下情况：心理挫折和失衡、改变投入、要求改变产出、改变对自身的看法、改变对他人的看法、重新选择比较对象和离开现在的工作环境等。

调查和实验的结果表明，不公平感的产生，绝大多数是由于经过比较认为自己目前的报酬过低；但在少数情况下，也会由于经过比较认为自己的报酬过高。我们看到，公平理论提出的基本观点是客观存在的，但公平本身却是一个相当复杂的问题。

（1）个人的主观判断。上面公式中无论是自己的或他人的投入和报酬都是个人感觉，而一般人总是对自己的投入估计过高，对别人的投入估计过低。

（2）个人所持的公平标准。上面的公平标准是贡献率，也有人认为应该以需要率、平均率为标准。就像有人认为助学金应改为奖学金才合理，有人认为平均分配才公平，也有人认为按经济困难程度分配才适当。

（3）绩效的评定。我们主张按绩效支付报酬，并且各人之间应相对均衡。但如何评定绩效？是以工作成果的数量和质量，还是按工作中的努力程度和付出的劳动量？是按工作的复杂和困难程度，还是按工作能力、技能、资历和学历？不同的评定办法会得到不同的结果，最好是按工作成果的数量和质量，用明确、客观、易于核实的标准来度量，但这在实际工作中往往难以做到，有时不得不采用其他的方法。

（4）与评定人有关。绩效由谁来评定？是领导者评定、群众评定还是自我评定？不同的评定人会得出不同的结果。同一组织内往往不是由同一个人评定，因此会因松紧不一、回避矛盾、姑息迁就、抱有成见等而采取不一样的评定标准。

2. 公平理论对现代企业管理的启示

公平理论在实践应用中对现代企业管理有着很多的启示。

（1）对赏罚制度的启示。无论在西方还是东方的文化背景下，公平都是企业管理中谈论比较多的一个话题。我国由于受多年的计划经济和"大锅饭"的影响，人们对公平的比较心理重，所以企业管理要重视员工的公平感，管理者要真正认识到"不患寡而患不均"。

另外，员工的不公平感很大程度上来源于组织中不公平的制度。员工有功不奖，有过不罚，无功者受到表彰，这些随意的管理奖惩都是企业管理的大忌。尤其是当组织中的不良现象和行为较多时，员工就容易产生不公平感。组织要想解决这些不良现象，就需要在制度上建立起一套明确的赏罚制度，使广大员工真正感受到公平的氛围。

（2）对报酬分配的启示。

①按时间付酬时，收入超过应得报酬的员工的生产水平会高于收入公平的员工。按时间付酬能够使员工生产出高质量与高产量的产品。

②按产量付酬，将使员工为实现公平感而加倍努力，这会促使产品的质量或数量提高。然而，数量上的提高只能导致更高的不公平，因为每增加一个单位的产品，未来的付酬更多，因此，理想的努力方向应指向提高质量而不是提高数量。

③按时间付酬对于收入低于应得报酬的员工来说，将降低他们生产的数量或质量。他们的工作努力程度也将降低，而且相比收入公平的员工来说，他们将减少产出数量或降低产出质量。

④按产量付酬时，收入低于应得报酬的员工与收入公平的员工相比，产量高而质量低。在计件付酬时，应对那些只讲产品数量而不管质量的员工，不实施任何奖励。

（二）归因理论

1. 归因理论的内容

归因（attribution）是指寻找已经产生的某种行为的原因，也就是通过分析来寻找可能归属的某一原因。归因理论（attribution theory）就是指由行为的结果来推断行为原因的过程，然后通过已成定局的成功或失败的结果来寻求最佳激励途径的一种理论。

1958 年，奥地利社会心理学家海德主张从行为结果入手探索行为的原因，从而倡导了归因理论。他将个人行为产生的原因分为内部和外部两大类，其中能力和努力属内部的，任务难度和运气属外部的，这就是单维度归因理论。维纳（Weiner）认为单维度归因是片面的，不能表征事件原因的所有属性。1972 年，他在海德研究的基础上，提出了自己的归因理论，该理论说明的是归因的维度及归因对成功与失败行为的影响。维纳认为内外因和稳定性是人们在进行归因时所考虑的两个维度，这两个维度互相独立。

此外，维纳还论述了人们如何归因对其今后成就行为的影响。例如，把成功归于内部的稳定因素（如能力），会使个体感到自豪，觉得自己的聪明导致了成功；相反，把成功归于外部的不稳定因素（如运气），则会对未来类似活动上的成功不敢肯定，引起担心的情绪情感体验；而把自己的失败归于内部稳定因素，会使个体产生羞耻感，引起无助、忧郁的情绪情感体验；相反，把自己的失败归因于外部的不稳定因素，则会对未来类似活动的成功期望不至于过低，会继续努力，有助于保持乐观的情绪情感体验。

2. 归因理论对现代企业管理的启示

归因理论在实践应用中对现代企业管理有着很多启示，具体来说，有以下几点。

（1）招聘选拔过程中注意归因的个体差异。个体对事件的归因存在着个体差异。简单说来，个体对结果的解释分为两种，即内因和外因，他们所对应的个体归因风格即为内控型和外控型。个体的内控程度越强，就越倾向于相信自己可以采取措施，如提高自身能力或增加努力程度来完成任务，以达到较高的绩效水平；而外控者往往会消极地认为是外界的控制导致低的绩效水平。因此，组织在招聘过程中，可以挑选在归因风格上表现出内控倾向的员工来从事那些对员工素质要求较高、工作环境较差、需要挑战性和创造性的工作。

（2）培训开发过程中加强归因风格的训练。不同的归因方式对个体的情绪、动机、行为以及结果有不同的影响。因此，在人力资源管理过程中，如何趋利避害，使员工形成正确的归因风格以利于工作的开展，就变得尤为重要。通过归因训练（即通过一定的训练程序，使个体掌握某种归因技能，形成比较积极的归因风格）可以帮助员工形成正确的归因风格，以提高工作积极性和取得高绩效。

（3）绩效评估过程中防范各种归因偏差。前文已经阐述了较为理性和科学的归因理论和原则，但在现实的人力资源管理实践中，特别是在对员工的绩效考评过程中，由于受管理者主客观条件的限制，在归因过程中难免会出现诸多偏差。因此，防范这些偏差以及消除因此而来的消极后果就成了管理实践的一个重要课题。

（三）自我效能感理论

自我效能感是由美国著名心理学家班杜拉（Bandura）于1977在《思想和行为的社会基础》一书中提出的概念。班杜拉在以后的著作中逐步形成了自我效能感理论的框架体系。从20世纪80年代开始，西方工业和组织行为学家逐渐开始关注自我效能感在组织行为领域中的应用研究。近年来，有关研究还呈现出逐年增多、研究范围逐渐细化的趋势。

1. 自我效能感的定义

班杜拉认为，自我效能是指"个体对其组织和实施达成特定目标所需行为过程的能力的信念"。他认为自我效能并非一个人的真实能力，而是个体对自己行为能力的评估和信心。班杜拉认为个体的行为是受行为的结果因素与先行因素双重影响的。行为的结果因素就是通常所认为的强化，行为主义观点认为强化是形成新行为的关键原因，但班杜拉认为预期是认知和行为的中介，是行为出现概率的决定性因素。该理论认为，在学习中即使没有强化也能获得有关的信息并形成新的行为，而强化只是可以激发和维持行为的动机以控制和调节人的行为。因此班杜拉认为，行为出现的概率是强化的函数这一观点是不确切的，因为行为的出现不是由于随后的强化，而是由于人们在认识到行为与强化之间的依赖关系后产生了对下一步强化的期望。正是这种期望对行为出现的概率起到了关键性的作用。

2. 影响自我效能感的因素

以班杜拉为代表的西方学者研究指出，影响自我效能感形成的因素主要有以下四点。

（1）个人自身以往的成败经验。该效能信息源对自我效能感的影响最大。以往的成功经验是自我效能感形成的重要前提，它为个体提供判断并构成自我效能感的行为信息。一般来说，成功经验会提高效能期望，反复的失败会降低效能期望。但有研究表明，事情并非如此简单。因为成功经验对效能期望的影响还要受个体归因方式的左右，如果个体把成功的经验归因于外部的不可控因素，那么这种成功的经验就不会增强效能感；同样，如果个体把失败归因于内部的可控因素，也不一定会降低个体的自我效能感。

（2）模范或替代。学习和工作中的很多知识和经验并不需要通过亲身实践而形成，可通过对别人行为的观察和模仿而获得。复旦大学管理学院教授姚凯认为，榜样的成就和行为给观察榜样的人展示了达成成功所需要采取的策略，为观察者提供了比较和判断自己能力的标准。同时，观察和模仿也为个体提供了一种只要通过努力就能成功的信念。这些替代性信息对观察者尤其是那些缺乏经验的新手而言，具有更大的意义。

（3）言语劝说。姚凯认为，言语劝说虽然不能直接提高个体的智力与技能水平，但可以通过别人的劝说，使个体对已有的能力产生更加客观和积极的评价，从而改变自己的行为。

（4）个体生理与情绪的状态。个体对生理、心理的主观知觉都会影响自我效能感。比如员工在焦虑、害怕或紧张的时候容易降低个人的自我效能感，疲劳和疼痛也会导致工人自我效能感降低。

第三节 员工沟通技巧

一、沟通的基本内容

（一）沟通的含义与对象

沟通是指可理解的信息或思想在两个或两个以上的人群中传递或交换的过程，在这个过程中，人们通过书面语言、口头语言和行为语言等方式，进行交流信息、获取信息、解释信息、共享信息的活动。

团队沟通的对象，从团队外部看，包括组织领导、其他组织成员、团队的客户和供应商等；从团队内部看，包括团队领导和成员。

（二）沟通的类型与模式

1. 团队沟通的类型

（1）按照沟通的方向划分，有自上而下的沟通、自下而上的沟通和水平沟通三种。从高层次向低层次进行的沟通称为自上而下的沟通；从低层次向高层次进行的沟通称为自下而上的沟通；发生在同一团队成员之间、同层次的团队成员之间、同层次的管理者之间的沟通称为水平沟通。

（2）按沟通的方法划分，可以分为书面沟通和口头沟通。书面沟通包括对团队内部使用备忘录，对客户和非公司人员使用信件方式进行的沟通，其中备忘录和信件均可通过拷贝或电子邮件来传递。口头沟通即面对面的沟通，或通过电话、有声邮件或电话会议等方式实现的沟通。

（3）按组织系统划分，可以分为正式沟通和非正式沟通。一般来说，正式的团队沟通是指团队正式组织系统的信息传递，非正式团队沟通指的是团队非正式组织系统的信息传递。

2. 沟通的模式

无论是哪一种类型的沟通，都具有一般的沟通要素，遵循共同的沟通模式。沟通一般模式如图 8-4 所示。

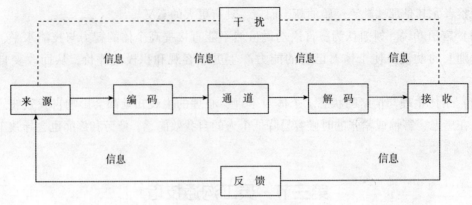

图 8-4 沟通一般模式

在图 8-4 中，来源——信息的来源，即信息发出的主体；编码——口述或书写时传送信息的符号；通道——用来传送信息的中介或载体；解码——接收者对信息的解释、理解；接收——计划的信息接收者，即信息到达的客体；反馈——确定信息的真实性；干扰——也称噪声，即造成信息失真、错乱、误解或干扰沟通过程的任何信息。

3. 团队要认真培育融洽的人际关系

（1）改善组织的人际关系，建立一个富有亲和力的管理班子，设定合理的组织机构，实行员工参与管理，定期与各个层次的员工沟通。

（2）改善人际关系，个人的人际关系与组织目标的实现有紧密关系，对工作氛围和工作关系的改善也至关重要。加强自身修养、尊重他人并能换位思考，是改善人际关系的好方法。

（三）团队的沟通方式

1. 会议沟通

举行各种类型、各种规模、各种形式的会议可以起到集思广益的作用。在会议讨论中，互相激发思想火花，各种不同思想碰撞和交锋，从不协调到协调，从不同想法到获得相近或一致的见解。团队会议不能是简单的一端发送指令另一端接收指示，而应是有中心有目的地汇集团队成员的智能、思想、经验和信息。

2. 个别交谈

团队是一个整体，成员间必须相互关怀，互相了解。个别交谈既是彼此关心、建立感情的渠道，也是探讨和研究问题的重要方式。个别交谈比会议讨论可能更深入、更细致，更容易获得双向交流，以提升信息的质量。

3. 开放式讨论

事先向团队成员发出讨论的主题，要求每个团队成员事先做好发言准备。开放式讨论采用的是有主题无领导的讨论，只有会议记录员对讨论的内容进行详尽的记录。开放式讨论能够汇集各种思想，把团队成员对这一主题的研究通过"头脑风暴法"获得提升，使团队成员共享彼此的研究成果。这是整体效益最佳的交流过程，而非 1+1 的简单叠加。

4. 网络沟通

充分利用网络，能快速地传递团队成员所获取的最新信息和创造的最新思想。这种快速的传递会达到快速的撞击，快速的撞击有时会获得意想不到的创新成果。团队成员还可通过电子邮件表示彼此的关心，实现个体劳动的联结；成员可以利用网络请求帮助和给予帮助，以求得团队的最优绩效。

二、员工沟通技巧

（一）员工沟通技巧

1. 要让员工对沟通行为及时做出反馈

沟通的最大障碍在于员工对管理者意见误解或理解得不准确，而让员工对管理者的意图做出反馈是减少这种问题的关键。鉴定员工反馈是否有效的标准是数量和准确性。在企业管理中，企业管理者作为主动发送者与员工进行沟通，二者之间难免有沟通能力及表达接受信息之间的障碍。为克服这种障碍，就要求管理者在向员工宣布一项任务后，要求员工把所布置的任务再复述一遍，通过直接或间接询问确认他们是否完全了解。如果员工所复述的内容与管理者意见一致，就说明沟通是有效的；如果员工对管理者的意见领会出现差错，可以及时地进行纠正，调整陈述方式，以免带来不可估量的损失。

2. 对不同的员工使用不同的语言

在同一组织中，不同的员工往往有不同的年龄、教育和文化背景，这就可能使他们对相同的话产生不同的理解。另外，由于专业化分工不断深化，不同的员工会有不同的"行话"和技术用语，而管理者往往注意不到这种差别，以为自己说的话都能被其他人恰当理解，从而给沟通造成了障碍。沟通时必须根据接收者的具体情况选择语言，语言应尽量通俗易懂，尽量少用专业术语，以便接收者能确切理解所收到的信息。

管理者要慎择语言，选择员工易于理解的词汇，使信息更加清楚明确。对容易产生歧义的话语应尽量避免使用，或者对于可能产生误解的话语，进行必要的解释，表明自己真实态度和情感，以澄清误解。在传达重要信息的时候，为了消除语言障碍带来的负面影响，针对接受信息人的情况，酌情使用对方易懂的语言，确保沟通有效。

3. 积极倾听员工的发言

一位擅长倾听的领导者，通过倾听可以从下属处获得信息并进行思考。有效准确地倾听信息，将直接影响管理者的决策水平和管理成效，并由此影响公司的经营业绩。

积极的倾听要求管理者把自己置于员工的角色上，想象员工的思路，体会员工的世界，以便正确理解他们的意图，避免进入"和自己说话"的陷阱。企业管理者应尽量给员工时间让他们相互交谈，并且在倾听的过程用动作语言表现对员工谈话的浓厚兴趣。善于倾听的人能及时发现他人的好处，并创造条件让其积极性发挥作用。倾听本身也是一种鼓励方式，能提高对方的自信心和自尊心，加深彼此的感情，因此也激发出对方的工作热情与负责精神。对于一名管理者来说，有效地倾听是必要的。

4. 恰当地使用肢体语言

美国心理学家艾伯特·梅拉比安经研究认为，在人们沟通时所发送的全部信息中，仅有7%是由语言来表达的，而93%的信息是用非言语来表达。因此管理者必须注意自己的肢体语言与自己所说的话的一致性，以便提高沟通效率。

肢体语言是交流双方内心世界的窗口，它可能泄露深藏的秘密。一个成功的沟通者在强化沟通的同时，必须懂得非语言信息，而且尽可能了解其意义。磨炼非语言沟通的技巧，注意察言观色，充分利用它来提高沟通效率。这就要求管理者在沟通时，要时刻注意与员工交谈的细节问题，不要以为这是雕虫小技而忽视。

5. 注意保持理性，避免情绪化行为

在接收信息的时候，接收者的情绪会影响到对信息的理解。情绪能使我们无法进行客观理性的思维活动，而代之以情绪化的判断。管理者在与员工进行沟通时，应该尽量保持理性和克制，如果情绪出现失控，则应当暂停沟通，直至恢复平静。

6. 减少沟通的层级

在许多企业中，机构设置比较复杂，信息的传递需要跨越许多中间环节，才能到达终点。因此，企业应加强组织建设，积极改善组织结构和加强组织文化，使企业能够较好地发挥沟通的功能。为避免沟通过程中信息的失真，可以精简机构，建立一支精明的团队，根据组织的规模、业务性质、工作要求等选择沟通渠道，制定相关的工作流程和信息传递程序，以保证信息上传下达渠道的畅通，为各级管理者决策提供准确可靠的信息。也可以通过召开例会、座谈会等形式传递和收集信息。企业有必要设立一个独立于各职能部门以外的监督部门，负责协调内部的沟通工作，确保信息的真实，使每一次沟通都得到预想的目的，提高沟通效率。

7. 变单向沟通为双向沟通

很多企业沟通只是单向的，即只是领导者向下传达命令，下属只是象征性地反馈意见，这样的沟通不仅无益于决策层的监督和管理，时间一长，必然挫伤员工的积极性及归属感，所以，单向沟通必须变为双向沟通。

双向沟通有利于促进人际关系和加强双方紧密合作，能激励员工参与管理的热情，久而久之，给企业会带来深刻变化。同时，企业组织者和管理者也应该掌握沟通技巧，认真听取员工的意见，发掘和利用员工的聪明才智，充分调动其积极性和创造性，这样企业最终会得到丰富收益的。

（二）倾听的特征与类型

1. 听与倾听

不能把听与倾听混为一谈。听是一个生理过程，是听觉器官对声波的单纯感受，是一种无意识的行为。倾听不仅是生理意义上的听，更是一种积极的有意识的听觉与心理活动。通过倾听，不仅可获得信息，更能获得感知。

2. 倾听的类型

（1）全神贯注的倾听。这是沟通的关键，它可使管理者获得比直接提问的反馈更真实、更具有价值的信息。为此，它强调集中思想、综合分析及评价，不仅要求仔细地倾听，还要正确理解并使之成为有意义的信息。它通常被称作批评的倾听，是一种积极的倾听、有效倾听。

（2）专心的倾听。虽与第一类倾听相似，但要求倾听的内容没有那么复杂或抽象，其追求的信息往往富于娱乐性或趣味性，一般属于业余爱好。

（3）随意的倾听。一般属于社交性倾听，无须任何评价技巧。

（三）倾听的重要性

1. 倾听可获得重要的信息

通过倾听可了解对方要传达的消息，同时感受到对方的感情，还可据此推断对方的性格、目的和诚恳程度。

2. 倾听可以掩盖自身弱点

俗话说"沉默是金""言多必失"，静默可以帮助人们掩盖若干弱点。如果你对别人所谈问题一无所知，或未曾考虑，保持沉默便可不表示自己的立场。

3. 善听才能善言

人们常常因为急于表达自己的观点，而无心聆听对方的话，甚至在对方还未说完的时候，心中早早盘算自己下一步该如何反驳。用一种消极、抵触的情绪听别人说话，最终自己的发言也会毫无针对性和感染力，交谈的结局可想而知。

4. 倾听能激发对方的谈话欲

让说话者觉得自己的话有价值，他们才会愿意说出更多更有用的信息。称职的倾听者还会促使对方思维更加灵活敏捷、启迪对方产生更深入的见解，双方皆受益匪浅。

5. 倾听能发现说服对方的关键

如果你沟通的目的是说服别人，多听他的意见会更加有效。因为，通过倾听，你能从中发现他的出发点和弱点，即是什么让他坚持己见，这就为你说服对方提供了契机。

6. 倾听可使你获得友谊和信任

人们大都喜欢发表意见，如果你愿意给他们一个机会，他们立即会觉得你和蔼可亲、值得信赖。

（四）倾听中的障碍

1. 环境因素

（1）环境的封闭性。环境的封闭性指谈话场所的空间大小、有无遮拦设施、光照强度、有无噪声干扰等，它决定着信息在传送过程中的损失概率。

（2）环境氛围。环境氛围即环境的主观性特征，它影响人们的心理定式及是否容易接受信息，对接收的信息如何看待和处置等倾向。环境是温馨和谐还是火药味重，是轻松愉快还是紧张，是野外还是房间等，都影响心理接受定式。

（3）对应关系。对应关系可分为一对一、一对多、多对一、多对多四种。不同的对应关系会导致不同的心理角色定位、心理压力和注意集中度。环境类型特征及倾听障碍源如表8-2所示。

表8-2　环境类型特征及倾听障碍源

环境类型	封闭性	氛围	对应关系	主要障碍源
办公室	封闭	严肃、认真	一对一，一对多	不平等造成的心理负担、紧张，他人或电话打扰
会议室	一般	严肃、认真	一对多	对在场他人的顾忌，时间限制
现场	开放	可轻松可紧张，较认真	一对多	外界干扰，事前准备不足
谈判	封闭	紧张、投入	多对多	对抗心理，说服对方的愿望太强烈
讨论会	封闭	轻松、友好，积极投入	多对多，一对多	缺乏从大量散乱信息中发现闪光点的洞察力
非正式场合	开放	轻松，舒适散漫	一对一，一对多	外界干扰，易走题

2. 语言因素

过分精确的语言、术语的运用、太多的信息等，往往会导致听者在短时间内无法有效接收信息。比如某管理学院教授在课堂上用了许多字母的缩略语："总之，许多 MBA 学员认为，在实施 BOT 项目时，应该谨慎。"（MBA——工商管理硕士；BOT——build-operation-transfer，建设—经营—转让）此外，口头语言与身体语言不相符，也会导致听者产生疑问。

3. 倾听者的因素

倾听者本人在整个交流过程中具有举足轻重的作用。倾听者理解信息的能力和态度都直接影响倾听的效果。所以，在尽量创造适宜沟通的环境条件之后，管理者要以最好的态度和精神状态面对发言者。来自倾听者本身的障碍主要可归纳为以下几类。

（1）用心不专。用心不专是影响倾听效果的重要因素之一。如果倾听者的思想老是不能集中在别人的讲话内容上，必定会错过许多重要信息，导致不能很好地与说话者交流、沟通。

（2）急于发言。人们容易在他人还未说完的时候，就迫不及待地打断对方，或者心里早已不耐烦，这样往往不能把对方意思听懂、听全。急于发言并不利于双方的沟通。交往中，人们经常会听到别人这样说："你听我把话讲完，好不好？"其实许多时候只要认真听完别人的讲话，心中的疑问也已经消除了。

（3）选择倾向。有些人喜欢听和自己意见一致的人讲话，偏心于和自己观点相同的人。这种拒绝倾听不同意见的人，注意力不可能集中在与自己意见相左的人身上，也不可能和任何人都交谈得很愉快。

（4）心理定式。每个人都有自己的好恶，都有根深蒂固的心理定式和成见，与自己不喜欢或不信任的人交流，很难以客观、冷静的态度接收说话者的信息。

（5）厌烦。当一个平时比较啰唆的人要求和你谈话时，你总是有心无心地听他讲，因为你会觉得他讲的许多是废话，从而错过了一些有用信息。

（6）生理差异。倾听是感知的一部分，它的效果受听觉器官、视觉器官的限制，如果生理有缺陷，必然会影响倾听的效果，比如盲人和耳聋者沟通时需借助第三者，或者其他工具，这必然会影响到沟通的效果。

（五）提高有效倾听的策略与要求

（1）选择合适的环境。

（2）排除杂念。

（3）敞开心胸，努力倾听。

（4）不要轻易插嘴。

（5）提升语言和非语言的反馈。

（6）边听边沟通。

（7）不要妄自评价、判断。

（8）排除外界干扰。

（9）与讲话人建立信任关系。

（10）使用开放性动作，及时运用动作和表情给予呼应，如微笑、皱眉、迷惑不解等表情。

（11）适时适度地提问。

（六）积极加强反馈

1. 有效倾听必须积极反馈

反馈是有效倾听的一个重要组成部分，如果只是倾听而毫无反馈，对于信息提供者而言，有如对牛弹琴。积极反馈是有效倾听的体现。管理者通过倾听可获得大量信息，所以既应对信息提供者表示感谢，更应进一步建立沟通渠道，例如邀请对方参与合作。同时，积极反馈可起到激励和调节作用。

2. 有效运用反馈类型优化沟通

反馈形式有多种，如语言的、非语言的，正式的、非正式的。倾听中可以语言的形式当面进行赞同、赞许、提问，也可以非语言形式如微笑、目光肯定、点头等形体语言进行反馈，还可以写纸条的方式对所获得信息予以反馈。正式反馈以回函、报告、答复、会议等方式表现。非正式反馈则借助于会晤、闲聊的方式做出反应。

3. 有效运用反馈类型优化沟通

（1）提问。通过提问，既可以了解更多的信息以答疑、解惑、充实论证或数据，又可促使双方进一步沟通。

（2）分析。优化反馈在很大程度上取决于分析，通过对所获信息进行剖析、归纳、逻辑性推理，可以去伪存真、由表及里，获得事情的真相。

（3）复述。复述可为对方纠正你的错误、补充你的不足提供机会，也向对方表达你的兴趣、爱好、观点，并为双方进一步沟通创造机会。

（4）评价。分析之后的评价，可以进一步对所获信息加以判断、评论，使管理沟通更上一层楼。

4. 提升积极反馈的技巧

（1）解释。倾听者要用自己的词汇解释信息传递者所讲的观点、论点、论据及相关内容，从而检查自己的理解。

（2）反射感觉。当有人很情绪化地表达某种情感或感觉时，应用和谐、温馨的语言和感情表达你的感受，切忌矛盾深化。

（3）反馈意见。把讲话者所说的观点、内容、事实进行简要概括，必要时提出意见、建议。

管理人员要想取得沟通的效果，就需要在沟通的过程中，不仅注重与员工沟通的次数，更注重沟通的质量。讲究沟通技巧，运用适当的沟通原则和沟通方式，才能到达良好的效果。

本章小结

（1）激励机制是指通过一套理性化的制度来反映激励主体与激励客体相互作用的方式。一般来说，激励机制主要包括诱导因素、行为导向制度、行为幅度制度、行为时空制度和行为规划制度等五个方面的内容。

（2）强化就是通过"强化物"增强某种行为的过程，而强化物就是增加反应可能性的任何刺激。强化激励理论认为，人的行为是其所受刺激的函数。如果这种刺激对他有利，那么这种行为就会重复出现；若对他不利，则这种行为就会减弱直至消失。

（3）目标管理理论是在科学管理理论和行为科学管理理论的基础上形成的。它强调"凡是在工作状况和成果直接严重地影响公司生存和繁荣发展的地方，目标管理就是必要的，而且希望各位经理所能取得的成就必须来自企业目标的完成，同时他的成果必须用他对企业有多大贡献来衡量"。

（4）成就需要理论认为，个体在较高层次上存在三种需要，即权力需要、亲和需要和成就需要。

（5）自我调节激励理论侧重于研究人们从产生动机到实施行为的心理过程中个体的自我调节作用。自我调节激励理论主要包括公平理论、归因理论和自我效能感理论等。

（6）沟通是指可理解的信息或思想在两个或两个以上的人群中传递或交换的过程，在这个过程中，人们通过书面语言、口头语言和行为语言等方式，进行交流信息、获取信息、解释信息、共享信息的活动。

（7）影响倾听的个人因素包括用心不专、急于发言、选择倾向、心理定式、厌烦、生理差异、要求过高、武断、扭曲，众多，必须加以克服，才能提升倾听效果。

本章习题

一、名词解释题

1. 激励

2. 外在诱因激励理论

3. 强化激励理论

4. 需要层次理论

5. ERG 理论

二、问答题

1. 谈谈你对激励理论的分类思考。

2. 外在诱因激励理论具体有哪几种？请结合具体的实例加以阐述。

3. 内驱力激励理论具体有哪几种？请结合具体的实例加以阐述。

4. 自我调节激励理论具体有哪几种？请结合具体的实例加以阐述。

5. 试述倾听中个人因素障碍有哪些？如何克服？

三、案例分析

吴先生以前是某跨国公司的职业经理人，负责南大区的运营，职位已经很高了，但总感觉到有"玻璃天花板"，才能没有充分发挥，很苦恼。正好有个机会结识了民营企业家张先生，双方经过交谈，吴先生被重金聘为销售部经理。

但刚上任三个月，销售代表小李被客户投诉贪污返利，审计部去查，果真如此。且返利单据上面还有吴经理的签名。这件事，惹得总经理张先生很是火大，于是他亲自到销售部质问此事。

"我不知道你是怎么当经理的，"张总对吴经理说，"你手下的销售代表，竟然胆敢贪污客户的返利，这么长时间了，你居然不知道？要等到客户投诉到我这里才知道，唉，也不知道你是怎么做管理的。"

"我也知道了这件事，"吴经理辩解道，"按照流程，小李是把返利单报到我的助理那里，她审一下，整理好，给我签字。我的工作也多，可能没有看清楚。"

"是没有看清楚那么简单吗？你工作比我多吗？"张总怀疑地看着吴经理。

吴经理无奈地说道："是我工作的疏忽，回头我会和助理商量改进工作流程，并要求公司处罚她，也请处罚我。"

"处理助理能补回公司的损失吗？这件事应该负全责的是你！"张总对于吴经理这种模糊的态度很气愤。

"是这样的，"吴经理继续辩解道，"张总，你也知道我刚来，销售部很多关系还没有理顺，我们都知道，这个助理很能干，在工作上是一把好手。但她和我的关系，我感觉总存在问题，没有理得很顺，甚至有时我要顺着她的意思来签署一些文件。毕竟我是新来的，要有适应的阶段，我保证今后这样的事情一定不会发生了，你再给我一次机会吧。"

"本来我过来，是来了解一下事情的原因，并不是要处理你的。"张总说道，"不过现在得考虑一下你的能力问题了。"

思考题：

1. 案例中谁存在错误，存在什么错误？

2. 正确的做法应该怎么样？

第九章

绩效管理

★导入案例

A 公司的绩效考评

A 企业到年底又开始了每年一度的绩效考评工作，人力资源部必然是这项工作的组织者与运作者。人力资源部会将一些固定的表格发放给各个部门的经理，各个部门的经理则需要在规定的时间内填完这些表格，交回人力资源部。于是，对于业绩指标不是很具体的部门经理们忙得不亦乐乎地在这些表格中圈圈勾勾，再加上一些轻描淡写的评语，然后就表中的内容同每位下属谈话十几分钟，最后在每张评估表中签上名。这次评估工作就算是万事大吉了。对于业绩指标比较具体的业务部门，绩效考评完全就以业绩为依据，奖金也是直接与业绩挂钩，因此年终的评估相对来说比较简单，就是对完成额的情况统计和回顾，而不考虑完成业绩过程中的客观情况变化。更有的部门采用的是强迫分布法，年终绩效考评的时候，从主管到员工每个人都惴惴不安，主管人员需要按照 A、B、C、D、E 共 5 个等级给定的比例将部门内的员工分配到各个档次上去。这是令主管人员非常头疼的事情，特别是把谁评为 E 等确实很难办，需要煞费苦心斟酌许久。员工们更是在内心猜测着自己会被评为几等，甚至会对主管人员察言观色。如果看到这段时间主管对自己总是笑容可掬，心里就会猜想自己的评估结果应该不会差了；如果看到主管人员总是对自己板着脸，那说不定就成了 E 等的牺牲品。但是无论怎么样进行绩效考评，考评过后每个人又回到现实工作中。至于如何利用考评结果发挥作用，考评方法是否符合实际，考评是否公平公正，真的没有多少人关心它们。

第一节 绩效管理概述

一、绩效的概念与层次

随着管理实践的不断拓展和深入，人们对绩效概念的认识也在不断变化。在不同的学科领域、不同的组织以及不同的发展阶段，人们对绩效有不同的理解。但不论是组织还是个人，都应该以系统和发展的眼光来认识和理解绩效的概念。管理大师彼得·德鲁克认为："所有的组织都必须思考'绩效'为何物，这在以前简单明了，现在却不复如是。战略的制定越来越需要对绩效重新定义。"如果不能明确界定绩效，就不能有效地对其进行评价和管理。因此，作为绩效管理的逻辑起点，对绩效的概念进行确切的定义和深入的理解是至关重要的。

对应于英文的 performance，在中文文献中，除了"绩效"，也有人采用"业绩""实绩""效绩"等相近或相似词汇来表达。但这些概念，或使用领域比较狭窄，或意思表达不够完整，而"绩效"能够更完整、准确地反映 performance 的内涵，同时也为国内的学者和管理者所广泛接受，故本书统一采用"绩效"的概念，并在此基础上讨论绩效管理问题。

一般意义上，绩效指的是工作的效果和效率。组织通常由若干个群体组成，而群体又由员工组成。对应不同层面的工作活动主体，相应地也就产生了不同层面的绩效。简而言之，绩效是组织期望的为实现其目标而展现在不同层面上的能够被组织评价的工作行为及其结果。因此，需要明确的是，绩效是分层次的。按照被衡量行为主体的多样性，绩效可以从组织架构层次角度划分为组织绩效、群体绩效和个人绩效，如图 9-1 所示。组织绩效是组织的整体绩效，指的是组织任务在数量、质量及效率等方面的完成情况。群体绩效是组织中以团队或部门为单位的绩效，是群体任务在数量、质量及效率等方面的完成情况。对于员工个人绩效的内涵，学者们提出过各种不同的看法，概括起来主要有三种典型的观点：第一种观点认为绩效是结果；第一种观点认为绩效是行为；第三种观点则认为绩效是行为和结果的统一体。

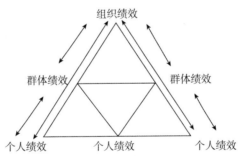

图 9-1　绩效的三个层次：组织绩效、群体绩效和个人绩效

尽管组织绩效、群体绩效和个人绩效有所差异，但是三者又密切相关。组织绩效、群体绩效是通过个人绩效实现的，离开个人绩效，也就无所谓组织绩效和群体绩效。从绩效评价的角度看，脱离了组织绩效和群体绩效的个人绩效评价是毫无意义的，个人绩效需要通过组织绩效和群体绩效来体现。因此，组织绩效管理的最终落脚点在于对员工个人绩效的管理。

无论是"绩效结果观"还是"绩效行为观"，都有其局限性。如果把绩效作为结果，则会导致行为过程缺乏有效监控和正确引导，不利于团队合作、组织协同及资源的合理配置；如果把绩效作为行为，则容易导致行为短期化，使员工拘泥于具体工作，缺乏长远规划，从而使预期结果难以实现。因此，"绩效结果观"和"绩效行为观"都无法全面、完整、准确地描述绩效的内涵。而在实际的管理实践中，绩效更强调一个工作活动的过程及其结果，也就是说，个人绩效包括了工作行为及其结果。当我们对绩效进行评价时，不仅要考虑投入（行为），也要考虑产出（结果）。更多的学者提出，应当采用更为宽泛的概念来界定个人绩效，将个人绩效定义为"行为与结果的统一"更为恰当。因此，本书将个人绩效定义为个体所表现出的、能够被评价的、与组织及群体目标相关的工作行为及其结果。该定义一方面强调了与组织目标相关的工作活动的结果，突出了结果导向；另一方面体现了个体所表现出的促使结果达成的工作行为及过程。事实上，在管理实践当中的员工个人绩效是那些经过评价的工作行为及其结果，因此这一概念更加符合管理者实际工作的需要。

二、绩效的性质

为了更深入地理解绩效的概念，必须同时理解和掌握绩效的性质。根据绩效的定义，绩效具有多因性、多维性和动态性三个性质，这些性质与绩效的概念、绩效评价以及绩效管理过程是密切相关的。

（一）多因性

绩效的多因性是指绩效的优劣并不由单一因素决定，而是受组织内外部因素共同作用的影响。影响绩效的外部因素主要包括社会环境、经济环境、国家法规政策以及同行业其他组织的发展情况等；内部因素主要包括组织战略、组织文化、组织架构、技术水平以及管理者领导风格等。但并不是所有影响因素的作用都是一致的，在不同情景下，各种因素对绩效的影响作用各不相同。在分析绩效差距时，只有充分研究各种可能的影响因素，才能够抓住影响绩效的关键因素，从而对症下药，更有效地对绩效进行管理，促进绩效水平的持续改进。

（二）多维性

绩效的多维性指的是评价主体需要多维度、多角度地去分析和评价绩效。对于组织绩效，布雷德拉普（Bredrup）认为组织绩效应当包括三个方面，即有效性、效率和变革性。有效性指达成预期目的的程度；效率指组织使用资源的投入产出状况；而变革性则指组织应付将来变革的准备程度。这三个方面相互结合，最终决定一个组织的竞争力。对于员工个人绩效，在对其进行评价时，通常需要综合考虑员工的工作结果和工作态度两个方面。对于工作结果，可以通过对工作完成的数量、质量、效率以及成本等指标进行评价。对于工作态度，可以通过全局意识、纪律意识、服从意识以及协作精神等评价指标来衡量。根据评价结果的不同用途，可以选择不同的评价维度和评价指标，并根据期望目标与实际值之间的绩效差距设定具体的目标值和相应的权重。

（三）动态性

绩效的第三个特征是动态性，员工的绩效会随着时间的推移发生变化，原来较差的绩效有可能好转，而原来较好的绩效也可能变差。因此，在确定绩效评价和绩效管理的周期时，应充分考虑到绩效的动态性特征，具体情况具体分析，从而确定恰当的绩效周期，保证组织能够根据评价的目的及时、充分地掌握组织不同层面的绩效情况，减少不必要的管理成本。此外，在不同的环境下，组织对绩效不同内容的关注程度也是不同的，有时侧重于效率，有时侧重于效果，有时则兼顾多个方面。无论是组织还是个人，都必须以系统和发展的眼光来认识和理解绩效。

三、影响绩效的主要因素与绩效诊断

（一）影响绩效的主要因素

绩效具有多因性，影响绩效的因素是多方面的。影响绩效的主要因素如图9-2所示，它们可以概括为以下四类。

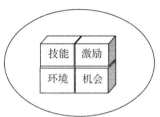

图9-2　影响绩效的主要因素

1. 技能

技能（skill）指的是员工的工作技巧和能力水平。一般来说，影响员工技能的主要因素有天赋、智力、经历、教育、培训等。因此，员工的技能不是一成不变的，组织可以通过各种方式来提高员工的整体技能水平。一方面，可以通过招聘录用阶段的科学甄选；另一方面，可以为员工提供满足其工作所需的个性化培训或通过员工自身主动地学习来提高其工作技能。同时，员工技能的提高可以加速组织技术水平的提升，从而对组织绩效产生积极的影响。

2. 激励

激励（motivation）作为影响绩效的因素，是通过提高员工的工作积极性来发挥作用的。为了使激励手段能够真正发挥作用，组织应根据员工个人的需求结构、个性等因素，选择适当的激励手段和方式。

3. 环境

影响工作绩效的环境（environment）因素可以分为组织内部的环境因素和组织外部的环境因素两类。组织内部的环境因素一般包括劳动场所的布局和物理条件，工作设计的质量及工作任务的性质，工具、设备以及原材料的供应，公司的组织结构和政策，工资福利水平，培训机会，企业文化和组织气氛等。组织外部的环境因素包括社会政治经济状况、市场的竞争强度等。不论是组织内部的环境因素还是组织外部的环境因素，都会通过影响员工的工作行为和工作态度来影响员工的绩效。

4. 机会

与前面三种影响因素相比，机会（opportunity）是一种偶然性因素。机会能够促进组织的创新和变革，给予员工学习、成长和发展的有利环境。在特定的情况下，员工如果能够得到机会去完成特定的工作任务，可能会使其达到在原有职位上无法实现的工作绩效。在机会的促使下，组织可以拓展新的发展领域，加速组织绩效的提升，因此，无论是对于组织还是个人，机会对绩效的影响都是至关重要的。

（二）绩效诊断

所谓绩效诊断，是指管理者通过绩效评价，判断组织不同层面的绩效水平，识别低绩效的征兆，探寻导致低绩效的原因，找出可能妨碍评价对象实现绩效目标的问题所在。对低绩效员工可以从以下三个角度进行绩效诊断：一是员工个人的因素，包括知识、技能和态度等，具体可能表现为从事工作所需要的知识和技能不足，缺乏工作动机，工作积极性不高等；二是管理者的因素，比如指令不清楚，目标不明确，缺乏必要的指导等；三是环境因素，比如战略不清晰，流程不顺畅，文化冲突等。绩效诊断对于组织而言非常重要，可及时发现问题并采取相应措施，在改进员工个人绩效的同时，促进群体和组织绩效水平的提高，从而持续提高整个组织的人力资源素质、增强组织的核心竞争力。因此，绩效诊断对于组织中的各级管理者来说，既是必备的技能，更是应负的责任。

四、绩效管理概述

（一）绩效管理的含义

绩效管理（performance management）就是指制定员工的绩效目标并收集与绩效有关的信息，定期对员工的绩效目标完成情况做出评价和反馈，以确保员工的工作活动和工作产出与组织保持一致，进而保证组织目标完成的管理手段与过程。

在现实中，人们对于绩效管理存在着许多片面的甚至错误的看法。要想完整、准确地理解绩效管理的含义，需要很好地把握绩效管理各方面的内容。

（二）绩效管理的内容

对于绩效管理，人们往往把它等同于绩效考核，认为绩效管理就是绩效考核，两者并没有什么区别。其实，绩效考核只是绩效管理的一个组成部分，最多只是一个核心的组成部分而已，代表不了绩效管理的全部内容。完整意义上的绩效管理是由绩效计划、绩效跟进、绩效考核和绩效反馈四个部分组成的一个系统，如图9-3所示。这四个部分将在本章分节详细阐述。

图9-3 绩效管理系统示意图

1. 绩效计划

绩效计划（performance planning）是整个绩效管理系统的起点，它是指在绩效周期开始时，由上级和员工一起就员工在绩效考核期内的绩效目标、绩效过程和手段等进行讨论并达成一致。当然，绩效计划并不是只在绩效周期开始时才会进行的，实际上它会随着绩效周期的推进而不断做出相应的修改。

2. 绩效跟进

绩效跟进（performance monitoring）是指在整个绩效期间，通过上级和员工之间的持续沟通来预防或解决员工实现绩效时可能发生的各种问题的过程。

3. 绩效考核

绩效考核（performance appraisal）是指确定一定的考核主体，借助一定的考核方法，对员工的工作绩效做出评价。

4. 绩效反馈

绩效反馈（performance feed）是指绩效周期结束时在上级和员工之间进行绩效考核面谈，由上级将考核结果告诉员工，指出员工在工作中存在的不足，并和员工一起制订绩效改进的计划。绩效反馈的过程在很大程度上决定了组织实现绩效管理目的的程度。

（三）绩效管理的目的

绩效管理的目的主要体现在三个方面：战略、管理与开发。绩效管理能够把员工的努力与组织的战略目标联系在一起，通过提高员工的个人绩效来提高企业整体绩效，从而实现组织战略目标，这是绩效管理的战略目的；通过绩效管理，可以对员工的行为和绩效进行评估，以便适时给予相应的奖惩以激励员工，其评价的结果是企业实行薪酬管理、做出晋升决策以及保留或解雇员工的决定等重要人力资源管理决策的重要依据，这是绩效管理的管理目的；在实施绩效管理的过程中，可以发现员工存在的不足，在此基础上有针对性地进行改进和培训，从而不断提高员工的素质，达到提高绩效的目的，这是绩效管理的开发目的。

（四）绩效管理的作用

关于绩效管理的作用，在大多数人的概念中就是进行奖金的分配。不可否认，这是绩效管理的一个重要作用，但绝不是唯一的作用。绩效管理是整个人力资源管理系统的核心，绩效考核的结果可以在人力资源管理的其他各项职能中得到运用。不仅如此，绩效管理还是企业管理的一个重要工具。

五、绩效管理的意义

作为人力资源管理的一项核心职能，绩效管理具有非常重要的意义，这主要表现在以下几个方面。

1. 绩效管理有助于提升企业绩效

企业绩效是以员工个人绩效为基础而形成的，有效的绩效管理系统可以改善员工的工作绩效，进而有助于提高企业的整体绩效。目前在西方发达国家，很多企业纷纷强化员工绩效管理，把它作为增强公司竞争力的重要途径。

2. 绩效管理有助于保证员工行为和企业目标的一致

企业绩效的实现有赖于员工的努力工作，人们对此早已形成共识，但是近年来的研究表明，两者的关系并不像人们想象中那么简单，而是非常复杂的。企业绩效与员工努力程度的关系如图9-4所示。

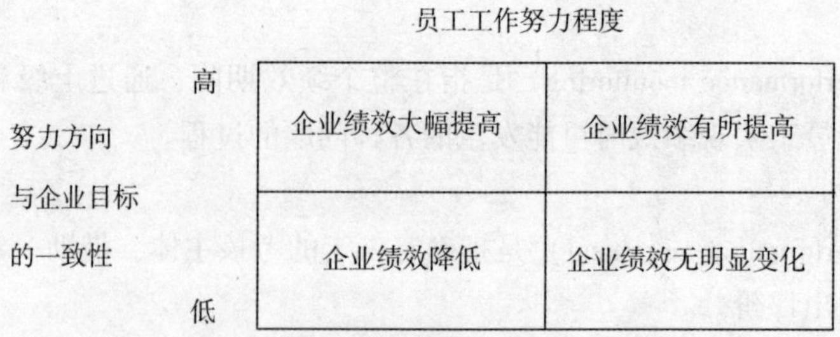

员工工作努力程度

	高		
努力方向 与企业目标 的一致性		企业绩效大幅提高	企业绩效有所提高
	低	企业绩效降低	企业绩效无明显变化

图9-4　企业绩效与员工努力程度的关系

从图9-4可以看出，在努力程度和公司绩效之间有一个关键的中间变量，即努力方向与企业目标的一致性。如果员工的努力程度比较高，但是方向却与企业的目标相反，则不仅不会增进企业的绩效，相反还会产生负面作用。

保证员工行为与企业目标一致的一个重要途径就是绩效管理。由于绩效考核指标对员工的行为具有导向作用，因此通过设定与企业目标一致的考核指标，就可以将员工的行为引导到企业目标上来。例如，企业的目标是提高产品质量，如果设定的考核指标只有数量而没有质量，员工就会忽视质量，从而影响到企业目标的实现。

3. 绩效管理有助于提高员工的满意度

提高员工的满意度对于企业来说具有重要意义，而满意度是与员工需要的满足程度联系在一起的。在基本的生活得到保障以后，按照马斯洛的需要层次理论，每个员工都会有尊重需要和自我实现的需要，绩效管理则从两个方面满足了这种需要，从而有助于提高员工的满意度。首先，通过有效的绩效管理，员工的工作绩效能够不断地得到改善，这可以提高他们的成就感，从而满足自我实现的需要；其次，通过完善的绩效管理，员工不仅可以参与管理过程，而且可以得到绩效的反馈信息，这能够使他们感到自己在企业中受到重视，从而满足了尊重需要。

4. 绩效管理有助于实现人力资源管理的其他决策的科学、合理

绩效管理可以为人力资源管理的其他职能活动提供准确、可靠的信息，从而提高其他决策的科学性和合理性。

六、绩效管理与人力资源管理其他职能的关系

绩效管理在企业的人力资源管理系统中占据着核心位置，发挥着重要的作用，并与人力资源管理的其他职能活动存在着密切关系。

1. 与职位分析的关系

职位分析是绩效管理的基础。在绩效管理中，对员工进行绩效考核的主要依据就是事先设定的绩效目标，而绩效目标的内容在很大程度上来自通过职位分析所形成的职位说明书。借助职位说明书来设定员工的绩效目标，可以使绩效管理工作更有针对性。

2. 与人力资源规划的关系

绩效管理对人力资源规划的影响主要表现在人力资源质量的预测方面，借助绩效管理系统，能够对员工目前的知识和技能水平做出准确的评价，为人力资源供给质量的和人力资源

需求质量的预测提供有效的信息。

3. 与招聘录用的关系

绩效管理与招聘录用的关系是双向的。首先，通过对员工的绩效进行评价，能够对不同的招聘渠道的质量进行比较，从而实现对招聘渠道的优化。其次，对员工绩效的评价是检测甄选录用系统效度的一个有效手段。最后，招聘录用也会对绩效管理产生影响，如果招聘录用的质量比较高，员工在实际工作中就会表现出良好的绩效，这样就可以大大减轻绩效管理的负担。

4. 与培训开发的关系

绩效管理与培训开发也是相互影响的。通过对员工的绩效做出评价，可以发现培训的"压力点"，在对"压力点"做出分析之后就可以确定培训的需求；同时，培训开发也是改进员工绩效的一个重要手段，有助于实现绩效管理的目标。

5. 与薪酬管理的关系

绩效管理与薪酬管理的关系是最直接的，按照赫茨伯格的双因素理论，如果将员工的薪酬与绩效挂钩，使薪酬成为工作绩效的一种反映，就可以将薪酬从保健因素转变为激励因素，从而使薪酬发挥更大的激励作用。此外，按照公平理论的解释，支付给员工的薪酬应当具有公平性，这样才可以更好地调动他们的积极性，为此就要对员工的绩效做出准确的评价，一方面，使他们的付出能够得到相应的回报，实现薪酬的自我公平；另一方面，也使绩效不同的员工得到不同的报酬，实现薪酬的内部公平。

6. 与人员调配的关系

企业进行人员调配的目的就是实现员工与职位的相互匹配。通过对员工进行绩效考核，可以确定员工是否胜任现有的职位，也可以发现员工适宜从事哪些职位。

第二节　绩效计划

一、绩效计划概述

（一）绩效计划的定义

绩效计划是整个绩效管理过程的开始，这一阶段的主要任务是制订绩效计划，也就是说要通过上级和员工的共同讨论，确定员工的绩效考核目标和绩效考核周期。对绩效计划的定义，我们可以做以下理解：第一，绩效计划是对整个绩效管理过程的指导和规划，是一种前瞻性的思考。第二，绩效计划包含以下三部分内容：员工在考核周期内的绩效目标体系（包括绩效目标、指标和标准）、绩效考核周期；为实现最终目标，员工在绩效考核周期内应从事的工作和采取的措施；对绩效跟进、绩效考核和绩效反馈阶段的工作做一个规划和指导。第三，绩效计划必须由员工和管理者双方共同参与，绩效计划上有关员工绩效考核的事项，如绩效目标等，需经双方共同确认。第四，既然是前瞻性思考，就有可能出现无法预料的事情，所以绩效计划应该随着外界环境和企业战略的变化而随时进行调整，不能墨守成规。

（二）绩效计划的作用

绩效计划对于整个绩效管理工作的成功与否甚至组织的发展都具有重要影响，主要体现在以下几个方面：制订行动计划，指导整个绩效管理环节的有效实施；增强后续工作的计划性，有效降低浪费和冗余；设定考核指标和标准，有利于组织对员工工作的监控和指导，同时也为考核工作提供了衡量指标和标准，使考核得以公正、客观、科学，容易获得员工的接受；员工参与计划的制订，增强员工的参与感和受重视感，同时也提高了员工对绩效目标的承诺；绩效计划是将组织战略目标和员工的考核指标相结合的重要环节，只有经过这一环节，才能使绩效考核和绩效管理上升到组织战略的高度，有助于组织战略目标的实现。

二、绩效计划的主要内容

绩效计划的主要内容有绩效考核目标体系的构建、绩效考核周期的确定和对绩效管理其他三个环节工作的初步规划。这里我们仅就绩效考核目标体系的构建和绩效考核周期的确定两部分内容进行阐述。本章所讲的绩效考核目标体系也就是绩效指标体系。

（一）绩效考核目标

绩效考核目标也叫绩效目标，是对员工在绩效考核期间工作任务和工作要求所做的界定。这是对员工进行绩效考核时的参照系。绩效目标由绩效内容和绩效标准组成。

1. 绩效内容

绩效内容界定了员工的工作任务，也就是说员工在绩效考核期间应当做什么事情，它包括绩效项目和绩效指标两个部分。

绩效项目是指绩效的维度，也就是说要从哪些方面来对员工的绩效进行考核。按照前面所讲的绩效的含义，绩效的维度，即绩效考核项目有三个：工作业绩、工作能力和工作态度。

绩效指标（performance index）是指绩效项目的具体内容，它可以理解为对绩效项目的分解和细化，例如对于某一职位，工作能力这一考核项目就可以细化为分析判断能力、沟通协调能力、组织指挥能力、开拓创新能力、公共关系能力以及决策行动能力这六项具体指标。

对于工作业绩，设定指标时一般要从数量、质量、成本和时间四个方面进行考虑；对于工作能力和工作态度，则要具体情况具体对待，根据各个职位不同的工作内容来设定不同的指标。绩效指标的确定，有助于保证绩效考核的客观性。确定绩效指标时，应当注意以下几个问题。

（1）内涵明确、清晰。应对每一个绩效评价指标规定明确的含义，以避免不同的评价者对评价指标的内容产生不同的理解，从而减少评价误差的产生。绩效评价指标的表达应明确、清晰，用于定义评价指标的名词应准确，没有歧义，使评价者能够轻松地理解它的含义，不会有模棱两可的感觉。

（2）具有独立性。各个评价指标尽管有相互作用或相互影响、相互交叉的内容，但一定要有独立的内容，有独立的含义和界定。

（3）具有针对性。评价指标应针对某个特定的绩效目标，并反映相应的绩效标准。因此，应根据岗位职能所要求的各项工作内容及相应的绩效目标和标准来设定每一个绩效评价指标。

（4）易于衡量。评价绩效指标应当有利于以最有效的方式来提供关于绩效的必要信息。设计绩效指标时应当将成本、准确性和所需数据的可获得性等问题考虑在内。

2. 绩效标准

设定了绩效指标之后，就要确定绩效指标达成的标准。绩效标准（performance standard）是对员工工作要求的进一步明确，即对员工绩效内容做出明确的界定：员工应当怎样来做或者做到什么程度。

确定绩效标准时，应当注意以下几个问题。

（1）绩效标准应当明确。按照目标激励理论的解释，目标越明确，对员工的激励效果就越好，因此在确定绩效标准时应当具体清楚，不能含糊不清，这就要求尽可能地使用可量化的标准。

（2）绩效标准应当适度。制定的标准要具有一定的难度，但员工经过努力可以实现，通俗地讲就是"跳一跳可以摘到桃子"。这同样源自目标激励理论的解释，目标太容易或者太难，对员工的激励效果都会大大降低，因此绩效标准应当在员工可以实现的范围内确定。

（3）绩效标准应当可变。这包括两层含义。一是指对于同一个员工来说，在不同的绩效周期，随着外部环境的变化，绩效标准有可能也要变化，例如对于空调销售员来说，由于销售有淡季和旺季之分，因此淡季的绩效标准就应当低于旺季。二是指对于不同的员工来说，即使在同样的绩效周期，由于工作环境不同，绩效标准也有可能不同。仍以空调销售员为例，有两个销售员，一个在昆明工作，一个在广州工作，由于气候原因，昆明的人们对空调基本上没有需求，而广州的需求则比较大，因此这两个销售员的绩效标准就应当不同，在广州工作的销售员，绩效标准就应当高于在昆明工作的销售员。

3. 绩效目标的 SMART 原则

对于绩效目标的设计要求，一般可以概括为以下五个原则，简称"SMART 原则"。

第一，目标明确具体原则（specific）。绩效目标必须是具体的，以保证其明确的牵引性。由于每位员工的具体情况不同，绩效目标要明确地、具体地体现出管理者对每一位员工的绩效要求。

第二，目标可衡量原则（measurable）。绩效目标必须是可衡量的，必须有明确的衡量指标。所谓衡量，就是指员工的实际绩效表现与绩效目标之间可以进行比较。

第三，目标可达成原则（attainable）。绩效目标必须是可以达到的，不能因指标无法达成而使员工产生挫折感，但这并不否定其应具有挑战性。

第四，目标相关原则（relevant）。绩效目标必须是相关的，它必须与公司的战略目标、部门的任务及职位职责相联系。

第五，目标时间原则（time-based）。绩效目标必须是以时间为基础的，即必须有明确的时间要求。

（二）绩效考核周期

绩效考核周期也叫绩效考核期限，是指多长时间对员工进行一次绩效考核。由于绩效考核需要耗费一定的人力、物力，因此考核周期过短会增加企业管理成本的开支；但是，绩效考核周期过长又会降低绩效考核的准确性，不利于员工工作绩效的改进，从而影响到绩效管理的效果。因此，在准备阶段，还应当确定恰当的绩效考核周期。

在确定绩效考核周期时，要考虑以下几个因素。

1. 职位的性质

不同的职位，工作的内容是不同的，因此绩效考核的周期也应当不同。一般来说，职位的工作绩效比较容易考核，考核周期相对要短一些，如工人的考核周期相对就应当比管理人员的短。其次，职位的工作绩效对企业整体绩效的影响比较大的，考核周期相对要短一些，这样有助于及时发现问题并进行改进，如销售职位的绩效考核周期相对就应当比后勤职位的短。

2. 指标的性质

不同的绩效指标，其性质是不同的，考核的周期也应当不同。一般来说，性质稳定的指标，考核周期相对要长一些；相反，考核周期相对就要短一些。例如，员工的工作能力比工作态度相对稳定一些，因此能力指标的考核周期相对比态度指标就要长一些。

3. 标准的性质

在确定考核周期时，还应当考虑绩效标准的性质，就是说考核周期的时间应当保证员工经过努力能够实现这些标准，这一点其实是与绩效标准的适度性联系在一起的。例如"销售额为 50 万元"这一标准，按照经验需要 2 周左右的时间才能完成，如果将考核周期定为 1 周，员工根本就无法完成，如果定为 4 周，又非常容易实现，在后两种情况下，对员工的绩效进行考核都是没有意义的。

三、绩效计划的工具

自 20 世纪 50 年代以来，绩效管理逐渐发展成为人力资源管理理论研究的重点，学者们先后研究提出了目标管理、关键绩效指标（key performance indicators，KPI）、平衡计分卡（balance score card，BSC）等工具。而其中以 KPI 和 BSC 为基础构建的绩效考核指标体系，一方面能够很好地将组织的战略目标和具体考核指标相互结合，另一方面也具有较强的可操作性，在广大企业的实践中获得了大家的认可，成为越来越受欢迎的绩效计划工具。

（一）关键绩效指标

随着管理实践的不断发展和成熟，绩效管理也逐渐上升到战略高度，强调对企业战略规划的承接。管理学界探索各种评估方法，将结果导向和行为导向的评估方法的优点相结合，强调工作行为和目标达成并重。在这种背景下，关键绩效指标应运而生。

1. 关键绩效指标的基本内涵

关键绩效指标是衡量企业战略实施效果的系统性关键指标，它是战略目标通过层层分解产生的可操作性的指标体系。其目的是建立一种机制，将企业战略转化为内部过程和活动，不断增强企业的核心竞争力，使企业能够得到持续发展。可从以下几个方面深入理解其具体含义。

（1）关键绩效指标是衡量企业战略实施效果的关键的指标体系。这包含三个层面的含义：首先，关键绩效指标的功能是用来衡量企业战略实施效果，是战略导向的；其次，关键绩效指标强调关键，即最能有效影响企业价值创造的关键驱动因素，是对企业成功具有重要影响的方面；最后，关键绩效指标是一套指标体系，体系里面包含了所有对企业成功具有重要影响的衡量指标。

（2）关键绩效指标体现的是对组织战略目标有增值作用的绩效指标。关键绩效指标是连接个人绩效和企业战略目标的桥梁，可以引导员工真正做出有利于组织战略目标实现的行为。

（3）关键绩效指标是用于评价和管理员工绩效的可量化的和可行为化的标准体系。关键绩效指标体系是用来对员工的工作行为和工作结果进行衡量的，指标必须是可以量化或可行为化的，否则便无法用来衡量和考核。

2. 基于关键绩效指标的绩效指标体系设计

关键绩效指标体系作为一种系统化的绩效指标体系，包括三个层面的指标：企业级关键绩效指标、部门级关键绩效指标和个人级关键绩效指标。三个层面由上至下，由宏观到微观，层层传递；由下至上，由微观到宏观，层层支撑，形成一个相互联系的系统。

（1）企业级关键绩效指标体系的确定。关键绩效指标的建立是一项专业的工作，一般需要聘请外部专家进行指导。通过关键成功分析法选择 KPI，有以下四个步骤。

第一步，专家与企业高层领导一起明确企业未来的发展方向和战略目标。基于企业的战略目标，借助鱼骨图法或头脑风暴法分析企业获得成功的关键业务重点，这些业务领域就是公司的关键结果领域（key result areas），以此确定 KPI 维度。这一步通常需要思考几个问题：企业的成功靠什么？企业未来追求的目标什么？某企业的关键结果领域如图 9-5 所示。

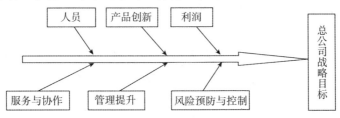

图 9-5　某企业的关键结果领域

第二步，进一步分解，把关键结果领域层层分解为关键绩效要素（key performance factors），即确定 KPI 要素。关键绩效要素是对关键结果领域的细化和描述，主要回答以下几个问题：每个关键成功领域包括哪几个方面的内容？如何保证在该领域获得成功？达成该领域成功的关键措施和手段是什么？达成该领域成功的标准是什么？

第三步，为了便于对这些要素进行量化考核，再将这些要素细分为各项指标，即关键绩效指标。但是针对每一要素，都可能有很多指标可以反映其特性，所以要对这些指标进行筛选，选择最终的 KPI。确定关键绩效指标时应遵循 SMART 原则。

第四步，对每项最终选择的关键绩效指标设置评价标准，即各个指标应该达到什么样的水平。综合以上各种因素，得出企业级关键绩效指标汇总表。至此，一个完善的企业级关键指标体系才算完成。

需要注意的是，企业级关键绩效指标体系的确定不是一蹴而就的，需要经过试运行，然后收集相关人员的意见，对初步建立的指标体系进行补充、修改、完善，最后确立稳定可行的关键绩效指标体系。另外，指标体系应该与组织的战略目标保持一致，而组织的战略会随着内外环境的变化而变化，所以指标体系也不是一成不变的，应该随着战略的变化而进行调整。

（2）部门级关键绩效指标的确定。得出企业级关键绩效指标以后，部门管理人员应该在专家的指导下，将企业级关键绩效指标分配或分解到相应的部门，形成部门级关键绩效指标。具体做法是，确认企业级关键绩效指标是否可以直接由部门承担，对于可以承担的，就可以直接过渡为部门级关键绩效指标；对于不能直接承担的，可以按组织结构分解或按主要流程分解。

（3）个人级关键绩效指标的确定。按照相同的办法，将部门级关键绩效指标进行承接或分解，形成个人关键绩效指标。

需要注意的是，部门级关键绩效和个人级关键绩效指标都来源于企业级关键绩效指标，所以部门级关键绩效指标和个人级关键绩效指标理应随着企业级关键绩效指标的改变而进行适时调整。

（二）平衡计分卡

哈佛大学教授罗伯特·卡普兰（Robert Kaplan）和复兴全球战略集团的创始人大卫·诺顿（David Norton）对 12 家公司进行了一项研究，以寻求新的绩效评价方法。在讨论了多种可能的替代方法后，他们决定采用计分卡来建立一套囊括整个组织各方面活动的绩效评价系统，并将这种新的工具命名为"平衡计分卡"。平衡计分卡诞生后，逐渐被各类组织接受，并广泛采用。据统计，《财富》1 000 强企业中，有 70% 的公司采用了平衡计分卡。全球经典的管理学杂志《哈佛商业评论》更是将其列为 20 世纪最有影响力的管理工具之一。

平衡计分卡和战略地图是一脉相承的关系，先用战略地图对公司的战略进行描述，然后利用平衡计分卡从四个层面对战略进行衡量。正是战略地图和平衡计分卡的结合，使得这套工具由绩效衡量工具上升为战略管理工具。

平衡计分卡以企业的战略和使命为基础，依托企业战略，对每项战略进行分解，制定衡量指标和目标值，同时配之以达成目标的行动方案，形成一套对战略进行衡量的考核指标体系。平衡计分卡从四个层面来衡量企业的绩效：财务层面、客户层面、内部流程层面和学习与成长层面。这四个层面将财务指标和非财务指标有机结合在一起，打破了以财务指标为核心的传统的绩效管理系统框架。并且，平衡计分卡将企业的战略目标和绩效评价指标紧密联系起来，对员工的行为起着更明确的导向作用，有助于企业战略目标的实现。同时，平衡计分卡实现了财务指标和非财务指标的平衡、组织内外部指标的平衡、前置指标和滞后指标的平衡、长期指标和短期指标的平衡。

（1）财务层面。财务层面衡量公司的财务和利润情况，考察战略的实施和执行能否为最终经营成果的改善做出贡献，财务层面是其他层面的目标和指标的核心。财务层面的最终目标是利润最大化。不同类型的企业在不同的发展时期会有不同的财务目标，但是一般而言，可以将财务目标分成收入增长、生产率提高、成本下降、资产利用、风险管理等主题，企业可以从中选择适当的财务目标。

（2）客户层面。客户层面反映了企业吸引客户、保留客户和提高客户价值方面的能力。企业应该首先确定自己的目标客户和细分市场，然后针对目标客户确定自己的客户价值主张，卡普兰和诺顿提供了四种通用的价值主张，即竞争战略、总成本最低战略、产品领先战略、全面客户解决方案和系统锁定战略。

（3）内部流程层面。内部流程层面反映了企业内部运营的资源和效率，关注导致企业绩效更好的决策和行动过程，特别是对顾客满意度和股东满意度有重要影响的流程。内部流程可以分为四类：运营管理流程、客户管理流程、创新流程以及法规与社会流程。内部流程是企业改善经营业绩的重点，常见的指标包括产品合格率、生产周期、新产品开发速度、出勤率等。

（4）学习与成长层面。学习与成长层面描述了前面三个层面的基础架构，是驱使前三个层面获得成功的内在动力。学习与成长层面关注组织未来的发展潜力，主要有三个来源：人、系统和组织程序。相对于其他层面而言，该层面可以考虑选用的指标有员工的满意度、保留率、战略信息覆盖率、战略目标的一致性等。

平衡计分卡四个层面的指标和目标都来源于组织的使命、愿景和战略，是对使命、愿景、战略的分解、细化和现实支撑。四个层面内部存在层层支撑、层层传递的内在联系，构成了一个紧密联系、有机统一的整体。

四、绩效计划的基本过程

在制订计划时，管理人员需要根据上一级部门的目标，并围绕本部门的职责、业务重点以及客户（包括内部各个部门）对本部门的需求来制订本部门的工作目标。然后，根据员工所在职位的职责，将部门目标分解到具体责任人，形成员工的绩效计划。因此，绩效目标大致有三个主要来源：一是上级部门的绩效目标；二是职位职责；三是内外部客户的需求。管理人员在制订绩效计划时，一定要综合考虑以上三个方面。一般来说，绩效计划包括三个阶段：准备阶段、沟通阶段、绩效计划的审定与确认阶段。

在准备阶段，管理人员需要了解组织的战略发展目标和计划、企业年度经营计划、部门的年度工作重点、员工所在职位的基本情况、员工上一绩效周期的绩效考核结果等信息。同时，管理人员还需要决定采用什么样的方式来进行绩效计划的沟通。

在沟通阶段，管理人员与员工主要通过对环境的界定和对能力的分析，确定有效的目标，制订绩效计划，并就资源分配、权限、协调等可能遇到的问题进行讨论。在一般情况下，绩效计划沟通时应该至少回答这几个问题：该完成什么工作？按照什么样的程序完成工作？何时完成工作？需要哪些资源与支持？

在绩效计划的审定与确认阶段，管理人员需要与员工进一步确认绩效计划，形成书面的绩效合同，并且管理人员和员工都需要在该文档上签字确认。需要补充的是，在实际工作中，绩效计划一经订立并不是就不可改变，环境总是在不断发生变化的，在绩效计划的实施过程中往往需要根据实际情况及时调整。

绩效计划的结果是绩效合同，所以很多管理人员过分关注最终能否完成绩效合同。实际上，最终的绩效合同很重要，制订绩效计划的过程也非常重要。在制订绩效计划的过程中，管理人员必须认识到，绩效计划是一个双向沟通过程，一方面，管理人员需要向员工沟通部门对员工的期望与要求；另一方面，员工也需要向管理人员沟通自己的认识、疑惑、可能遇到的问题及需要的资源等。

第三节　绩效跟进

管理者和员工经过沟通达成一致的绩效目标之后，还需要不断地对员工的工作表现和工作行为进行监督管理，监控过程中的绩效，才能帮助员工获得最终的优秀绩效。在整个绩效考核周期（performance appraisal cycle）内，管理者采用恰当的领导风格，积极指导下属工作，与下属进行持续的绩效沟通，预防或解决实现绩效计划时可能发生的各种问题，以期更好地完成绩效计划，这个过程就是绩效跟进，也称为绩效监控。在绩效跟进的阶段，管理人员需要选择合适的领导风格、与员工持续沟通、辅导与咨询、收集绩效信息等。这几个方面也是决定绩效跟进过程中的监管是否有效、跟进是否成功的关键点。

一、选择合适的领导风格

在绩效跟进阶段，领导者要选准恰当的领导风格，指导下属的工作，与下属进行沟通。在这一过程中，管理者处于极为重要的地位，管理者的行为方式和处事风格会极大地影响下属工作的状态，这要求管理者能够在适当的时候采取适当的管理风格。涉及领导风格的权变理论主要有领导情景理论、路径—目标理论、领导者—成员交换理论等，下面我们将简要介绍其中获得广泛认可的领导情景理论，如图9-6所示。

领导情景理论由保罗·赫塞（Paul Hersey）和肯·布兰查德（Ken Blanchard）于1969年开发，该理论获得了广泛认可。领导情景理论认为，领导的成功来自选择正确的领导风格，而领导风格有效与否还与下属的成熟度相关。所谓下属的成熟度，是指员工完成某项具体任务所具备的能力和意愿程度。针对领导风格，赫塞和布兰查德根据任务行为和关系行为两个维度将其划分为四种不同的领导风格，分别是：指示型（高任务—低关系）、推销型（高任务—高关系）、参与型（低任务—高关系）、授权型（低任务—低关系）。

领导情景理论比较重视下属的成熟度，这实际上隐含了一个假设：领导者的领导力实际上取决于下属的接纳程度和能力水平。而根据下属的成熟度，也就是员工完成任务的能力和意愿程度，可以将下属分成四种。

R1：下属无能力且不愿意完成某项任务，这时是低度成熟阶段。

R2：下属缺乏完成某项任务的能力，但是愿意从事这项任务。

R3：下属有能力但不愿意从事某项任务。

R4：下属有能力并愿意完成某项任务，这时是高度成熟阶段。

领导情景理论的核心就是将四种基本的领导风格与员工的四种成熟度阶段相匹配，为管理者根据员工的不同绩效表现做出适当回应提供了帮助。随着下属成熟度的提高，领导者不但可以减少对工作任务的控制，而且可以减少关系行为。具体来讲，在 R1 阶段，采用给予下属明确指导的指示型风格；在 R2 阶段，领导者需要高任务—高关系的推销型风格；到了 R3 阶段，参与型风格的领导最有效；而当下属的成熟度达到 R4 阶段，领导者无须再做太多的事情，只需授权即可。

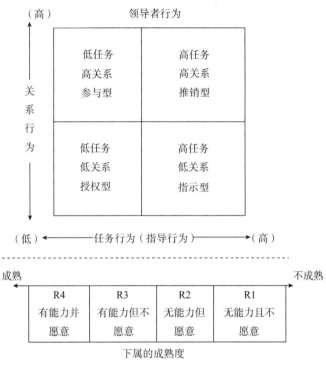

图 9-6　领导情景理论

二、与员工持续沟通

在绩效跟进的过程中，管理人员与员工需要进行持续的沟通。持续沟通主要具有以下目的：①通过持续沟通对绩效计划进行调整；②通过持续沟通向员工提供进一步的信息，为员工绩效计划的完成奠定基础；③通过持续沟通，让管理人员了解相关信息，以便日后对员工的绩效进行客观的评估，同时也在绩效计划执行发生偏差的时候及时了解相关信息，并采取相应的调整措施。

一般来说，管理人员与员工的持续沟通可以通过正式的沟通与非正式的沟通来完成。正式的沟通有：①书面报告，如工作日志、周报、月报、季报、年报等；②会议；③正式面谈。非正式的沟通方式多种多样，常用的非正式沟通方式有走动式管理、开放式办公室、休息时间的沟通、非正式的会议。与正式的沟通相比，非正式的沟通更容易让员工开放地表达自己的想法，沟通的氛围也更加宽松活跃。管理人员应该充分利用各种各样的非正式沟通机会。

三、辅导与咨询

1. 辅导

绩效辅导就是在绩效跟进过程中，管理者根据绩效计划，采取恰当的领导风格，对下属进行持续的指导，确保员工工作不偏离组织战略目标，并提高其绩效周期内的绩效水平以及长期胜任素质的过程。要想成为一名合格的指导者，并不一定需要成为该领域的专家。对员工进行指导关注的基本问题是帮助员工学会发展自己：通过监控员工的工作过程，发现员工存在的问题，及时对员工进行指导，培养其工作中所需的技巧和能力。优秀的指导者或管理者应该在以下三个层次上发挥作用。

（1）与员工建立一对一的密切联系，向他们提供反馈，帮助员工制定能"拓展"其目标的任务，并在他们遇到困难时提供支持。

（2）营造鼓励员工承担风险、勇于创新的氛围，使他们能够从过去的经验中学习。这包括让员工反思他们的经历并从中获得经验，从别人身上学习，不断进行自我挑战，并寻找学习新知识的机会。

（3）为员工提供学习机会，使他们有机会与不同的人一起工作。把他们与能够帮助其发展的人联系在一起，为他们提供新的挑战性工作，以及接触某些平时很难见到的人或情境的机遇。

2. 咨询

有效的咨询是绩效管理的一个重要组成部分。在绩效管理实践中，当员工没能达到预期的绩效标准时，管理者借助咨询来帮助员工克服工作过程中遇到的障碍。在进行咨询时要做到：第一，咨询应该及时，也就是说，应该在问题出现后立即进行咨询；第二，咨询前应做好计划，咨询应在安静、舒适的环境中进行；第三，咨询是双向交流，管理者应该扮演"积极的倾听者"的角色，使员工感到咨询是开放的，并鼓励员工多发表自己的看法；第四，不要只集中在消极的问题上，谈到好的绩效时，应比较具体，并说出事实依据，而对不好的绩效应给予具体的改进建议；第五，要共同制订改进绩效的具体行动计划。

咨询过程包括三个主要阶段：①确定和理解，即确定和理解所存在的问题；②授权，帮助员工确定自己的问题，鼓励他们表达这些问题，思考解决问题的方法并采取行动；③提供资源，即驾驭问题，包括确定员工可能需要的其他帮助。

四、收集绩效信息

在绩效跟进阶段，管理者收集和记录数据，一方面是为了保证绩效评价有明确的依据，避免出现传统绩效评价中根据主观臆断或对绩效表现的回忆来评价员工绩效的现象。管理者持续不断地收集信息，特别是记录员工在实现绩效目标过程中的关键事件，从而确保评价结果的公正及可信度。另一方面，管理者通过持续地收集信息，记录关键事件，诊断员工的绩效，进而达到改进绩效的目的。

（一）信息收集的内容

信息收集并不是一种疯狂的收集过程，收集信息同样需要占用组织的资源，而几乎所有组织的资源都是有限的。在这种情况下，就需要确定收集什么样的信息。这取决于组织的目标，并且主要强调的是与绩效管理有关的信息。绩效评价是一项鉴定活动，因此一定要讲求证据，要使员工的业绩活动得到真实而具体的反映，并成为员工行为是否符合绩效标准最有力的佐证，只有这样才能确保员工对绩效评价结果的认可度，并为相应的人力资源管理决策提供可靠的决策依据。管理者在收集信息时，要注意目标完成情况、证明绩效水平的具体证据、对解决问题有帮助的一些数据、关键事件的具体描述等方面的信息。

（二）信息收集的方法

管理者为了获得员工绩效的信息，可以做以下工作。

（1）定期安排与员工的会面，来评价他们的绩效。

（2）对照事先建立的职位说明书或行动计划检查工作的进展，考察是否达到了目标。

（3）回顾在评价周期开始的时候形成的报告或者目标列表。

（4）到各处巡视工作的进展情况，并与员工进行非正式的讨论。

（5）从与员工共事的其他人那里得到对员工本人的反馈（正式或非正式的）。

（6）检查工作的产出和结果，以检查其质量或者准确性。

（7）要求员工做工作进展报告。

（8）提出要求后，检查任务完成情况，或者看是否有需要帮助员工解决的问题。

（9）通过分析工作结果、讨论改进方案，评价工作任务或绩效目标完成的情况。

（10）关注顾客的投诉率和满意度，评价、检查员工的绩效。

当然，绩效管理主管也可以通过不同的信息渠道获得信息，主要的信息渠道有员工的主管、员工自身、下级、同事以及与被收集者有关的外部人员等。

在各种收集信息的方法中，观察一般是最可靠的。观察是一种收集信息的特定方式，通常是由管理者亲眼所见、亲耳所闻，而不是从别人那里得知。不过，由于管理者的时间和精力有限，不可能事事都观察或监控到，所以要结合其他方法。当然，在使用其他方法进行信息收集时，对信息的准确性要进行基本的判断，不能不加判断就完全相信并加以应用。

第四节　绩效考核

一、绩效考核步骤

一般而言，企业在进行绩效考核时，要经过五个步骤。这五个步骤以及每个步骤需要从事的工作内容如下。

1. 确立目标

这一步骤需要明确组织的战略目标，选择考核对象。这一过程主要是在绩效计划中，使用平衡计分卡和关键绩效指标两种考核工具实现的。考核指标体系的建立源于组织的使命和战略目标。

2. 建立评价系统

建立评价系统包括三个方面的内容：确定评价主体，构建评价指标体系，选择适当的考核方式。

3. 整理数据

把在绩效跟进阶段所收集到的数据进行整合与分析，按照考核指标和标准进行界定、归类。在这一过程中，要尽量减少主观色彩，以客观事实和客观标准来进行，以保证最终考核结果的公正、客观。

4. 分析判断

在这一阶段，需要对信息进行重新整合，按照所确定的评价方式对评价对象进行最终判断。

5. 输出结果

考核结束后，需要得出一个具体的考核结果，考核结果既要包括绩效得分和排名，同时也应该对绩效结果进行初步分析，找出优秀或不足的原因，以供后面的反馈和改进之用。

二、绩效考核过程中的关键点

绩效考核是一项系统工程，包括多项工作，只有每一项工作都落实到位，考核工作才能有实效。具体而言，绩效考核主要包含考核对象的确定、考核内容的确定、考核主体的确定、考核方法的选择。

（一）考核对象的确定

在企业中，考核对象一般包括组织、部门和员工三个层面。针对不同的对象，考核内容也会有所不同。绩效计划阶段中所提到的两种绩效考核工具——平衡计分卡和关键绩效指标，很好地将三个层面的绩效考核指标结合了起来。一般来说，企业在绩效管理过程中，应该优先考虑组织层面的考核，然后关注部门层面的考核，最后再关注员工层面的考核。

（二）考核内容的确定

由于本书中所讲的绩效考核，主要是针对员工个人而言，所以这里就以员工的绩效考核为例，说明考核内容的确定。

根据绩效考核的定义可以发现，考核主要针对三部分内容：工作能力、工作态度和工作业绩。所以，考核的内容理应包括工作能力、工作态度和工作业绩。其中，工作能力和工作态度主要是通过胜任素质来考核。

所谓工作业绩，也就是员工的直接工作结果。结果在某种程度上体现了员工的工作能力和工作态度。对员工的工作业绩进行评价，可以直观地说明员工工作完成的情况，更重要的是，工作业绩可以作为一种信号和依据，提示员工可能存在的需要提高和改进的地方。一般而言，我们可以从数量、质量和效率三个方面出发，来衡量员工的业绩。但是不同类型工作的业绩体现也有不同，例如，销售人员和办公室工作人员的业绩就不能用同一套指标和标准来衡量。所以一定要针对不同的岗位设计合理的考核指标体系，才能科学、有效地对员工的业绩进行衡量。尽可能量化要考核的业绩方面，对于实在不能量化的方面，也要建立统一标准，尽可能客观。

（三）考核主体的确定

考核主体是指对员工的绩效进行考核的人员。由于企业中岗位的复杂性，仅一个人很难对员工做出全面的绩效考核。为了确保考核的全面性、有效性，在实施考核的过程中，应该从不同岗位、不同层次的人员中，抽出相关成员组成考核主体并使其参与到具体的考核中。

一般来说，考核主体包括五类成员：上级、同事、下级、员工本人和客户。

1. 上级

上级是最主要的考核主体。上级考核的优点是：由于上级对员工承担直接的管理责任，因此他们通常最了解员工的工作情况；此外，用上级作为考核主体还有助于实现管理的目的，保证管理的权威。上级考核的缺点在于：上级领导往往没有足够的时间来全面观察员工的工作情况，考核信息来源单一；容易受到领导个人的作风、态度以及对下属员工的偏好等因素的影响，产生个人偏见。

2. 同事

同事考核的优点是：由于同事和被考核者在一起工作，因此他们对员工的工作情况比较了解；同事一般不止一人，可以对员工进行全方位的考核，避免个人偏见；此外，还有助于促使员工在工作中与同事配合。同事考核的缺点是：人际关系的因素会影响考核的公正性，与自己关系好的就给高分，不好的就给低分；大家有可能协商一致，相互给高分；还有可能造成相互的猜疑，影响同事关系。

3. 下级

用下级作为考核主体的优点是：可以促使上级关心下级的工作，建立融洽的员工关系；由于下级是被管理的对象，因此最了解上级的领导管理能力，能够发现上级存在的问题。下级考核的缺点是：由于顾及上级的反应，往往不敢真实地反映情况；有可能削弱上级的管理权威，造成上级对下级的迁就。

4. 员工本人

用员工本人作为考核主体进行自我考核的优点是：能够增加员工的参与感，加强员工的自我开发意识和自我约束意识；有助于员工接受考核结果。员工本人考核的缺点是：员工对自己评价往往容易偏高；当自我考核和其他主体考核的结果差异较大时，容易引起矛盾。

5. 客户

用客户作为考核主体，就是由员工服务的对象来对员工的绩效进行考核，这里的客户不仅包括外部客户，还包括内部客户。客户考核有助于员工更加关注自己的工作结果，提高工作的质量。它的缺点是：客户更侧重于员工的工作结果，不利于对员工进行全面评价；此外，有些职位的客户比较难以确定，不适于使用这种方法。

由于不同的考核主体收集考核信息的来源不同，对员工绩效的看法也会不同。为了保证绩效考核的客观、公正，应当根据考核指标的性质来选择考核主体，选择的考核主体应当是对考核指标最了解的。

（四）考核方法的选择

绩效管理中绩效考核的方法有很多种，每一种绩效考核的方法都有自身的特点，同时都有自己的适用对象和适用范围。要对员工工作绩效进行客观公正的考核分析，就要在多种考核方法中进行选择。下面将介绍几种常用的绩效考核方法。

1. 直接排序法

直接排序法是一种相对比较简单的方法，主要是将员工按照某个评估因素从绩效最好的员工到绩效最差的员工进行排序。该方法是一种定性评价方法。

（1）做法。将所有参加评估的人选列出来，就某一个评估要素展开评估，首先找出该因素上表现最好的员工，将其排在第一的位置，再找出在该因素上表现差的员工，将他排在最后一个位置，然后找出次最好、次最差，依此类推。评估要素可以是整体绩效，也可以是某项特定的工作或体现绩效某个方面。

（2）优点。比较容易识别好绩效和差绩效的员工。如果按照要素细分进行评估，可以清晰地看到某个员工在某方面的不足，有利于绩效面谈和改进；适合人数较少的组织或团队，如某个工作小组和项目小组。

（3）缺点。当需要评估的人数较多、超过20人时，此种排序工作比较烦琐，尤其是要进一步将细分要素展开的时候。严格的名次界定会给员工造成不好的印象，最好和最差比较容易确定，但中间名次是比较模糊和难以确定的，不如等级划分那样比较容易使人接受。

2. 关键绩效指标考核法

（1）关键绩效指标考核法的概念。关键绩效指标考核法是通过对工作绩效特征进行分析，并总结出具有代表性的几个关键指标，然后把这些指标作为基础进行绩效考核的方法。

关键绩效指标是衡量企业战略实施效果的关键指标，其目的是建立一种机制，将企业战略转化为企业的内部过程和活动，以不断增强企业的核心竞争力和持续地提高效益。首先，关键绩效指标来自员工的工作岗位责任，是对其中少数关键岗位的描述；其次，关键绩效指标的来源是组织或者部门总目标，是该工作岗位的员工对公司战略目标价值的体现；最后，关键绩效指标来源于业务流程最终的目标，反映该岗位的人对流程终点的服务价值。

（2）关键绩效指标考核法的考核程序。

①设计绩效指标。绩效指标设计的基本步骤可分为六步。第一步，确定影响公司战略目标的关键因素。第二步，确定关键的成功因素与业务流程之间的关系。将关键成功因素与内部流程联系起来，可以清晰地看到各流程对关键成功因素和关键利益等相关方的影响，以及在实现整体公司策略中所扮演的角色。第三步，确定各流程的关键控制点和控制内容。每个流程由三部分组成：投入、过程和结果。流程本身主要加以控制的部分包括过程和结果。因此要想让流程合理、高效并达到目的。除了对其结果进行控制之外，还需要对其过程经历的时间、花费的成本、可能产生的风险进行控制，这样才能保证流程最终促成企业实现关键成功因素。因此，在对各主要业务流程进行分析时，主要从时间、成本、风险、结果四方面考虑是否需要对这些因素进行控制。第四步，根据对每个流程关键控制点的分析和相关的控制点，设定初步的绩效指标。第五步，测试、修正和筛选各项指标。对初步选定的绩效指标进行筛选，对不符合原则的指标进行修改或淘汰，筛选出最合适的指标。第六步，确定关键绩效指标。将指标和流程分配给具体的部门或岗位以后，就形成了每个岗位的绩效指标。

②确定绩效指标权重。岗位的多重目标特性决定了必须根据目标的重要性对指标赋予不

同的权重，这样才能对员工的工作做出明确的评价。一般而言，对公司战略重要性高的指标权重高，对被考核人影响直接且显著的指标权重高，权重的分配在同级别、同类型岗位之间应具有一致性，又要兼顾每个岗位的独特性。常常通过专家法或层次法确定员工各绩效指标的权重。

③设定绩效标准。对于关键绩效指标，在员工进行绩效计划时都需要设定目标值，即绩效标准，以此作为衡量员工工作好坏的标准。设定绩效标准的方法有定量分析法、预测法、标杆法、分解法。

④绩效考核。在绩效周期结束后，员工的直接上级可以通过比较员工的实际绩效与绩效标准得到绩效结果。

⑤绩效反馈和绩效考核结果的运用。绩效考核结束后，考核者个人或考核者与人力资源部门有关人员一起，与被考核者就考核的结果进行充分沟通，指出目标完成度较高的地方，同时找出被考核者出现的问题和不足，为提高绩效达成协议。人力资源部会将考核结果运用到工作中去。

3. 评价尺度考核法

(1) 评价尺度考核法的概念。评价尺度考核法也叫图尺度评价法，是运用最普遍和比较简单的工作绩效评价技术之一。它是通过列举出一些组织希望的绩效构成要素，如质量、数量或者个人特征等，再列举出跨越范围很宽的工作绩效等级，从"不满意"到"十分优秀"，根据员工的绩效表现打分进行汇总，最终得到员工的工作绩效评价结果的一种方法。

(2) 评价尺度考核法的步骤。在进行工作绩效评价时，首先在一张图表中列举出一系列绩效评价要素，并为每一要素列出几个备选的工作绩效等级；然后，主管人员从每一要素的备选等级中分别选出最能够反映下属雇员实际工作绩效状况的工作绩效等级，并按照相应的等级确定其各个要素所得的分数；最后，将每一位员工所得到的所有分值进行汇总，即得到其最终的工作绩效评价结果。

(3) 评价尺度考核法的优缺点。评价尺度考核法有优点也有缺点。该方法使用起来较为方便，开发成本小，也能为每一位员工提供一种定量化的绩效评价结果。但是它不能有效地指导行为，只能给出考评的结果而无法提供解决问题的方法，也不能提供一个良好的机制以提供具体反馈。所以这种方法的准确性不高。

4. 配对比较考核法

(1) 配对比较考核法的概念。配对比较考核法即成对比较法、相互比较法。该方法是将所有要进行考核的职务列在一起，两两配对比较，其价值较高者可得1分，最后将各职务所得分数相加，其中分数最高者等级最高，按分数高低将职务进行排列，即可划定职务等级。

(2) 配对比较考核法的步骤。配对比较考核法使排序型的工作绩效考核法变得更为有效。配对比较考核法的基本做法是将每一位员工按照所有的评价要素与其他所有的员工进行比较。在运用配对比较法时，首先找出需要评价的所有工作要素，针对每一类工作要素列出一个配对比较表，然后将所有员工依据某一类要素进行配对比较，并将比较结果列在表中。例如A和B相互比较，A的绩效好，A就得1分；B的绩效差，B就得0分，以此类推。最后，将每一位员工得到的评价分数相加，得出最终的成绩。

（3）配对比较考核法的优缺点。配对比较法是评选最佳员工的一个好方法，能够有效地避免中心化倾向和宽大化倾向，并且设计简单，成本较低。但是这种方法没有明确的评价指标或者说没有明确的尺度对评价要素进行规定，主观判断性很强，客观依据较少，在使用时要注意这些问题。

5. 360 度考核法

（1）360 度考核法的概念。360 度考核法也称全视角反馈，是被考核人的上级、同级、下级、服务的客户和考核人自己等对其进行的考核。通过考核得到绩效的结果，清楚地了解被考核人的优点和不足。

（2）360 度考核法的步骤。

① 准备阶段。准备阶段的主要目的是使所有相关人员，包括所有评估者与受评者，以及所有可能接触或利用评估结果的管理人员，正确理解企业实施 360 度评估的目的和作用，进而建立起对该评估方法的信任。

② 评估阶段。首先，在征询被评估者意见的基础上，组建 360 度绩效反馈队伍。为避免评估结果受到评估者主观因素的影响，在执行 360 度考核方法时需要对评估者进行培训，使他们熟悉并能正确使用该技术。此外，理想情况下，企业最好能根据本公司的情况建立能力模型要求，并在此基础上设计 360 度反馈问卷。其次，实施 360 度评估反馈。分别由上级、同级、下级、相关客户和本人按各个维度标准进行评估。在评估过程中，除了上级对下级的评估无法实现保密之外，其他几种类型的评估最好采取匿名的方式，必须严格维护填表人的匿名权以及对评估结果报告的保密性。大量研究表明，在匿名评估的方式下，人们往往愿意提供更为真实的信息。最后，统计并报告结果。

③ 反馈和辅导阶段。绩效考评结果出来以后，要尽快把考评结果告知被考评者。其目的是能够让被考评者清楚考评结果，及时发现不足，及时改正，提高绩效水平。此外，还需要加强绩效辅导。通过绩效辅导，帮助员工找准路线，认清下一阶段的目标，同时要给员工提出一些建设性的改进意见，以帮助员工获得更大提高和改进。

（3）360 度考核方法的优点和缺点。

①优点。打破了由上级考核下属的传统考核制度，可以避免传统考核中考核者极容易发生的光环效应、居中趋势、偏紧或偏松、个人偏见和考核盲点等现象。一个员工想要影响多个人是困难的，管理层获得的信息更准确。可以反映出不同考核者对于同一被考核者不同的看法。防止被考核者急功近利（如仅仅致力于与薪金密切相关的业绩指标），较为全面的反馈信息有助于被考核者多方面能力的提升。360 度考核方法实际上是员工参与管理的方式，在一定程度上增加他们的自主性和对工作的控制，提高了员工的工作满意度，员工的积极性会更高，对组织会更忠诚。

②缺点。考核成本高，当一个人要对多个同伴进行考核时，时间耗费多，由多人来共同考核所导致的成本上升可能会超过考核所带来的价值。有可能成为某些员工发泄私愤的途径，某些员工不正视上司及同事的批评与建议，将工作上的问题上升为个人情绪，利用考核机会"公报私仇"。考核培训工作难度大，组织要对所有的员工进行考核制度的培训，因为

所有的员工既是考核者又是被考核者。

6. 目标管理考核法

（1）目标管理考核法的概念。目标管理考核法是管理大师彼得·德鲁克于1954年提出的，目标是在一定时期内对组织、部门及个体活动成果的期望，是组织使命在一定时期内的具体化，是衡量组织、部门及个体活动的有效性标准。目标管理是根据组织的战略规划，运用系统的管理方式，高效、可控地开展各项管理实务，同时激励员工共同参与、努力工作，以实现组织和个人目标的过程。

（2）目标管理法考核法的步骤。

①确定组织目标。组织目标由组织高层领导根据组织的使命，在制订整个组织下一个绩效考核周期工作计划的基础上确定。

②确定部门目标。各部门管理者与部门的主管领导分解组织目标，共同制定本部门的绩效目标。部门目标常以年度目标任务责任书的形式体现。

③确定员工个人绩效目标。部门主管组织员工讨论部门目标，结合员工个体的工作岗位和职责，制订个人的绩效计划，明确个人的绩效目标。个人目标经常以绩效标准的形式体现。

④绩效考核和反馈。在绩效周期结束后，部门主管通过对员工的实际绩效与绩效目标的比较，得出绩效考核的结果，然后考核者和被考核者就考核结果进行充分的沟通，并将其应用到实践中去。

（3）目标管理考核法的优缺点。当然，目标管理考核法有优点也有缺点。它可以充分实现绩效考核中的公平和公正，具有较高的有效性，可以促进管理者和员工之间的交流。但同时目标管理考核法的管理成本较高，有时候还会缺乏必要的行为指导，也没有提供员工之间绩效比较的基础。对于是否应采用这种方法，还是要具体问题具体分析。

三、绩效考核表格的设计

绩效考核表格是进行绩效考核的关键部分，是对员工的工作业绩、工作能力、工作态度以及个人品德等进行评价和统计，并用于判断员工与岗位的要求是否相符的方法，也是企业奖惩制度实施的重要依据。

1. 绩效考核表格设计的前提

绩效表格设计的前提应是目标清晰、可量化。一般情况下，绩效指标的设定是部门主管在与员工进行充分沟通的基础上完成。而在具体的指标设定时应依照SMART原则。例如，在本年度3月30日之前，降低客户投诉指标，使得客户投诉指标从80%降到77%。这就是一个既有方向又有目标的考核指标。

2. 绩效考核表格设计应遵循的原则

绩效考核表格的设计并不是随意的，在设计表格时，应该遵循一定的原则。以下是绩效考核表格设计的几大原则。

（1）表格设计应该适应行业特点与企业文化。绩效考核表格是为企业服务的，表格的设计要符合企业的行业特点和企业文化。每个企业都有自己的特点，绩效表格的设计并不是千篇一律的。

（2）考核指标应由质和量两类指标构成。绩效考核表格中要注重质量指标的考查和数量指标的设计。只有将两类指标结合起来才能够全面考核，得到较为客观的结果。

（3）考核表格中的指标和权重等内容要充分体现公司的战略目标。绩效考核实施的目的是为企业的战略目标服务，绩效考核表格是绩效实施的载体，所以考核表格的设计要通过指标和权重设计来体现公司的战略目标。

（4）绩效考核实施前应充分征求被考核员工的意见与建议。绩效考核不是管理人员单方面制定和实施的，绩效考核之前，管理人员要和员工进行全面的沟通，交换信息，认真听取被考核员工的意见和建议。在绩效考核表格设计中可以针对不同的员工，设计出符合他们自身情况的考核表格。

（5）考核表格设计中要注意绩效考核结果与反馈。通过绩效考核表格的填写，得到绩效考核的结果，但这不是考核的终结，还要将绩效考核的结果进行反馈，将其应用到实际工作中去。

（6）考核表格设计要尽可能清晰和灵活，设计结果的处理尽可能地科学合理。绩效考核表格的设计要遵循清晰和灵活的原则，要让被考核者清楚地知道应该如何去填写表格的内容。同时，对于绩效考核表格得到的结果要客观公正地进行处理，尽可能满足科学合理的要求。

3. 绩效考核表格的设计实例

绩效考核表格是一种被广泛应用的绩效考核手段之一，它根据限定的因素来对员工进行考核。绩效考核表格主要是在员工评价内容上进行评分判断。等级被分为优、良、中、可、差等几类。在确定好绩效考核的内容、绩效考核的标准以及权重之后，就可以设计绩效考核表格了。

第五节　绩效反馈

实施阶段结束以后，接着就是反馈阶段，这一阶段主要是完成绩效反馈的任务，也就是说上级要就绩效考核的结果和员工进行面对面的沟通，指出员工在绩效考核期间存在的问题并共同制订绩效改进的计划。为了保证绩效的改进，还要对改进计划的执行效果进行跟踪。此外，还需要根据绩效考核的结果对员工进行相应的奖惩。所以，绩效反馈并不仅仅只是将绩效考核的结果反馈给员工，更重要的是与上级和员工共同探讨绩效不佳的原因，并制订绩效改进计划，以提升绩效；同时，在绩效考核结果出来以后，企业还需要利用考核结果进行相应的奖惩，制定人事决策。综合来说，这个过程涉及绩效反馈、绩效考核结果的运用两个方面，而绩效考核结果的运用又包括两方面的内容：绩效改进和相关人事决策的制定。

一、绩效反馈

（一）绩效反馈面谈的准备工作

为了确保绩效反馈面谈达到预期的目的，管理者和员工双方都需要做好充分的准备。

（1）对于管理者来说，应做好以下几方面的准备。

①选择适当的面谈主持者。面谈主持者应该由人力资源部门或高层管理人员担任，而且最好选择那些参加过绩效面谈培训、掌握相关技巧的高层管理人员，因为他们在企业中处于关键位置，能够代表企业组织的整体利益，可以适应员工吐露心声的需要，从而有助于提高面谈的质量和效果。

②选择适当的面谈时间和地点。由于面谈主要是针对员工绩效结果来进行的，所以一般情况下，可选择在员工的绩效考核结束后，在得出了明确的考核结果且准备较充分的情况下及时地进行面谈。

③熟悉被面谈者的相关资料。面谈之前，面谈者应该充分了解被面谈员工的各方面情况，包括教育背景、家庭环境、工作经历、性格特点以及职务和业绩情况等。

④计划好面谈的程序和进度。面谈者事先要将面谈的内容、顺序、时间、技巧等计划好，自始至终地掌握好面谈的进度。

（2）对于员工来说，应该做好以下准备。

①回顾自己在一个绩效周期内的行为态度与业绩，收集准备好自己相关绩效的证明数据材料。

②对自己的职业发展有一个初步的规划，正视自己的优缺点。

③总结并准备好在工作过程中遇到的相关问题，反馈给面谈者，请求组织的理解帮助。

（二）绩效反馈面谈的实施

1. 面谈与反馈的内容

面谈的内容主要是讨论员工工作目标考核的完成情况，并帮助其分析工作成功与失败的原因及下一步的努力方向，同时提出解决问题的意见和建议，求得员工的认可和接受。谈话中应注意倾听员工的心声，并对涉及的客观因素表示理解和同情。对敏感问题的讨论应集中在缺点上，而不应集中在个人身上。要最大限度地维护员工的自尊，使员工保持积极的情绪，从而使面谈达到增进信任、促进工作的目的。

2. 面谈结束后的工作

为了将面谈的结果有效地运用到员工的工作实践当中，在面谈结束后，要做两方面的工作。

（1）对面谈信息进行全面的汇总记录。将面谈的内容信息详细列出，如实地反映员工的情况，同时绘制出一个员工发展进步表，帮助员工全面了解自己的发展状况。

（2）采取相应对策提高员工绩效。面谈的结果应该有助于提高员工的绩效。经过面谈，一方面，对于员工个人来说，可以正确了解到自己的绩效影响因素，提高改进绩效的信心和责任感；另一方面，企业全面掌握了员工心态，据此进行综合分析，结合员工的各方面原因，有的放矢地制订员工教育、培养和发展计划，真正帮助员工找到提高绩效的对策。

（三）绩效反馈应注意的问题

1. 绩效反馈应当及时

在绩效考核结束后，上级应当立即就绩效考核的结果向员工进行反馈。绩效反馈的目的是指出员工在工作中存在的问题，从而有利于他们在以后的工作中加以改进，如果反馈滞后，员工在下一个考核周期内还会出现同样的问题，这样就达不到绩效管理的目的。

2. 绩效反馈要指出具体的问题

绩效反馈是为了让员工知道自己到底什么地方存在不足，因此反馈时不能只告诉员工绩效考核的结果，而是应当指出具体的问题。例如，反馈时不能只告诉员工"你的工作态度不好"，而应该告诉员工到底怎么不好，比如说："你的工作态度很不好，在这一个月内你迟到了 10 次；上周开会时讨论的材料你没有提前阅读。"

3. 绩效反馈要指出问题出现的原因和改进建议

除了要指出员工的问题外，绩效反馈还应当和员工一起找出造成这些问题的原因并有针对性地制订改进计划，帮助员工确定目标，提出员工实现这些目标的措施和建议。

4. 绩效反馈不能针对人

在反馈过程中，针对的只能是员工的工作绩效，而不能是员工本人，因为这样容易伤害员工，造成抵触情绪，影响反馈的效果。例如，不能出现"你怎么这么笨""别人都能完成，你怎么不行"之类的话。

5. 注意绩效反馈时说话的技巧

由于绩效反馈是一种面谈，因此说话的技巧会影响到反馈的效果。在进行面谈时，首先，要消除员工的紧张情绪，建立起融洽的谈话气氛；其次，在反馈过程中，应当以正面鼓励为主，不指责、不批评、不评价员工的个性与习惯，同时语气要平和，不能引起员工的反感；再次，要给员工说话的机会，允许他们解释，绩效反馈是一种沟通，不是在指责员工；最后，控制好面谈时间，一般掌握在 20 ~ 40 分钟为宜，该结束的时候一定要结束，否则就是在浪费时间。

（四）绩效反馈效果的衡量

在绩效反馈结束以后，管理者还必须对反馈的效果加以衡量，以提高反馈效果。在衡量反馈效果时，应考虑以下问题。

（1）此次反馈是否达到了预期的目的？

（2）下次反馈时，应当如何改进谈话的方式？

（3）有哪些遗漏必须加以补充？有哪些无用的内容必须删除？

（4）此次反馈对员工改进工作是否有帮助？

（5）反馈是否增进了双方的理解？

（6）对于此次反馈，自己是否感到满意？

（7）对此次面谈的总体评价如何？

对于得到肯定回答的问题，在下一次反馈中就应当坚持；对于得到否定回答的问题，在下一次反馈中就必须加以改进。

二、绩效考核结果的运用

总体而言，绩效考核结果的运用包括两个层次的内容：一是改进作用，即对绩效考核的结果进行分析，诊断员工存在的绩效问题，找到产生问题的原因，制订绩效改进计划，帮助员工提高绩效；二是管理作用，即根据绩效考核结果做出相关的人力资源管理决策。

为了便于考核结果的运用，往往需要计算出最后的考核结果，并将结果区分成不同的等级。当用于不同的方面时，绩效项目在最终结果中所占的权重也应当有所不同，一般来说，用于改进时，工作业绩和工作态度所占的比重应当相对较高；用于管理时，工作业绩和工作能力所占的比重要相对较高，例如，规定绩效考核结果用于奖金分配和工资调整时，在最终结果中，工作业绩占60%，工作态度占30%，工作能力占10%；而用于职位调整时，工作业绩占50%，工作能力占40%，工作态度占10%。

此外，还要将最终计算出的考核结果划分成不同的等级，据此给予员工不同的奖惩，绩效越好，给予的奖励就要越大；绩效越差，给予的惩罚就要越大。例如，在百分制下，规定90分以上为A等，80~89分为B等，70~79分为C等，60~69分为D等，59分以下为E等。用于工资调整时规定，考核结果为A等的，工资增长10%；为B等的，工资增长为5%；为C等的，工资不变；为D等的，工资下调4%；为E等的，工资下调8%。用于职位调整时规定，连续三年为C等以上的才有资格晋升。

（一）绩效改进

绩效管理的根本目的是要不断提高员工和企业的绩效，以实现企业的发展目标，所以利用绩效考核结果来帮助员工提高绩效，是考核结果运用的一个非常重要的方面。绩效改进是一个包括一系列活动的过程：首先，分析员工的绩效考核结果，明确其中存在的不足和问题；其次，由管理者和员工一起对绩效问题进行分析，找出导致绩效问题出现的原因；再次，和员工一同沟通，针对存在的问题制订绩效改进目标和绩效改进计划，并与员工达成一致；最后，以绩效改进计划补充绩效计划，进入下一个绩效考核周期，适时指导和监控员工的行为，与员工保持沟通，帮助员工实现绩效计划。

1. 绩效诊断

绩效诊断的过程包括两层内容：指明绩效问题和分析问题出现的原因。绩效诊断通过绩效反馈面谈来实现。绩效反馈面谈提供了一个正式的场合，既让员工接受自己绩效的反馈，提高了员工的重视程度；也让企业在面谈中获得员工的意见、申述和反馈。诊断员工的绩效问题通常有两种思路：第一，从知识、技能、态度和环境四个方面着手分析绩效不佳的原因；第二，从员工、主管和环境三个方面来分析绩效问题。不管用哪种方法，都要全面地分析导致员工绩效不佳的原因。

2. 制订绩效改进计划

在绩效改进过程中，员工和直接上级都扮演着非常重要的角色。员工个人对自己的绩效负有责任，应尽力提高自己的绩效，以胜任工作岗位的职责要求；直接上级也应该对员工提供指导和支持，以帮助员工顺利提高绩效。

（1）个人绩效改进计划。制订个人绩效改进计划，应包括以下内容：首先，回顾自己上个周期内的工作表现、工作态度以及绩效反馈面谈中所确认的绩效病因，思考如何通过自己的努力去改善绩效不佳的状况；其次，制订一套完整的个人改进计划，针对每项不良的绩效维度提出了个人可以采取的改进措施和方法，如需要学习的新知识和技能，向老员工讨教等；最后，针对改进措施，向组织提出必要的资源支持，综合调配自己的时间和可以利用的现实资源，以确保改进措施能够付诸实践。当然，个人绩效改进计划需要组织的支持和上级的配合，所以应该在制订完毕后，与上级主管沟通，获得他的认可。

（2）组织绩效改进支持。上级和组织的支持对于员工的绩效改进具有重要的作用。上级在这个过程中所需要做的工作主要包括：第一，凭借自己的经验为员工提供建议，告诉员工在进绩效的过程中需要或可以采取的措施，帮助员工制订个人改进计划；第二，针对员工的计划，提出自己的完善意见，确保该计划是现实可行的，并且对绩效改进确实有帮助；第三，为员工提供必要的支持和帮助，如准假等，满足员工的需求；第四，管理者也可以从组织的角度出发，为员工指定导师或让员工参与某些通用的培训课程。

3. 指导和监控

在制订好绩效改进计划后，员工进入下一个绩效改进周期，管理者在这个过程中要不断与员工进行沟通，适时向员工提供指导和辅助，帮助员工克服改进过程中所遇到的困难，避免员工再次出现偏差，确保下一个绩效考核周期中，员工的绩效能够顺利实现提升。

（二）根据绩效考核结果做出相关的人力资源管理决策

将绩效考核结果作为依据，根据绩效考核结果做出的人力资源管理决策包括四个方面的内容。第一，薪酬奖金的分配。按照强化理论的解释，当员工的工作结果或行为符合企业的要求时，应当给予正强化，以鼓励这种结果或行为；当工作结果或行为不符合企业的要求时，应当给予惩罚，以减少这种结果或行为的发生。因此，企业应当根据员工绩效考核的结果给予他们相应的奖励或惩罚。最直接的奖惩就体现在薪酬的变动中，一般来说，为增强薪酬的激励效果，员工的报酬中有一部分是与绩效挂钩的，当然，不同性质的工作，挂钩的比例有所不同。根据绩效的好坏来调整薪资待遇或给予一次性奖金鼓励等，有助于员工继续保持努力工作的动力。第二，职务的调整。绩效考核结果是员工职位调动的重要依据，这里的调动不仅包括纵向的升降，也包括横向的岗位轮换。如果员工在某岗位上绩效非常突出，则可以考虑将其适当地调到其他岗位上锻炼或承担更大的责任；如果员工不能胜任现有的工作，在查明原因后可以考虑将其调离现有岗位，去从事他能够胜任的工作岗位。另外，对于调换多次岗位都无法达成绩效标准的员工，则应该考虑解聘。第三，员工培训。培训的目的包括两方面：帮助员工提高现有的知识和技能，使其更好地完成目前岗位的工作；开发员工从事未来工作的知识与技能，以更好地胜任将要从事的工作。绩效考核结果正好可以为员工的培训与开发提供依据，根据员工现任工作的绩效，决定让员工参与何种培训和再学习。第四，员工的职业生涯规划。根据员工目前的绩效水平和长期以来的绩效提高和培训过程，和员工协商制订长远的绩效与能力改进的系统计划，明确其在企业中的发展途径。

本章小结

（1）绩效管理就是指制定员工的绩效目标并收集与绩效有关的信息，定期对员工的绩效目标完成情况做出评价和反馈，以确保员工的工作活动和工作产出与组织保持一致，进而保证组织目标完成的管理手段与过程。

（2）绩效管理是由绩效计划、绩效跟进、绩效考核和绩效反馈四个部分组成的一个系统。常用的绩效计划工具有关键绩效指标和平衡计分卡。常见的绩效考核方法归纳起来主要有关键绩效指标考核法、评价尺度考核法、配对比较考核法、360度考核法、目标管理考核法等。每种绩效考核方法都有自己的优缺点，企业应根据具体的情况选择合适的考核方法。

本章习题

一、名词解释

1. 绩效管理

2. 绩效计划

3. 绩效考核

4. 绩效跟进

二、简答题

1. 什么是绩效？如何理解绩效管理？

2. 绩效管理有什么样的意义？

3. 如何制定绩效考核目标和绩效考核周期？

4. 什么是关键绩效指标？什么是平衡计分卡？

5. 绩效考核的主体有哪些？

6. 绩效考核的方法有哪些？每一种考核方法的主要特点是什么？

三、案例分析

李某是某公司生产部门的主管，该部门有20多名员工，其中既有生产人员又有管理人员，该部门的考核方法采用的是直接排序法，每年对员工考评一次。李某平时很少与员工就工作中的问题进行交流，只是到了年度奖金分配时，才对所属员工进行打分排序。

思考：

1. 该部门在考评中存在哪些问题？

2. 产生上述问题的原因是什么？

第十章

薪酬管理

IBM 的薪酬管理

在 IBM 有一句拗口的话：加薪非必然！IBM 的工资水平在外企中不是最高的，也不是最低的，但 IBM 有一个让所有员工坚信不疑的游戏规则：干得好加薪是必然的。

1. 激励文化引领潮流

西方企业的管理模式通过外企大量引入中国之后，出现了一种新的薪资管理规则——激励文化，对员工基本上没有惩罚的方式，全是激励，工作干得好，在薪金上就有体现，否则就没有体现，这样就出现了一种阐述惩罚的新话语：如果你没有涨工资或晋升，就是被惩罚。这种激励文化是建立在高素质员工的基础上的，员工的自我认同感很强，高淘汰率使大部分人积极要求进步。如果自己的工作一直没有得到激励，就意味着自己存在的价值受到忽视。许多员工会在这种情况下主动调整自己，或者更加努力工作，或者辞职另谋发展。如何让员工相信企业的激励机制是合理的，并完全遵从这种机制的裁决，是企业激励机制成功的标志。IBM 的薪金管理非常独特和有效，能够通过薪金管理达到奖励进步、督促平庸的效果，IBM 将这种管理发展成高效绩文化（High Performance Culture），不可不察。

2. 个人承诺无处不在

每年年初 IBM 的员工特别关心自己的工资卡，自己上一年干得如何，通过工资涨幅可以得到体现。IBM 的薪金构成很复杂，但里面不会有学历工资和工龄工资，IBM 员工的薪金跟员工的岗位、职务、工作表现和工作业绩有直接关系，工作时间长短和学历高低与薪金多少没有必然关系。在 IBM，学历是一块很好的敲门砖，但绝不会是获得更好待遇的凭证。

在 IBM，每一个员工工资的涨幅，会有一个关键的参考指标，这就是个人业务承诺计划。只要你是 IBM 的员工，就会有个人业务承诺计划，制订承诺计划是一个互动的过程，员工和其直属经理共同商讨这个计划怎么做切合实际，几经修改，其实就是和直属经理立下了一个一年期的军令状，直属经理非常清楚其一年的工作及重点，剩下的就是执行。大家团结紧张、严肃活泼地干了一年，到了年终，直属经理会在员工的军令状上打分。直属经理当然也有个人业务承诺计划，上头的经理会给他打分，大家谁也不特殊，都按这个规则走。

IBM 的每个经理掌握了一定范围的打分权力，可以分配他领导的那个 Team（组）的工资增长额度，他有权力决定将额度如何分给这些人，具体到每一个人给多少。IBM 在奖励优秀员工时，是在履行自己所称的高效绩文化。

　　IBM 的薪资政策精神是通过有竞争力的策略，吸引和激励业绩表现优秀的员工继续在岗位上保持高水平。个人收入会因为工作表现和相对贡献、所在业务单位的业绩表现以及公司的整体薪资竞争力而进行确定。1996 年调整后的新制度以全新的职务评估系统取代原来的职等系统，所有职务将按照技能、贡献和领导能力、对业务的影响力及负责范围等三个客观条件，分为十个职等类别。部门经理会根据三大原则，决定薪资调整幅度。这三大原则是：①员工过去三年"个人业务承诺计划"成绩的记录；②员工是否拥有重要技能，并能应用在工作上；③员工对部门的贡献和影响力。员工对薪资制度有任何问题，可以询问自己的直属经理，进行面对面沟通，或向人力资源部查询。一线经理提出薪资调整计划，必须得到上一级经理认可。

第一节　薪酬管理概论

一、薪酬的概念

（一）报酬与薪酬

1. 报酬（reward）

报酬是员工完成任务后，所获得的一切有形和无形的待遇。通常情况下，将一位员工为某一个组织工作而获得的各种他认为有价值的东西统称为报酬。

2. 薪酬（compensation）

薪酬泛指因员工向用人单位让渡自己的劳动而获得的各种形式的报酬，包括薪资、福利和保险等各种直接或间接的报酬，其实质是一种公平的交易。薪酬有不同的表现形式，如精神的与物质的、有形的与无形的、货币的与非货币的、内在的与外在的等。

（二）薪酬的相关概念

1. 薪资

薪资即薪金、工资的简称。薪金（salary）通常是指支付给以脑力劳动为主的白领或金领阶层的，以较长时间为单位计算的员工劳动报酬，一般支付周期较长，如月薪、年薪，国内常使用"薪水"一词。工资（wage）通常指支付给以体力劳动为主的蓝领阶层的，以工时或完成产品的件数计算的员工应当获得的劳动报酬，一般支付周期较短，如计时工资（小时、日、周工资）或计件工资。

2. 收入（earnings）

收入指员工所获得的全部报酬，包括薪资、奖金、津贴和加班费等项目的总和。

3. 薪给（pay）

薪给主要取支付的含义，分为工资和薪金两种形式。

4. 奖励（incentives）

奖励指员工超额劳动的报酬，如红利、佣金、利润分享等。

5. 福利（benefits）

福利指公司为每个员工提供的福利项目，如带薪年假、各种保险等。

6. 分配（allocation）

社会在一定时期内对新创造的产品或价值即国民收入的分配，包括初次分配和再分配（或二次分配）。

二、薪酬的构成

总薪酬有时也称全面薪酬，它概括了各种形式的薪酬和福利，既包括基本薪酬、绩效薪酬、福利和服务，还包括一次性奖金、股票期权等其他多种经济性报酬。其中最重要的三个组成部分即基本薪酬、绩效薪酬以及福利和服务。

1. 基本薪酬

基本薪酬是指一个组织根据员工所承担或完成的工作本身或者是员工所具备的完成工作的技能或能力而向员工支付的相对稳定的经济性报酬。

2. 绩效薪酬

绩效薪酬是薪酬系统中与绩效直接挂钩的经济性报酬，有时也称浮动薪酬或奖金。绩效薪酬的目的是在绩效和薪酬之间建立起直接联系，这种业绩既可以是员工个人的业绩，也可以是组织中某一业务单位、员工群体、团队甚至整个公司的业绩。

3. 福利和服务

福利和服务不是以员工向组织提供的工作时间为计算单位的，它一般包括非工作时间付薪、向员工个人及家庭提供的服务、健康及医疗保健、人寿保险以及法定和补充养老金等。福利通常可以划分为法定福利和企业自主福利两大类。

三、薪酬的实质

从某种意义上说，薪酬是组织对员工的贡献包括员工的态度、行为和业绩等所给予的各种回报，其实质是一种公平的交易。从广义上来说，薪酬包括工资、奖金、休假等外部回报，也包括参与决策、承担更大的责任、归属感和挑战性的工作等内部回报。

外部回报是指员工因为雇佣关系从自身以外所得到的各种形式的回报，也称外部薪酬。外部薪酬包括直接薪酬和间接薪酬。直接薪酬是员工薪酬的主体组成部分，既包括员工的基本薪酬，即基本工资，如周薪、月薪、年薪等；也包括员工的激励薪酬，如绩效工资、红利和利润分享等。间接薪酬即福利，包括公司向员工提供的各种保险、非工作日工资、额外的津贴和其他服务，比如单身公寓、免费工作餐、子女入托、老人护理和带薪假期等。

内部回报指员工自身心理上感受到的回报，主要体现为一些社会和心理方面的回报。包括参与企业决策，获得更大的工作空间或权限、更大的责任、更有趣的工作、融洽的同事关系、个人成长的机会和活动的多样化等。内部回报往往看不见，也摸不着，不是简单的物质付出，对于企业来说，如果运用得当，就能对员工产生较大的激励作用。然而，在管理实践中内部回报方式经常会被管理者所忽视。管理者应当认识到内部回报的重要性并合理地运用。

四、影响薪酬的因素

影响薪酬的因素，如表 10-1 所示。

表 10-1　影响薪酬的因素

环境因素	组织因素	工作因素	个人因素
国家的有关法律和法规 劳动力市场的供求状况 地区及行业特点与惯例 当地生活水平 来自竞争对手的压力 工会的力量	公司的管理哲学和企业文化 本单位的业务性质与内容 公司的经营状况与支付能力 企业的发展战略和薪酬策略 组织的地理位置	该岗位对公司的贡献 工作难度及复杂性 工作的危险性 工作对人体的危害 岗位的社会评价度	学历层次 工作经验 年龄与工龄 技能或工作能力 工作绩效 工资谈判能力

五、薪酬的职能

薪酬职能是指薪酬在运用过程中具体功能的体现和表现，是薪酬管理的核心，包括补偿职能、激励职能、调节职能、效益职能和统计监督职能。

1. 补偿职能

职工在劳动过程中体力与脑力的消耗必须得到补偿，保证劳动力的再生产，劳动才能继续，社会才能不断进步和发展。同时，职工为了提高劳动力素质，要进行教育进行投资，这笔费用也需要得到补偿。否则就没有人愿意对教育进行投资，劳动力素质就难以不断提高，进而影响社会发展。

2. 激励职能

薪酬制定的公平与否，直接影响员工的工作积极性。薪酬的激励职能的典型表现是奖金的运用。奖金是对工作表现好的员工的一种奖励，也是对有效超额劳动的补偿，对员工有很大的激励作用。

3. 调节职能

薪酬的调节职能主要表现为引导劳动者合理流动。劳动力市场中劳动力供求的短期决定因素是薪酬。薪酬高，劳动供给数量就大；薪酬低，劳动力供给数量就少。

4. 效益职能

从雇主的眼光来看，薪酬具有效益职能。薪酬对企业来说是劳动的价格，是投入的可变成本。所以，不能将企业的薪酬投入仅看成货币投入。它是资本金投入的特定形式，是投入活劳动（通过劳动力）这一生产要素的货币表现。因此，薪酬投入也就是劳动投入，而劳动是经济效益的源泉。此外，薪酬对劳动者来说是收入，是生活资料的来源。

5. 统计监督职能

薪酬是按劳动数量与质量进行分配的，所以，薪酬可以反映出劳动者向社会提供的劳动量（劳动贡献）。薪酬是按一定价格来购买与其劳动支出量相当的消费资料的，所以，薪酬还可以反映出劳动者的消费水平。因此，通过薪酬就把劳动量与消费量直接联系起来了。

六、薪酬管理的含义及目标

薪酬管理是指根据企业总体发展战略的要求，通过管理制度的设计与完善，薪酬激励计划的编制与实施，最大限度地发挥各种薪酬形式如工资、奖金和福利等的激励作用，为企业创造更大的价值。进行薪酬管理，要达到以下目标。

（1）保证薪酬在劳动力市场上具有竞争性，吸引并留住优秀人才。

（2）对各类员工的贡献给予充分肯定，使员工及时得到相应的回报。

（3）合理控制企业人工成本，提高劳动生产效率，增强企业产品的竞争力。

（4）通过薪酬激励机制的确立，将企业与员工长期、中短期经济利益有机地结合在一起，促进公司与员工结成利益关系共同体，谋求员工与企业的共同发展。

七、薪酬管理的原则

薪酬管理的原则是企业价值观的体现。它告诉员工：企业为什么提供薪酬，员工的什么行为或结果是企业非常关注的，员工的薪酬构成是为了对员工的什么行为或结果产生影响，员工在什么方面有提高时才能获得更高的薪酬等。目前，企业普遍认为进行有效的薪酬管理应遵循以下原则。

1. 对外具有竞争性原则

支付符合劳动力市场水平的薪酬，确保企业的薪酬水平与同行业、类似企业的薪酬水平相当。虽然不一定完全相同，但是相差不宜过大，否则薪酬太低会使企业对人才失去吸引力。

2. 对内具有公平性原则

支付相当于员工岗位价值的薪酬。在企业内部，不同岗位的薪酬水平应当与这些岗位对企业的贡献相一致，否则会影响员工的工作积极性。薪酬的设定应该对岗不对人。无论男女老少在同一岗位上工作都应当享受同等的薪酬，即同工同酬。它的前提是每个员工都是按照岗位说明书经过严格的筛选被分配到该岗位的，岗位与员工匹配程度高。

3. 激励性原则

适当拉开员工之间的薪酬差距。根据员工的实际贡献付薪，并且适当拉开薪酬差距，使不同业绩的员工能在心理上觉察到这个差距，并产生激励作用。让业绩好的员工认为得到了鼓励，业绩差的员工认为值得去改进，以获得更好的回报。

4. 经济性原则

在实现前面三个基本原则的前提下，企业应当充分考虑自己的经营状况和实际的支付能力，根据企业的实际情况，对人工成本进行必要的控制。

5. 合法性原则

企业报酬制度必须符合党和国家的政策法律。由于我国法制建设过程受过这样那样的干扰，起步较晚，现仍处于不断充实完善的阶段，所以有关劳动工资的正式立法还不多，但不是完全没有。

第二节 薪酬管理的相关理论

一、现代西方工资决定理论

（一）边际生产力工资理论

19世纪末，西方经济学发生了一场著名的"边际革命"，杰文斯和门格尔两名经济学家同时提出了边际效用理论，该理论成为现代西方经济学的主要理论基础。以边际理论为基础，美国著名经济学家约翰·贝茨·克拉克首先提出了边际生产力工资理论。直至今日，该理论仍是最广泛流行的工资理论。

边际生产力工资理论的前提是一个充满竞争的静态社会。这个静态社会有以下特征。

（1）在整个经济社会中，不论是产品市场还是要素市场均是完全自由竞争的市场，价格和工资不由政府或串通的协议操纵。

（2）假定每种生产资源的数量是已知的，顾客的爱好或者工艺的状态都没有发生变化，即年年都是用相同的方法生产出同等数量的相同产品。

（3）假定资本设备的数量是固定不变的，但是这些设备的形式可以改变，可以与可能得到的任何数量的劳动力最有效地配合。

（4）假定工人可以相互调配，并且具有同样的效率。也就是说，完全没有分工，对同行业的工人只有单一的工资率，而不是多标准的工资率。

在静态社会这一理论前提下，克拉克认为，劳动和资本是两个重要的生产要素，每个要素的实际贡献按其投入量而变动，并且呈边际收益递减的趋势。用劳动边际生产力递减来解释工资的决定，用资本边际生产力递减来解释利息的决定。

劳动边际生产力递减是指随着工人的人数不断增加，刚开始产量会增加，但人数增加到一定数量后，每增加一个工人，工人所分摊到的设备数量减少，从而每一单位劳动力的产品数量减少，追加的新工人的边际生产力递减，最后增加的工人的边际生产力最低。

根据边际生产力工资理论，工资取决于劳动的边际生产力，换句话说，工资是由投入的最后一个劳动单位所产生的边际产量决定的，雇主雇用的最后那个工人所增加的产量等于付给该工人的工资。当工人所增加的产量大于付给他的工资时，企业愿意继续增加工人，只有在工人所增加的产量等于付给他的工资时，雇主才不再多雇用工人。这是因为企业的目的是获得最大收益，如果再增加工人，该工人所增加的产量就会小于付给他的工资，没有收益。比如，在雇用4个员工之前，产量递增；超过4个员工后，产量递减；直至雇用第9个员工，其产量最小，企业就不再雇人也不再减人。边际生产力曲线如图10-1所示。

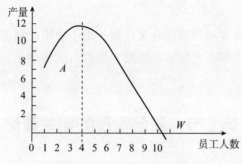

图 10-1　边际生产力曲线

（二）均衡价格工资理论

边际生产力工资理论只是从劳动力的需求方面揭示了工资水平的决定，而没有考虑劳动力的供给方面对工资的影响。英国经济学家阿弗里德·马歇尔从劳动力供给和需求两个方面研究了工资水平的决定，他是均衡价格工资理论的创始人，认为工资是劳动力供给和需求均衡时的价格。劳动力的需求和供给如图 10-2 所示，图中 E 是均衡点，OP 是均衡工资率，OQ 是均衡条件下雇用劳动力的数量。

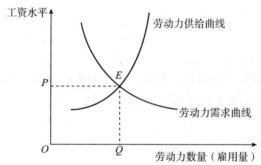

图 10-2　劳动力的需求和供给

从劳动力的需求看，工资取决于劳动的边际生产力。根据克拉克的理论，劳动的边际生产力递减，所以雇主愿意支付的工资水平也递减。

从劳动力的供给看，工资取决于两个因素：一是劳动者及家属的生活费用以及接受培训和教育的费用，二是劳动的负效用。所谓劳动的负效用是指由劳动引起的不舒适和不愉快程度，劳动的负效用需要用金钱或闲暇来补偿。所以，工资水平提高，对工人就业的吸引力也随之增加，劳动力的供给递增。

（三）集体谈判工资理论

集体谈判是指以工会为一方，以雇主或雇主组织为另一方进行的谈判。早在 18 世纪，亚当·斯密等经济学家就注意到了在劳动力市场上集体交涉对工资决定的影响，但是并没有重视起来。第二次世界大战后，工会在西方发达国家迅速发展，工会对工资决定的影响也越来越大。集体谈判工资理论认为，在一个短时期内，工资的决定取决于劳动力市场上劳资双方在谈判中交涉力量的对比。在工业化初期，工资谈判是雇员工人与雇主之间个别进行的，由于工人的相互竞争，所以单个工人无法遏制工资水平的下降。随着工业社会的发展，雇佣单位和雇员之间的谈判力量进行组合与分化，双方工资谈判的过程日益趋向于集体方式。工会成为劳动力供给的垄断者，工会的壮大有效地阻止了工人之间的恶性竞争，工会能够控制劳动力的供给量和工资量。所以，集体谈判工资理论实际上也是工会起作用的工资理论。工会提高工资的方法一般有四种：限制劳动供给、提高工资标准、改善对劳动的需求、消除雇主在劳动力市场上的垄断。

诺贝尔经济学奖获得者希克斯提出了集体谈判过程的模式，比较准确地描述了劳动力供求双方的行为轨迹，如图 10-3 所示。谈判一开始，工会一方提出新的工资需求 OP_1，雇主只同意 OP。由于工会和雇主都不愿意为长期停产付出代价——雇员损失工作和工资，雇主损失产值和利润。所以，雇主的让步曲线向上倾斜，工会的抵制曲线向下倾斜。表明雇主愿意接受一个高于 OP 的工资率，工会愿意接受一个低于 OP_1 的工资率。最后在 OP 与 OP_1 之间这一谈判区间内达成工资率协议。由于工会和雇主在谈判时所提出的工资率的依据是诸多经济因素，所以，虽然从表面上看工资的水平取决于双方力量抗衡的结果，而实际上那些经济因素才是最终决定工资的因素。

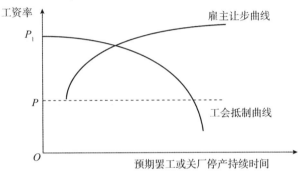

图 10-3　集体谈判过程的模式

（四）人力资本理论

人力资本理论不是工资决定理论，但它对工资具有影响。1960 年美国经济学家西奥多·舒尔茨发表的演讲——人力资本投资中认为，人的劳动能力不是与生俱来的，而是通过家庭和社会的培养以及个人的努力，通过大量稀缺资源的投入而形成的，劳动者之间不会由于遗传的原因而具有同样的才能。人的劳动能力同样也具有资本形态，是以资本存量的形式（包括劳动者的知识存量、技能存量和健康存量等）投入生产性活动。人力资本是通过人力资本投资形成的，人力资本投资是多方面的。

第一，有形支出。有形支出又称直接支出或实际支出，主要投资形式包括教育支出、保健支出、劳动力国内流动（移居）支出或用于移民入境支出（为了寻找工作）等，其中最主要的投资形式是教育支出。

第二，无形支出。无形支出又称机会成本，它是指因为投资期间不可能工作，至少不能从事全日制工作而放弃的收入。

第三，心理损失。心理损失又称精神成本或心理成本，它是指诸如学习艰苦、令人厌烦，寻找职业令人乏味和劳神，迁移需要远离朋友等。

二、对劳动力供求模型的理论修正

劳动力供给与需求模型虽然证明了劳动力市场上薪酬水平与劳动力供求关系之间的经济

依存关系，但它难以解释个别企业或劳动者所做出的决策和选择。

（一）对劳动力需求模型修正的三种理论

在现实中，为什么不同的企业支付给同种职位上员工的薪酬是不同的？为什么某个企业支付的薪酬比理论上市场决定的薪酬还要高？为了解释这种现象，专家们从单个企业的角度，对传统经济模型进行了修正，提出了薪酬差异、效率工资和信号工资三种理论。这几种微观的经济模型，从理论上修正并说明了为什么一些企业薪酬水平会高于或低于市场工资水平，从而揭示了单个企业薪酬决策的动机和内涵。

1. 薪酬差异理论

亚当·斯密认为，每个人必须综合考虑"不同工作的利与弊"，在此基础上进行薪酬决策，为谋求"纯收益"最大化服务。如果某项工作具有负面特性，企业就必须支付更高的薪酬来弥补。这些负面特性包括：①培训费用很高；②工作安全性差；③工作条件差；④成功机遇少等。工作岗位的差异性说明了劳动力市场存在不同薪酬的基本原因。薪酬差异理论看起来颇具吸引力。但是却很难证明其可行性，因为测量和控制参与纯收益计算的各种因素是比较困难的。

2. 效率工资理论

传统经济模型的基本假设是：企业只能够被动地接受市场决定的薪酬。效率工资理论不赞成这个基本假设。相反，它认为有时企业支付的薪酬高于市场薪酬水平，这不仅不会增加劳动成本，反而会降低劳动成本。通过以下方法，高薪酬可以提高企业效率：①吸纳高素质应聘人员；②减少跳槽人数，降低员工的流失率；③员工对企业的高度认同感，会促使员工更加努力地工作；④因为被解雇的代价增加，工人会尽量避免"怠工"；⑤减少管理及其相关人员的配备。前四项通过提高劳动生产率来补偿增加的劳动成本；而最后一项是从外延上提高了劳动生产率。效率工资理论的基本假设是薪酬水平决定员工的努力程度。同薪酬差异理论一样，该理论成为企业薪酬决策的重要依据。国外的许多薪酬专家，对效率工资理论进行了研究。他们的研究成果表明，员工的薪酬越高，"怠工"率就越低。失业率越高，员工找另外一份工作的困难越大，"怠工"率也就越低。因此，研究者得出了高薪降低怠工率的结论，但他们不能确定怠工率降低的收益是否足以弥补薪酬增加的成本。

3. 信号工资理论

信号工资理论是对劳动力需求模型的另一种修正，它不但能解释薪酬水平的差异，而且能解释企业为什么设计低于市场薪酬水平的薪酬。企业战略是企业未来的行动指南，信号工资理论指出，企业可有意地将薪酬决策纳入组织发展战略，如果有两种薪酬决策：一是基本工资低于市场工资率，但奖金丰厚，培训机会多；二是基本工资与市场工资率相当，但它没有与业绩挂钩的奖金，那么它们将向应聘者发出不同的信号，吸纳不同的应聘者。例如，基本工资低而奖金高的企业，给应聘者一个明确信号，即希望员工勇于承担风险。应聘者可以通过该企业的相对薪酬水平，来推测此岗位的情况，如工作任务、工作条件、责任权限、同事关系等。

国外大量的研究资料表明，薪酬水平是吸纳应聘者的一个重要因素。一项对即将离校的毕业生的薪酬意向调查结果说明，除了薪酬水平之外，还有很多其他的薪酬因素影响着他们的工作选择。他们倾向于寻找薪酬水平高的工作，同时还要考虑企业薪酬的具体形式，如绩效工资、激励工资、福利保险等方面的情况。该项调查还根据他们的个性特征，将他们分为物质型、冒险型、自信型、保守型等多种类型。

信号工资理论也能对劳动力供给模型做出同样的修正和解释，例如，学业成绩突出，训练有素或工作经验丰富的应聘者，也会给潜在的雇主传递"我正是企业所需要的优秀人才"这样的信息。他们所传递的信息，甚至可能与企业发出的信息一样确切。因此，人力资本（学历、技能、工作经验）、薪酬水平（领先、相当、滞后）和薪酬混合体（奖金、福利选择）都可作为某种信号，帮助员工与企业进行信息交流。

（二）对劳动力供给模型修正的三种理论

当研究的视角从劳动力需求模型转向劳动力供给模型时，即以员工为重点而不以企业为重点对薪酬决策进行分析时，出现了三种微观工资修正理论，即保留工资理论、劳动力成本理论和岗位竞争理论，这些理论进一步证明了影响员工应聘的决策行为的因素。

1. 保留工资理论

许多薪酬专家把薪酬描绘成"不得不支付的薪酬"。他们认为，应聘者心里都有一个工资底线，即保留工资，若某项工作的工资低于保留工资，那么不管这项工作的其他方面多么诱人，他们都将拒绝接受它。如果某项工作提供的薪酬没有达到他们的最低标准，那么该项工作的其他任何方面都不能弥补这个缺陷。应聘者的保留工资可能会比市场工资率高，也可能会比市场工资率低。保留工资理论试图解释员工对各种薪酬差异的反应。

2. 劳动力成本理论

劳动力成本理论也许是解释薪酬差异的最有影响的经济理论。它的理论前提是，通过自我投资（如教育、培训、经验）来提高工作能力的人将获得更高的薪酬。该理论假设人们得到的薪酬都是边际产品的价值；培训投资或身体素质投资可以提高个人的工作能力，从而增加个人的边际产品。个人获得技能和能力需要花费时间、金钱或利用各种资源。

3. 岗位竞争理论

岗位竞争理论与人力资本理论在某种程度上有些相似，它们都意味着劳动力供给的减少导致企业劳动力成本的增加。劳动力成本理论认为，企业劳动力成本增加的直接原因是薪酬水平提高，而工作岗位竞争理论则认为，劳动力成本增加的直接原因是企业必须承担额外的培训费用。该理论认为，在劳动力市场上，劳动者并不是为薪酬而相互竞争，因为每一岗位的薪酬都已经预先规定。他们凭自身条件参与岗位的竞争。应聘者为增加自己的就业机会，必然会努力地不断提升自我，从而导致劳动力供给者之间的激烈竞争。

影响企业获得劳动力的其他因素还有很多，如工作之间流动的地理障碍、工会的要求、职位空缺信息的不对称、工作风险大小和失业率等。

总之，劳动力供求是决定企业薪酬水平的主要因素。然而，任何企业都必须有足够的收入来支付各种费用。因此，企业的薪酬水平受其产品或劳务在市场上竞争力的影响。可见，产品市场状况在很大程度上决定企业支付能力。

影响产品市场的两个关键因素是产品市场的竞争程度和产品需求。这两个因素都影响着企业按正常价格出售产品和劳务的能力。如果价格不变，销售量下降，收入减少，那么企业确定更高薪酬水平的能力就会受到限制。

劳动力市场状况为企业设计吸纳足量员工的薪酬水平画了一条最低线，而产品市场又为企业的薪酬水平画了一条最高线。如果企业的薪酬水平超过最高线，那么它必须提高价位，把薪酬水平的超出量转嫁到顾客身上；或在原有价位不变的状况下，从总收入中拨出更多的份额作为劳动成本。

三、工资效益理论

工资效益是指工资投入所产生的直接经济效益，即每支付一定量工资产生多少产品或创造多少价值，它反映投入的工资成本所能得到的利润。工资效益是决定工资水平的重要依据。只有企业经济效益好，有了财务支付能力，员工的工资水平才能提高。工资的增长是对员工劳动的认同，必然会激励员工更加有效地劳动，为企业进一步提高效益创造条件，实现工资和效益的良性循环。反之，工资提高而效益下降，会导致通货膨胀，物价上涨，经济衰退，企业的人工成本提高，产品的市场竞争力下降，效益下滑。

工资效益统计可以量化地反映实行某种薪酬制度所取得的经济效益。常用的工资效益统计指标如表 10-2 所示。

表 10-2　常用的工资效益统计指标

序号	指标名称	计算公式
1	每百元工资产品产量	每百元工资产品产量＝产品产量/工资总额（百元）
2	每百元工资产品产值	每百元工资产品产值＝产值/工资总额（百元）
3	每百元工资利润额	每百元工资利润额＝实现利润总额/工资总额（百元）

工资效益即一定的工资所带来的产出，可以分解为一定的工资带来的劳动量和一定的劳动量带来的产出，而产出又等于总产值减去物耗价值。提高工资效益的手段有按效益投入工资、增加工资带来的劳动量、增加劳动的产出量。

第三节　薪酬管理的主要内容

概括来说，薪酬管理包括薪酬制度设计和薪酬日常管理两个方面。薪酬制度设计主要是指薪酬策略设计、薪酬体系设计、薪酬水平设计、薪酬结构设计等。薪酬制度设计是薪酬管理最基础的工作，如果薪酬制度有问题，企业薪酬管理不可能取得预定目标。薪酬日常管理是由薪酬预算、薪酬支付、薪酬调整组成的循环，这个循环可以称为薪酬成本管理循环。薪酬制度建立起来后，应密切关注薪酬日常管理中存在的问题，及时调整公司薪酬策略，调整薪酬水平、薪酬结构以及薪酬体系以实现效率、公平、合法的薪酬目标，从而保证公司发展战略的实现。薪酬管理具体包括以下内容。

一、环境分析

环境分析就是通过调查分析，了解企业所处的内外环境的现状和发展趋势，它是薪酬管理的前提和基础。环境分析是一项复杂而重要的工作。说它复杂是因为企业所处的环境非常复杂，不仅包括经济、社会、生活水平、国家政治法律、产业政策、劳动供给和失业率等因素构成的外部环境，还包括企业的性质、规模、发展阶段、企业文化、组织结构、工作特征、员工素质等因素构成的内部环境。而且，每一种环境因素又处于一种动态的发展过程之中。这就要求企业不仅要清楚这些环境因素的现实状况，还要根据各自变化的规律对其未来的情况做出准确的预测。

环境分析是薪酬管理的首要步骤，它为后面几个步骤提供了重要的基础性材料。所以，环境分析的质量直接影响到薪酬策略的选择、工作分析以及岗位评价等重要过程的工作质量。一个好的薪酬体系必须表现出与环境之间的动态适应性。可以说，薪酬环境分析关系到企业薪酬目标的实现。尤其对于那些处在创业期的企业，能否准确地分析和预测环境，不仅关系到能否吸引和留住人才，更决定着企业的发展命运。

二、岗位评价

（一）岗位评价的含义

岗位评价又称职位评估、工作评估或岗位测评，是在工作分析的基础上，对工作岗位的责任大小、工作强度、工作复杂性、所需资格条件等特性进行评价，以确定岗位相对价值的过程。在对企业所有岗位的相对价值进行科学分析的基础上，通过排列法、配对比较法和要素计点法等对岗位进行排序。岗位评价是新型薪酬管理的关键环节，要充分发挥薪酬机制的激励和约束作用，最大限度地调动员工的主动性、积极性和创造性。在设计企业的薪酬体系时就必须进行岗位评价。岗位评价解决的是薪酬的内部公平性问题。

（二）岗位评价的方法

1. 排列法

排列法是采用非分析和非定量的方法，由评定人员凭着自己的判断，不将工作内容分解为组成要素，而只是根据工作岗位的相对价值按高低次序进行排列，从而确定某个工作岗位与其他工作岗位的关系。排列法是一种最为简单、最易操作的岗位评价方法。

排列法的优点是：①简便易行；②作为一个整体对各岗位进行评定，避免了因工作要素分解而引起的矛盾和争论；③直观，适用于岗位数量不多的测评。

排列法的缺点是：①在工作岗位数多且不相近时，难以找到熟悉所有工作内容的评定人员；②评价主观，缺乏严格、科学的评判标准，评价结果弹性大，易受到其他因素的干扰；③排列法本身并不能为等级划分提供依据，且无法衡量工作等级之间的差异程度；④只适用生产单一且岗位较少的中小企业。

2. 配对比较法

配对比较法也称相互比较法，就是将所有要进行评价的职位列在一起，两两配对比较，价值较高者可得1分，最后将各职位所得分数相加，其中分数最高者即等级最高者，按分数高低顺序将职位进行排列，即可划定职位等级。通过计算平均序数，便可得出岗位相对价值的次序。配对比较法操作示意表如表10-3所示，职务评价排序表如表10-4所示，配对比较法职务评价结果的权衡如表10-5所示。

表 10-3　配对比较法操作示意表

比较职务	被比较职务							得分总计
	A	B	C	D	E	F	G	
A		1	1	0	1	1	1	5
B	0		0	0	1	0	1	2
C	0	1		0	1	1	1	4
D	1	1	1		1	1	1	6
E	0	0	0	0		0	0	0
F	0	1	0	0	1		1	3
G	0	0	0	0	1	0		1

表 10-4　职务评价排序表

职务	分数	序列顺序
D	6	1
A	5	2
C	4	3
F	3	4
B	2	5
G	1	6
E	0	7

表 10-5　配对比较法职务评价结果的权衡

职务	A	B	C	D	E	F	G
甲评定结果	1	3	4	2	5	6	7
乙评定结果	2	1	4	3	—	5	—
丙评定结果	1	—	2	3	6	4	5
评定序数和（∑）	4	4	10	8	11	15	12
评定本职务的总人数	3	2	3	3	2	3	2
平均序数	1.33	2	3.33	2.67	5.5	5	6
岗位相对价值的次序	1	2	4	3	6	5	7

　　配对比较法的优点是两两进行比较，相对比较全面。缺点是当职位比较多时，工作量过大，且岗位之间可能不具有可比性，操作起来比较困难。

　　3. 要素计点法

　　（1）要素计点法的含义。要素计点法又称点数加权法或点数法，是目前大多数国家最常用的方法。这种方法预先选定若干关键性薪酬因素，并对每个要素的不同水平进行界定，同时给各水平赋予一定分值，这个分值也称为"点数"，然后按照这些要素对职位进行评估，得出每个职位的总点数。

（2）要素计点法的步骤。

步骤一：确定和评价要素。选取报酬要素并对其进行定义，一般来讲，要素的数量在5~15个左右。报酬要素即各职位中所包括的有助于组织目标实现的要素。常见的报酬要素有以下四种：工作技能、努力程度、工作责任和工作条件。通常情况下，在主要报酬要素选定以后，还会选择其相关子要素，如工作技能的子要素会包括专业知识、技术水平、经验等。报酬要素选定以后，还要对报酬要素进行定义。以外部沟通为例，外部沟通定义界定及等级划分如表10-6所示。

表10-6　外部沟通定义界定及等级划分

要素名称：外部沟通	
要素定义：主要指职务要求的与直接工作部门以外的人员交往的强度。其主要依据与外界交往的程度和所要解决问题的重要性进行判断	
等级	等级定义
1	除直接工作部门的同事和上级外，极少与外界交往
2	与外界较少接触，沟通量不大
3	与外界有中等程度交往，解决常规性的问题
4	与外界有中等至频繁程度交往，一般解决常规性问题，涉及少数非常规性问题

步骤二：划定评价要素等级。等级划分的依据是组织中各职位在该报酬要素上的差异程度。差异越大，则报酬要素的等级数量越多。表10-6给出了一个关于技术水平要素定义及等级划分的例子，而表10-7则进行了报酬要素等级点数确定。

表10-7　报酬要素等级点数确定

报酬要素	报酬要素权重/%	对应总点数	等级划分	等级点数
决策	25	250	1	50
			2	100
			3	150
			4	200
			5	250
监督管理责任	25	250	1	50
			2	100
			3	150
			4	200
			5	250

报酬要素	报酬要素权重/%	对应总点数	等级划分	等级点数
知识	20	20	1	40
			2	80
			3	120
			4	160
			5	200
技能	10	100	1	20
			2	40
			3	60
			4	80
			5	100
任务的复杂性	15	150	1	30
			2	60
			3	90
			4	120
			5	150
工作条件	5	50	1	14
			2	26
			3	38
			4	50
合计	100	1 000	—	—

步骤三：确定评价要素比重，通常情况是设定全部要素为100，各要素用百分比表示各报酬要素的权重。应根据各报酬要素在整个评价体系中的重要性程度，确定其所占的百分比。

步骤四：各评价要素等级的点数配给。首先，要确定整个评价体系的总点数。一般来说，待评价的职位数量越多，总点数就越大。然后根据各报酬要素所占权重，计算出各报酬要素相应的点数。最后确定每一报酬要素内部各等级的点值。这一过程可以采取经验判断的方法，但是为了保证评价的客观性，一般采用等比或等差等有规律的方法。实际上，表10-7是以要素计点法建立的一个评价标准体系。

步骤五：运用报酬要素评价标准体系，评价各待评价职位，并根据评价结果建立职位等级结构。在进行评价时，评价者要考虑被评价的职位在各个报酬要素上所处的等级，然后加总这些等级所对应的点数，得出该职位所获得的总点数，即最终评价结果。待所有待评价职位的总点数都计算出来以后，根据点数的大小对所有职位进行排列。对某职位的评价过程及其结果如表10-8所示。

表10-8　对某职位的评价过程及其结果

职位名称：×××		
报酬要素	报酬要素等级	点值
决策	4	200
监督管理责任	2	100
知识	3	120
技能	2	40
任务的复杂性	4	120
工作条件	1	14
合计		594

（3）要素计点法的优点。①主观随意性较少，可靠性强；②相对客观的标准使评估结果让人易于接受；③通俗，易于推广；④可使用统计方法来分析数据。

（4）要素计点法的缺点。①费时，需投入大量人力；②因素定义和权重确定有一定技术难度；③方法并不完全客观和科学，因素的选择、等级的定义和因素权重的确定在一定程度上受主观因素的影响；④该方法适用于大型企业，对中小企业来说，可能不是最好的办法。

三、薪酬调查

薪酬调查指一个组织通过收集信息来判断其他组织所支付的薪酬状况的系统过程，这种调查能够向实施调查的组织提供市场上的各种相关组织（有时也包括竞争对手）向员工支付的薪酬水平和薪酬结构等方面的信息。

企业的薪酬体系必须在薪酬体系设计之初进行详细的薪酬市场调查，摸清行情，相机而动。只有这样，才能保证薪酬体系的激励性和吸引力，才能真正发挥薪酬这把双刃剑的作用。

四、制定薪酬策略

薪酬策略是有关薪酬分配的原则、标准、薪酬总体水平的政策和策略。应在对组织环境进行系统分析的基础上，明确怎样的薪酬策略才符合企业的实际情况和企业战略的要求。企业设计薪酬首先必须在发展战略的指导下制定企业的薪酬策略，企业薪酬策略的制定包含水平策略和结构策略两个方面。

1. 薪酬水平策略

薪酬水平是指组织整体平均薪酬水平，包括各部门、各岗位薪酬在市场薪酬中的位置。薪酬的水平策略主要是制定企业相对于当地市场薪酬行情和竞争对手薪酬水平的企业自身薪酬水平策略。供企业选择的薪酬水平策略有以下几种。

（1）市场领先策略。采用这种薪酬策略的企业，薪酬水平在同行业中是处于领先地位的。市场领先策略一般基于以下几点考虑：市场处于扩张期，有很多的市场机会和成长空间，对高素质人才需求迫切；企业处于高速成长期，薪酬的支付能力比较强；在同行业的市场中处于领导地位；经济处于繁荣期。

(2) 市场跟随策略。采用这种策略的企业，一般都建立或找准了自己的标杆企业，企业的经营与管理模式都向标杆企业看齐，薪酬水平跟标杆企业差不多。处于经济发展的平稳期，企业的战略为稳定战略的前提下，适合采用市场跟随策略。

(3) 市场滞后策略。

市场滞后策略即企业在制定薪酬水平策略时不考虑市场和竞争对手的薪酬水平，只考虑尽可能地节约企业生产、经营和管理的成本，这种企业的薪酬水平一般比较低。采用这种薪酬水平的企业一般实行成本领先战略，经济处于萧条期，企业处于初创或转型期，甚至处于衰退阶段。

(4) 混合薪酬策略。混合薪酬策略就是在企业中针对不同的部门、不同的岗位、不同的人才，采用不同的薪酬策略。比如对于企业核心与关键性人才及岗位采用市场领先薪酬策略，而对一般的人才、普通的岗位采用非领先的薪酬水平策略。

企业要明确界定各类员工的薪酬水平，以实现员工与企业之间公平的价值交换，这是薪酬管理的重要内容。其基本原则是按照员工对企业的贡献确定不同的薪酬水平。同时，为了体现薪酬管理对外竞争性的基本原则，还必须根据劳动力市场的供求关系以及社会消费水平的变化，及时对企业员工的总体薪酬水平适时地进行调整。

2. 薪酬结构策略

市场薪酬调查的目的就是为企业确定薪酬结构和薪酬水平提供参考。薪酬结构是薪酬体系的骨架，有广义和狭义之分。狭义的薪酬结构是指同一组织内部不同岗位薪酬水平的对比关系，广义的薪酬结构还包括不同薪酬形式在薪酬总额中的比例关系，如基本薪酬与可变薪酬、福利薪酬之间的不同薪酬组合。薪酬结构主要是指企业总体薪酬所包含的固定部分薪酬（主要指基本工资）和浮动部分薪酬（主要指奖金和绩效薪酬）所占的比例。供企业选择的薪酬结构有以下几种。

(1) 高弹性薪酬模式。高弹性薪酬模式是一种激励性很强的薪酬模式，绩效薪酬是薪酬结构的主要组成部分，基本薪酬等处于非常次要的地位，所占的比例非常低（甚至为零），即薪酬中固定部分比例比较低，而浮动部分比例比较高。在这种薪酬模式下，员工能获得多少薪酬完全依赖于工作绩效的好坏。当员工的绩效非常优秀时，薪酬则非常高；而当绩效非常差时，薪酬则非常低甚至为零，比如保险业务一般采用这一薪酬结构。

(2) 高稳定薪酬模式。高稳定薪酬模式是一种稳定性很强的薪酬模式，基本薪酬是薪酬结构的主要组成部分，绩效薪酬等处于非常次要的地位，所占的比例非常低（甚至为零），即薪酬中固定部分比例比较高，而浮动部分比例比较少。在这种薪酬模式下，员工的收入非常稳定，几乎不用努力就能获得全额薪酬，行政性工作岗位适合这一薪酬结构。

(3) 调和型薪酬模式。调和型薪酬模式是一种既有激励性又有稳定性的薪酬模式，绩效薪酬和基本薪酬各占一定的比例。当两者比例不断调和变化时，这种薪酬模式可以演变为以激励为主的模式，也可以演变为以稳定为主的薪酬模式。

五、设定薪酬等级

薪酬变动范围又称为薪酬区间，指在某一薪酬等级内部允许薪酬变动的最大幅度。薪酬变动范围说明的是在同一薪酬等级内部，最低薪酬水平和最高薪酬水平之间的绝对差距问题。

等级划分的数目受组织的规模和工作性质的影响，没有绝对的标准。一般来说，等级数目少，薪酬宽度大，员工晋升慢，激励效果差；等级数目多，岗位层次多，管理成本就会增加。可见，薪酬等级与组织结构密切相关，薪酬等级的确定必须考虑组织的结构因素。宽带薪酬模式就是一种与企业组织扁平化相适应的新型设计。

六、设计薪酬体系

（一）薪酬体系的概念

薪酬体系是指薪酬中相互联系、相互制约、相互补充的各个构成要素形成的有机统一体，其基本模式包括基本工资、津贴、奖金、福利、保险等形式。薪酬体系一般来说是指支付薪酬基准，即绝对本薪（基本工资）的根据是什么，按其差异可区分薪酬性质和特征。可见，狭义的薪酬体系决策的主要任务是确定企业基本薪酬的依据。企业可以从职位、技能、能力三个要素中选择其一作为确定薪酬体系的依据。企业可以只选用一种薪酬结构，也可能会同时使用两种或三种薪酬体系，比如对生产人员、职能管理人员、技术研发人员和销售人员采用不同的薪酬体系等。

（二）薪酬体系的类型

薪酬体系要体现公平性和激励性，要能够激发员工的积极性和创造性。选择何种类型的薪酬体系，取决于企业所面对的多种内外部因素。目前，通行的薪酬体系类型主要有岗位薪酬体系、技能薪酬体系和绩效薪酬体系三种。

1. 岗位薪酬体系

岗位薪酬体系是应用最为广泛，同时也是最为稳定的薪酬体系类型。所谓岗位薪酬体系，就是指根据员工在组织中的不同岗位特征来确定其薪酬等级与薪酬水平。岗位薪酬体系以岗位为核心要素，建立在对岗位的客观评价基础之上，对事不对人，能充分体现公平性，操作相对简单。企业如果岗位明晰，职责清楚，工作程序性较强，那么就比较适宜采用岗位薪酬体系。

2. 技能薪酬体系

随着人力资源被提升到战略地位，人才的市场竞争日趋激烈，企业的生存越来越取决于员工的素质能力和聪明才智的发挥。为了增强对人才的吸引力，充分发挥各类人才的工作积极性和潜力，一些企业转而把与企业发展息息相关的员工技术和能力水平作为薪酬等级和水平的确定依据，技能薪酬体系便应运而生。技能薪酬体系又可分技术薪酬体系和能力薪酬体系两种类型。

技术薪酬体系是指组织根据员工所掌握的与工作有关的技术或知识的广度和深度来确定

员工薪酬等级和水平。这种薪酬体系根据员工的技术状况来决定个人的薪酬等级与水平，能够吸引和留住高技能水平的员工，也有利于激发这些员工的学习积极性和潜力。对于科技型企业或专业技术要求较高的部门和岗位，这种薪酬体系具有较强的适用性。

能力薪酬体系是以员工个人能力状况为依据来确定薪酬等级与薪酬水平的。这种制度适用于企业中的中高层管理者和某些专家，他们所从事的工作往往难以用职位说明书进行清晰的描述，工作具有很强的创造性、不可预测性和非常规性，工作目标的实现更多地依赖于个人的综合能力。这里说的能力是一种抽象的、综合性的概念，在不同的组织会具体体现为领导力、组织协调能力、控制能力、决策能力等各种具体能力特征的组合，因而在实际工作中，要设计和建立比较完整的能力薪酬体系是比较困难的。

3. 绩效薪酬体系

绩效薪酬体系将员工个人或者团体的工作绩效与薪酬联系起来，根据绩效水平确定薪酬结构和薪酬水平。员工工作绩效主要体现为完成工作的数量和质量，所产生的收益以及对企业的贡献。在绩效薪酬体系下，企业需要建立一套客观、公正的绩效考核体系。因此，这种薪酬体系主要适用于工作程序性、规则性较强，绩效容易量化的岗位或团队，以便能够清楚地将绩效与薪酬挂钩。目前，绩效薪酬体系多以个人绩效为基础。这种模式操作简便，有利于促进个人工作积极性的提高。企业也可以团队为基础建立绩效薪酬模式，这种做法既体现了组织发展的趋势和要求，又有利于强化组织内部的沟通与合作。

上述三种类型的薪酬体系各有利弊。在进行薪酬体系的选择与设计时，主要看这种薪酬体系能否与企业的内外环境相适应，能否有利于激发员工的工作热情，能否提高企业的竞争力，能否有助于企业战略目标的实现。对于规模庞大且构成复杂的企业，在进行薪酬体系设计时，可同时采用多种薪酬体系。

（三）薪酬体系设计

1. 岗位薪酬体系设计

岗位薪酬体系根据每个岗位的相对价值来确定薪酬等级，通过市场薪酬水平调查来确定每个等级的薪酬幅度。这种薪酬体系的基本思想是：不同的岗位有不同的相对价值，相对价值越高的岗位对企业的贡献就越大，因而就应该获得较高的报酬。实行岗位薪酬体系的企业要求岗位说明书清楚明晰、组织环境稳定、工作对象比较固定。设计岗位薪酬体系的关键在于科学合理地确定能够反映岗位相对价值的因素、指标和权重，并对每个岗位所包含的价值进行客观评价。

岗位薪酬体系以岗位评价为基础，其优点非常明显，不仅容易实现同岗同薪，凸显公平性，也便于按岗位进行系统管理，管理成本较低。当然，这种岗位薪酬体系也为员工的发展规划出一条清晰的路线，从一定意义上来讲，也有助于员工的发展。但是，这种过于清晰的、单一化的晋升路线却忽略了员工的个性特征，所以，也容易错误地引导员工盲目地追求岗位的晋升，从而影响员工个人的职业生涯发展。特别是那些技术类的员工，一旦达到一定的岗位，就再也没有上升的空间。这种薪酬体系的不足还表现为另外两个方面：一是岗位薪酬体系直接与岗位挂钩，忽视同一岗位可能存在的绩效差异，可能会挫伤许多员工的工作热情和积极性；二是岗位薪酬体系属于高稳定薪酬模式，这种模式虽然可使员工获得比较强的安全感，但缺乏对员工的有效激励，还在一定程度上加剧了组织缺乏灵活性和弹性的现象。

岗位薪酬与组织结构、岗位设置、岗位特征密切相关，实质上是一种等级薪酬。岗位薪酬体系首先要对每个岗位所要求的知识、技能以及职责等因素的价值进行评估，根据评估结果将岗位分成不同的薪酬等级，每个薪酬等级包含若干个综合价值相近的岗位，再经过市场薪酬调查来确定适合本企业的薪酬水平，按职位的权重对应不同的薪酬等级，从而形成"薪酬金字塔"。

2. 技能薪酬体系设计

技能薪酬体系以员工所掌握的与职位相关的知识和技术的深度与广度为依据来确定薪酬等级和薪酬水平。要采用技能薪酬体系，企业必须首先建立一套技能水平评估标准，员工薪酬随着技能等级的变化而变化。技能薪酬本质上是一种激励薪酬，能够刺激员工不断扩展知识、技能的深度和广度，最终有利于企业绩效的提高。随着员工知识、技能的深化和扩展，其工作面也将变得开阔，每人都能成为多面手，岗位调动比较容易。但是，盲目地参加培训和学习深造会增加人力资源提升的成本，也容易造成人才、知识的浪费。技能薪酬体系的设计程序如同岗位薪酬体系的设计过程，只不过它是以技能为分析、评价对象，结果是得出对应不同薪酬水平的技能等级。

技能分析是对某个工作所需技能信息进行收集和分析，技能评估就是获得不同技能相对价值的过程。技能评估以技能分析为基础，因此，技能分析的内容决定着技能评估的合理性、真实性，决定着技能薪酬体系运作的有效性。对技能的分析要能体现不同薪酬等级所要求具备的技能的种类、数量和质量。技能分析的基本内容包括技能单元和技能模块。

（1）技能单元。技能单元是技能分析的基本元素，是最小的分析单元，是对特定工作的具体说明。技能单元的描述和职位描述相一致，比如"将螺帽紧扣在螺钉上"是对工作任务的描述，它的技能描述就是"具备使用扳手拧紧螺钉的能力"。对工作任务的描述是技能分析的第一步，它是指从事某项具体工作任务所需要的技术或者知识。

（2）技能模块。技能模块是指从事某项具体工作任务所需要的技术或知识。技能模块的本质是对技能单元进行分组，比如"拧螺钉"是一种技能，它可以被划分到"维修机器"这一技能模块中。技能模块是技能薪酬设计的基础，是区别于岗位薪酬的显著特征。技能模块的形式决定了技能薪酬的不同类型，包括技能等级模块和技能组合模块两种。

七、制定薪酬制度

薪酬体系设计完成之后必须制度化、标准化，成为企业薪酬制度。通过实施薪酬制度才能实现薪酬的战略及目标。在正式实施之前，企业要对将要实施的薪酬结构和水平进行必要的宣传，并且注重和员工特别是中层人员进行有效沟通，以广泛征求意见，为薪酬制度的实施做好充分的准备。

企业薪酬制度设计是企业薪酬管理的一项重要任务。不同的企业薪酬制度有不同的适用对象和范围，关键是要选择与企业总体发展战略以及实际情况相适应的薪酬制度。

第四节 福利

一、福利的含义和特点

在企业员工的薪酬体系中，除了基本工资和绩效工资外，还有比较重要的一部分内容就是福利。所谓福利就是企业向所有员工提供的，用来创造良好工作环境和方便员工生活的间接薪酬，一般包括健康保险、带薪假期或退休金等形式。与基本工资、绩效工资和奖金相比，福利具有明显的特点。

1. 稳定性

与企业薪酬的其他部分相比，福利项目具有更大的稳定性，一般在确定以后，很难更改或取消。

2. 潜在性

福利消费具有一定的潜在性。基本工资、绩效工资以及奖金是员工能拿到手中的货币支付工资，而福利则是员工所消费或享受到的物质或者服务。所以，员工可能会低估企业的福利成本，并抱怨其某些要求得不到满足。同样，管理人员也可能意识不到福利的成本及其作用。

3. 延迟性

福利中的很多项目是免税的或者税收是延迟的。这在无形中减少了企业的开支，使企业能把更多的资金用在改进工作效率或者改善工作条件上，提高员工的福利水平。

二、福利的本质

福利本质上是一种补充性报酬，往往不以货币形式直接支付给员工，而是以服务或实物的形式支付给员工，例如带薪休假、成本价的住房、子女教育津贴等。福利有多种形式，包括全员性福利、特殊福利和困难补助。它们在形式上的不同，源自内容的差异。其中，全员性福利针对所有的员工，例如子女的教育津贴；而特殊福利只针对某一些群体，例如只给部门经理级以上员工报销手机费。困难补助是针对有特殊困难的员工，例如给身患癌症的员工发一些慰问金。

三、福利的种类

福利自身包含的项目较多，从不同的角度可以对福利进行多种分类。

（一）依据福利的表现形式分类

依据福利的表现形式，可以分为经济性福利和非经济性福利。前者包括企业支付的各种保险项目、住房补贴等；后者主要表现为职业培训、职业生涯设计、良好的工作环境等。

（二）依据福利的灵活性分类

依据福利的灵活性，可以分为固定福利和弹性福利。固定福利设定后，员工没有选择的余地；而在弹性福利计划下，员工可以根据自己的偏好在一定范围内灵活选择。

（三）依据福利项目是否具有法律强制力分类

依据福利项目是否具有法律强制力，可以分为法定福利和企业自主福利。法定福利主要包括基本养老保险、基本医疗保险、失业保险、工伤保险、生育保险和住房公积金、法定假期。企业自主福利是在国家强制之外由企业提供的福利项目，包括企业年金、团体人寿保险、补充医疗保险、弹性福利和其他福利。

1. 法定福利

所谓法定福利，是由国家相关法律和法规规定的福利内容。国家法定福利具有强制性，任何企业都必须执行。《劳动法》第 76 条明确规定："用人单位应当创造条件，改善集体福利，提高劳动者的福利待遇。"我国目前的法定福利主要包括社会保险和法定休假。

（1）养老保险。养老保险制度是国家和社会根据一定的法律和法规，为解决劳动者在达到国家规定的解除劳动义务的劳动年龄界限，或因年老丧失劳动能力、退出劳动岗位后的基本生活而建立的一种社会保险制度。养老保险具有强制性、互济性、储备性、社会性等特点。目前世界上实行养老保险制度的国家可分为三种类型，即投保资助型（也叫传统型）养老保险、强制储蓄型养老保险（也称公积金模式）和国家统筹型养老保险。

（2）失业保险。我国过去称失业保险为待业保险，是指劳动者因失业而暂时中断生活来源时，在法定期间从国家和社会获得物质帮助的一种社会保险制度。失业保险制度包括国家强制性失业保险、非强制性失业保险、失业补助制度、综合性失业保险制度等。

（3）医疗保险。医疗保险是指国家立法规定并强制实施的、在人们生病或受伤后由国家或社会给予一定的物质帮助，即提供医疗服务或经济补偿的一种社会保险制度。医疗保险具有与劳动者的关系最为密切、和其他人身保险相互交织、存在独特的第三方付费制、享受待遇与缴费水平不是正相关等特点。

（4）工伤保险。工伤保险又称职业伤害保险或伤害赔偿保险，是指依法为在生产工作中遭受事故伤害和患职业性疾病的劳动者及其亲属提供医疗救治、生活保障、经济补偿、医疗和职业康复等物质帮助的一种社会保险制度。工伤保险制度有三条实施原则，即无过失补偿原则，风险分担、互助互济原则，个人不缴费的原则。

（5）生育保险。生育保险是指妇女劳动者因怀孕、分娩而暂时中断劳动时，获得生活保障和物质帮助的一种社会保险制度。实行生育保险是对妇女生育价值的认可，对于保证生育女职工和婴儿的身体健康，促进优生优育，真正实现男女平等具有十分重大的意义。

（6）住房公积金。住房公积金是指国家机关、国有企业、城镇集体企业、外商投资企业、城镇私营企业及其他城镇企业、事业单位、民办非企业单位、社会团体及其在职职工缴存的长期住房储金。

（7）法定假期。

①公休假日。目前我国实行每周休息两天的公休假日制度。公休假日是劳动者工作满一个工作周期之后的休息时间。国家实行劳动者每日工作时间不超过 8 小时，平均每周工作时间不超过 44 小时的工时制度。用人单位应当保证劳动者每周至少休息一天。在公休日加班

的员工应享受相当于正常工资的 200%。

②法定节假日。根据《国务院关于修改〈全国年节及纪念日放假办法〉的决定》，我国自 2014 年 1 月 1 日起法定节假日共 11 天，包括：元旦，放假一天（1 月 1 日）；春节，放假三天（农历正月初一、初二、初三）；清明节，放假一天（农历清明当日）；劳动节，放假一天（5 月 1 日）；端午节放假一天（农历端午当日）；中秋节，放假一天（农历中秋当日）；国庆节，放假三天（10 月 1 日、2 日、3 日）。在法定节假日加班的员工应当享受相当于正常工资的 300%。

③带薪年休假。带薪年休假是指员工工作满一定的时间后可带薪休假一定的时间。《劳动法》第 45 条规定，国家实行带薪年休假制度。职工连续工作 1 年以上的，享受带薪年休假。其中累计工作已满 1 年不满 10 年的年休假为 5 天；已满 10 年不满 20 年的年休假为 10 天；已满 20 年的，年休假 15 天。国家法定节假日和公休假日不计入年休假的假期内。

④其他假期。在我国，员工还可以享受探亲假、婚丧假、产假与配偶生育假、病假等。员工因为身体疾病不能正常工作时，应享有病假。员工在规定的病假期内能够享受正常的薪资待遇。

2. 企业自主福利

（1）企业年金。企业年金也叫企业补充养老保险，是企业及其职工在依法参加国家基本养老保险的基础上，在国家相关法律法规框架内，根据本企业特点自愿建立的补充养老保险计划，是延期支付的工资收入，是员工福利制度的重要组成部分。

（2）团体人寿保险。团体人寿保险是企业为员工提供的集体福利项目，是市场经济国家比较常见的一种企业福利形式。

（3）补充医疗保险。由于国家的基本医疗保险只能满足参保人的基本医疗需要，超过基本医疗保险范围的医疗需求可以通过其他形式的医疗保险予以满足。由用人单位和个人自愿参加，它能补充基本医疗保险的不足，负责封顶线以上的医疗费用开支。有利于保证企业职工队伍稳定，增强企业凝聚力和竞争力。能适应不同群体的需求，有利于建立多层次医疗保障制度。

（4）弹性福利。弹性福利是指企业在考虑员工需要的基础上，设计一套员工可以有限度地自主选择福利项目的制度。员工可以自主选择满足自己需要的福利项目，无形中就增加了福利对员工的价值。同时，由于给员工自由选择的权利，在一定程度上的员工感到自己被尊重，进而激发员工为企业的发展服务的潜能。对企业而言，这种福利制度能提高员工的满意度进而提高企业的竞争能力。不足的是这种制度设计起来难度比较大，管理的难度和费用都比较高。

（5）其他福利。除了以货币形式提供的福利，企业为员工和员工家庭提供旨在帮助员工克服生活困难和支持员工事业发展的福利形式。其他福利主要包括为员工提供心理咨询、家庭援助等福利安排，为员工提供定期健康检查，根据实际情况自主决定向员工提供一些其他的福利项目。由于不具有强制性，因而其他福利也没有统一的标准。常见的其他福利项目有员工个人发展福利和住房补助福利。员工个人发展福利，主要包括培训、继续教育或深造。住房补助福利是指企业可以通过向员工提供免费单身宿舍、夜班宿舍、廉价公房出租、购房利息贷款和购房补贴等解决员工的住房困难问题。此外，企业组织的集体活动、交通费补贴、午餐补贴等都是比较常见的福利项目。

本章小结

（1）薪酬泛指因员工向用人单位让渡自己的劳动而获得的各种形式的报酬，其实质是一种公平的交易。薪酬既包括基本薪酬、绩效薪酬、福利和服务，还包括一次性奖金、股票期权等其他多种经济性报酬。

（2）薪酬职能是指薪酬在运用过程中具体功能的体现和表现，是薪酬管理的核心，包括补偿职能、激励职能、调节职能、效益职能和统计监督职能。

（3）薪酬管理的相关理论有现代西方工资决定理论、对劳动力供求模型的理论修正、工资效益理论。

（4）薪酬管理是指根据企业总体发展战略的要求，通过管理制度的设计与完善，薪酬激励计划的编制与实施，最大限度地发挥各种薪酬形式如工资、奖金和福利等的激励作用，为企业创造更大的价值。其主要内容包括环境分析、岗位评价、薪酬调查、制定薪酬策略、设定薪酬等级、设计薪酬体系和制定薪酬制度。

（5）福利就是企业向所有员工提供的，用来创造良好工作环境和方便员工生活的间接薪酬，一般包括健康保险、带薪假期或退休金等形式。与基本工资、绩效工资和奖金相比，其特点有稳定性、潜在性、延迟性。福利是一种补充性报酬，往往不以货币形式直接支付给员工，而是以服务或实物的形式支付给员工。

本章习题

一、名词解释

1. 薪酬

2. 人力资本理论

3. 薪酬管理

4. 薪酬体系

5. 弹性福利

二、简答题

1. 简述薪酬的构成。

2. 简述薪酬的职能。

3. 简述影响薪酬的因素。

4. 简述现代西方工资决定理论。

5. 简述薪酬管理的原则。

6. 简述薪酬体系的设计。

7. 简述薪酬管理的主要内容。

8. 简述要素计点法。

9. 简述福利的含义、特点和本质。

10. 简述企业福利的种类。

三、案例分析

A 地产公司的薪酬管理制度

一、薪酬理念

A 地产公司按照市场多样化的原则，建立规范的、科学的薪酬管理体系，提供行业内富有竞争力的薪酬，提升薪酬的内外部公平性和激励性。

二、薪酬结构

A 地产公司薪酬结构由月工资、津贴、奖金、绩效和福利等部分构成。其中月工资由最低保障工资和绩效工资两部分组成，根据员工职位的不同，绩效工资所占月工资的比例为 10% ~ 30%，绩效工资的发放将依据员工绩效考核周期内的考核成绩和公司同期的经营业绩的综合实行上下浮动。

三、员工补贴

员工因工作需要，由深圳本部派往外地分公司工作一个月以上，享有住房补贴和外派综合补贴等相关福利待遇。

四、员工福利

在 A 地产公司，员工福利包括国家法定节假日和公司自主福利两个部分，国家法定福利员工享有社会自身保险、法定假期和高温补贴。公司自主福利有为员工统一购买各项社保，社保缴纳标准和比例由公司人力资源部按具体规定执行。员工自主缴纳部分由公司代缴并代扣。元旦、春节、清明节、国际劳动节、中秋节、国庆节等国家法定节假日假期，员工应享有相应的休假日和假期补助。此外，高温补贴根据当年地方政府颁布的降温津贴公告执行。

此外，公司还有自主福利，比如过节费、贺仪、奠仪、员工活动费、定期体检等。

1. 过节费。公司在职员工每逢国家法定节假日和特殊假日将获得公司一定金额的节日福利补贴，具体发放标准如表 10-9 所示。

表 10-9　A 地产公司节假日福利补贴表

序号	节日名称	标准	序号	节日名称	标准
1	元旦	500 元	5	国庆节	500 元
2	春节	500 元	6	中秋节	100 元
3	国际劳动节	500 元	7	妇女节	100 元
4	端午节	200 元	8	儿童节	200 元

注：①中秋节按 100 元/人的标准对员工发放节假日礼品。

②儿童节年龄计算标准：将 6 月 1 日作为截止时间，凡员工子女在 14 周岁以下，符合条件的予以发放金额日礼品。

2. 贺仪。在职员工可获得公司规定金额的礼金，具体标准如表 10-10 所示。

表 10-10　贺仪福利表

序号	贺仪名称	标准	备注
1	结婚礼金	500 元	须在结婚登记一个月内提供个人结婚证原件，并递交复印件至人力资源部备案
2	生育礼金	500 元	须在子女出生半年内提供孩子出生证原件，并递交复印件至人力资源部备案
3	教育礼金（小学/初中/高中/中专）	300 元	须在子女升学后一个月内向公司提供入学通知书原件，递交复印件至人力资源部备案
4	教育礼金（大专及以上院校）	1 200 元	须在子女升学一个月内提供入学通知原件，并递交复印件至人力资源部备案
5	生日礼金	400 元	人力资源部在员工生日（以身份证为准）当月发放个人奖励

3. 奠仪。公司员工的直系亲属（配偶、子女、父母或配偶父母）若不幸去世，员工在一个月内书面告知人力资源部，公司给予奠仪 900 元。

4. 员工活动费。每月 80 元/人，每年 960 元/人。

5. 定期体检。公司每年在第一季度组织员工到当地市一级医院进行体检，体检费用由公司承担。

五、奖金

目前公司的奖金主要包括年终奖、月度/季度绩效奖、年度评优奖等类别的奖金。年终奖是根据公司的经营目标完成情况和利润增长情况，结合员工绩效考核结果等因素综合考虑而进行的对员工的奖励金额。月度/季度绩效奖是根据公司的《绩效管理制度》开展的绩效考核结果，表扬取得优异成绩的员工，并给予奖励。年度评优奖是公司每年年终组织开展的年度集体评优工作，以表彰和嘉奖年度具有突出贡献和表现优秀的员工、部门和单位。

六、薪酬发放与反馈

每月 15 日前，公司财务核对公司员工信息，并发放上月员工工资。对工资发放数额存在异议的，应在薪酬发放之日起 1 个月内向人力资源部查询并核对。财务部门对发生错误的，人力资源部应及时向员工说明缘由，并在下月工资中补回或扣回。

七、薪酬保密

公司实行薪酬保密政策，员工应对公司薪酬相关信息严格保密；如发现泄露他人或本人的薪酬信息，一经核实，公司将以泄露内部信息重大违纪论处。

思考：

1. A 地产公司的薪酬制度体现了薪酬管理的什么原则？

2. 该地产公司的薪酬制度有何特点？

3. 结合薪酬管理的发展趋势，该地产公司薪酬制度有何改进的地方？

第十一章

员工关系管理

沃尔玛：员工是"合伙人"

沃尔玛的成功是值得管理者学习的，其最值得学习的部分就是沃尔玛对员工的平等原则。虽然双方表面上是管理和被管理的关系，但实质上却是事业合伙人的关系，双方在地位上是平等的。在这样的基础上，沃尔玛掌握了管理的主动权，在管理沟通上能够更为轻松和顺畅。

沃尔玛一直以来都非常重视倾听基层员工的意见和建议。沃尔玛在公司内部实行鼓励谏言政策，无论何时何地，每一位员工都有发言的机会。员工可以通过口头或书面形式与管理人员甚至总裁进行直接沟通，比如投诉受到不公平的待遇等。公司保证提供机会讨论员工的意见，对于可行的建议，会积极采纳并用于管理。在这样平等开放的沟通制度下，沃尔玛时常有一些各地的基层员工来到总部和董事长见面。董事长沃尔顿总是耐心地接待他们，并认真听取他们的意见。如果员工是正确的，他就会解决相关问题。沃尔顿要求公司每个经理都要认真贯彻这一思想，而不是只做表面文章。

沃尔玛经常给予员工精神上的鼓励，在总部和各个商店的橱窗中，都悬挂着先进员工的照片。对特别优秀的管理人员，公司会授予其"山姆·沃尔顿企业家"的称号。沃尔玛在阿肯色州罗杰斯机场的飞机库里停有 12 架飞机，是专门为地区经理准备的，目的是让他们及时听到最基层的声音。每个星期一的早晨，地区经理都要乘坐飞机前往自己分管的地区视察，视察一般进行到周四。在视察过程中，经理会大量接触基层员工，了解他们的信息和对公司的建议，以及他们对商品销售走势的看法，对提出有价值建议的员工进行奖励。在下情上达方面，沃尔玛做得也非常出色。沃尔顿认为，公司领导是员工的公仆，领导和员工之间是一个"倒金字塔"形的关系。领导在最基层，员工是中间的基石，顾客永远是第一位的。领导为员工服务，员工为顾客服务。管理者的工作就是指导、支持、关心、服务于员工。员工心情舒畅，有了自豪感，自然会更好地服务于顾客。

沃尔玛的每一位员工都戴有工牌，上面除了名字，没有标明职务，包括最高总裁。公司所有成员都不存在上下级之分，见面直呼其名。这种规定使员工放下了思想包袱，感受到了平等分工的快乐，营造了上下平等的工作氛围。沃尔顿还认为，员工是"合伙人"。沃尔玛拥有全美最大的股东大会，每次开会，沃尔玛都要求有尽可能多的部门经理和员工参加，让更多的员工了解公司的经营理念、制度、成绩和问题，做到心中有数。会后，沃尔顿还会邀请大会成员约 2 500 人到自己家中参加野餐会，与这些不同层次的员工聊天，大家畅所欲言。股东大会结束后，所有员工都会看到会议录像，公司刊物《沃尔玛世界》也会对会议进行翔实的报道。对此，沃尔顿强调："我想以这种方式增进我们的团结，大家亲如一家，为共同的目标而努力奋斗！"这种把员工当成合伙人的平等精神，使沃尔玛员工产生了对企业的强烈认同和主人翁精神。虽然在同行业中，沃尔玛的工资不是最高的，但其员工却工作得非常快乐顺心。

资料来源：王宇．沃尔玛：员工是"合伙人"［N］．经理日报，2011-12-28（5）.

第一节　现代员工关系管理的发展状况

员工关系管理是人力资源管理的一个重要组成部分，人力资源管理归根结底是对人的管理，而员工关系则是指与员工这一群体有关的各种复杂关系的总和。对员工关系的管理即是从理论层面探讨规范化的员工管理制度，其贯穿于招聘配置、培训开发、绩效考核、薪酬管理以及劳动关系等方方面面，员工关系管理始于员工入职时。

一、员工关系管理的发展历程

员工关系管理源于传统的"劳动关系管理"，即早期资本主义工业化时代的劳动关系管理。此后随着科学管理理念、行为管理理念、人本主义管理理念等的发展，员工关系管理逐步取代了传统的"劳动关系管理"成为时代的主流。

（一）传统"劳动关系管理"

18 世纪中期，西方资本主义国家开始进入工业化时代。随着生产工具、工作方式等的变化，资本主义经济制度发生了本质改变，机器生产取代了原始的手工作业，传统的农业社会过渡到工业社会。在这个时代，工厂生产规模逐渐扩大，企业需要雇用越来越多的劳动力进行生产，同时，由于社会的剧烈变革，大量劳动者失去赖以生存的土地，为了谋生，他们纷纷进入工厂工作。工厂员工的不断增加，催生了新型的雇佣关系，即资本与劳动相结合的劳动关系，上升到理论层面，即为劳动关系管理。

此后，随着科学技术的进步、生产力发展水平的迅速提高以及社会结构的深刻变化，劳资关系呈现出了新的时代特征，仅仅用马克思的劳资关系理论难以概括新的劳资冲突与协调的实践。伴随着管理思想的不断发展，员工关系管理逐渐取代传统的"劳动关系管理"。

（二）员工关系管理

19 世纪中期到 20 世纪初期是资本主义自由经济向垄断经济过渡的时期，科学技术不断进步，新技术革命带来了流水线作业的发展，企业规模越来越大，资本渐趋集中，同时，各国经过经济危机的打击逐步认识到政府干预的重要性，政府开始介入企业管理，保障员工的适当利益，稳定社会秩序。20世纪初，西方学者从人力资源管理角度提出了员工关系管理，取代了劳动关系的概念，随后，员工关系管理获得了长足的发展。

现代企业更加重视"以人为本"的员工关系管理理念，这是经济发展和社会变迁对企业管理提出的新的挑战，是员工关系管理的必然选择。在历史上，人本管理思想的发展经历了X理论、"社会人"理论、Y理论、Z理论、"复杂人"理论以及职工持股等若干演变过程。现代人本管理倡导人既是管理的主体又是管理的客体，认为组织不仅要关心成员的物质利益，更要关心其自我价值的实现。现代人本管理以尊重人、关心人和热爱人为出发点，强调弘扬人性，给人以尊严，提倡开发人的潜能、体现人的价值，最终达到自我实现的目的。

二、我国企业员工关系的管理与企业性质和经济政策环境密切相关

改革开放之前，在计划经济体制下，为了集中力量提高生产力，国家对企业实施严格的控制。企业作为国家机器的附属存在，生产的产品品种、数量、技术、产品的使用方式以及企业职工的劳动报酬都是由国家计划部门统一规定的，企业没有任何的自主权。劳动者去哪一家企业工作，劳动者在企业中所得到的一切利益包括各种待遇都是由国家分配与决定的，企业只不过扮演了一个"中介"角色。

在计划经济体制下，企业的党组织、共青团、工会和妇联等社团组织主要通过政治动员、政治压力、精神鼓励、思想教育、政治与行政处罚等超经济手段来协调各种矛盾，鼓舞职工干劲，没有任何与员工自身利益挂钩的激励方式，职工个人的努力程度与收入之间几乎没有联系。这个时期的人事部门基本上是一个象征，完全服务于国家的政策，配合有关国家政策完成工作。

改革开放以来，我国企业员工关系管理经历了最初强烈的物质利益需要后，随着市场经济的深入发展、人们生活水平的提高，以及企业员工素质的不断提升，员工对于工作环境、员工福利和工作氛围等非物质的需求变得更为看重，我国企业管理实践树立起了"以人为本"的管理理念。随着社会主义市场经济、知识经济、信息经济的快速发展，在当代"以人为本"的管理工作过程中，正在逐步形成一种崭新的管理思想和管理思路，这就是以知识、智力、技能和能力为核心内容的"能本管理"。"以人为本"是现代管理的一个基本原则和理念，强调的是人在组织中的主体地位和主导作用，进而强调要围绕人的积极性、主动性和创造性实行管理活动；"能本管理"的理念是以人的能力为本，是人本管理发展的新阶段，是更高层次和意义上的"以人为本"。

第二节　员工关系管理的内容

员工关系是指组织中由于雇佣行为而产生的关系，员工关系管理则是针对管理者、员工和团体之间产生的，由双方利益引起的，并受经济、技术、政策、法律制度和社会文化背景影响的合作、冲突、力量和权利等关系的管理。员工关系贯穿于企业管理的方方面面，员工关系管理的内容包括以下部分。

对员工关系管理进行分析时，管理内容可以细分为劳动关系管理、人员流动管理、员工奖惩管理、内外情报管理、冲突管理、危机管理、沟通管理、社团管理、健康管理、员工申诉管理、企业文化建设、员工激励管理等。从管理职责来看，员工关系管理可以分成九个方面：劳动关系管理、员工纪律管理、员工人际关系管理、企业沟通管理、员工绩效管理、员工心理管理、企业文化建设、员工关系管理培训、服务与支持。

一、劳动关系管理

劳动关系是指劳动力所有者（劳动者）与劳动力使用者（用人单位）之间，为实现劳动过程而发生的一方有偿提供劳动力，由另一方用于同其生产资料相结合的社会经济关系。这种雇佣关系的正常运转需要一定的外在保障力量，否则，恶劣的劳动关系会造成企业和社会的损失。企业劳动关系管理包括员工上岗、离岗面谈及手续的办理、定额定员的管理等日常管理以及劳动争议、人事纠纷和意外事件的处理等。

二、员工纪律管理

无规矩不成方圆。企业的正常运作也离不开企业的规章制度、劳动纪律等。员工纪律管理是指引导员工遵守组织的各项规章制度和劳动纪律，维持组织内部良好的秩序，并且凭借奖励和惩罚等措施纠正、塑造员工的工作行为，提高员工的组织纪律性，同时员工可以通过书面或者口头的形式对组织或者企业的有关规定提出建议。员工纪律管理在某种程度上对员工行为起约束作用，同时也有利于不断完善企业的管理方针，使其在动态发展中渐趋成熟。

三、员工人际关系管理

员工人际关系管理是指引导员工建立较好的工作关系，创建有利于员工建立良好人际关系的环境。在市场经济体制下，社会环境不断变化，不确定性增强，管理者和员工都面临着更多的工作压力、更大的工作量、更长的工作时间，员工与企业之间的雇佣关系变得越来越不稳定，企业员工流动性增强；同时，社会的快速发展与全球化使员工与管理者个性及思想观念更具多样化。因此，员工之间的沟通与冲突管理难度更大，企业员工人际关系的处理比以前更复杂，在复杂多变的管理环境中进行有效的员工人际关系管理显得尤为重要。

四、企业沟通管理

保证企业沟通渠道的畅通，引导企业上下及时进行双向沟通，有利于消除管理者和员工之间的误会和分歧，有利于形成良好的工作氛围。企业沟通管理以心理契约理论为指导，包含员工的参与管理。心理契约是员工关系管理的核心内容，是组织承诺的基础，以员工满意度为目标影响着员工的组织行为。基于心理契约的员工参与是实现企业沟通的良好途径。员工参与使其角色发生改变，使其主人翁意识和积极性不断增强，且员工参与某些政策的制定使其更能理解制度的作用和管理者的工作，从而有利于实现企业的和谐发展。

五、员工绩效管理

绩效管理是指各级管理者和员工为了达到组织目标共同而参与的绩效计划制订、绩效辅导沟通、绩效考核评价、绩效结果应用、绩效目标提升的持续循环过程。绩效管理的目的是持续提升个人、部门和组织的绩效。绩效考核是员工关系管理的重要内容之一，其与薪酬、晋升等相联系，是影响员工关系的敏感因素。制定科学的考评标准和体系，执行合理的考评程序，既能真实反映员工的工作成绩，又能促进员工工作积极性的发挥。在员工绩效管理中，保持和谐的员工关系需要注意引导员工正确认识绩效考核，消除其恐惧感和抵触感；在制定考核指标时应尽可能量化，保持公平、公正、公开；注重考评过程的公正性和客观性；完善考评反馈机制，及时处理考评中出现的各种问题。

六、员工心理管理

随着我国经济社会的不断发展和行业改革的不断深入，企业员工面临着更多物质和精神上的考验，员工心理也随之发生诸多变化。逆反、抵触、失衡、随便和狭隘思想是当前存在于员工中的比较普遍的问题，员工心理问题是员工关系的一个重要影响因素。员工关系管理需要时刻掌握员工心态的变化，在企业内进行满意度调查，预防并处理各种谣言和员工怠工现象，解决员工关心的问题。

七、企业文化建设

企业文化是伴随企业发展形成的企业氛围，是企业发展的"软实力"，也是企业竞争力的重要表现。企业文化建设是指企业文化相关理念的形成、塑造、传播等过程，是企业的一个重要组成部分。企业文化如同社会道德一样对企业员工具有内在约束作用，良好的企业文化能够增强企业的凝聚力、向心力，激励员工树立开拓创新、建功立业的斗志，促进企业经济效益的提升。企业管理者需要重视企业文化的建设，塑造积极有效、健康向上的企业文化，引导员工树立正确的价值观，维护企业的良好形象。

八、员工关系管理培训

员工关系管理培训是指组织员工进行人际交往、沟通技巧等方面的系统培训。在企业培训中，一方面，培训机制仍不健全，培训的随意性大，缺乏明确的培训目标，缺少专业的培训指导教材、培训讲师，对培训教师的授课内容缺乏必要的监督和检查，培训方式简单粗暴；培训成果转化不明显；另一方面，培训的作用没有得到企业管理者的高度认可，有时只是应对上级检查，同时人才流动的频繁性使得管理者担心培训成本得不到合理的回报。建立健全完善的培训机制对于员工关系管理具有重要作用。

九、服务与支持

员工关系管理包括对员工提供服务和支持，即为员工提供有关国家法律、法规、公司政策、个人身心方面的咨询服务，协助员工平衡工作与生活。对员工提供相关的服务和支持，帮助员工解决工作和生活中的难题，有助于发展和谐的员工关系，传递互帮互助的正能量，形成良好的企业工作氛围，留住优秀人才。

第三节 员工关系管理的内部沟通

员工关系管理的内部沟通是指在企业中，管理者和员工之间就企业信息所进行的传递和反馈的过程。沟通是为了更好地实现组织目标，良好的内部沟通能够使企业内信息畅通，有助于消除管理者和员工之间的矛盾，提高企业管理的效率，构建和谐的企业文化。

一、心理契约

（一）心理契约概述

1. 心理契约的内涵

心理契约和劳动合同是员工关系的两种基本契约。关于心理契约的发展，美国著名的组织行为学家阿吉里斯（Argyris）在其《理解组织行为》一书中使用"心理工作契约"来描述一个工厂中雇员和雇主之间的关系，书中强调了在组织和员工的相互关系中，除了正式的经济契约规定的内容外，还存在着隐含的、非正式的相互理解和预期。

20世纪80年代后期，随着对这个概念主体认识的深化，学术界产生了以美国学者卢梭（Rousseau）等人为代表的"Rousseau学派"和以英国学者盖斯特（Guest）、康维（Conway）、赫瑞特（Herriot）、彭伯顿（Pemberton）等人为代表的"古典学派"。他们认为心理契约是雇员个体对双方交换关系中彼此义务的主观理解，是一个雇员对其自身与组织之间相互义务的一系列信念，这些信念建立在其自身对内隐承诺的主观理解的基础上，但并不一定被组织或其直接领导者所意识到。心理契约研究从传统的雇佣双方研究转移到雇员个体单一水平的研究。关于心理契约的概念，本书广义采取"古典学派"对心理契约的阐述，认为心理契约是指雇佣双方基于各种形式的（书面的、口头的、组织制度和组织惯例约定的）承诺对交换关系中彼此责任和义务的主观理解，侧重于"心理"成分的关注。狭义则采取"Rousseau学派"的观点，认为心理契约是指雇员一方对组织政策、实践和文化的理解和对各级代理人做出的各种形式承诺的主观感知和理解，在组织中，员工的感知并不一定被各级代理人所意识到，从而更侧重于实证研究。从本质上来说，无论主体是谁，心理契约都是建立在雇佣双方承诺的基础上的，是对相互责任和义务的主观感知，两种定义都体现了这一本质。

2. 心理契约的结构

心理契约的结构包含的内容相当丰富，归纳起来，比较有代表性的有二维结构和三维结构两种观点。

二维结构说的代表学者有卢梭、凯斯勒（Kissler）和米尔沃德（Millward）等人。这些学者将心理契约分为交易型心理契约和关系型心理契约两种，其中交易型心理契约是组织与员工之间的基本联系，也是员工生存的前提与基础，只有在满足员工交易型契约的基础上才能确保员工充分履行自身的责任；关系型心理契约一般满足的是员工更高层次的个人需求，关注的是一种长期的关系培养。

三维结构说的代表学者是卢梭和 Tijorimala。他们通过实证研究的方式提出心理契约应由交易维度、关系维度和团队成员维度三方面构成，其中对于交易维度和关系维度的内涵与二维结构说的定义相同，而团队成员维度主要是指组织与员工之间应注意团队关系的建立与维护。

（二）心理契约是员工关系管理的核心

与劳动合同这一经济契约不同，心理契约是员工和企业对雇佣关系中彼此的权利义务关系的一种主观心理契约，是非书面化的约束企业和员工的规范，心理契约的破裂会产生许多负面影响。心理契约因人而异，是员工关系管理的核心，是影响企业和员工态度和行为的重要因素。

1. 心理契约与员工行为

心理契约影响企业员工的行为，员工行为包括角色内行为和角色外行为（组织公民行为）。国内外学者经过研究认为，根据社会交换理论，心理契约的履行会提升员工绩效，反之，员工绩效则下降。角色内行为是指在角色概念、角色期望的基础上，实现自己所扮演的角色的行为，即角色实现。当员工感知到心理契约履行时，就会在与企业的互惠关系中更加努力工作，创造相应的产品，提升企业生产力，从而对员工的绩效产生正面影响。外色外行为是指除去雇佣契约中规定员工必须去做的角色内行为的一类行为，其有利于提高组织绩效，但是在组织的奖励机制中不一定能得到明确体现和认可。心理契约的破裂或违背会给员工造成不公平的感知，员工为了平衡这种感知首先会减少组织公民行为来恢复平衡感。

2. 心理契约与组织承诺

组织承诺（organizational commitment）是员工对组织的一种肯定性态度或心理倾向，组织承诺的形成，意味着员工在心理上与组织形成了一种固定的联结。对于组织承诺的内涵，目前大家比较认同的是梅耶（Meyer）和艾伦（Allen）提出的三因素模型，即组织承诺实际上包含三个维度。一是情感承诺，指员工对组织的心理依附，员工对组织忠诚是因为他们愿意这样做。二是持续承诺，指由于离职会带来损失，员工对组织忠诚是因为他们不得不这样做。三是规范承诺，指员工有一种义务感和责任感，员工对组织忠诚是因为他们感到应该这样做。由此可见，情感承诺是组织承诺的重要组成部分，而心理契约属于组织承诺的范畴。

二、有效沟通管理

企业内部的沟通即指企业内部信息的传递过程，企业内部沟通影响企业的各个部门和各个环节，具有重大意义。建立完善的企业内部沟通体系，可以有效体现员工参与，有利于提高员工的士气和组织决策的正确性，减少组织冲突，实现组织目标，从而为企业创造良好的内部工作环境，更好地实现企业的战略目标。

1. 企业内部沟通的形式

管理沟通是一个由信息发送者、编码过程、信息与通道、解码过程、信息接收者、噪声、反馈七个要素构成的循环系统，如图 11-1 所示。信息发送者通过对沟通信息进行编码，选择适当的沟通渠道将编码结果向信息接收者发送，接收者在对信息进行解码后，形成自己的理解，再将信息接收后的结果反馈给信息发送者。人与人之间，由于心理因素，对信息过滤和受阻，会造成沟通障碍。

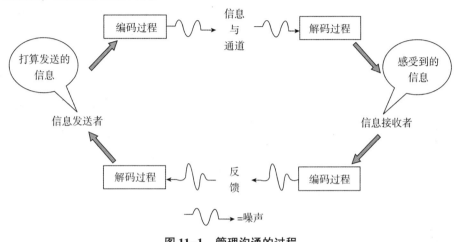

图 11-1　管理沟通的过程

在管理沟通的整个过程中，信息发送者以编码为前提，将沟通渠道的选择作为关键条件和必要条件，向信息接收者发送信息。在此过程中，解码直接影响到管理沟通的质量，是管理沟通的核心。信息接收者对信息的理解和反应，由反馈传递给信息发送者，只有通过反馈来检验信息接收者的理解是否达到了信息发送者的期望，才能判断出本次管理沟通是否成功。

根据管理沟通的要素和过程，结合企业管理沟通实践，管理沟通具有多种形式。

（1）按照信息的传递方向，可分为纵向沟通、平行沟通和跨部门沟通。信息的纵向沟通是指沿着组织结构等级进行的信息传递，包括自上而下沟通和自下而上沟通。自上而下沟通是组织最常使用的一种沟通方式，即上级领导根据职权向下级进行的领导、控制、授权、激励等活动，包括通知、声明、公告、信函、管理办法、报告等书面文件，口头沟通、面谈、电话指示、会议、小组讨论、演示等面对面交流，以及电邮、传真、电视电话会议、网络聊天工具、短信发送平台等电子沟通。自下而上沟通是指下属主动向上级发起信息传递的沟通过程，其目的是便于管理者听取意见、获取反馈以及建议，自下而上沟通也是员工主动参与管理的机会，包括工作汇报、意见反馈系统、员工座谈会、巡视员制度、意见箱等。信息的平行沟通是指组织内部同级别成员间的信息传递，其既可以发生在同部门同层级人员之间，也可以发生在跨部门同层级人员之间。跨部门沟通也可称为交叉沟通，是指组织内部在不同层级跨部门的沟通活动。相比来说，跨部门沟通更加难以操作，障碍更多，如对其他部门不了解，缺乏一定的沟通技巧等，会导致沟通过程中信息传递的曲解和贻误。

（2）按照沟通渠道，可分为正式沟通和非正式沟通。正式沟通是组织内部按照规章制度开展的、明确的、正式化的沟通活动，信息传递过程均按照组织正式结构进行。正式沟通一般包括书面沟通、会议沟通、正式面谈等，按照沟通的渠道或者沟通的网络图形，正式沟通主要有链形、Y形、轮形、环形、全通道形五种模式。非正式沟通是指正式沟通之外的、灵活的、非正式化的信息传递活动。非正式沟通的沟通对象、时间及内容等都未经计划且难以确定，沟通途径有很大的灵活性，一般以口头沟通方式传递信息。同正式沟通一样，非正式沟通包括单串型、饶舌型、集合型和随机型四种模式。非正式沟通是企业内信息沟通的一种必不可少的方式，信息传递快并且直接，能够及时了解正式沟通难以了解的信息，有助于形成良好的人际关系。但是非正式沟通也存在缺陷，如沟通信息难以控制，容易失真，谣言等会借助这个平台散播，甚至会导致企业内拉帮结派，影响到组织内部的团结稳定。

（3）按照沟通表现形式，可分为口头沟通、书面沟通、电子媒介沟通和非语言沟通。口头沟通是最易操作的沟通形式，其通过会议、面谈、讨论、电话和演讲等完成信息的传递。口头沟通信息传达快、能够承载的双向沟通信息量大、反馈及时、弹性大，但是口头沟通层次较多会产生信息失真的现象。书面沟通是将文字作为信息传递媒介来沟通的方式，包括报告、呈批材料、内部刊物、管理规定、通知布告等。书面沟通成本低，不受沟通场地的限制、信息在传递过程中不会失真，权威性强，保存时间长，但是也存在沟通不灵活、缺乏反馈和情感交流等不足。电子媒介沟通是以传真、电子邮件、电视电话会议、聊天工具、OA（办公自动化）、门户网站、论坛等电子媒介来进行沟通的活动。电子媒介沟通能够承载大量信息，传递速度快且容易实现信息资源共享，但容易受到硬件水平的限制。非语言沟通是指通过表情、动作、肢体语言、语调以及物体的操纵等进行信息传递的活动。在面对面沟通交流时，有声语言仅占比35%，而动作表情语言则占比65%。但是非语言沟通的辨识度和精确性不高。

2. 有效沟通管理的策略

影响信息有效沟通的因素多种多样，根据管理沟通的过程描述，这些因素体现在影响信息发送、传递、接收等环节。具体来说，影响信息有效发送的因素包括组织语言能力不足，掌握知识的水平和内容不匹配，生活背景的差异导致沟通符号的差异，沟通主体的可信度等；影响信息有效传递的因素包括信息传递时间过长，信息传递渠道不畅通，外界存在干扰等；影响信息有效接收的因素包括信息接收者的解码存在偏差，信息过滤和梳理能力差，选择性知觉低等。

有效沟通管理就是对信息传递过程的管理，排除外在影响因素，确保信息传达的完整性、精确性和可靠性。其有效沟通策略包括信息发送者策略、信息接收者策略、信息策略、沟通渠道策略和文化背景策略。

1. 信息发送者策略

信息发送者策略主要分析沟通者自身如何明确沟通目标，在目标的指引下，结合自身的社会地位、职业、知识与技能、文化素养、价值取向、意愿要求、外表形象，选择相应的沟通策略。沟通的形式有很多种，一般而言，企业内部常用链形、环形、Y形、轮形和全通路形五种较为普遍的沟通网络形式。

2. 信息接收者策略

信息发送者策略是"自我认知"和"自我控制"的问题，信息接收者策略则是"了解对方"和"激发兴趣"的问题。信息接收者要从信息发送者的角度明确四个问题：接收者是谁？他们了解什么？他们感觉如何？如何激发他们？当沟通过程真正考虑了信息接收者的需求，并实现了换位思考，使信息发送者和信息接收者对信息的理解统一，才能确保沟通达到预期的效果。

3. 信息策略

在管理沟通过程中，信息发送者和信息接收者之间的信息编码和解码直接影响到信息传递的完整性和准确性，沟通过程中对称的信息才能确保信息的有效性。根据对记忆曲线的研究，人们在信息传递的开始和结尾记忆程度最好，因而信息发送者应该将关键信息和重点信息放在开头或者结尾进行讲解和阐述，甚至可以首尾呼应，起到再次强调的作用，增强他人对信息的记忆程度。

4. 沟通渠道策略

沟通渠道的选择对信息传递也至关重要，渠道的选择即为信息传播媒介的选择，应从自我沟通以及换位思考的角度考虑，将沟通渠道的选择作为保证沟通目标实现的手段。信息沟通渠道可分为纵向沟通、平行沟通和跨部门沟通，正式沟通和非正式沟通，书面沟通、口头沟通、电子媒介沟通和非语言沟通三个类属。在沟通过程中，可以根据组织发展结构、信息发送者和信息接收者的情况以及信息的特点，选择单一的沟通渠道或者几种沟通渠道结合的方式，最终选择最能保证沟通效果的渠道，保证沟通目标的实现。

5. 文化背景策略

文化背景是指一个人的知识水平情况，以及沟通主客体之间的经历、地位、技能和经验等。文化背景是影响沟通效果的不容忽视的重要因素，同时也与信息发送者策略、信息接收者策略、信息策略以及沟通渠道策略密切相关。从信息发送者策略和信息接收者策略来看，两个主体文化背景的差异会影响到沟通者的沟通目标、沟通渠道等；由于信息接收者的文化背景中对地位、权威和组织形象的期望不同，接收者的选择也会不同；从信息策略的角度来看，文化差异将影响到信息强调的方式和信息结构的选择；沟通渠道的选择也会因为文化不同而产生差异。

第四节　员工关系管理的纪律管理

企业中的各种规章制度、纪律规定是为了约束企业管理者和员工的行为，实现流程化、制度化管理，以提高企业效益。员工关系管理的纪律管理是维持组织内部良好秩序的过程，也是利用奖惩措施来纠正、塑造和强化员工行为的过程。

一、纪律管理的概念

所谓纪律管理，就是在一切共同协作的社会生产过程中，运用奖惩手段来约束员工的行为，使劳动保持秩序的过程。"约束员工的行为"包括两个层面：预防性纪律管理和矫正性纪律管理。前者聚焦于员工潜能的发挥，运用激励手段鼓励员工遵守企业的规章制度和行为准则，预防不良行为的产生；后者聚焦于呈现既定事实的最小代价，运用惩戒手段，如警告、降职、停职察看、劝退等，促使员工以后不再出现违纪甚至违法行为。

企业经营活动由从生产到销售或服务的一系列环节组成，各个环节都离不开企业的纪律管理，纪律管理对于员工提升和企业发展均具有重要意义。首先，纪律管理有利于约束企业管理者和普通员工的行为，提升管理者和普通员工的素质。对于企业管理者来说，通过纪律管理对管理者的行为进行约束，也使管理者具备了较强的决策能力、领导能力。如管理者在参与项目的过程中，制订计划需要征求所有员工的意见，然后再根据组织的实际能力来确定具体的目标；项目实施需要对项目进行跟进，以确保负责执行计划的员工能依照原定进度完成企业的经营目标，排除由于缺乏纪律导致的各种问题，同时也能理清各项具体细节，让企业各运作单位的步伐协调。对于普通员工来说，纪律管理可约束其行为，如不随便脱岗，有事请假等；可激发其工作积极性，如无故旷工会被扣发工资，使其保持出勤率等；同时，也使基层员工具备了职业化与专业能力、标准化与应变能力、专注化与细节能力。由于纪律方面的限制，员工更加注重细节，提高了忠诚度与创造能力。其次，纪律管理有利于形成良好的企业文化，促进企业发展。

二、纪律管理的理论基础

（一）X-Y 理论

X-Y 理论是探讨人性与员工行为的理论，1957 年由美国管理学家道格拉斯·麦格雷戈（Douglas McGregor）提出，麦格雷戈把传统管理学称为"X 理论"，他自己的管理学说称为"Y 理论"。X-Y 理论的基本观点是管理者根据一些人性假设来决定对员工的管理方式。X 理论是一种消极的学说，其基本观点为多数人天生懒惰，通过 X 理论对员工的管理与矫正性纪律管理方式类似。Y 理论与 X 理论不同，是一种积极的学说，其基本观点是一般人并不天生厌恶工作，多数人愿意对工作负责。麦格雷戈强调，必须充分肯定作为企业生产主体的人，企业职工的积极性是处于主导地位的，他们乐于工作、勇于承担责任，并且多数人具有解决问题的想象力、独创性和创造力，关键在于从管理方面如何将职工的这种潜能和积极性充分发挥出来，这也是"以人为本"管理思想的体现。通过 Y 理论对员工的管理与预防性纪律管理方式类似。

（二）激励理论

激励理论是关于如何满足人的各种需要、调动人的积极性的原则和方法的概括总结。激励的目的在于激发人的正确行为动机，调动人的积极性和创造性，以充分发挥人的智力效应，使其做出最大成绩。激励是指组织通过设计适当的外部奖酬形式和工作环境，以一定的行为规范和惩罚性措施，借助信息沟通来激发、引导、保持和规范组织成员的行为，以有效地实现组织及其成员个人目标的系统性活动。激励理论被认为是最伟大的管理原理。

在员工关系管理中，企业可以通过内容激励以及过程激励等，使员工遵守企业规章制度，提高忠诚度和归属感。内容激励的理论基础包括马斯洛的"需要层次理论"、赫茨伯格的"双因素理论"和麦克利兰的"成就需要理论"，企业可以从生理和心理、物质和非物质等方面对员工进行激励；过程激励的理论基础包括佛隆的"期望理论"和亚当斯的"公平理论"等。

（三）强化理论

强化理论是美国心理学家和行为科学家斯金纳等人提出的一种理论，也叫操作条件反射理论、行为修正理论，实际上也是一种行为后果的激励理论。斯金纳强化理论认为在操作条件作用的模式下，如果一种反应之后伴随一种强化，那么在类似环境里发生这种反应的概率就增加，而且，强化与实施强化的环境都是一种刺激，人们可以以此来控制反应。因此，管理人员就可以通过强化的手段。营造一种有利于组织目标实现的环境和氛围，以促使组织成员的行为符合组织的目标。

（四）控制点理论

1954 年，美国社会学习理论家朱利安·罗特（Julian Bernard Rotter）提出控制点（locus of control）这一概念，旨在对个体的归因差异进行说明和测量。罗特还区分了内控者和外控者两个概念。内控者认为个人生活中多数事情的结果取决于个体在做这些事情时的努力程度，所以这种人相信自己能够对事情的发展与结果进行控制；外控者认为个体生活中多数事情的结果是个人不能控制的各种外部力量造成的，他们相信社会的安排，相信命运和机遇等因素决定了自己的状况，认为个人的努力无济于事。

三、纪律管理的策略

奖励和惩罚是管理者对员工进行纪律管理的主要手段，奖励是一种积极性的激励因素，会使员工感到满足，得到肯定；惩罚是一种消极性的负面因素，会使员工感到恐惧和挫折。申诉是员工面对不合理的组织管理表达意见和建议的一种方式，是员工应该行使的权力，申诉会促使管理者反思管理行为，提升管理效果。

（一）奖惩

奖惩是管理者根据已发生的员工行为，依据企业的职工奖惩有关规定所进行的处理。对员工的奖励和惩罚必须有理有据，才能发挥奖惩在规范员工行为方面的作用。

1. 奖惩的措施

企业奖励的实施包括物质奖励和非物质奖励。物质奖励是奖金、加薪、旅游等与金钱相关的奖励方式，而非物质奖励包括晋升、培训深造、表彰等。奖励措施体现的是企业对员工忠诚度、工作态度、工作表现和工作绩效的认可。奖金、加薪、旅游等可以提高员工的生活消费水平，使员工获得及时的满足，对于员工的短期激励十分有效。晋升是指员工在组织中由低级岗位向更高级岗位变动的过程；培训深造是指优先选送获奖者在国内或者出国深造进修；表彰是指利用公开的场合对获奖者给予表扬，或者将获奖者的事迹通过媒体进行赞美，这些非物质激励是企业对员工进行长期激励的有效手段，可以满足员工更高级别的需求，同时也是对企业的一种长期投资。

企业对员工实施处罚通常是在出现了以下几种情况下进行的：不按时上下班，不服从上级领导，严重干扰其他员工或管理者的正常工作，偷盗行为，在工作中违反安全操作规程，以及其他违反企业规章制度的行为等。企业对员工的惩罚措施按照处罚程度由轻到重分为谈话（批评）、警告、惩戒性调动和降职、暂时停职以及追究刑事责任。管理者找员工谈话是最常用到的管理手段；警告是书面的文件，说明员工违反了什么，再次违反会产生什么后果，在限定日期内不加以改正会受到什么处罚，有发送日期和接受者签字；惩戒性调动和降职与晋升相反，既包括员工从原有序列调到另外序列，也包括员工在同一系列中的职务降级，两者的共同点为职务等级降低；暂时停职是指在一段时间内停止受惩罚者的职务，并且停止发放薪酬和津贴；追究刑事责任是指对触犯刑法者移交司法机关，由司法机关进行处理。

2. 实施奖惩的注意事项

实施奖惩关系到企业和员工的切身利益，在具体操作过程中企业管理者需要倍加关注，以免造成员工的不满情绪，甚至提出申诉。实施奖惩的注意事项包括三项：①以事实为依据，注意调查取证。奖惩应该建立在事实清晰、证据确凿的基础之上，并且实施奖惩应当有明确的、可呈现的依据。在企业中，可以建立员工的工作档案，记录员工的工作表现、工作业绩、违规行为等，时刻更新员工的工作状态，使之成为员工奖惩的一种依据。管理者要避免草率行事，切忌在惩罚之后搜集证据。②在实施处罚时注意由轻到重，掌握好处罚力度。管理者对员工进行处罚时应该循序渐进，确保对员工所犯错误进行最轻的处罚，当然对于严重的违纪违法行为，如盗窃、打架等可以采取最直接的处罚，总之，对员工的惩处应该与其所犯错误的严重程度相匹配，做到公平公正。③奖惩结果须向员工公示，遵循民主程序。依据企业职工奖惩条例进行的奖惩应该公平公正，得到企业员工的认可和赞同；同时也需要企业在制定规章制度时征求员工的意见和建议，遵循民主程序，如职工代表大会通过、集体谈判确认通过等。

（二）申诉

当员工对企业某些决策不满时，员工可以通过口头或者书面的形式提出申诉。组织或者企业一般都设有员工申诉制度，当员工对雇佣条件不满，产生不公平感时，会影响员工的工作情绪，降低工作效率，申诉制度的建立为解决此类事件提供了一种正式化的、被认可的途径。

1. 申诉的种类

组织内的申诉包括个人申诉和集体申诉两种。个人申诉是指员工个人对管理方给出的奖励（物质奖励和非物质奖励）和惩罚（谈话、警告、惩戒性调动和降职、暂时停职以及追究刑事责任等）的决定存在异议，由个人或者工会代表向管理方提出。集体申诉是指由组织双方（工会和管理方）针对对方违反协议条款的行为提出政策性申诉，例如管理方把协议中规定的本应该由企业完成的工作任务外包给其他公司，造成公司内部工作岗位减少，损害了员工的利益。

申诉的内容一般限于与工作相关的争议，员工的私人问题、家庭问题则被排除在外，不能通过申诉的方法解决。一般而言，在组织内可以通过员工申诉制度解决的事情包括工资水平、员工福利、工作环境、安全卫生条件、管理规章制度、工作分配与调动、绩效考核、员工关系等。

2. 申诉的程序

由于企业内部设置的不同以及申诉事件的不同，员工申诉的程序也存在差别。在没有正式工会的企业中，员工申诉多由当事人与主管直接协商，若是得不到解决，则向上一级提出进行再次协商，以此类推，直到最高主管来解决；在工会组织健全的大企业中，员工申诉一般经过三个步骤：第一，由员工及其工会代表与直接管理人员通过非正式方式进行协商，如果失败，再向其他管理者提出书面申诉；第二，由工会领导与部门经理或者工会负责人直接协商；第三，由工会同当地工会主席或者人力资源管理部门负责人进行协商，如果对于申诉内容仍然不能解决，则结束申诉，进入仲裁阶段。

总之，不管组织内有无工会，员工申诉的程序都可分为五个阶段。

（1）员工或者工会代表提出申诉。员工或者工会代表面对需要申诉的事项时，切忌鲁莽冲动，应该以平和的心态相信员工申诉制度，通过法定程序提出申诉。

（2）管理方受理员工申诉。不管员工出于什么原因提出申诉，管理方都要客气有理地接纳申诉人的申诉，耐心听取事件的过程，与申诉者、监督者进行协商。

（3）调查取证。管理者需要本着公开严谨的态度及时查明引起争议的事实，不得偏袒，如借助员工工作档案、访谈事件的参与人等，同时注意证据的搜集、整理和保存。

（4）处理申诉问题。管理者在了解了员工申诉的事件之后，与员工进行协商，提出让双方都满意的解决方案，还原事实的本来面目，消除双方的误会，做好"和事佬"的角色。当然，对于情节恶劣的事件，管理方在查明真相的基础上应秉公办理。

（5）申请仲裁或者提起诉讼。如果员工申诉不能在组织内部获得圆满解决，那么双方可以申请第三方机构介入。在我国，组织外部的司法机构有劳动争议仲裁委员会和人民法院，双方可以申请仲裁，如果对仲裁结果不满意可以进一步向人民法院提起诉讼。

第五节　员工关系管理的出口管理

离职是员工关系管理的重要组成部分，是员工从企业中撤出的现象。员工关系管理的出口管理即为员工的离职管理。做好员工的离职管理对于企业的发展具有重要意义，企业既要肯定离职的积极意义，同时也要对员工的离职进行有效管理。

一、员工离职概述

（一）离职的界定

离职的含义可以从广义和狭义两个方面进行界定。从广义来讲，员工离职即为"个体作为组织成员状态的改变"。从这个定义中可知，只要员工的状态发生了改变即被称作离职，除了员工的流出之外，诸如员工的晋升、降级、流入以及调动等都被纳入这个概念的范畴，即我们通常所说的"员工流动"。从狭义来讲，员工离职是"一个从企业领取货币性报酬的人中断作为企业成员关系的过程"。员工离职的狭义概念与企业内部的晋升、降级、转岗应区别开来，因为其强调了离职是员工与组织雇佣关系的中断。

（二）离职的分类

根据不同的分类标准，企业员工的离职可以分成不同的类型。按照员工离开组织的不同意愿，可以将其分成自愿离职、非自愿离职和自然离职；按照离职员工绩效，可以将其分为功能性离职与功能失调性离职；按照员工与企业契约关系的状态，可以将其分为显性离职和隐性离职。

1. 自愿离职、非自愿离职和自然离职

有的学者按员工离开组织的不同意愿，将员工离职划分为自愿离职、非自愿离职和自然离职三种。自愿离职是指员工在没有任何压力的情况下自愿离开组织，如跳槽等；非自愿离职是指员工在企业的要求下不得不离开组织，如解雇、开除和结构性裁员等；自然离职是指纯属自然或意外因素所致的员工离职，对企业人力资源管理的影响意义不大，如退休、伤残、死亡等导致的员工离职。

2. 功能性离职与功能失调性离职

依据离职员工的绩效、组织继续雇用的意愿和取代该员工的容易程度，离职可以进一步划分为功能性离职与功能失调性离职。组织所要避免的是功能失调性离职，即组织愿意雇用而个人不愿意留下的情况。

3. 显性离职和隐性离职

与西方发达国家的市场经济相比，我国实行的是社会主义市场经济体制，具有自身的经济发展特色，考虑到两者存在的经济差异，可以将我国企业离职分为显性离职和隐性离职两种。显性离职是指员工事实上已经中断了与企业的契约关系，包括自愿离职和非自愿离职中已经与企业中断的契约关系；隐性离职则是指员工有离职意向且从事着与本职工作无关的一类工作，但仍与企业保持着契约关系的状态。员工隐性离职行为在我国企业尤其是国有企业中相当普遍，这是我国在经济转型时期国有企业人力资源管理体制相对落后的情况下，员工与企业相互博弈的结果。

二、员工离职管理

员工离职会产生一定的离职成本，对于企业来说是一种损失，因而做好企业员工的离职管理尤为重要。对于员工的自愿离职，企业需要运用留人的策略；对于员工的非自愿离职，企业需要谨慎决定，切忌草率。

（一）员工离职的成本测量

对于员工离职费用的测算，目前国内还无法进行精确的量化。离职费用的测算比较复杂，对于许多变量如新员工训练费用、生产力低下等，是否应纳入员工离职成本的测算范围还有待商榷，即员工离职测算的口径不能完全统一。

目前，企业可以根据实际情况将与员工离职相关的所有变量整合为一个标准化的形式，并运用于离职管理中，将离职费用管理的责任进行分配，明确界定各部门的责任，将离职整体的预算具体分配到各个部门中，并置于总预算的控制之下，促进各部门共同谋求降低离职预算的方法；对各部门的离职费用进行监督，比较预算和实际花费，将离职费用控制在适当的水平。

（二）员工离职的管理策略

教材采用按照员工离开组织的不同意愿所划分的离职类别——自愿离职、非自愿离职和

自然离职探讨离职管理的策略。自然离职是员工离职的常态，管理者对企业员工离职的管理主要体现在自愿离职和非自愿离职方面。

非自愿离职的典型代表是解雇，解雇对企业和员工都会造成一定的影响。企业管理非自愿离职应该从甄选员工开始，企业在招募员工时应当慎重，避免解雇给双方造成伤害。企业解雇员工的依据通常是员工的绩效考核成绩、矫正员工过失的档案记录、书面警告、企业规章制度以及法律法规的规定。企业解雇员工时需要处理好员工的情绪问题，通常员工关注的是企业解雇自己的依据，为此需要承担的责任以及企业的补偿，企业遇到心存怨愤的员工时，不要着急进行决定，可给予员工辩解申诉的机会，让员工心服口服。企业解雇员工时应当迅速，避免员工的不安、疑虑，一般而言，管理者尽量避免使用解雇的手段对员工进行处理，有时可以采用减少薪酬或者降低职务等替代性的方式对员工进行惩罚。

在员工离职之后，企业还应维持员工离职后的管理，尽可能与离职员工保持联系，这样对于企业的外在形象和员工凝聚力的培育具有重要作用。第一，企业人力资源部可以建立离职员工的个人档案，并及时更新，为企业与离职员工之间建立联系的纽带；第二，对于某些员工来说，离职是在不可抗力的情况下进行的暂时决定，企业必须与工作优异却离职的员工保持紧密联系，在必要的时候，寻找合适的机会重新聘请其回归岗位；第三，对于企业退休人员，企业应该在生活和情感上多加照顾，及时了解退休人员的现状，人力资源部在条件允许的情况下可以继续为其提供各种服务，若是某些退休人员精力旺盛，企业存在某些岗位空缺，可以对这些人员进行返聘，让其继续为企业发展作贡献；第四，对于离职人员，不论是自愿离职还是非自愿离职，企业可以通过座谈会（由离职人员与在职员工进行沟通，互相传授经验和知识）、恳谈会（让离职员工重回企业分享企业的喜悦，增强员工的情感）和演讲会（邀请离职员工参加，启发员工的工作理念）等活动，让其为企业的发展出谋划策，振奋员工士气。

第六节　员工关系管理的留人管理

组织与员工之间存在着契约关系，约束着双方的权利和义务。随着社会流动的加剧，员工的工作认知和工作状态也随之发生了变化，他们并不认为始终服务于一家企业是工作的常态，企图不断尝试新的工作以增加阅历，寻求突破。离职现象频繁发生。所以，人才，对于企业的发展具有重要的作用，如何避免员工自动离职，留住企业优秀的人才是当今企业发展的挑战。

一、工资管理

（一）工资确定

劳动法中规定，工资是雇主依据国家有关规定及劳动合同约定，以货币形式直接支付给劳动者的劳动报酬。那么员工的工资通常是如何确定的呢？

工会组织与企业雇主双方通过集体协商方式，决定短期货币工资及其他劳动条件，已经成为现代市场体制普遍接受的工资决定方式。运用集体协商决定短期货币工资是基于集体谈判的范围论和效率合约理论。

英国经济学家庇古于 20 世纪初在其《福利经济学》书中建立了一种短期工资决定模型，这一模型讨论了劳动关系双方关于工资的集体谈判范围。集体谈判双方坚持点的确定，主要取决于四种因素。其一，劳动力市场劳动力供求状况。若劳动力市场供大于求，将增强雇主的交涉力量；反之，将增强工会的交涉力量。其二，宏观经济状况。经济处于繁荣时期，有利于提高工会的坚持点，同时，市场的景气与繁荣，也存在着提高雇主坚持点的倾向。经济处于停滞时期，有增强雇主的交涉力量和降低其坚持点的倾向。此时，工会的坚持点也可能下降。其三，企业货币工资的支付能力。这主要取决于企业的劳动生产率和企业的经营效益。其四，其他工会组织的集体谈判结果的影响效应。此外，双方交涉范围还要受到双方代表谈判技巧，工会的组织程度、团结程度，以及道德因素与社会舆论倾向等诸多影响。

（二）工资支付

工资是雇员生活的主要来源，支付工资是雇主对雇员履行的一项重要义务。工资支付符合企业内部规章制度，并且获得外在的法律支持，可以使员工获得安全感和满足感。

工资支付必须遵守企业工资支付的原则，具体包括：①集体协商原则，即工资的给付标准和数额由当事人双方协商确定；②公平公正原则，即不因职业、产业、种族、性别、年龄和受教育程度的不同，给予差距较大的工资水平，《劳动法》第 46 条规定："工资分配应当遵循按劳分配原则，实行同工同酬。工资水平在经济发展的基础上逐步提高。国家对工资总量实行宏观调控。"第 100 号国际劳工公约也规定了"对男女工人同等价值的工作给予同等报酬"；③紧急支付原则，即当劳动者遇到生育、疾病、灾难等非常情况急需用钱时，雇主应当提前支付劳动者应得的工资，体现企业的人文关怀，塑造团结的企业文化；④依法支付原则，即按照法律法规或者合同约定的标准、时间、地点、形式和方式发放工资，根据《劳动法》《中华人民共和国劳动合同法》（简称《劳动合同法》）和《工资支付暂行规定》的要求，我国工资支付应当以法定货币支付，不得以实物以及有价证券替代货币支付，同时应当按时支付给本人或者委托人，按照企业规定的每月发放工资的日期支付给劳动者本人，因故不能直接领取工资的可由其委托人代领。

二、企业文化建设

企业的留人管理除了做好上述工资管理和职业生涯管理两方面之外，企业文化也是影响企业留人的重要因素。

（一）企业文化的内涵

对于"企业文化"的概念，国内外学者有许多不同的认识和表达。本教材认为企业文化可以这样定义：企业文化是企业在其日常运作的实践过程中所形成的专属于该企业的一套文化体系，既囊括了物质内容，又囊括了精神内容。企业文化理论是在管理科学和行为科学的基础上逐渐演变产生的一种现代行为理论，是科学技术迅速发展、生产社会化水平不断提高的产物。

（二）企业文化的功能

1. 企业价值导向功能

企业文化的所有内容都是在价值观的基础上产生的，都是价值观在不同层次、不同角度、不同方面和不同时期的体现和具体化。价值观在企业文化中的地位，使它不仅决定着企业的发展方向，而且决定着企业的特征，是企业生存和发展之本。价值观的核心作用远远大于技术和组织结构的作用，因而许多企业家十分重视企业价值观的建设。美国麦肯锡管理咨询公司的研究人员在对多个企业进行考察和研究后得出结论，任何一种明智的管理都涉及七个变量，即结构、战略、体制、人员、作风、技巧和共有价值观，并把共有价值观居于七个变量的核心地位。企业价值观对企业的发展具有重要的意义，尤其是在知识经济时代，企业价值观作为企业和全体员工的价值目标和行为取向，在企业文化和企业发展中具有重要的导向作用。

2. 企业文化的凝聚功能

企业文化像一根纽带，把员工个人的追求和企业的追求紧紧联系在一起，像磁石一般，将分散的员工个体力量聚合成团队的整体力量。企业文化比企业外在的硬性管理办法具有内在凝聚力和感召力，使每个员工产生浓厚的归属感、荣誉感和目标服从感。企业文化的凝聚功能尤其在企业的危难之际和创业之时，更显示出巨大的力量。

3. 企业文化的激励功能

管理的核心是人，管理的目的是要把蕴藏在人体内的聪明智慧和才能充分挖掘出。企业文化能够最大限度地激发员工的积极性和首创精神，使他们以主人翁的姿态，关心企业的发展，贡献自己的聪明才智。在企业文化的激励下，员工积极工作，将自己的劳动投入集体事业中去，共同创造、分享企业的荣誉和成果，本身又会得到自我实现及其他高层次精神需要的满足，从中受到激励。所以，一种积极的企业文化具有良好的激励功能，能够使员工士气步入良性循环轨道，并长期处于最佳状态。

优秀的企业文化把人看成最重要的资源，以人为中心，致力于人的不断完善和全面发展，使员工看到企业存在对自己的重要意义，看到自己在企业中的重要价值，从而产生崇高的使命感，以高昂的士气自觉地为企业发展、为实现自己的人生价值而努力工作。在以人为本的企业文化气氛下，员工对企业的贡献能够及时得到肯定、赞赏和奖励，能使员工产生极大的荣誉感和满足感，从而激发其以极大的热情不断进取、创造性地工作，在为企业创造价值中实现自身价值。同时，由于企业的价值观是被全体员工所认同和提倡的，员工之间会形成相互信任的融洽氛围，产生信任激励。

4. 企业文化的约束功能

企业文化对员工行为具有无形的约束力。它虽然不是明文规定的硬性要求，但会以潜移默化的方式，形成一种群体道德和行为准则，某种违背企业文化的言行一经出现，就会受到群体舆论和感情压力的无形约束，同时使员工产生自控意识，实现内在的自我约束。

5. 企业文化的品牌功能

品牌是企业为使自己的商品区别于其他企业商品所进行的特殊标志，是企业形象特征最明显的外在表现。品牌不仅最能体现企业文化和企业显著利益，还是维系企业员工利益的重要纽带之一。将企业精神注入企业品牌，可使企业员工意识到自己的工作对企业的意义，更自觉地关注企业的共同利益、市场的开拓与维护。企业的品牌是一个企业最大的无形资产，是企业增加收入的核心要素，是市场竞争优势的代表。

（三）企业文化建设

1. 企业文化建设的原则

（1）与企业战略相结合、长期渐进的原则。企业应从战略的高度来考虑企业文化的建设。推行企业文化本质上是为了提高企业的竞争力，为企业的长远目标和战略服务，企业应树立长期渐进的观点，并且要有克服各种阻力和困难的心理准备，有计划、分阶段完成企业文化的再造。

（2）领导主导原则。企业文化作为一种上层建筑的表现形式，应该从上到下贯彻实施，首先领导层要达成共识。要充分发挥企业高级、中级管理层对企业文化的推动与示范作用，领导亲自参与推行至关重要。

（3）动态完善原则。在企业发展的不同阶段，受外界环境和内部条件的约束与影响，企业的文化也将表现出不同的内涵与外延，这是一个动态完善和调整的过程。设计流程必须是开放的。

（4）全员参与的原则。员工在企业文化建设中扮演着双重角色，既是企业文化建设的主体，是推动者和参与者；也是企业文化建设的客体，是接受者和被改变者，因此，必须与员工进行充分沟通，得到员工的理解与支持，激发员工的主动性与积极性，使其真正发挥主体作用，成为企业文化变革的支持者与实践者。

（5）注重实效的原则。在设计企业文化的过程中，要认认真真去做，不做表面文章，并且要在实施执行的过程中及时收集反馈信息，发现问题、解决问题，修改设计方案，保证企业文化建设体系具有可操作性和可行性，以保证建设效果。

2. 企业文化建设的步骤

企业文化建设是一项复杂的系统工程，也是一个循环往复和不断发展的动态过程。企业文化建设的基本程序，主要有启动、调研、设计、实施、完善等，在对企业现有文化的变革中，企业文化的设计与实施两个环节尤为重要。

企业文化建设的启动，标志着企业致力于构建新的企业文化的开始。其主要任务有两项：一是落实企业文化建设前期工作的人、财、物保障；二是宣传发动，如召开企业文化建设启动大会，在企业中营造有利于深入开展工作的氛围。

3. 企业文化实施的方法和形式

要使企业员工真正认同企业文化，在思想和行动上与企业文化保持一致，需要较长的过程。并且在这一过程中，需要采用多种形式来灌输和强化，采用多种方法来推动和控制。

第一，进行系统的企业文化教育培训。对员工进行系统培训，是灌输企业文化的主要方法，培训应从上到下分层次进行；编制培训手册，包括企业文化主要理念内容（企业价值观、企业最高目标、企业哲学、企业宗旨等）、员工行为规范、企业重要制度等，这是培训和自学的主要教材；采取多种培训方式，比如教师授课、干部宣讲、员工自学、小组讨论以及到优秀企业参观访问等，使大家心领神会，内化为个人的思想，外显为预期的行为。

第二，宣传和沟通理解。在实施企业文化时，要做好宣传工作，取得沟通理解，不仅是在企业内部，对外也要做好这方面的工作，创造有利于企业文化建设的舆论环境。

第三，发挥领导示范带头作用。在企业文化建设中，管理层的领导示范作用至关重要。领导的一举一动都会引导员工的行为取向，领导的行为如果符合企业文化的内涵，那么员工将自觉向企业文化靠拢。在企业文化自上而下的贯彻实施过程中，要充分发挥管理层，尤其是中层管理干部的模范带头作用。

第四，深入讨论制定相应的整改措施。在实施企业文化的过程中，企业的各项政策和制度要与企业文化相适应，其中没有体现企业文化的地方要补充，与企业文化建设不相符的地方要改正，制定出整改措施，实现理念和制度的更新。

第五，创建特色活动情景强化。创造多种企业风俗及活动，形式多样地强化企业文化建设，使企业文化深入人心。比如演讲比赛、自编自演身边事的新年晚会、拓展训练、生日活动等。

第六，企业文化人格化。身边的优秀事迹更有教育意义，它所起到的作用是一般的号召所不能比拟的。企业文化在实施过程中，应该将抽象的概念变成实实在在的、栩栩如生的事例。将公司内的优秀员工、典型事例概括升华，形成文字，使企业文化的内容人格化，更易于员工理解和接受。

第七，实行相应的奖惩措施。每年有一个固定时间作为企业文化活动周，进行企业文化建设，比如进行先进个人和先进集体的评比和表彰；对企业文化建设活动中没有达标的机关科室、车间进行批评；对违反规定或严重违背企业文化的员工进行相应的处罚。通过奖励和惩罚，使企业文化建设这个软管理的环节变成硬指标，使各个团体和个人高度重视并身体力行。

本章小结

（1）员工关系管理可以被理解为一个过程，在这个过程当中，企业通过建立一个完整的员工关系管理体系，并将"以人为本"的观念贯彻到这个体系的运作当中，从而实现员工与企业、员工与员工之间关系的协调，引导建立积极向上的工作环境。

（2）从人力资源部门的管理职能看，员工关系管理的主要内容包括劳动关系管理、员工纪律管理、员工人际关系管理、企业沟通管理、员工绩效管理、员工心理管理、企业文化建设、员工关系管理培训、服务与支持等。

本章习题

一、简答题

1. 员工关系管理

2. 劳动关系

3. 心理契约

二、简答题

1. 员工关系管理的发展经历了哪几个阶段？

2. 员工关系管理包括哪些内容

3. 什么是心理契约？

4. 如何进行有效的沟通管理？

5. 纪律管理的理论基础是什么？

6. 纪律管理的策略有哪些？

7. 离职的概念？

8. 员工离职管理的策略有哪些？

9. 如何进行员工关系管理的留人管理？

10. 员工关系管理的评估要素有哪些？

三、案例分析

某日上午，一名员工怒气冲冲来到办公室，向人力资源部投诉，他对上级管理方式不满。当时该员工情绪非常激动，说话时声音也不小。而负责接待本部女同事，为安抚该员工情绪，非常礼貌地说："你不要激动，别生气，有问题向我们反映，我们会调查。如果属实，一定给你一个答复。"不料，该员工立即大声喊叫："调查什么，难道你以为我骗你的呀，还是说你们人力资源部与管理人员一样不讲道理，我不与你谈了。"随后，不论这位女同事如何向他解释，此员工就是不再与其答话，只是自己大声抱怨无处讲理，因当时正处于办公繁忙时间，办公室内还有其他员工，因此为避免事态恶化，我就走地过去解决。

首先，我非常认真向该同事打招呼，并表示，刚才你反映的问题，我们非常重视，现在大家一起去会议室谈谈。（该员工同意，并与我一起去了会议室。注意，如果在处理员工投诉类事件时，正处于公众场合，是不方便沟通的，此时最好转移到一个独立安静的场所。）

该员工进入会议室坐下后，继续不停地讲，上级对其如何不公正，我几次想打断其说话，都没办法，并且他还越说越激动，这时最好的方法是转移他的怒火。

思考：

如何转移员工的怒火？

第十二章

跨文化人力资源管理

"丝绸之路"加强了中西方之间的商品交流、文化交流、宗教交流；唐朝实施的"兼收并蓄"的开放国策、开放的货币政策、跨国别和跨民族的通婚政策，以及物品流通市场的建立、对国外及少数民族英才的吸纳等，带来了中国历史上的一大盛世，使中国牢牢占据着东方文明乃至世界文明的中心位置；郑和七次下西洋，加强了明朝政府与海外各国的贸易往来，向海外诸国传播了先进的中华文明，加强了东西方文明间的交流，堪称中国古代历史上最后的世界性盛举；以"自强""求富"为目标的洋务运动，在当时引进了西方资本主义国家的一些科学技术，使中国出现了第一批近代企业，为中国近代企业的发展积累了经验，培育了技术力量；改革开放完成了市场经济改革，加快了工业化进程，提升了国际化水平，让中国实现从落后农业国家向先进工业国家的战略转变、从保守封闭型社会向高度开放型社会的转变、从计划经济体制向市场经济体制的转变。

习近平主席在APEC（亚洲太平洋经济合作组织）会议期间提出互联互通是"一带一路"倡议的首要任务，通过建立基础设施、制度规章、人员交流三位一体，政策沟通、设施联通、贸易畅通、资金融通、民心相通五大领域齐头并进的开发系统，促进国家、地区乃至世界的和平、稳定、繁荣。

中国实行全面改革开放以来的成果告诉我们，国家的强大不是封闭式的"自我强大"，而是让世界感知的强大。人才是一个国家在国际竞争中制胜的根本，对于正趋于高速成长的中国来说更是如此。中国要想在国际对话中获得先机，在国际竞争中立于不败之地，必须从根本上加强解决人才发展问题，把人才优势转化为知识优势、科技优势、产业优势，从而赢得竞争的主动权。

那么，中国企业如何才能有效地利用国际化机遇，应对国际经济带来的挑战，在企业国际化布局中实现人才管理的国际化、人才开发的国际化？本章将从相关维度来进行系统解读。

第一节　文化差异及其冲突的处理模式

一、文化与文化差异

(一) 文化与跨文化的概念

"文化"这一术语起源于人类社会学，是指知识、信仰、艺术、道德、法律、风土人情、价值观以及人体内在精神因素和后天获取的所有能力的总和。它反映了人们的精神风貌、心理状态、思维方式和价值取向等。

当一种文化跨越了在价值观、宗教信仰、思维方式、语言、风俗习惯以及心理状态等方面有所不同的另一种文化，即处于不同文化背景（不同地域、民族、政体、国体）的群体交互作用和影响时，就称为跨文化或交叉文化。

文化包含的内容及文化与跨文化的差异如图 12-1 所示。

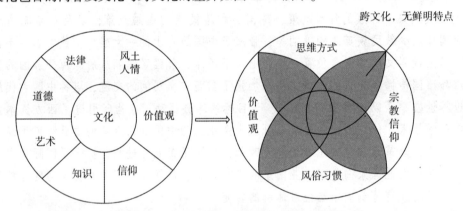

图 12-1　文化包含的内容及文化与跨文化的差异

(二) 文化差异的主要体现

1. 价值观的差异

价值观是人们对客观事物的意义和重要性的总评价。这种评价使个人行为带有稳定的倾向性。每一种文化都有其特定的价值观，支配着人们的行为，影响着人们对事物的看法。不同国家的人在价值观上往往存在着很大的差异，这种差异导致了不同国家或不同民族的管理人员在经营管理、决策方式上的不同。

2. 传统文化的差异

不同国家、不同民族的历史和文化传统是造成文化差异的重要因素。一般来说，具有悠久历史传统的国家，人们在思想上会比较保守，在行动上害怕冒险，寻求稳定；相反，历史短暂的国家，尤其是由各国移民所组成的国家，受背井离乡的移民文化的影响，人们富有冒险精神，有着强烈的创业致富的要求。

3. 宗教信仰的差异

每一种文化中的人群似乎都受到一种特定的超自然力量的影响，这可以从他们不同的宗教活动中得到验证。世界上很多人都有某种宗教信仰，尊重他们的宗教信仰，有助于培养相互间的信任和理解。

4. 种族优越感

由于各国经济发达程度不同，各个民族历史时间有差，一些人便认定某一种族优于其他种族，认为自己民族的文化价值体系比其他民族的价值体系优越，这是形成文化差异的重要主观因素。带有这种种族优越感的人，由于对自己的生活方式、思维方式和管理方式过分自信，在行动上会显得比较主观和霸道，很难与其他文化背景的人进行沟通。

5. 语言和沟通障碍

语言及语言所代表的文化是民族精神的体现。语言及其表达方式不同，也是文化差异的一种形式。对对方语言的不了解会造成沟通上的障碍，很容易导致沟通上的误会。

(三) 文化差异的三个层次

1. 文化背景差异

文化背景差异是文化差异的宏观层面。此层面的研究通常是以国家或地区为单位，因而具有典型性和鲜明性。这一层次的文化差异还包括母地区、母城市的文化背景差异。例如港资企业中的员工都来自中国，可是由于历史的原因，香港与内地之间的文化内涵已大有不同；此外，即使同是内地的员工，由于中国的多民族性和地域广阔性，汉族与少数民族、东西部之间均存在程度不等的文化差异。

2. 企业文化差异

企业文化差异是文化差异的中观层面。跨文化企业是各种企业文化的聚集。例如，通过收购与合并，企业发展出很多海外子公司，尽管企业总部的运作对其子公司的企业文化会产生较大影响，但是海外的子公司也在向总部输入文化，也影响着总部的企业文化。

3. 个体文化差异

个体文化差异是文化差异的微观层面。由于年龄、性别、工作态度、教育背景、宗教信仰、工作方法、技巧和经验不同，任何两个不同的个体身上都可能存在文化差异，如年长者和年轻者、男性和女性、上级和下级、不同部门的员工之间等。

二、文化差异的分维诊断

著名的荷兰跨文化研究专家吉尔特·霍夫斯泰德（Geert Hofstede），基于工作目的上存在的价值观，通过对美国 IBM 公司的综合性问卷调查，总结出了不同的国家或民族文化中差别最大的五个维度。

(一) 权力距离（大/小）

权力距离是指人们对权力在社会或组织中不平等分配的接受程度。研究表明，美国、澳大利亚是低权力距离的国家，员工能够比较平等地参与对上级和同事的绩效评价，而不会受到权力和权威的干扰；而中国文化具有高权力距离的特征，员工对上级和权威的尊敬甚至带有畏惧感。

（二）不确定性回避（强/弱）

不确定性回避是指人们对所生存的社会受到无把握的、不确定的或模糊的情景威胁时，试图以技术的、法律的、宗教的方式来避免不确定局面的发生。每个民族对不确定性的回避程度有着明显的强弱差异。美国、加拿大等是不确定性回避较低的国家，表现为敢冒风险、鼓励创新；而中国则是不确定性回避高的国家，表现为因循守旧、惧怕竞争。

（三）个人导向性（个人/集体）

个人导向性主要是指人们对待集体和个人的关系，即重视集体还是个人。与欧美文化的个人主义特征相对应的是，欧美企业不大赞成在工作单位结成人与人之间的亲密关系；而中国文化强调群体至上，重视"人和"，注重人与人之间的关系。

（四）刚柔性（刚/柔）

阳刚性表明一个国家或民族在自信、工作、绩效、成就、竞争、金钱、物质等方面占优势的价值观；阴柔性则是指在生活质量、保持良好的人际关系、服务、施善和团结等方面占优势的价值观。

（五）利益导向性（长期/短期）

利益导向性是指一个国家或民族持有的对待长期利益或短期利益的价值观。具有长期利益导向的国家或民族较注重对未来的考虑，以动态的观点来观察事物，注重节俭和储备，做任何事都留有余地；而短期利益导向的国家或民族注重眼前利益，注重对传统的尊重和对社会责任的承担。

文化分维系统作为跨文化企业管理的重要工具，可以为企业提供分析不同文化背景下的员工、客户和其他与企业有关的个人或群体文化取向的方法，使企业能够掌握不同文化群体的文化特点，从而在企业管理中尽量避免文化冲突和矛盾。

三、跨文化的冲突及其处理模式

（一）跨文化带来的冲突

从企业内部看，企业从事跨国或跨地区的经营活动时，为了实现其本土化的目标，往往要招聘来自东道国或当地的人员。特别是一些全球性扩张的跨国企业，其内部成员往往来自多个国家和地区，这就必然导致企业内部的文化冲突，包括企业成员之间的文化冲突和企业成员的文化与企业原有文化之间的冲突。冲突可能来自价值取向、宗教信仰、风俗习惯的差异，以及语意翻译、表达上的误解等。

从企业外部看，企业从事跨国或跨地区的经营活动，会受到来自东道国或所在地文化环境的影响，这种文化环境（包括有关政府机构、政府所颁布的有关法律法规、中介组织、有关团体等）会在某些方面与企业原有的文化产生冲突。文化冲突的结果往往会导致企业遭到来自内部和外部两方面的打击。

（二）跨文化冲突的处理模式

解决跨文化所带来的冲突和矛盾，一般有以下四种模式可供选择。

1. 凌越模式

凌越模式是指组织内一种文化凌驾于其他文化之上而扮演着统治者的角色，组织内的决策及行为均受这种文化支配，而其他文化则被压制。该种方式的好处是能够在短时期内形成一种"统一"的组织文化，但其缺点是不利于博采众长，而且因其他文化遭到压抑极易使其成员产生反感，加剧冲突。

2. 折中模式

折中模式是指不同文化间采取妥协与退让的方式，有意忽略、回避文化差异，从而做到求同存异，以实现组织内的和谐与稳定。但这种和谐与稳定的背后往往潜伏着危机，只有当彼此之间文化差异很小时，才适应采用此法。

3. 融合模式

融合模式是指不同文化间在承认、重视彼此间差异的基础上，相互尊重、相互学习、相互协调，将各自先进、优秀的文化融入吸收进来，从而形成一种合一的、全新的文化。这种合一、全新的文化不仅具有较强稳定性，而且极具"杂交"优势。

4. 移植模式

移植模式是指简单的文化移植，"土地"不同了，但文化的"树"仍在。这种移植容易产生"水土不服"和文化排斥。

跨文化冲突处理模式的比较如图 12-2 所示。

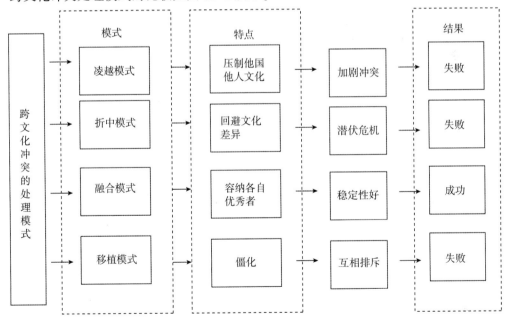

图 12-2　跨文化冲突处理模式的比较

第二节 国际化人力资源的管理

一、国际化人才的定义及分类

很多人认为会讲外语、熟悉国外环境的人才就是国际化人才，其实并非如此，真正的国际化人才应该从个体和组织两个层面来理解。

从个体层面来讲，国际化人才是指具有国际化意识、国际一流的知识结构，视野和能力达到国际化水准，善于在国际化竞争中把握机遇和争取主动的人。

从组织层面来讲，就是能否构建一个适应国际化人才生存并发展的环境。具有国际化潜质的人才，如没有适合其发展的环境，是不可能成为国际化人才的；反之，如果只营造了一个国际化人才培养环境并建立了相关培养机制，而没有合适的有潜质的人才也是不行的。

对国际化人才进行分类管理有助于企业聚焦于不同细分人才队伍的发展，一般按照人员层级可分为基层、中层和高层三类；按照职能可细分为营销、研发、制造、采购及管理支持等多类；按照人才的来源和使用，又可分为"A、B、C、D、E"五类国际化人才。

（1）A 类人才——母国员工，在母公司从事国际化相关业务。

（2）B 类人才——外派到东道国负责业务管理、支持与市场拓展等重要核心业务的人才。

（3）C 类人才——本土化员工，在东道国属地招聘、培养并服务于该属地企业的人才。

（4）D 类人才——从东道国或第三国招募的在母国任职的稀缺人才。

（5）E 类人才——从东道国招聘，外派服务支持其他第三国子公司业务的人才。

二、国际化人才能力素质模型

可以通过对国际化公司的人员配置典型模式进行总结分析，提炼国际化人才能力素质模型，应用于国际化岗位人员配置、员工招聘、绩效改进、员工培训及职业发展等多个方面。国际化人才能力素质模型如表 12-1 所示。

表 12-1 国际化人才能力素质模型

能力类型	能力要素	要素描述
三项基础要素	语言技能	用东道国/第三国语言沟通的能力
	国际动力	愿意接受国际化相关岗位的程度以及对国际任务的责任感
	家庭支持度	配偶、子女等家庭成员对从事国际化业务岗位的接受度与支持度
三项国际化能力	国际化适应能力	身体素质对新环境的适应能力以及思维对新的行为与态度的适应能力
	跨文化交际能力	具备跨文化沟通能力、文化容忍力和接受力
	国际化运作能力	基于国际市场，统筹国际人才和生产资料配置来实现财务目标的能力

能力类型	能力要素	要素描述
三项核心技能	领导力	管理全球化团队所需的领导能力
	管理技能	不同职业群体中体现的具有共性的管理技能和管理知识要求
	专业技能	熟悉本专业的国际化知识及实操方法，具备完成国际任务应有的技能与知识

三、国际人力资源管理基本特点及职能

（一）国际化人力资源管理的基本特点

国际人力资源管理是指在全球范围内获得、分配和有效使用人力资源，以满足国际化公司各个子公司的人力需求。国际人力资源管理与单一国家人力资源管理相比有很大差异，具体表现在以下几个方面。

1. 国际人力资源管理的范围更宽

国际人力资源管理活动在两个或两个以上的国家或地区实施。除了企业总部所在的母国外，相关的人力资源管理活动必须在东道国或第三国实施。国际人力资源管理所涉及的业务范围广、内容多。除了母国员工外，还要对东道国或第三国的员工进行管理。

2. 对国际人力资源管理者的素质能力要求更高

国际人力资源管理者由于需要承担更多职能，须具备更多技能，并且能有效面对环境的复杂性、文化的多样性和生活习惯的不适应性等。

（1）国际人力资源管理者要有对运营环境的评估能力。国际化公司要在充分了解当地环境的基础上，有针对性地调整管理策略，提供差异化的人力资源管理，以适应需要。

（2）国际人力资源管理者要有对多元性文化的认同能力和冲突处理能力。文化多元性是国际化公司在国际经营中要面对的重大问题，公司应有选择地应用原有的、已经证明行之有效的人力资源管理实践，来保证公司的正常运行，并适应当地文化，避免文化冲突的风险。比如国际化公司对于女性任职、雇员民族化等问题必须遵守当地的习俗传统等。

（二）国际化人力资源管理的职能

国际化人力资源管理职能除人力资源国内业务涉及各项职能外，还包括国际化人力资源政策法规及管理惯例调研与制定、跨文化团队管理与文化迁移、外派员工及属地化员工招聘与选拔、国际化人才激励、国际化人才培训与开发等职能。

四、全球视野下的人力资源规划与招聘策略

国际化人力资源规划是指在公司战略及目标的引导下，系统分析母公司及子公司在内外部环境不断变化的过程中对人力资源的需求，并制定与公司未来发展相适应的人力资源管理策略及措施。

在外部环境方面，须分析国家、行业、地区的人力资源分布情况，例如国家人口总量、

人口结构及分布特点，国家教育、就业情况，国家地区文化特色及与劳动相关的法律法规，行业的人才存量、人才可获得性，员工收入和人工成本的发展趋势，行业标杆单位的用人理念、人才拥有量及各业务模块管理实践等。

在内部环境方面，须分析企业自身的国际化战略及经营能力，明确公司在属地的人才战略定位及竞争力。例如企业发展愿景、品牌知名度、薪酬竞争力、职业发展平台，企业文化的建设，合法合规的管理机制，以及人力资源的拥有情况。

（一）国际化人才招聘策略

根据国际化人才的来源及任用方式，企业可根据国际化业务需求选择最佳的招聘策略。各类国际化人才的优缺点如表12-2所示。

表12-2　各类国际化人才的优缺点

人才来源	优点	缺点
母公司员工（A、B类员工）	熟悉母公司的经营战略、经营方式以及各项政策，可确保分公司与母公司在企业目标、公司政策方面保持一致；对员工个人的发展以及提高母公司员工的整体素质非常有利	适应东道国文化、语言、政治和法律环境的时间较长；选拔、培训、薪酬以及维持费用较高，增加运营成本；不利于海外分公司的管理层与下属的有效沟通与合作
东道国员工（C类员工）	能更快适应新工作岗位，而且有利于员工对分公司产生归属感；可以加深东道国政府和当地社会对分公司的印象，方便工作开展	与母公司的协调能力可能较差，适应母公司政策、战略及经营方式的时间较长；对公司的忠诚度可能会有影响
第三国员工（D、E类员工）	具备精通某领域的专业能力，可按照国际标准指导或实施；职业跨国管理人员可能比母公司外派员工更熟悉地区情况，语言和文化环境适应性较强	薪酬福利高于当地员工，一些国家对雇用这类人才较敏感，甚至会拒绝其入境工作

（二）母公司外派人员招聘与选拔

外派人员的选拔理念及标准是影响外派结果的关键因素。母公司外派人员需在海外完成特定任务或在后台完成支持业务，除了注重领导力、专业技能及管理技能三项核心技能外，还需要对三项基础要素及三项国际化能力进行评估。例如，外派人员的工作意愿、身体的适应性、自我成就感、使命感、面对差异的容忍度、融入社会文化环境的能力、人际关系技能，婚姻的稳定性、配偶及家庭支持度等。

在筛选外派人员时，需借助一定的手段对候选人进行多方面的测试。外派人员的选拔方式主要有面谈、标准测试、评估中心、个人资料、工作样本、推荐、情景模拟、案例分析等。

（三）东道国人员选拔

公司招聘东道国员工，主要是为当地的分公司配备人员，或者为母公司或第三国分公司挑选合适的员工。需重点关注候选人的受教育程度、专业技能和相关工作经验等方面。在招聘东道国员工时，需要仔细研究东道国相关法律法规和社会习俗，比如在某些国家，有关个人隐私如家庭、爱好、父母和宗教信仰等方面的问题是不可询问的。

（四）对第三国员工的选拔

公司招聘第三国员工通常是将其作为派往海外分公司的驻外管理人员，或引入母公司、东道国作为支持业务的专家。母公司外派人员的选拔标准如专业技术、跨文化沟通与适应能力等也适用于对第三国员工的筛选。同时还需考虑如工作许可证的申请（拒绝第三国员工入境工作）等外派国家的行政措施所带来的影响。

（五）"请得来，留得住"的国际化人才招聘策略

企业需结合国际化与本土化策略制定国际化人力资源招聘策略，招揽全球人才。

1. 创造兼容并蓄的用人文化

坚持以人为本，根据人才的特点和需求，建立需求多元化、对人才有吸引力的引才机制。国际化业务的真正挑战，并不在于国别的不同，而在于文化的冲突。如果文化相似度高，就会大大缩短人才与企业的融合周期。

2. "企"用事业留"人"，实现"企人双赢"

把国际化人才安排到最能发挥才能、最能体现价值的岗位上，让其发挥价值，真正做到用事业留人。从尊重人才价值的角度，重视人才提出的合理建议，好的建议要采纳、利用；设计较为科学的职业生涯通道，根据企业发展和个人职业发展取向，为国际化人才"量身定制"发展计划。

3. "借力引才"，进一步提高人才引进的竞争力

要建立全球化企业，必须树立全球化人才管理理念，通过国家政策平台进一步增强引进人才的竞争力。例如，通过"海聚工程""千人计划"等来吸引人才；建立与国际接轨的国际化人才薪酬制度，最大限度地激发人才活力；设立国际化人才的专项奖励，如"国际化人才突出贡献奖"，对有突出贡献的人才实施中长期激励。

五、国际化人才的激励与保留

跨国企业在设定薪酬福利政策时，既要考虑各国税收、法律、习俗、环境等因素，又要考虑企业的战略定位、人才战略、薪酬策略，通过采用整体性与差异化策略来设计。

让员工乐于接受外派任务，激励政策特别是外派政策是最关键的因素。在设计外派薪酬方案时，必须考虑员工因外派而产生的额外付出，当员工再回到母公司后所享受的政策应与母公司员工保持一致。

（一）驻外激励补助

驻外激励补助通常只针对母国外派人员和第三国员工，作为其到海外工作的一种补偿。驻外补助一般为基本工资的5%～40%。驻外补助分两个部分：外派激励薪酬，鼓励员工前往海外，属于普惠激励；外派艰苦补助，鼓励员工前往海外艰苦地区，属于倾斜激励。

（二）生活成本津贴

（1）住房及餐饮津贴。提供住房及餐饮津贴是为了确保外派人员能够维持在母国的生活水准，这种津贴通常根据估算或实际的数额发放。

（2）探亲补贴。为外派员工提供每年一次或多次的回国费用，目的是帮助外派员工缓解工作或生活压力。

（3）教育津贴。为外派人员的子女提供的教育津贴也是国际薪酬政策的一个组成部分，这些津贴主要用来支付孩子的学习费用、往返交通费用、入学费用等。

（4）安家补贴。安家补贴主要用来弥补因到海外工作而发生的重新布置家庭的费用，包括搬家费用、运输费用、购买汽车的费用，甚至包括加入当地俱乐部的费用等。

（三）福利与保障

福利与保障主要包括医疗保险、海外保险、海外年休假、养老金计划以及社会保险等。比如，海外保险可依托商业化保险解决方案，为驻外员工提供更健全的人身保障；海外年休假是为了补偿员工长期离家而给予的福利，用于在当地休假或回国探亲休假。

第三节　跨国企业的跨文化管理

一、跨国企业人力资源协调的复杂性

（一）员工的类型多，文化层次复杂

跨国企业员工往往来自不同的国家。员工中有来源于子公司或分公司（工厂、销售机构等）所在国的东道国公民，有来自母国的公民，还有既不来自东道国也不来自母国的第三国公民。通常，母国和第三国员工属于管理人员和专业人员，而非低层次的劳动力。

（二）人力资源协调方式必须是立体的

一个有效的国际人力资源管理体系既包括公司范围内的人力资源管理政策与程序，也包括不同国家与地区的人力资源管理政策和程序。对跨国公司而言，甚至需要调整公司的人力资源管理方式，以适应东道国的传统、文化和社会制度。当涉及非管理职位的人员时，调整人力资源管理政策更是具有必要性。这些员工一般是东道国公民，他们期望跨国企业的人力资源管理方式符合当地的传统。如果将不适当的人力资源管理方式强加给东道国公民，就可能触犯当地文化标准和价值观念，甚至可能导致违法的行为。

（三）人力资源协调过程会遇到"暗礁"和"地雷"

各国员工都习惯于自己国家的文化和人力资源法律，有时一句简短的问话可能就犯了"禁"。在人力资源的协调过程中，西方的人力资源法律处处有"暗礁"，东方的文化习俗处处有"地雷"，如果处理不当，不是"触礁"，就是"踩到地雷"。

（四）母国员工会比他国员工更具优越感

母国员工的优越感可能产生于与高层管理人员来自同一国家，同时，公司的主体文化和

管理方式也是他们所熟悉的。这种自然滋生的优越感使人力资源的协调工作更加复杂。

二、跨国企业跨文化冲突的表现

（一）民族性格、思维模式不同导致文化冲突

传统文化是民族文化的深层积淀，它融于民族性格之中，使各民族表现出不同的个性。民族责任、个性与人性的差异，往往造成跨文化沟通的困难。例如，日本素有喜欢使用"Yes"的习惯，说"No"在日本人心目中是无能的表现，同时也是非常不礼貌的。因此，他们在商务谈判中，即使对于不同意或不能办到的事项也频繁使用"Yes"，使他国谈判者很难了解他们的真正意图。思维模式是民族文化的具体表征，所以，西方人实证主义的思维模式与东方人演绎式的思维模式，常常是跨文化企业中造成冲突的主要原因。

（二）行为模式不同导致文化冲突

行为模式是民族文化的外显形式，它以固定的结构，在相同或相似的场合为人们所采用，成为群体表达认同的直接沟通方式。不同的民族文化造成不同的行为模式。在共同的环境中，不同的行为模式会导致冲突。例如一个中美合资企业，中方母公司专门针对合资企业建立了一个开发公司，下设几家具有独立法人地位的子公司，为合资企业进行配套服务。尽管合资企业在选择配套服务的操作上，采取公开招标的形式，但中方经理常常优先考虑开发公司。外方经理对中方经理这种"肥水不流外人田"的做法十分不满，坚决主张择优中标，中外方经理矛盾越来越大。中方经理"肥水不流外人田"的行为模式，正是造成这种跨文化冲突的原因。

（三）对文化意义符号的不同理解导致文化冲突

不同的文化采用不同的符号表达不同的意义；或者符号虽然相同，表达的意义却迥然不同。例如，美国的一家企业在英国大力推出一种药品，但在英国几乎无人问津。这种药品的包装盒上注有"打开盖后，请按下底部"的字样，对英国人来说，俗话中的盖子指上半身，底部指屁股，此话的含义颇为色情和滑稽，因而该药品在英国无人问津。

（四）语境障碍导致文化冲突

语境即文化意义符号得以理解的环境。语境是意义符号所包含的信息的一部分，它使意义符号完整地表达不同的意义。在相同意义符号中，人们的文化背景不同，会对意义符号赋予不同的语境而加以理解。例如，你对助手说"不要信任任何人"，如果助手是日本人，他理解的含义不是"不相信别人"，而是说绝不要相信别人会完全按照你的意图办一件事，不要把自身应完成的任务加之于他人；如果助手是美国人，他会认为这句话的意思就是对任何人都不要相信，包括政府、企业、经理、丈夫或妻子。同一句话产生不同的理解，是因为日本人和美国人处在不同文化形成的语境中。

（五）政治体系不同导致文化冲突

不同国家的政治体系有其特殊性质，有其特殊的价值观。企业产品有时会无意中冒犯某种政治价值观而受到抨击和抵制。例如，欧洲的某个软饮料企业，商标是六角星图案，与以

色列的国旗图案相似，这就大大激怒了一部分阿拉伯消费者。虽然企业解释说，这些六角星不过是一种简单的装饰，但这些阿拉伯人却认为，它反映出这家企业具有支持以色列的情感，最后这家企业不得不收回所有产品，重新包装。

（六）宗教信仰不同导致文化冲突

最著名的例子莫过于 19 世纪时，东印度公司把涂有牛脂和猪油蜡的子弹发给印度士兵，而发射这些子弹前必须先咬掉子弹上的蜡。印度士兵大多数是印度教徒和伊斯兰教徒，他们认为英国政府发这种子弹给他们，是对他们的严重侮辱，因而奋起反抗，掀起了印度独立斗争的序幕。而东印度公司也因为这个小小的失误，失去了在印度实行垄断贸易的权力。

三、协调跨文化冲突的重要性

（一）文化冲突产生非理性反应

文化冲突影响了跨国管理者与当地员工之间的和谐关系，使管理者可能按照呆板的规章制度来控制企业的运行而对员工更加疏远。与此同时，员工则会对工作变得更加不思进取，管理者的行动计划实施起来也会更加艰难，结果是双方都不可能有所作为，他们之间的距离也会进一步加大。当这个距离大到一定的程度，自上而下的沟通就会中断。结果是管理者无法了解真实的情况，企业的管理将变得更加困难，双方的误会也会越来越深。管理者如果不能正确理解文化差异的存在，就可能会对来自不同文化背景的员工采取情绪化或非理性的态度。这种非理性的态度很容易招致员工的非理性报复，结果是误会越来越多，矛盾越来越深，对立与冲突更趋剧烈。

（二）文化冲突导致工作低效和市场机会损失

随着跨国企业经营区位和员工国籍的多元化，日益增多的文化冲突会影响企业的内部管理和外部经营。在内部管理上，来自不同国度的员工有着不同的价值观、不同的生活目标和行为规范，这必然会导致管理费用的增加，增加组织协调的难度，甚至造成组织机构低效率运转；在外部经营中，由于文化冲突的存在，跨国企业不能以积极和高效的组织形象去迎接市场竞争，往往在竞争中处于被动地位，甚至丧失许多市场机会。

（三）文化冲突可能导致全球战略的实施陷入困境

从一般的市场战略、资源战略向全球战略转变，是跨国企业在世界范围内提高经济效益、增强全球竞争力的重要步骤。全球战略是国际企业发展到高级阶段的产物，它对跨国企业的经营管理提出了更高的要求。为保证全球战略的实施，跨国企业必须具有相当的规模，以全球性的组织机构和科学的管理体系作为载体。但是，目前大多数跨国企业普遍采取矩阵式的组织机构，结构复杂、运转不灵、反应迟钝，由于文化冲突和缺乏集体意识，存在一系列问题，如组织程序紊乱、信息阻塞、各部门职责不分、相互争夺地盘、海外子企业与母企业的离心力加大等，使母企业对子企业的控制难上加难，不利于全球战略的实施。

四、价值观的协调是最重要的协调

（一）价值观对人力资源管理的影响

价值观是日常生活的知识和经验在头脑中积淀并形成的有关事物重要性、有用性的总评价和总看法。在面向现实和未来的价值生活中，价值观承担着评价的标准体系的功能。任何一种价值观都是社会某一群体或某一层面所共有的。因此，价值观作为人们关于人生、工作目标和信仰的观念，使得人们的行为或思想带有一致的倾向性，渗透到整个社会的生产活动中，形成相应的行为模式。

价值观既然表现为人们追求的目标，在组织中必然反映到人际关系和工作关系上，同时影响和制约着这些关系。对于一个组织的管理者，尤其是人力资源管理者，其管理的思想和方法必须与当时、当地的价值观相兼容，必须吸纳价值观中的精华，排斥价值观中的糟粕。

东西方国家价值观之间最根本的差异在于"集体主义"和"个人至上"。在西方国家，"能力主义"和"个人至上"造成的劳资对立状况，用情感管理的方法就难以见效，在企业中人员流动较为频繁；相反，在东方国家，人们讲求"和谐""秩序"和"集体主义"，企业往往遵循各种无形的秩序，人员稳定。

可以说，价值观贯穿于人力资源管理的全过程，它对人们的职业选择过程，企业的招聘活动、薪酬给付的方式、培训和考核的方法，以及劳资关系等方面都产生很大的影响。

（二）不同价值观及其影响的比较分析

1. 中美价值观的比较

中国以历史悠久而著称，价值观源远流长，自成体系。中国儒家思想的"仁、义、礼、智、信"被日本推崇为"世界至高无上的精神财富"。美国与中国相反，是一个十分年轻的国家，但却在短短的一个世纪中，创下了为世界各国所瞩目的业绩，其价值观也已自成体系，受到人们的赞扬。中美价值观比较如表 12-3 所示。

表 12-3　中美价值观比较

项目	中国	美国
对待个性	强调服从，个体在集体中定位，提倡先有整体才有个体	个人主义，崇尚能力，提倡先有个体后有整体
对待竞争	追求安定和稳定，遵守秩序	竞争意识强，讲求效率
人际关系	和谐，注重人与人之间关系的微妙性，"和为贵"思想起主导地位，顺序为情、理、法	对立，人情关系淡薄，强调法制，顺序是法、理、情
对待忠诚	以感情为基础，全身心地忠诚于某一群体	以自我为中心，没有稳定的忠诚团体
对待工作	提倡勤奋，"业精于勤"，但分工不够明确	分工明确，对个人范围内的工作极为认真，富有成就感
对待利益	义重于利，强调地位和等级，提倡舍生取义	以金钱作为一切衡量的标准，追求社会地位

续表

项目	中国	美国
门第观念	门第观念强	不看重门第
实用性方面	强调声誉、面子	实用主义
对待教育	和功名相联系，"书中自有黄金屋，书中自有颜如玉"	追求实用性、可操作性，喜爱能立见功效的教育
管理方法	较多采用层级管理	较多采用个性管理

2. 中日价值观的比较

中国和日本的价值观均深受儒家文化的影响。但由于地缘文化、民族文化、制度文化和宗教文化的差异，也表现出不同的特点。中日价值观的比较如表 12-4 所示。

表 12-4　中日价值观的比较

项目	中国	日本
关于忠诚	偏重于"仁""孝"，家庭的特点更明显，家族和家庭是第一位	对于所属的大大小小团体，均强调"忠"，并且神圣化，小团体服从大集团
关于人际关系	更强调"情"和各种私人关系	更强调"理"，公应大于私
关于失败	"胜者为王，败者为寇""阿 Q 精神"起主导作用	决不容许失败，并集体负责，"不成功便成仁"思想突出
关于决策	"不在其位，不谋其政"	集体决策，集体行动，集体负责
关于历史	更重历史，喜爱缅怀过去	更愿意讨论未来
关于服从	服从的是个人	服从的是集体
关于等级	等级代表着权力	等级代表着整体

（三）各国价值观在人力资源管理中的具体表现

1. 美国

美国的价值体系的核心是"个人本位"，具有强烈的功利主义色彩，金钱是衡量一切的标准，人与人之间强调理性，"唯我独尊""能力主义"和"现实主义"贯穿于人力资源管理的全过程。

（1）较频繁的人员流动。在美国的公司里，人们往往把工作视为取得工资的手段，只要能够得到与自己能力和实际成绩相适应的工资，就继续留下来，否则，一旦没有得到重用，或有其他更有利的机会，就立即"跳"到其他企业，因此，辞职是经常发生的。

（2）职位分工明确。美国式的合作，不是整体人格上、感情上全体人员统一的整体合作，而要把个人和整体严格区分，在各自的范围内有效地贡献自己的能力和知识。人力资源考核追求精确化和定量化，要求公平和效率。

（3）快速的晋升机制。人们相信能力、推崇能力，强调竞争。美国式的逻辑是"大家在起跑线上排成一列，枪声一响，同时起跑，此后，因为能力上的差别，有人跑在前面，有人落在后面"。只要有实力，即使年轻，也能得到晋升，绝大多数管理者是以其能力和才能被推选出来的。因此，人们择业时，希望从事能充分发挥自己才能的工作，得到认可和赏识，并进一步晋升到更高的职位。也正因为如此，等级几乎代表着能力。

（4）资方和工会之间采取"你失我得，你得我失"的态度。二元论的观察事物方式和个人主义导致了对立文化和利己主义，美国工资水平的确定、劳动时间的约束、招聘和解雇等问题都通过集体谈判达成协议，劳动争议往往成为法律纠纷。人们习惯于以法律来解决所有的争端，而不是通过人际协调来处理。这样，人力资源工作的很多政策都非常小心地遵循着法律条款，许多事务性工作为法律纠纷所困扰。

2. 日本

日本的价值观以和谐、安定为首，强调"忠"，提倡"人生价值在于工作"，因此，在特定的历史条件下，形成了人力资源管理的三大"神器"，即终身雇佣制、年资序列制和福利型管理。

（1）强烈的集体主义，习惯于团体工作，分工不明确。日本人表现的首要道德是"忠"，对他们而言，最感罪恶的是背叛自己所属的集团。他们崇尚集团主义，并把自己所处团体神圣化，视其为唯一真实的存在，否定自我的独立存在，重视企业团体的统一与和谐，尊崇企业共同体的价值。当个人利益与企业集体利益发生矛盾时，要对自己的私欲进行控制，按企业团体的意志行动。

（2）温情式的福利型管理，讲究人际关系的微妙技术。日本人认为"人都会以相应的做法回报对方"，所以，在整体上不追求公平，而追求安定。作为企业经营者，也就非常尊重公司内部人际关系的"和"，重视日本式的福利管理。此外，在日本公司中，实行自下而上传达意见的"禀议制"，重视反馈沟通，在会议上，大家在取得一致意见之前，可以长时间地激烈争论，付诸实施后人人有责。在人力资源考核上，日本表现出很强的平均主义，并多以集体为单位进行考核；重视公司或集体的业绩，否定或低估个人的成绩，并且把态度作为考核的重要内容。

（3）工资报酬、职位晋升方面采取年资序列制。在工资报酬上，工资与本人的生产率没有太大的关系，而是根据年资序列，随工作年限的增加而提高。如果年轻有为，则可以被委以负责的职务，但工资依然主要由工龄决定，人们对此没有怨言。

3. 中国

我国是儒家思想的发源地，强调和谐、秩序和纪律。在经济的现代化进程中，价值观念也相应得到更新和调整，并在改革开放过程中发挥了重要的作用。可以说，我国已经在过去的二十几年中，创造了"东方奇迹"。但是，几千年的封建社会历史，也留下了许多陈腐观念的残迹，再加上中华人民共和国成立以来的曲折历程，都影响着我国的社会主义建设。

（1）在高度集中的计划经济体制下，人员的分配实行"统包统配"和子女"顶班"的就业制度来解决全面就业问题，以促进社会安定。在我国，家庭在人们的心目中非常重要，为了调动企业职工的积极性，减轻职工的后顾之忧，增进企业和个人之间的和谐关系，企业办社会曾一度得到广泛发展，企业要负责职工子女的教育和就业，提供无租金或低租金的住房，承担养老金、医疗费和一些娱乐设施等福利事业，以此取得职工"家"的意识和"主人翁"的感情。

（2）在报酬分配上采取平均主义和"大锅饭"。"不患寡而患不均"的思想曾经非常严重。业绩考核和工资并无密切的联系，往往流于形式。因此，人们一般不强调个人表现，而是习惯于在特定的整体中确定个体的相对价值。人们在择业时，更多地考虑所要加入的企业组织的运行和自己融于整体的情况。

（3）易形成各种非正式组织，冲突通过协调和让步来解决。在我国，由于把家庭的伦理推广到社会所有层面，往往把各种关系归结为私人关系加以处理。在人员招聘和晋升时，容易造成较西方国家严重的"裙带关系"；另外，由于这些关系的存在，在解决冲突时不会产生尖锐的矛盾，可以通过协调和妥协，做出互惠的让步来调和。

（四）价值观转变与人力资源管理对策

价值观对经济活动的影响，已经引起各方面的注意，东西方的文化或价值观的融合已成为趋势。随着经济的发展，西方国家看到东方文化及价值观中"和"的力量，并尝试从这方面着手改善企业内部紧张的劳资关系。比如，美国 IBM 公司实行员工终身雇佣制，还有许多企业引进了"参与管理"等措施。而在日本，随着价值观的变化，许多年轻人越来越不满于压抑能力和个性的做法，日本也逐渐引进西方国家的能力主义，某些大型公司甚至对经营者实行年薪制，在考核制度上也进一步加以完善。在我国，随着改革开放的进程和经济的发展，原来传统的价值观不断受到冲击，价值观处于多样化和非权威性的状态，有对权力的追求，也有对金钱的崇拜，还有社会主义的奉献精神，对个人全面发展的需要和自我实现的需要混为一体等。在这个时期，我国实行劳动制度、工资制度和社会保障制度三项改革，同时也通过思想道德教育，提高全体国民的素质，端正价值观导向。

针对价值观的转变，人力资源管理应采取相应的对策。

（1）创造良好的人际关系和激励环境，发扬我国"和谐"的传统。追求整体效率，减少内耗，加强各种沟通渠道，调动员工的积极性，实现系统最优化。

（2）将"情、理、法"有机结合，应用于人力资源管理过程中。首先动之以情，用感情和行动打动对方；然后晓之以理，以理服人；最后依法、依章办事。

（3）提倡自我管理。以新的能动的人性观点看待组织成员，促进员工的全面发展，并采取参与管理等方式，提倡主人翁精神，挖掘人的各方面潜能。

（4）在纷杂的价值观中，帮助员工树立正确的价值观，追求奉献、自由、幸福和全面发展。

五、跨国公司海外管理人员的培训

跨国公司在选拔海外管理人员时有三种策略：任用最适当的人选而不考虑其国籍，即管理人员国际化策略；雇用所在国人员管理当地子公司，即管理人员当地化策略；重要的管理职位都由母国人员担任，即管理人员母国化策略。仅从表面上比较，管理人员国际化策略由于体现了"唯才是用"的管理理念，似乎是三种策略中最为有效合理的一个，但在绝大多数跨国公司中，由于来自母公司高级职员和东道国的抵制以及国际人才市场的不完善、管理目标的差异化等复杂因素，目前采用这种政策的公司非常少。

（一）国际化人力资源开发的误区

1. 误区一：重语言、轻技能

实际上，企业需要的是有外语基础，懂管理技术，善于沟通交流的人才，因此，在进行国际化人才培养时，不能仅把精力放在人才对外语的掌握上，更重要的是，要注重加强人才对专业技术的掌握。过去许多公司开展国际化业务时首先选拔语言基础较好的人员加入；边做翻译边学业务，人才培养周期较长。应将人才开发前移，在人才选拔阶段就注重人才的专业能力和语言能力，再在工作中辅之以专业语言的强化和提升，缩短国际化人才的培养周期。

2. 误区二：重业绩、轻文化

在培养国际化人才时，需要强调员工对不同的宗教信仰、生活习惯、文化风俗、管理特点及法律法规的适应性与认可性，寻找"保持自我"与"适应他人"的平衡点，建立全球员工统一的价值观。绩优人员未经过跨文化培训就进入本土化企业工作，或者不能很好地克服跨文化冲突带来的种种困难，用固化思维将母国适用的管理文化照搬至本土化企业，肯定是行不通的。

如华为就在人员外派前专门安排为期一周的跨文化系列培训，介绍在国外出行与生活涉及的风俗、文化、礼仪、商务、出入境等知识，并邀请有海外常驻经验的员工与学员面对面沟通，交流切身体会，以加强前期思想的磨合，增强对异国文化的了解，减少文化冲击与负面影响。

3. 误区三：重业务、轻人际

对国际化人才的培养不同于对专业技术人才的培养，在专业技术人才的培养中，学员的某些缺陷是可以靠后天的培训或工作实践补上的，但是作为国际化人才应具备的一些软性指标（潜在素质）是很难靠后期培养的。良好的跨文化沟通意识、较强的创新与开拓能力、开放的心态、随机应变的处事方法，才是国际化人才应具备的关键特征。

4. 误区四：重能力、轻意愿

对国际化人才的培养除关注员工本身的能力外，还需要关注员工及其家庭成员对赴国外工作的意愿与支持程度。在人才选拔时，要真实呈现海外工作环境及要求，便于员工提前感受国际化工作所面临的挑战，避免外派中途而返。

中国银行在海外实践方面进行了很好的尝试，具体做法包括两方面，一是选派 EMBA（高级管理人员工商管理硕士）的优秀学员赴海外实习，二是与国外代理行互换实习人员，以此让储备人员在走上国际化岗位前就能获得在真实的海外环境中锻炼的机会。

（二）对来自母国的管理人员的培训

1. 培训目的

除了让来自母国的外派管理人员获得国际经营管理的知识和经验外，主要进行文化敏感性培训。文化敏感性是跨文化管理能力的一项主要内容，对此进行培训的目的是使母公司的管理人员了解他们将赴任国家的文化氛围，充分理解东道国国民的价值观与行为观，迅速增强对东道国工作和生活环境的适应能力，充当两种不同文化的桥梁。

2. 培训内容

（1）识别和理解文化差异。由于文化冲突是文化差异造成的，必须对文化差异进行分析识别。根据美国人类学家爱德华·赫尔（Edward Hull）的观点，文化可以分为三个范畴：正式规范、非正式规范和技术规范。正式规范是人的基本价值观、判别是非的标准，能抵抗来自外部企图改变它的强制力量，因此正式规范引起的冲突往往不易改变；非正式规范是人们的生活习惯和习俗等，由此引起的文化冲突可以通过较长时间的文化交流克服；技术规范是指人们的知识、技术、经验等，可以通过人们对技术知识的学习而获得，很容易改变。

（2）进行文化敏感性培训。文化敏感性培训有两个主要内容：一是系统培训有关母国文化背景、文化本质和有别于其他文化的主要特点；二是培训外派管理人员对东道国文化特征的理性和感性分析能力，掌握东道国文化的精髓。实践证明，较为完善的文化敏感性培训可以在较大程度上代替实际的国外生活体验，使外派管理人员在心理上和应付不同文化冲击的手段上做好准备，减轻他们在东道国不同文化环境中的苦恼、不适应或挫败感。

目前许多大型跨国公司采用课堂教育、环境模拟、文化研讨会、外语培训等多种方式进行系统的文化敏感性培训。系统的文化敏感性虽然可以提高学员对东道国文化的敏感性和适应能力，但并不能保证他们能够在东道国有效应付不同文化的各种冲击。因此，外派管理人员必须学会以尊重的态度对待异国文化。切忌用本国文化标准随便批评异国文化，更不能把本国的文化标准强加于东道国公民，即应努力做到克服自我参照习惯的干扰。在遇到挫折时，要善于忍耐和克制自己，把自己当作东道国文化的承受者，灵活地处理因文化差异产生的各种摩擦和冲突，在建立良好工作关系和生活关系的过程中增强对不同文化的适应能力。

对于外派人员的培训，通常在两个阶段展开，上述为派出前的准备培训。第二阶段是现场指导，即外派管理人员在海外上任后，企业总部及当地的辅导者要给予支持。在海外子公司，前任者通常要给接任者进行几个月的指导。

此外，需引起注意的是，为了留住人才，让有能力的人安心工作，一些企业还对海外离任回国人员进行回国培训，以帮助他们减轻反向文化冲击，重新适应母国的企业文化，寻求进一步的发展。

3. 培训形式

跨国公司针对外派管理人员制订的培训计划主要有外部培训、内部培训和在职培训三种形式。

外部培训计划不是由某个跨国公司制订的，而是由独立的培训机构针对跨国公司的某一类管理人员设计的。例如，工商管理学院开设的国际管理课程，专业化培训公司提供的沟通技能和人际关系技能培训等。这类培训计划往往邀请有经验的或在某个领域著名的专家授课，让学员从别人的经验中得到借鉴，或了解某些领域的最新发展。许多跨国公司喜欢把管理人员送到东道国接受培训。这样做可以使管理人员在承受工作压力之前，亲身经历文化差异的影响。

内部培训计划一般是根据跨国公司自己的需要制订的。这种培训的效果通常较为直接和明显。培训计划的内容可以根据公司遇到的不同问题灵活地进行改变。现在许多知名的跨国公司都设立自己的公司大学，这是一种典型的内部培训方式。公司大学的主要任务是培训公司内部的管理人员等骨干力量。因此，这些外派的管理人员可以去公司大学进行培训，培训计划也可以根据受训人员需要灵活设计，如在出国前，可请一位熟悉两国文化的人担任培训人员，了解所在区域的环境因素，并对当地特有的管理问题进行探讨，为受训人员到任后有效地建立工作关系打好基础。

在职培训也是跨国公司内部设置的一种培训，培训对象是具有特殊工作需要的个别管理者。在职培训强调实践性，由更有经验的上级监督受训者在实际工作中的表现。由于在职培训可以在工作中进行，时间约束性小，更适合用于文化差异的调节。

值得注意的是，跨国公司任命母国人员去海外工作遇到的最大问题是由他们的家属引起的。即使管理人员本人能适应并喜欢在海外工作和生活，其家属则并不一定如此。如果其家属不乐意，会带来一系列问题。例如，管理人员不安心在海外工作、家庭破裂等。于是在海外管理人员外派之前，很多公司都要评估其家属是否能适应国外的环境生活。因此，跨国公司在制订培训计划时，除了考虑培训计划的目标、课程的组织及其内容之外，还要帮助返回母国的管理人员及其家属重新调整回国后的职业与个人生活。例如，某公司海外任职者的部门领导要给其一封信，说明该海外分支机构保证其在返回时至少能得到与其离开总部时同级的工作。在外派管理人员计划返回母国之前，其新工作就由其指导员安排稳妥。这样可解除外派管理人员的后顾之忧，增强他们的职业安全感。

（三）对来自东道国管理人员的培训

传统上，跨国公司培训的重点是母公司派往国外工作的管理人员。随着跨国经营规模的扩大和对高素质人力资源需求的增加，加之管理人员当地化策略的一些优势，如熟悉当地文化、有助于同当地建立良好关系、有利于发现存在的商业机会、因地制宜地开展工作等，使越来越多的大型跨国公司如 IBM、P&G（宝洁公司）、麦当劳等开始由管理人员母国化策略向管理人员当地化策略转换，跨国公司开始重视对东道国当地管理人员的培训，以使他们在生产经营各环节的管理上达到母公司要求。

1. 培训目的

由于来自东道国的管理人员对母公司的跨国经营战略、管理风格和管理程度缺乏深入了解，因而这种培训主要针对管理方法、管理技能、生产技术和有关公司文化。这种培训的目的是使东道国当地管理人员的管理水平尽快达到公司的要求，以提高母公司对子公司生产经营活动的协调和控制程度。

2. 培训内容

跨国公司对东道国管理人员的培训侧重于生产技术和管理技能方面。虽然有时也会设置有关公司文化的培训，但文化敏感性培训通常不是重点。

有关管理技能的培训，通常按管理的职能进行分类。对营销部门管理人员的培训侧重于各种营销、分销、广告和市场调查的管理技能。对财会部门管理人员的培训侧重于母国和东道国会计准则的差异、会计电算化方法、财务报表分析和外汇风险分析等。

有关生产技术的培训，一般侧重于从母国转移到东道国的生产技术。培训对象多数是生产部门和质量控制部门的管理人员。

在多数大型跨国公司中，培训与管理人员的晋升联系在一起。不同等级的管理人员接受不同类型的培训。所以，管理人员晋升到新的岗位时，往往要通过新的培训计划增加所需要的技能。

此外，在培训东道国管理人员时须考虑到由于他们自小接受的教育及自身经历和文化熏陶，在管理活动中容易偏向民族利益。因此，必须加强对他们的忠诚培训，力图使他们站在较公正的立场上考虑与决策公司事务，使公司能实现跨国经营活动整体利益最大化的目标。

3. 培训形式

由于东道国管理人员缺乏公司经营业务和技术方面的知识，对他们除了进行一般性的培训以外，还有一些特别的培训，主要有以下两种情况。

（1）东道国人员受雇于母国工作。许多跨国公司为了解决东道国人员缺乏业务技术问题，就雇用一些母国商业院校毕业的东道国学生。这些人员通常被送到跨国公司总部接受政策灌输和学习公司特殊的经营方法、管理程序，并在一些特别的职能部门如财务、营销或生产部门里进行在职培训。

（2）东道国人员受雇于东道国工作。由于毕业于母国大学的东道国人员终究有限，跨国公司还必须选聘当地人担任管理职务。为弥补他们的知识缺陷，公司要做许多工作。让他们在东道国子公司参加培训计划；或者送他们到东道国的大学里学习管理和业务课程；也可能送院校学习；或者参加母公司的培训计划。此外，受训者还会被送到母公司总部、分部门和其他子公司，以使他们熟悉各种企业经营业务，单独会见其他管理人员，并同他们交流经验。

虽然对来自东道国的管理人员不需要进行昂贵的外语培训，也不需要着重解决文化适应方面的问题，但在培训时，也应认真制订培训计划，使其调整好心态，积极参与各种社交活动，尽快融入公司的文化氛围。

（四）"多层次、全方位"的语言培训体系

语言是人们在国际环境中生存、工作与交流的基础，是提高工作效率的工具，也是减少文化冲突的保障，有助于建立统一的沟通平台。为培养既懂业务又懂语言的国际化专业人才，实现语言培训从"推动式"向"拉动式"的转变，应建立并明确岗位语言任职资格标准，以提升员工学习动力。语言任职资格标准建立步骤如表 12-5 所示。

表 12-5　语言任职资格标准建立步骤

步骤	项目名称	内容
第一步	岗位梳理	结合公司任职资格体系，划分职位大族、职位子类，识别基准职位
第二步	评定标准建立	建立符合本公司实际情况的语言资格标准
第三步	岗位语言任职资格标准应用规范	该标准不仅应用于语言培训，还可结合人力资源管理各模块加以应用，例如招聘、晋升、轮岗等，以推动员工学习意愿
第四步	语言水平测试	就现有员工的语言水平进行测评，并输出分析报告

常见的语言培训方式有以下几种。

1. "全员普及式"——搭建语言学习俱乐部

由员工自主建立组织，利用公司资源，采用语言协会会员招募的培训模式，营造语言学习氛围。例如，成立公司语言协会，为语言爱好者提供学习交流平台；通过语言能力测评，针对不同能力层次的会员进行分班学习与讨论，并定期组织"英语角"等，以加强学员之间的交流；聘请内外部专业人员组织内部分享，营造全员学习的氛围。

2. "急用集中式"——脱产培训班模式

企业可与各高校合作完成语言脱产培训，在封闭式的校园环境中强化、提升语言能力。员工参加培训前需签订培训服务协议，期满时必须通过语言测评升级考试，成果汇报及课题答辩顺利通过后可获得结业证。这种在全面浸透式语言环境中的带薪免费学习可以作为公司给予员工的培训与发展福利。

3. "量身定制"——订单式语言培训模式

在"全员普及式"及"急用集中式"的基础上，为细化员工的培训需求，增强语言培训的针对性，可针对特殊人群或部门采用订单式培训模式。订单式培训模式具有灵活的教学时间、定制化的教材等优势，能最大限度地满足学员的需求。

4. "学以致用"——文化体验课堂

因为文化差异的存在，不同国家的员工在彼此适应中往往会遭遇文化冲击。为尽可能降低文化冲击对工作带来的影响，针对公司在各国的业务开展情况，可举行本土文化讲座，邀请中方人员和外籍人员共同担任讲师，以促进中方与外方、总部与事业部之间的沟通。

六、跨国企业的文化适应和变革

跨国企业的经营者不仅要学习和适应东道国的文化，还应提高对不同文化的鉴别和驾驭能力。因为文化的某些方面是可以变化的，跨国企业在很多情况下，不得不对东道国文化的某些方面加以灵活处理。例如，在民族感极强的日本，青年一代嚼着麦当劳、听着摇滚音乐的同时，文化观已经悄悄地发生了变化。因此，在日本的跨国企业经营者必须面对以下难题：企业应该更多地适应还是变革当地的文化？适应或变革到什么程度？

第一，面对多元文化并存的情况，经营者首先应该考虑如何适应当地的文化。这是双方能够顺利合作的前提。通过文化差异的识别和跨文化培训，企业提高了对文化的鉴别和适应能力。在文化共性认识的基础上，根据环境要求和公司战略需求建立起以共同价值观为核心的企业文化，使每个员工能够把自己的思想与行为同公司的经营业务和宗旨结合起来。

第二，要考虑到东道国人员对文化变革的容忍程度或抗拒程度。每种文化都或多或少地存在排外情绪。经营者对于不同文化的介入，必须采取一种谨慎的态度。对可能产生较大抵触情绪的一些东道国文化，如语言、风俗习惯、重要集团的利益等，应采取学习和适应的态度；而对可能产生较小抵触情绪的东道国文化，如消费者购买方式和员工工作方式等，应通过渗透和引导，逐步使之朝有利于本企业的方向发展。如肯德基、麦当劳在全球卖出食品的同时，也输出了母国的文化，或多或少地影响了东道国的饮食习惯。

第三，适当考虑推进本土化战略。本土化的实质是跨国企业将生产、营销、管理等经营诸方面全方位融入东道国经济的过程，也是承担在东道国公民责任、并将企业文化融入和植根于当地文化模式的过程。本土化战略有利于跨国企业降低海外派遣人员和跨国经营的高昂费用，有利于与当地文化融合，减少当地社会对外来资本的排斥情绪。

第四，应对东道国文化变化的方向、过程与速度有清晰、明智的认识。只有这样，才能更适应东道国的文化，减少文化差异对企业经营的影响，进而有的放矢地对东道国的文化施加影响。

第四节　同一母国企业的跨文化管理——以中国为例

一、同一母国企业跨文化管理的特点

我国幅员辽阔、历史悠久、民族众多、方言迥异，因此，不同地区之间、民族之间存在着较大的文化差异。随着改革开放，世界性交通通信的发达，以及教育文化的渗透，不同文化背景的员工就职于同一企业的情况不断增加，同一母国企业的跨文化管理自然就成为一个重要的问题。

与跨国企业的跨文化管理不同，同一母国的跨文化管理是在同一个国家版图内，人们共享悠久的文化，有共同的祖先和共同的历史，因此，同一母国的跨文化管理有其独特的特点。跨国企业与同一母国企业跨文化管理比较如表12-6所示。

表12-6　跨国企业与同一母国企业跨文化管理比较

比较项目	跨国企业	同一母国企业
种族差异性	多数为不同种族	相同种族
国籍差异性	多数为不同国度	同一国度
历史文化	拥有不同的历史和文化渊源	拥有相同的历史和文化渊源
价值观	大多数迥然相异	比较接近，略有区别
传统习俗	相异性大	相异性小
文化和传统的标志物	基本上无相同标志物	有相同的标志物
中、高层管理人员	由母国选派	由董事会确定
员工关系	较难融合	较易融合
歧视性	存在明显的种族歧视	能亲密相处，无歧视性

二、中国企业的跨文化管理

（一）东部与西部的文化差异

（1）观念上的差异。东部经济较发达，西部经济较落后，表现在观念上，东部较开放，思想较前沿；西部较保守，计划经济的影响较深。

（2）价值观念上的差异。东部的价值观更倾向于经济需求和生活质量，同时对能力的发挥和自我价值实现有较高的期望，西部更倾向于职场晋升和地位显要。

（3）团队精神上的差异。东部更倾向于自我意志、个人主义和自由主义，西部更具团队精神。

（4）层级观念上的差异。东部更追求民主，层次观念减弱；西部层级观念强，注意下级服从上级。

（5）风俗人情上的差异。东部的民族较单一，多为汉族，易于与国外文化同化；西部是多民族地区，风土人情较复杂，自然资源丰厚，民俗文化丰富，不易与他国文化融合，民族自尊心较强。

（6）性格上的差异。东部人性格上表现为较委婉、礼貌，西部人性格较东部人更加豪放，讲义气。

东西部文化差异比较如表 12-7 所示。

表 12-7 东西部文化差异比较

内容	东部地区	西部地区
管理理念	开放、前沿	保守、谨慎
价值观念	生活质量、自我实现	长官晋级、地位显要
自我保护	弱	强
生活期望值	生活富裕、紧追西方	均贫富，只要小康
团队精神	自由主义、个人主义	集体主义、团队精神
职业期望	重商轻官	重官轻商
层级观念	追求民主	服从上级
性格	温和	豪放
融合度	易于与他国他民族融合	较难融合

（二）南方和北方的文化差异

北方人性格豪放，较重仕途，喜发号施令，更具胆识，爱好挑战；南方的人性格较温和、委婉，喜好过平静的日子，追求舒适。北方离首都近，对政治关心且敏感；南方离首都远，对政治缺少敏感性。北方多沙漠、草原，家庭观念相对淡薄；南方人的家庭观念较强。

（三）汉族和少数民族的文化差异

汉族拥有较雄厚的经济实力，长期居于政治经济中心。中国的少数民族众多，虽然经济不够发达，但由于他们对自己民族文化、民族传统的热爱，在语言、风俗、习惯和信仰等方面仍保留着相当浓厚的民族特色。

本章小结

（1）当一种文化跨越了在价值观、宗教信仰、思维方式、语言、风俗习惯以及心理状态等方面有所不同的另一种文化，即处于不同文化背景（不同地域、民族、政体、国体）的群体交互作用和影响时，就称为跨文化或交叉文化。

（2）国际化人力资源根据人才来源和使用目的，可分为母公司员工、外派员工、本土化员工、东道国或第三国员工回司任职、东道国外派至第三国任职五类。制定针对不同人员类别的用工规划及招聘策略是关键。

（3）国际化人力资源规划是指在公司战略及目标的引导下，系统分析母公司及子公司在内外部环境不断变化的过程中对人力资源的需求，并制定与公司未来发展相适应的人力资源管理策略及措施。

（4）外派人员的选拔理念及标准是影响外派结果的关键因素。母公司外派人员需在海外完成特定任务或在后台完成支持业务，除了注重领导力、专业技能及管理技能三项核心能力外，还需要对三项基础要素及三项国际化能力进行评估。

（5）文化冲突影响了跨国管理者与当地员工之间的和谐关系，使管理者可能按照呆板的规章制度来控制企业的运行而对员工更加疏远。与此同时，员工则会对工作变得更加不思进取，管理者的行动计划实施起来也会更加艰难。最终导致管理者无法了解真实的下情，企业的管理变得更加困难，双方的误会也越来越深。

（6）价值观是日常生活的知识和经验在头脑中积淀并形成的有关事物重要性、有用性的总评价和总看法。在人们面向现实和未来的价值生活中，价值观承担着评价的标准体系的功能。任何一种价值观都是社会某一群体或某一层面所共有的。

（7）跨国企业的经营者不仅要学习和适应东道国的文化，还应提高对不同文化的鉴别和驾驭能力。

（8）与跨国企业的跨文化管理不同，同一母国的跨文化管理是在同一个国家版图内，人们共享悠久的文化，有共同的祖先和共同的历史，因此，同一母国的跨文化管理有其独特的特点。

本章习题

一、名词解释

1. 文化
2. 文化差异
3. 国际化人才
4. 价值观
5. 跨文化管理

二、问答题

1. 跨文化的冲突主要有哪些？应该如何处理这些冲突？
2. 跨国企业人力资源协调过程中可能会遇到哪些"地雷"？如何排除这些"地雷"？
3. 跨国企业的跨文化冲突主要表现在哪些方面？其中最容易使冲突恶化并转化为诉诸法律的冲突是什么？
4. 中国的跨文化管理为什么较其他国家复杂？面对这种复杂状况，有哪些对策可供选择？
5. 跨国企业的本土化人力资源战略有何优点和缺点？如何推进本土化战略？同一母国

的跨文化管理与跨国企业的跨文化管理的区别有哪些？

三、案例分析

扬森中国公司总经理 Richard Sanford 和他的助手 Peter Schuster 都是美国人，但他们两人在对中国文化的认识和理解上相差甚远。Schuster 由于熟悉中国语言和文化，又娶了中国妻子，深受中国文化影响，因此在工作中非常注重人际关系，甚至为一位中国员工被解雇而求情，而 Sanford 则认为，美国文化比较优越，它给中国带来了新思想和创新精神，跨国管理人员要以母国文化为准则，不能为当地文化所禁锢，否则将会丧失管理效率和工作效率。由此，两人在日常管理工作中就产生了冲突。

扬森公司总经理和他的助手的冲突就是文化上和价值观上的冲突，这样的情况存在于许多跨国公司中。

思考：

1. 如果 Schuster 服从了 Sanford 的价值观，确信美国文化比较优越，则扬森公司在中国的分公司将会遇到什么问题？

2. 如果 Schuster 说服了 Sanford，让他确信注重人际关系，关心中国员工的福利一定会给企业带来好处，那么美国总公司对 Sanford 所管理的中国公司会有怎样的看法？这会影响 Sanford 的升迁吗？

3. 你认为把美国文化和中国文化的优点融合为一体，那么他们所确信的价值取向应是什么？他们会确定怎样的企业文化和管理理念？请根据你的认识加以推理。

第十三章

人力资源管理的发展

一家经营瑞士菜肴的餐馆开张有 7 个月了，生意一直很好。餐馆的老板是凯希，她出生在法国，多年来都在学习烹饪，终于学到了一身本领，她宣称自己可以说是一名大厨师了。当凯希来到美国时，她决定在达拉斯经营餐馆。凯希热爱达拉斯这个地方，并且感到达拉斯人会喜欢上她的饮食及服务方式，凯希决定把重点放在饮食质量和服务态度上。

凯希按照欧洲的方式提供顾客以饮食和服务，一开始就大获成功。餐馆的职员穿着极为整洁，并且有一套严格的服务制度。凯希甚至要求他们在服务顾客时说法语。所有的酒都是从欧洲进口的，而牛排是经过仔细挑选的得克萨斯牛排，凯希所标出的价格是很高的，但这并未有损她的生意，并且她还在继续涨价，销售也不断上涨。当有熟悉的顾客打电话给凯希，询问她在一次小型聚会上该用什么酒时，凯希会送几瓶好酒给这些顾客，并且直接送到他们家里，还免费。凯希没有打广告，她也不必这么做。她的名声就是最好的广告。

最初，凯希亲自做所有的菜，但是，她后来再无法这么做了，她不得不训练和监督其他人来做菜。凯希想从法国雇用她的一些学烹饪的厨师朋友来帮她忙，还答应给高工资，有房子，但没有一个愿意来。无论如何，凯希努力要求她的每个职员干到最好，提供最好的服务，做出最好的菜肴。有几个职员拒绝学做法国菜，凯希只好开除他们。

凯希不在乎开除人，因为她的要求是完美，无论是饭菜还是服务，在她看来都应完美无缺。但是，凯希手下有了很大一批专职的职员，她担心这些人联合起来。有几个烹饪组的管理人员答应按她所要求的方式干，但随后又改变了一些具体的东西，并未完全按凯希所说的去做。凯希的另一个麻烦就是她的几个服务员，他们总是想和顾客套近乎。

凯希不准任何职员收小费。这既包括提供饮食的职员，又包括提供服务的服务员。职员的薪水是每小时 10 美元，顾客的账单没有小费，顾客不必付小费。有时，顾客要给服务员小费，但凯希会告诉他们，在这里不必付小费。服务员对此很有意见，他们已习惯收小费，而凯希的做法让他们不舒服。

凯希还有一个麻烦，就是职员的穿着问题。每一个烹饪的服务组管理人员有责任检查这个组每一位职员的穿着，要保证衣服绝对整洁，并且穿着要按规定，手套应是洁白的。每个管理人员手中都应有清洁布，以保证随时清洁衣服、鞋子和手套。凯希的这项措施还未完全实施，就听到了一些抱怨。

凯希也开始听到顾客的一些抱怨，比如饭是冷的，服务员加快了上菜和饮料（以及酒）的速度。并且还有人向她抱怨调酒师把不适宜的酒混在一起，有意想让一些人醉。凯希竭尽全力试图加强她所有职员的服务水平，但是他们并不与她合作。所有女职员的情况要好些，但凯希要求所有男职员也应达到她的要求。

另一个困难来自烹饪。其中有这样一件事，凯希亲自烹制的生日蛋糕居然会被搞错。这块凯希用某种专门材料烹制的小蛋糕，上面还印上了"米拉格罗斯生日快乐"，但居然会被搞错。由于这块蛋是凯希特制的，所以，对凯希来说很重要。但最后事情一团糟，凯希为此大怒。显然是管理人员搞错了。但凯希难以理解的是，她那天并未指令给其他人蛋糕，为什么还会搞错呢？凯希不得不免收顾客的钱，并向顾客道了歉，最后，凯希只得把这记为亏损。

各种工作都堆在凯希身上，等她去处理，凯希知道这样下去是不行的，她必须进行一些改变。凯希决定应选择好的厨师，把烹饪的质量和服务提上来，凯希的一位朋友建议她可以实行利润分成的办法，但凯希断然拒绝了这个建议。最终，发生了这样一件事，管理人走到凯希身前，告诉凯希，他们将不会再忍受她的方式，他们不满她的尖叫和吼声，不满她对整洁的挑剔，也不满凯希所给的工资，特别不满不准收小费。他们还抱怨工作时间太长，如果凯希不改变这些，他们威胁说，他们将离开这里。凯希听了这些，怒火直冒，从未有职员敢以这种方式对她说话，但是，凯希忍住了怒火，她表现得很平静，并感谢他们的真诚，向她提出了他们的要求。凯希答应过几天答复他们。

凯希不得不严肃地处理她的职员问题，而现在，包括厨师在内，她总共有 245 名职员。

评点：

小企业的人力资源管理有时候显得更重要一些，因为小企业更多的是对人的管理，管理的质量直接影响企业的生存。凯希的失误在于没有一套严格的管理制度，缺乏可执行性。同时她没有充分考虑员工的要求，以致矛盾激化，使她陷入不利的局面。

第一节　人力资源管理的历史

人力资源管理是一门新兴的学科，问世于 20 世纪 70 年代末。人力资源管理的历史虽然不长，但人事管理的思想却源远流长。从时间上看，从 18 世纪 60 年代开始的工业革命，一直到 20 世纪 70 年代，这一时期被称为传统的人事管理阶段。从 20 世纪 70 年代末以来，人事管理让位于人力资源管理。

人力资源管理阶段又可分为人力资源管理的提出和人力资源管理的发展两个阶段。"人力资源"这一概念早在 1954 年就由彼德·德鲁克在其著作《管理的实践》中提出并加以明确界定。20 世纪 80 年代以来，人力资源管理理论不断成熟，并在实践中得到进一步发展，为企业所广泛接受，并逐渐取代人事管理。进入 20 世纪 90 年代，人力资源管理理论不断发展，也不断成熟。人们更多地探讨人力资源管理如何为企业的战略服务，人力资源部门的角色如何向企业管理的战略合作伙伴关系转变。战略人力资源管理理论的提出和发展，标志着现代人力资源管理的新阶段。

一、人事管理阶段

人事管理阶段又可具体分为以下几个阶段：科学管理阶段、工业心理学阶段、人际关系管理阶段。

（一）科学管理阶段

20 世纪初，以弗雷德里克·泰勒等为代表，开创了科学管理理论学派，并推动了科学管理实践在美国的大规模推广和开展。泰勒提出了"计件工资制"和"计时工资制"，提出了实行劳动定额管理。1911 年，泰勒出版了《科学管理原理》一书，这本著作奠定了科学管理理论的基础，因而泰勒被西方管理学界称为"科学管理之父"。

（二）工业心理学阶段

以德国心理学家雨果·芒斯特伯格等为代表的心理学家的研究结果，推动了人事管理工作的科学化进程。雨果·芒斯特伯格于 1913 年出版的《心理学与工业效率》，标志着工业心理学的诞生。

（三）人际关系管理阶段

1929 年，美国哈佛大学教授梅奥率领一个研究小组到霍桑工厂进行了长达 9 年的霍桑试验，真正揭开了对组织中的人的行为的研究序幕。

二、从传统人事管理到现代人力资源管理

人事管理的起源可以追溯到非常久远的年代，对人和事的管理是伴随着组织的出现而产生的。现代意义上的人事管理是伴随着工业革命的产生而发展起来的，并且从美国的人事管理演变而来。20 世纪 70 年代后，人力资源在组织中所起的作用越来越大，传统的人事管理已经不适用，开始从管理的观念、模式、内容、方法等全方位向人力资源转变。从 20 世纪 80 年代开始，西方人本主义管理的理念与模式逐步凸现。人本主义管理，就是以人为中心的管理。人本主义管理被作为组织的第一资源，现代人力资源管理便应运而生。它与传统的人事管理，已经不仅是名词的转变，而且在性质上有了较本质的转变。

1. 传统人事管理

（1）传统人事管理概念。传统人事管理是指运用某种原理、原则、制度和方法，对人事工作所进行的计划、组织、协调、监督、控制等一系列管理活动。其主要是人事档案管理，如记录员工的进出、工资、晋升、职务升降、岗位变动以及奖惩等情况，是对人事制度的贯彻与实施，是国家管理活动的重要组成部分。

（2）传统人事管理活动。早期的人事管理工作只限于人员招聘、选拔、分派、工资发放、档案管理等琐碎的工作。后来逐渐涉及职务分析、绩效评估、奖酬制度的设计与管理、人事制度的制定、员工培训活动的规划与组织等。

（3）传统人事管理工作的性质。传统人事管理基本上属于行政事务性的工作，活动范围有限，以短期导向为主，主要由人事部门职员执行，很少涉及组织高层战略决策。

（4）传统人事管理在组织中的地位。由于人事活动被认为是低档的、技术含量低的、无须特殊专长的工作，因而传统人事管理工作的重要性并不被人们重视，人事管理只属于执行层次的工作，无决策权可言。

（5）传统人事管理的特点有四点。①以事为重心，为人找位，为事配人。人事管理部门的管理纯属一种业务管理，主要从事日常的事务性工作，不管人与事的整体、系统性的有效配合和发展。②强调单方面静态的制度控制和管理，人才结构处于相对固定、静止和封闭状态，管理的形式和目的是控制人，视人为组织的财产，重拥有不重开发，员工被动接受工作安排，无选择余地和有序流动。③传统人事管理是战术性管理，着眼于当前，就事论事。人事管理与组织目标没有直接关系，人事管理计划和过程也不直接服务于组织目标，不根据组织目标发展、修改人事管理计划与执行过程，缺乏长远的人才战略规划。④传统人事管理照章办事，按计划办事，无科学性、创新性，只重视数量不重视质量。管理主体是行政部门，管理制度受领导人意志左右，个人和组织均是被动的接受者。人事的重大决策集中在政府行政部门，企业在机构设置、干部任免、职工进出、工资标准等方面无自主权。

2. 现代人力资源管理

（1）现代人力资源管理的概念。现代人力资源管理的指导思想，就是把人看作最重要的资源，十分重视人的才能的发挥和潜力的挖掘。所谓人力资源管理，是指针对人力资源的取得、开发、利用和保持等进行计划、组织、指挥和控制，使人力、物力保持最佳比例，以充分发挥人的潜能，提高工作效率，实现组织目标的管理活动。

（2）现代人力资源管理的特点。现代人力资源管理强调管理的系统化、规范化、标准化及管理手段的现代化，突出管理诸要素之间互动以及管理活动与内外环境间的互动。

现代人力资源管理的特点有五点。①现代人力资源管理以人为重心，把人作为第一资源加以开发，既重视以事择人，也重视为人设事。利用和激发人的潜能和活力，让员工主动地、创造性地开展工作。人力资源被提高到了战略地位。②现代人力资源管理是动态管理，将人力资源作为劳动者自身的财富，强调人员的整体开发。结合组织目标和个人情况，进行员工的职业生涯规划，进行横向或纵向的岗位职务调整，充分发挥个人才能，做到人尽其才、才尽其用。③现代人力资源管理理性与感情化的管理并重，较多地考虑人的情感、自尊、价值，以人为本，多激励，少惩罚，多授权，少命令，发挥个人特长，体现个人价值，追求创新性的科学方法。④现代人力资源管理的主体是市场运行的主体，行为受市场机制左右，遵循市场通行规则和人力资源管理自身特有的规律。多为主动开发型，根据组织现状和目标，有计划地展开工作。⑤现代人力资源管理上升到决策层，直接参与计划和决策，是企业最主要的高层决策部门之一，把人的潜能开发和利用作为重要内容。人力资源部门对企业管理起决策支持作用，他们是企业管理方案的制定者、人力资源政策和制度执行的监督者。

3. 现代人力资源管理与传统人事管理的主要区别

（1）区别一：现代人力资源管理是将传统人力资源管理的职能提高扩大，从行政的事务性的员工控制工作转变为为实现组织的目标，提高组织的竞争能力，建立的一个人力资源规划、开发、利用与管理的系统。现代人力资源管理与传统人事管理的最根本区别在于现代人力资源管理具有战略性、整体性和未来性。它被看作一种单纯的业务管理，从技术性管理活动的架构中分离出来。根据组织的战略目标而相应制定人力资源管理与战略，成为组织战略与策略管理的具有决定意义的内容。

（2）区别二：现代人力资源管理将人看作组织的第一资源，更注重对其开发，因而更具主动性。现在，组织对人力资源的培训与继续教育越来越重视，其投资在不断增加，培训内容从一般管理的基本理论与方法到人力资源规划。组织中参加培训与教育的人员越来越多，从高层到基层员工，从新员工到即将退休的员工，每一个层次与年龄段的员工均参加培训与教育。人力资源开发的方式也有较大改变，工作内容的丰富化、岗位轮换、更多机会的提供、员工职业生涯的规划均成为新型的人力资源开发方法，传统的院校培训、企业使用，或者企业自己培养、自己使用的方式，也转变为更注重对员工的有效使用。人力资源管理部门成为组织的生产效益。人力资源的功能的根本任务就是用最少的投入来实现组织的目标，即通过职务分析和人力资源规划，确定组织所需要的最少人力数量和最低人员标准，通过招聘与录用规划，控制招聘成本，为组织创造效益。

人力资源开发功能则更加能够为组织创造经济效益。一方面，人力资源开发的最终结果是能够为组织带来远大于投入的产出。另一方面，通过制订切实可行的人力资源开发计划，可在成本上为组织节约更多的投入。人力资源的整合与调控的目的在于增加员工的满足感，提高其劳动积极性，发挥人力资源的整体优势，为组织创造效益。组织是一个开放的社会系统，是一个与社会环境互相作用与影响的投入—产出系统，因此既要注重人力资源的自然性，注重员工能力的识别、发掘、提高与发挥，更要注重人力资源的社会属性，注重员工的社会心理，注重组织与社会的协调发展，注重员工与组织的协调发展；既要着眼于生产力与效益的提高，又要着眼于员工满意度与工作生活质量的提高。同时，组织是一个"整体增长"系统。组织在对人力资源进行开发与管理的过程中，既要注重员工个体的作用，更要注重员工之间的合作与协调，强调团队的整体优势与组织的整体优势；既要注重员工在岗位上发挥其应有的作用，更注重员工在组织中最适合其潜能发挥的岗位上为组织效力。人力资源的补偿功能同样也能够为组织带来效益。激励是人力资源管理的核心工作，目的在于激发员工的工作动机。合理的奖酬与福利作为激励最直接的手段，可以调动员工工作的积极性，发挥员工的作用，为组织效力。合理的奖酬与福利也可以为组织节约成本，因为合理的奖酬与福利由两个因素决定：一是报酬与福利；二是能够反映出本地区同行业相应的报酬与福利水平。

（3）区别三：人力资源管理对员工实行人本化的管理。现代人力资源管理认为员工是"社会人"，而不视员工为"经济人"，它认为，组织的首要目标是满足员工自我发展的需要。在当今人本化的管理模式下，人力资源部门在对员工进行管理时，更多地实行"人格化"管理，注重员工的工作满意度和工作生活质量的提高，尽可能减少对员工的控制和约束，更多地为员工提供帮助与咨询，帮助个人在组织中成长与发展。业界形成了比较成熟的人事管理模式，但是这一传统的、被动的、事务化的、缺乏前沿性的劳动力管理，随着企业发展的内外部环境变化和市场竞争的日益激烈，在西方经济学理论界以西奥多·舒尔茨为代表的现代人力资本理论推动下，逐渐向现代人力资源管理方式转变。

人力资源是现代企业的第一资源，是企业获得竞争优势的根本，关系企业的生死存亡，这已成为中外企业管理者的共识。当前我国正处于经济转型的关键时期，许多企业改革和发展过程中的问题，最深层次的原因应该归结于人力资源管理。中国企业亟待变革人力资源模式，实现由传统、落后的人力资源模式向现代人力资源模式的转变。

第二节　人力资源管理的现状

"人力资源"一词是当代著名管理大师彼得·德鲁克于1954年在其《管理的实践》一书提出的。在这部学术著作里，德鲁克提出了管理的三大广泛的职能：管理企业、管理经理人员、管理员工及其工作。在讨论管理员工及其工作时，德鲁克引入"人力资源"这个概念。他指出，和其他资源相比，唯一的区别就是它是人，并且是经理们必须考虑的具有"特殊资产"的资源。德鲁克认为，人力资源拥有其他资源所没有的素质，即"协调能力、融合能力、判断能力"。经理可以利用其他资源，但是人力资源只能自我利用，"人对自己是否工作绝对拥有完全的自主权利"。

第二次世界大战之后，由于科技的发展运用于管理，人的作用曾经被忽略，但是在21世纪的知识经济中，企业必须依赖其管理人员与技术人员的创造性与主动性来赢得竞争优势，这样就不可能低估人的作用，于是人本主义管理上升为主流管理价值观，即把人当作企业的主体，确立人在企业中的主导地位，把企业的一切管理活动主要围绕调动员工的积极性、主动性和创造性来进行和开展。传统企业的经济目标是追求利润最大化，而现代企业的目标是追求经济效益与社会效益。

人力资源是进行社会生产最基本、最重要的资源，和其他资源相比，人力资源具有能动性、两重性、时效性、再生性和社会性。

（一）如何加强企业人力资源的管理

1. 确立"人本管理"的价值取向

市场经济是一种效能经济，谁的效率高，能力强，谁就会在竞争中占优势，赢得高附加价值、低成本的回报。因此，企业人力资源管理的核心价值取向，也必须由权力本位、亲情本位向效率本位、能力本位转变。

企业领导必须带头转变观念，树立"以人为本，效能优先"的管理观念，把人用好、用活、用到最适宜发挥作用的地方。制定与之适应的制度，尤其是公平、公正的员工评价、激励和约束制度，真正做到"能者上，庸者下"，调动员工的积极性，发挥员工的创造潜能。

把人力资源当作企业发展的第一资源，把优化人力资源配置当作最重要的资源配置，盘活人力资源，优化结构，合理配置，发挥团队、群体、组织的效能。

2. 树立人力资源是企业重要的资源。

人力资源的内涵包括人力资源的开发。人力资源的开发是培养职工知识技能、经营管理水平和价值观念的过程，也是劳动者的内在需求，因此，作为企业最能动、最活跃的资源——人力资源，其管理和开发必须是一个开放的、动态的体系。

第一，优化人力资源配置。

优化人力资源配置是一个系统工程，它至少包括以下体系：组织分工体系、员工评价激励约束体系、员工社会保障体系。其中组织分工体系是最重要的体系，必须实行动态管理。

（1）根据企业内外部环境的变化及时调整组织结构和劳动分工，力争人力资源的最有效组合。

（2）根据每年员工的业绩考评给予晋升，力争达到"能级对应"。

（3）加强中层管理人员交流，使他们更了解企业的经营思想、管理特色、业务流程等。

第二，开发人力资源潜能。

目前，我国人力资源普遍存在三大缺陷：数量多，质量差，结构不合理。当然，这只是一种暂时现象，通过有目的、有计划的培训，挖掘员工的潜能，还是可以改变的。这就是许多国际公司企图把企业做成"学习型组织"的原因。

3. 建立完善的绩效评价系统

人力资源部门应该通过职位分析形成规范的岗位说明书，明确员工的责任，确定员工的工作目标或者任务。通过岗位评估判断职位的相对价值，建立公司的薪酬政策，使员工产生清晰的期望。

现代企业的绩效考评一般建立在两个假设的基础上：一是大多数员工为报酬而努力工作，能够获得更高的报酬他们才关心绩效评价；二是绩效考评过程是对管理者和下属同时评估的过程，因为双方对下属发展均有责任。绩效评价有两部分内容：结果和成绩（目标、权利、责任、结果），绩效要素（态度表现、能力）。结果一般以量化指标进行衡量，成绩一般以责任标准来考核；绩效要素包括主动性、解决问题、客户导向、团队合作和沟通。

4. 制定可行策略，吸引、留住人才

对员工进行公正评价，有利于公司人员相对稳定，但是要真正留住人才，却非一时就可以完成。为了使人才流失降到最低，现代企业应该制定并且执行科学合理的转换成本策略，即员工试图离开公司时会因为转换成本而放弃。这就需要在制定薪酬政策时充分考虑短期、中期、长期报酬的关系，为特殊人才设计特殊的薪酬方案。薪酬政策是吸引、保留和激励员工的重要手段，是公司经营成功的影响因素。影响薪酬水平的因素有职位、员工和环境，即职位的责任和难易程度、员工的表现和能力以及市场的影响。薪酬政策的目的是提供本地区具有竞争力的报酬，激励员工更好地工作，最终留住人才。

5. 为员工创造持续发展的空间

现代企业在要求员工创造价值的同时，也应该积极鼓励员工自身合理持续发展。员工适应新环境的能力对于公司和个人都是至关重要的。现代企业积极鼓励持续发展，为员工提供机会以改善适应能力，并且从变化中受益，通过对人力资源的充分利用，适应变化并且利用变化取得竞争优势。现代企业应该鼓励所有的员工积极主动投入竞争的挑战中来，责任和权力互相平衡，尽可能贴近工作实际以方便最大利用、发挥员工创造力和主动性。现代企业必须发展和实施基于三种价值观（专业进取、尊爱至诚、锲而不舍）的用人哲学，以实现共同的目标。现代企业不断追求长远的目标，寻求各种方法来解决在实现目标的道路可能遇到的难题。

6. 建设良好的企业文化

企业发展到今天，已经不仅是一个工作场所，而且是一个文化体系。在人们的生活中，企业文化对于企业家和员工都有越来越重要的作用，员工们如果能够在一个非常优良的文化氛围中工作，对于自身的发展与企业的壮大都有很大的作用。在做好这项工作时，务必融合中西文化，突出时代特色。众所周知，东西文化大不相同，东方文化以儒家思想为基础，强调和谐、协作道德、实用，其中和谐是精髓。但是我国很多企业目前没有正确理解和运用这一精髓，未能以此协调企业内的人际关系和企业间的关系，往往形成很多内耗，提高了企业的经营成本，降低了企业的效益。西方文化是在古希腊与基督教文化的基础上发展起来的商业文化与市民文化。它强调自主、开放、科学、思想。

随着时代的变化，社会经济的发展，科学技术的进步，组织形式的不断革新以及作为人力资源管理的对象——人的变化，人力资源管理在管理理论、管理实践和管理方式等方面不断变化。经济的全球化趋势改变各个领域的管理哲学与管理实践，人力资源管理首当其冲，人力资源管理实践必须符合并且适应现代管理理论的新趋势。

21 世纪的人力资源管理面临外部环境的变化——经济全球化和知识化所带来的挑战。许多学者将经济全球化和知识化作为影响人力资源管理的重要因素之一。未来企业更加重视国际的而不再是国内的竞争机会。在全球化的同时，知识经济已经成为当今和未来世界经济的主要形式，作为知识经济微观基础的知识型企业，应该更加重视知识的创造、整合与利用，重视知识的管理。知识管理能力开始成为企业核心的竞争能力，知识成为企业竞争优势的源泉。

（二）21 世纪的企业人力资源管理

经济全球化是近些年来世界变革最重要的趋势之一，全球化主要是由于全球经济的发展和国内市场对外国市场的开放。原来的计划经济体制向市场经济体制的转轨也对全球化进程产生了深刻的影响。全球性的市场为企业特别是全球企业的发展提供了很多机会，但是同时也提出了各种挑战。无论是管理者还是理论的研究人员，都将全球企业竞争力问题视为在21 世纪面临的主要问题之一。在复杂和动态的环境中，企业需要开发和培养企业所独有的资源和能力系统。然而企业的核心能力不会一成不变，而会逐渐变成未来发展的阻力，全球企业必须不断开发和更新核心能力。核心能力实际上是企业的一种平衡能力，是保持对经济全球化的反应能力和维持稳定的能力的平衡的能力。协作是全球企业建立核心能力和取得竞争优势的关键，全球企业必须采用不同于传统公司的战略，通过全球战略、联盟战略和合作战略来建立和维持竞争力。这些战略有助于企业成为有效的、创新的、学习型的和有竞争力的企业。在新的全球经济中，竞争能力将越来越多地依赖于创新能力。谁能够成为全球性的、创新的和拥有丰富关系资源的企业，谁就能够拥有更为强大的能力和竞争优势。因此，越来越多的全球企业重视人力资源，并且开始全面提高企业的人力资源的能力。正如国际组织与生产力中心所指出的，真正的全球性组织成功的关键因素是将人力资源的作用与组织的国际目标相整合。全球企业需要建立全球人力资源战略，如全球激励政策和全球培训等，来实现在全球范围对人力资源的配置。全球化的人力资源战略是实现全球企业战略和柔性战略的工具。总之，面对企业地理环境的扩张，面对更加复杂的环境，全球企业需要改进人力资源管理，包括改善其功能、观念、战略以及采用新的工具。

（三）建立人力资源管理战略

一是培养全球观。全球观，也可称为全球世界观，是有关企业如何考虑其国际经营活动的理念。全球性考虑企业的经营活动、全球性开展企业的研究与开发活动以及全球性进行商务活动，是衡量企业是否形成全球观的标准。换言之，全球观是有关企业的思维方式。

二是培养协作与团队精神。全球性的战略协作以其地理上的柔性、多样性以及对当地市场和当地政府的应对性，在优化企业重大活动方面发挥着重要作用。全球性的协作是对各业务单位所构成的网络资源流动、共同体意识和范围经济的管理。全球企业的任何人必须彼此依靠，而彼此之间的伙伴关系是企业的重要资源。通过团队合作，协作机制就能够逐步形成。人力资源管理需要在激励机制中更多地强调团队合作，鼓励员工互相帮助。对于21世纪的全球企业，与其他组织的员工进行有效合作也是非常重要的。全球企业中协作机制的发展，依赖于员工沟通技能和团队合作能力的提高。企业在沟通技能和合作能力上的投入越多，新的跨文化的观点越有利于协作关系的发展。

三是培养全球范围内有效的沟通。有效的沟通是组织的一种资源。全球信息和知识系统帮助全球企业在不同的业务单位之间整合和分享有价值的消息与知识，并且能够有效促进知识库的建构。

四是开发全球经理人员和全球知识工作者。全球企业用多种方法开发全球人才，有些全球企业甚至通过"买"和"借"的方式获得高质量的人才。同时，越来越多的全球企业开始利用咨询人员等外部关系，利用市场交易等方式从其他国际企业或者当地组织获得人才，在获得知识和经验的同时，保持人力资源方面的柔性。

五是建立新的全球激励机制来适应新挑战。新的全球激励机制需要提高柔性战略下员工对企业的忠诚度，这需要报酬制度的创新，需要重新设计新的激励机制来鼓励知识的分享。同时，人力资源管理也应更新企业的绩效评价系统，特别要强调网上论坛的团队合作与参与。

六是通过安排跨文化培训，建立企业不同的事业部、不同公司、不同文化之间的信任。信任能够促进沟通，鼓励合作，并且降低冲突。但是在全球环境下培养信任是困难的。为了培养不同单位、不同文化的信任，全球企业需要进行跨文化培训，需要建立信息共享系统，也需要强调对公司全球绩效的贡献。而在伙伴企业之间培养彼此信任是公司实践最重要的趋势。在企业合作存在关系风险的情况下，信任是企业竞争力的源泉。

（四）国外有关人力资源管理的研究进展

人力资源管理在过去仅作为维持组织正常运作的一项管理职能，如今已发展到企业管理战略的层次，具有与财务管理、市场营销等工作的同等地位。人力资源管理对于提高企业绩效的作用已经逐渐被认可，其在战略层次上与企业绩效的正相关关系也为国内外企业实践所证实，随着人力资源管理的发展和实践深入，人力资源管理已经成为一门关于企业管理的新兴学科，成为管理学的一个重要学科分支。

目前，人力资源管理的研究与实践已经超越员工招聘与配置、培训与发展、工作设计、业绩考评、薪酬设计等传统内容，形成三个新的发展方向。

（1）战略人力资源管理，将人力资源管理与组织发展战略目标的实现结合在一起。

（2）国际人力资源管理，强调经济全球化形势下跨文化的人力资源管理。

（3）政治化的人力资源管理，探讨企业文化、非正式组织的活动对人力资源管理的影响。这些方面的研究正在改变已有人力资源管理的概念、分析框架，促进人力资源管理理论体系的形成和完善。

"人力资源"的出现约在 1970 年以后，并逐渐取代"人事"或"人力"等狭隘的字眼。这种转变并非偶然，而是发达国家在过度强调物质资源与财政资源之后，认识到了人在组织中的关键地位，再回头给予重新定位，并视人为组织中最重要的资产。对于一个组织而言，其所能够运用的资源主要有三种：物质资源，如土地、原料与机器；财政资源，如金钱与融资信用；人力资源，包括组织内部成员与其所能运用的外在人力。一般对物质资源和财政资源的概念比较清楚，但对于人力资源的意义则不甚了解。狭义而言，人本身就是资源、能源，可以被运用于搬运物品、制造产品、作战等。但人的作用并非仅仅如此，人的作用还在于能统合其他资源，结合三者的效益，使之脱离纯资源的地位，而创造更高的价值。但要成为有效的资源，必须将人进行有效率运用。因此，人力资源可引申为人所具有的知识、技能、态度、理想、创造力等特质，以及应用上述特质而获得的有所作为。

在一个组织中，各种资源都各有其重要性，然而人力资源更加显得重要。人力资源成为现代社会和组织的战略资源，一方面来源于现代社会的性质——知识和信息社会；另一方面来源于人力资源所具有的特性。人力资源是一种能动资源，在经济和管理中起主导作用和处于中心地位，发起、使用、操纵、控制着其他资源，使其他资源得到合理、有效的开发、配置和利用；同时，它是唯一起创新作用的因素。整体而言，人力资源是一个组织系统的动力。正因如此，维持与提升组织人力资源的质量就成为组织持续经营与发展的战略与活动。

人力资源是现代企业的第一资源，是企业获得竞争优势的根本，关系企业的生死存亡，这已成为中外企业管理者的共识。

本章小结

（1）人力资源是现代企业的第一资源，是企业获得竞争优势的根本，关系企业的生死存亡，这已成为中外企业管理者的共识。当前我国正处于经济转型的关键时期，许多企业改革和发展过程中的问题，最深层次的原因应该归结于人力资源管理。中国企业亟待变革人力资源模式，实现由传统、落后的人力资源模式向现代人力资源模式的转变。

（2）人力资源成为现代社会和组织的战略资源，它是一种能动资源，在经济和管理中起主导作用和处于中心地位；它发起、使用、操纵、控制着其他资源，使其他资源得到合理、有效的开发、配置和利用；同时它是唯一起创新作用的因素。整体而言，人力资源是一个组织系统的动力。正因为如此，维持与提升组织人力资源的质量就成为组织持续经营与发展的战略与活动。

本章习题

一、名词解释

1. 传统人事管理
2. 现代人力资源管理

二、问答题

1. 传统的人事管理与现代人力资源管理有什么区别？
2. 简述人力资源管理的发展历史。
3. 你觉得人力资源管理的发展趋势是怎样的？

三、案例分析

爱立信公司是生产通信产品及相关设备的跨国公司，在130多个国家设有分公司，占通信行业市场份额的40%以上，居全球领导者地位。

爱立信于20世纪90年代初期进入中国，发展异常迅速。正像很多大的跨国公司一样，爱立信也十分重视在中国的发展。随着爱立信产品在中国市场的推广和畅销，培训客户及本公司员工变得越来越重要。因为通信产品是高技术产品，我们平时见到的手机只是其中一个终端产品，与之相配套的有一系列大型、小型交换机及计算机管理设备等。每开通一种设备，都要有相应的技术维护人员，客户对爱立信培训的要求也越来越迫切，爱立信北京培训中心正是在这种情况下于1994年成立的。

在北京培训中心成立之前，中国客户的培训都要在国外的爱立信培训中心进行，即使是爱立信本身的员工培训也要在国外进行，这对客户和爱立信中国公司来说都是一笔昂贵的费用，爱立信北京培训中心成立后，大大缓解了这种矛盾。

爱立信北京培训中心成立之初，只有约1 000平方米的教室及办公室，没有自己的教师，所有的培训课都请爱立信其他培训中心的教师来讲，因为只有得到爱立信瑞典培训中心资格认证的教师才能讲授各类技术课程。这引起了两个问题：一是外请教师的费用较高；二是教师用英语授课，难以满足中国客户的要求。于是，爱立信北京培训中心开始招聘、培养自己的教师，逐步实行教师本地化。到1997年，爱立信北京培训中心已有办公及教学面积2 000平方米，教师40人，运作支持人员23人，很大程度上满足了客户和本公司员工对技术培训的需要。到1997年年底，共完成30 000个学生的培训任务。

多年来，爱立信在电信及相关设备供应方面一直居于世界领先地位。目前，爱立信有93 000多名员工在130多个国家为客户解决电信需求问题。爱立信在中国和世界取得成功的关键环节之一是充分调动员工潜力，重视员工与客户的培训。

（一）健全的培训组织

爱立信中国公司的大多数培训工作主要集中在爱立信北京培训中心进行。

课程发展部的主要功能是讲授爱立信的各类培训课程，这些培训课程有明显的阶梯、明确的课程顺序，以确保课程体系的完整和课程质量。

课程中按课程类别进一步分组，每组有 1 名组长。课程发展部共有 26 名教师、1 名部门经理，数名设备支持人员负责调试所有教学试验设备。

市场部的主要工作是开发培训市场，组织和协调培训。简单地说，就是把爱立信的培训课程卖出去，反馈用户信息，使课程设置更适应中国市场的情况。市场部包括经理在内共有 4 人，覆盖了中国所有区域。

行政部按照培训课程进一步划分为 3 个小组，其中，行政组负责培训课程的所有行政工作，包括在公司内部网上发布培训计划、提供学员名单、发放结业证书等。顾客服务组的主要工作是提供住宿、饮食、礼品等，由 1 个人负责。另外，行政部还有 1 名司机、2 名清洁工。

（二）员工的培训计划与过程

每年年初，根据市场部的需求预测及课程发展部的课程安排，公司制订全年的培训计划，内容包括课程名称、时间、费用和名额等。爱立信中国公司有一个 Intranet 网，行政部把这一年的培训计划放在 Intranet 网上，全公司的每一个员工都可以上网查询。各分公司及各个部门根据自己的预算及员工培训计划安排全年的培训计划。每年每个员工和部门经理有一至两次的"个人发展计划"谈话，部门经理根据员工的个人要求和本部门的情况安排员工的培训计划，所以说爱立信公司员工个人能力的培养，50% 的责任在公司，50% 的责任在员工自己。爱立信培训中心一旦发出新的培训计划，员工就可以根据与经理一起讨论的培训安排去培训中心报名。

爱立信培训中心收到员工报名表后，行政部根据课程安排给员工发一份邀请函，其内容包括课程名称、时间、地址、费用及有关规划，包括在课程开始前一个月内允许取消课程等；否则，即使员工没上课，也会收取费用。

爱立信培训中心放在 Intranet 网上的培训计划每月更新一次，用来通知员工哪些课程已经报满，哪些课程还有席位，又增加哪些新课等，所以爱立信的员工每月月初都十分关注更新的培训计划，以安排自己的时间。

爱立信培训中心规定，理论课人数不低于 16 人，人数不超过 24 人；实验操作课人数不低于 6 人，不超过 8 人。控制人数既可防止课程赔本，又可保证教学质量。在课程开始前一个月，如果发现有的课程报名人数还不够，行政组将在内部网上发布培训公告，请大家尽快报名，一般会收到很好的效果。

培训课程结束后，行政部根据考勤和考试情况给学员颁发爱立信专用证书，一般规定出勤率 90% 以上才有资格领到证书。

思考：

你能从爱立信的人力资源培训中得到哪些启示？

参 考 文 献

[1] 蒙迪. 人力资源管理［M］. 10 版. 谢晓菲，等，译. 北京：人民邮电出版社，2011.

[2] 德斯勒. 人力资源管理［M］. 14 版. 刘昕，译. 北京：中国人民大学出版社，2017.

[3] 斯耐尔，莫里斯，伯兰德. 人力资源管理［M］. 17 版. 张广宁，王天晓，胡文华，译.
大连：东北财经大学出版社，2017.

[4] 董克用. 人力资源管理概论（第 4 版）［M］. 北京：中国人民大学出版社，2015.

[5] 蔡治. 大数据时代的人力资源管理［M］. 北京：清华大学出版社，2016.

[6] 李健. 人力资源管理——理论·案例·实训［M］. 北京：清华大学出版社，2017.

[7] 萧鸣政. 人力资源管理研究方法与案例分析［M］. 北京：北京大学出版社，2017.

[8] 姚裕群. 人力资源开发与管理通论［M］. 北京：清华大学出版社，2016.

[9] 徐明. 战略人力资源管理：理论与实践［M］. 大连：东北财经大学出版社，2015.

[10] 卢福财. 人力资源管理［M］. 北京：高等教育出版社，2006.

[11] 唐晓波. 企业资源计划（ERP）［M］. 武汉：武汉大学出版社，2009.

[12] 陆国泰. 人力资源管理［M］. 北京：高等教育出版社，2000.

[13] 戴昌钧. 人力资源管理（第 3 版）［M］. 天津：南开大学出版社，2013.

[14] 王斌，魏大明. 人力资源管理［M］. 重庆：西南师范大学出版社，2016.

[15] 李宝元. 战略性激励——现代企业人力资源管理精要［M］. 北京：经济科学出版
社，2003.

[16] 杨珊珊. 软件企业项目人力资源管理角色分工模型构建及实证研究［D］. 昆明：云南
大学，2017.

[17] 赵晓兵. 不同企业文化下战略人力资源管理实践对组织绩效的影响研究［D］. 西安：
西北大学，2018.

[18] 赵尔奎，刘重新. 文化产业人力资源绩效评估探析［J］. 财会通讯，2013（3）.

[19] 仵凤清，高林，董宇华. 知识型员工沉默行为对职业生涯成功的影响研究［J］. 科研
管理，2018（8）.

[20] 白闫洁. 人力资源管理角色文献综述及研究展望［J］. 金融经济，2015（16）.

[21] 田在兰，黄培伦，尚航标. 基于自我认知理论的领导授权赋能行为对员工建言行为的
影响［J］. 领导科学，2014（23）.

[22] 孟丽双. 如何提高绩效考核管理水平［J］. 全国商情，2016（32）.